문화와
역사를
담 다
0 0 8

KB140342

편
무
영 片茂永 Pyeon Moo-Yeong

건국대학교를 졸업하고 츠쿠바대학대학원 역사인류학연구과에서 문학박사학위를 취득하였다.
전공은 문화인류학과 민속학.
현재 아이치대학 교수로 재직중이며 비교문화론을 중심으로 연구와 강의를 하고 있다.
최근에는 도상 연구와 더불어 동서비교문화론에 많은 관심을 갖고 있다.
주요저서로는『종교와 세시풍속』(공저, 민속원, 2016),『연등회의 종합적 고찰』(공저, 민속원, 2013),『종교와 노래』(공저, 민속원, 2012),
『종교와 그림』(공저, 민속원, 2008),『종교와 의례공간』(공저, 민속원, 2007),『종교와 일생의례』(공저, 민속원, 2006),『종교와 조상제사』
(공저, 민속원, 2005),『한국종교민속시론』(공저, 민속원, 2004),『초파일민속론』(민속원, 2002),『한국불교민속론』(민속원, 1998) 등이
있다.

동 서 비 교 문 화 론

연꽃의 문법

편무영

민 속 원

이제부터의 이야기는 주로 연꽃과 그 주변에 관한 내용들이 대부분이다. 연꽃에서 시작하여 연꽃으로 마친다 해도 과언은 아닐 것이다. 그런데 꽃 이야기라는 가벼운 설렘과는 달리 동서비교문화론이라는 부제가 붙어있으므로 혹시나 방대한 이야기일지 모른다는 예감이 슬며시 밀려온다. 아마도 틀린 말은 아닌 것 같다.

기원전 3000여 년 전부터의 이야기라는 사실을 알게 된다면 더더욱 그럴 것이다. 그렇지만 이러한 이야기가 예전에 소개된 적도 별로 없을뿐더러 관련 서적도 그다지 나오지 않은 상태에서 갑자기 그렇게 오래 전 이야기를 한꺼번에 풀어놓을 수도 없는 일이다. 사정이 그러하니 작은 몇 갈래의 이야기만을 묶어 개론적으로 소개함으로써 가능한 많은 사람들이 인류의 문명사 중에서도 특히 중요한 부분을 차지했던 동서 문화 교류의 새로운 측면에 대하여 다시금 생각할 수 있는 기회가 주어졌으면 하는 바람이다.

연꽃은 인류의 문명사 수천 년 동안을 거의 함께 해온 몇 안 되는 문화 코드 중의 하나이다. 자연으로서의 연꽃을 넘어 문화현상으로서의 연꽃을 유심히 살피다 보면 인류문명사의 발자취와 거의 겹친다는 의외의 사실을 발견하게 된다. 고대 이집트와 오리엔트를 중심으로 각 방향으로 퍼져나간 연꽃문화는 동서 교류의 한가운데서 수많은 역사의 부침을 함께 겪어왔다.

연꽃의 종교적 문화유산을 따라 횡단하다보면 아프리카 북부지역에서 출발하여 메소포타미아 유역을 중심으로 번성했던 앗시리아로 이어졌고, 그리고 여기서부터는 동서로 퍼져나갔다. 서쪽으로는 페니키아와 소아시아, 그리고 그리스 로마를 거점으로 지중해 문화권을 윤색시키더니 동쪽으로는 페르시아를 거쳐 마침내 인도로 전해지기에 이른다.

인도에서는 한층 다양한 종교적 자극을 받아가며 진화 발전함으로써 다채로운 연꽃문화로의 면모를 유감없이 보여주었고 불교의 발생과 전파에 편승하면서는 동남아시아와 동북아 대륙으로 일시에 확산하였다. 불교의 종교적 영향에 머물지 않고 예술과 건축 민속 문학 등 다방면에 걸쳐 연꽃문화는 깊숙이 관여하였다. 한반도의 고구려 백제 신라도 예외는 아니었으며 일본으로의 전파는 유라시아의 거의 마지막 단계에서 일어난 에피소드였다.

이와 같이 문화적 글로벌리제이션globalization은 사실 기원전부터 시작된 진부한 개념이었다. 유라시아에 널리 퍼진 연꽃문화는 획일적이지 않다는 의미에서 로컬리제이션localization을 동시에 수반하였는데, 그러한 의미에서 연꽃 이야기를 통해 우리는 글로컬리제이션glocalization의 실상과 마주하게 될 것이다. 문화적 보편성과 지역성을 일목요연하게 설명해주는 좋은 길잡이인 것이다. 이것이 동서비교문화론을 전개하기 위해 연꽃을 비교 기준으로 선택한 이유가 된다.

그러니까 세계의 4대 문명이라는 고대 이집트 문명, 메소포타미아 문명, 인더스 문명, 황하 문명의 발상지 중에서도 특히 나일강 유역의 이집트 문명이야말로 연꽃이야기의 출발지였으며 글로벌 문화의 단초를 제공하였다.

그러나 사실은 기원전 고대 이집트의 나일강에는 연꽃이 서식하지 않았다고 알려져 있다. 의아한 일이 아닐 수 없는데, 나일강 유역에 서식하던 식물은 수련睡蓮 (nymphaea tetragona)이었다는 것이 식물학계의 정설이다. 문화의 전파와 변이에서 종종 일어나는 문화적 착시현상으로 연蓮(nelumbo nucifera)과 수련의 혼동은 그 전형이다.

요컨대, 외견상 유사한 두 꽃의 경계를 넘나들면서 전파된 연꽃 관련 문화현상들은 수천 년 동안 하나의 꽃Lotus으로 인식하면서 가능하였다는 점은 실로 아이러니가 아닐 수 없다.

그와 같은 오해는 불교의 원시 경전인 『숫타니파타Suttanipata』에도 생생히 전하는데, 연꽃을 홍련紅蓮, 백련白蓮, 청련靑蓮, 황련黃蓮 네 가지로 구분하면서 지옥을 상징적으로 설명하던 대목이 그것이다. 그러나 실제로 인도의 간지스 강가에 서식하던 연꽃은 홍련과 백련뿐이었기에 석가모니 스스로도 뭔가 오해를 하고 있던 것 같다. 지금도 노란색 연꽃을 봤다는 사람이 간혹 있지만 그것은 북미 미시시피강 원산인 황련이 근세에 아시아로 유입되어 퍼진 것이므로 전혀 다른 얘기가 된다.

여하튼 기원전 5-6세기에 석가모니가 말하던 청련과 황련의 실체는 수련이었으므로 자연계에서 본다면 부자연스러운 비유가 아닐 수 없다. 그러한 식물학적 오해가 오랜 기간 주목받지 않았던 원인도 많은 사람들이 두 식물을 하나로 보던 집단 착시현상에 기인하며 두 식물의 차이를 과학적으로 자세히 규명할 수 있던 것은 18-19세기에 와서야 비로소 가능하였다.

그러므로 이미 기원전을 배경으로 시작된 연꽃 이야기는 연꽃과 수련이 같은 종류의 식물인 것처럼 혼동되는 가운데 등장한다는 전제가 깔려 있기에 지금부터는 우리도 그러한 전제를 공유해야만 앞으로의 이야기로 나아갈 수가 있다.

이와 관련해서 구체적으로 이 책에서 말하는 연꽃과 수련이라는 용어의 구별에 관해서 언급하고자 한다. 통상적으로 동아시아에서 이해하고 있는 연꽃은 그대로 연꽃이라 말하고 오리엔트와 지중해 문화권의 수련 역시 그대로 수련으로 표현하고자 한다.

그러나 동아시아에서 수련이 종교와 신화에 얽히는 일은 없었던 반면에 오리엔트와 지중해 문화권에서는 간혹 동아시아의 연꽃이 수련에 섞여 등장하므로 그때는 수련과 연꽃으로 나눠서 부르고자 한다. 이러한 구별은 어디까지나 연구를 위한 편의적인 구별일 뿐 고대인들이 두 식물의 차이를 올바로 인지하여 종교와 신화에서도 차별을 두었다는 것은 물론 아니므로 이 점을 독자 제현도 분명히 인지하는 것이 중요하다.

한편 두 식물을 합쳐서 부르는 경우에는 연꽃 혹은 로터스로 통칭하고자 하므로 문맥으로 이해할 수 있기를 기대한다. 식물학과 도상학 두 관점에서 아울러서 불러야 하는 경우가 간혹 있기 때문이다. 그러나 무엇보다도 수천 년 동안 구별이 없거나 경계가 모호했었다는 사실을 이해하는 것이 가장 중요하고 『연꽃의 문법』에서 연꽃은 수련을 포함한 통칭이라는 전제를 확인해두고자 한다.

그런데 이 책에서의 연꽃 이야기는 유라시아의 동쪽 끝자락에 위치한 일본에서부터 출발하려고 한다. 아시아를 서쪽 방향으로 횡단한 후, 고대 이집트를 경유하여 지중해 문화권으로 들어가면서 이 책을 마무리하고 싶은 나의 속내도 있지만, 우리에게 익숙한 동북아시아의 연꽃 이야기에서 출발하여 마치 문화적 뿌리 찾기와 같이 거슬러 올라가는 연역적 서술이 더욱 이해하기 쉬울 것으로 판단하였기 때문이다.

연꽃의 문법이 이렇게 엮어져 나오기까지에는 동아시아고대학회를 통한 십 수 년 동안의 연구 활동이 도움이 되었다. 뿐만 아니라 대학에서도 관련 내용으로 강의를 할 기회가 있었는데 강좌 이름은 아시아의 전승문화였고, 이 강의를 통해 줄곧 연꽃과 종교와 신화의 관계성에 대하여 이야기를 해왔다. 한 학기 15회 강의를 통해 유라시아 대륙을 거의 횡단하는 수업이었으며 10여 년 동안의 강의로 새롭게 알게 된 내용도 많았고 또 대학생들의 관심 영역에 대해서도 더욱 자세히 이해할 수 있게 되었다.

출판을 위해 애써주신 분들이 많았다. 책이 나오기까지 여러 차례의 편집과 수정 작업에도 불구하고 수고를 아끼지 않은 민속원의 스태프 여러분들, 그리고 부조 도상이나 문양 사진을 알아보기 쉽게 보정하고 새롭게 그려준 그래픽 디자이너 최은혜 씨의 도움이 컸다. 필자의 서툰 현장 사진을 모사 형식으로 재탄생시켜주었고 19세기 영국인 도상학자의 흐릿한 그림을 더욱 선명히 다듬어 주었다. 또 종교민속연구회의 여러 전문가 분들께서는 연꽃에 관한 필자의 어눌한 얘기를 경청해주었을 뿐만 아니라 적시적소의 질의를 통해 필자로 하여금 더욱 깊고 멀리 볼 수 있도록 일깨워 주었다.

한편 연꽃을 찾아다니던 조사 현장에서도 많은 도움의 손길이 있었다. 필자의 잡다한 질문에 기꺼이 응해주던 많은 사람들, 네팔 룸비니에서는 나를 인력거에 태운 채 더운 길을 마다 않고 달려주던 아이 둘을 키운다던 한 남자, 인도 붓다가야에서는 보리수 잎을 주워주던 동자승, 태국 북부와 라오스를 가로지르는 메콩강을 건네주던 아저씨, 런던의 빅토리아앨버트박물관에서는 수장고의 인도 유물에 관해 설명해주던 노년의 경비원, 이렇게 유라시아의 동쪽 끄트머리에서 서쪽 끝의 런던에 이르기까지 나와 옷깃을 스치던 수많은 얼굴들이 주마등처럼 스쳐지나간다. 항상 감사한 마음으로 기억에 남아있다. 아마도 이 분들이 아니었다면 연꽃의 문법은 아직도 요원했을 것이다.

　　갖가지 인연이 나고 지는 동안 거기에는 늘 연꽃이 있었다.

2018년 12월 11일

편 무영 씀

제1장

연화화생의
발견
—동북아시아의 연꽃 이야기

01

●

연화화생의 발견
—동북아시아의 연꽃 이야기

서문에서도 언급했듯이 유라시아의 보편적 문화현상인 연꽃 이야기는 기원전 고대 이집트가 가장 먼저 단초를 제공하였다. 그래서 순차적으로 본다면 발원지인 고대 이집트에서 출발하여 오리엔트와 인도 대륙을 거쳐 동쪽 끝자락에 위치한 일본에서 설명을 마무리하는 귀납적 서술 방법이 순리겠으나 여기서는 원형 찾기라는 연역적 서술 방법을 택하기로 하였다. 인류문명사의 보편적인 문제이면서 동시에 동북아시아라는 지역의 문제이기도 하므로 이미 우리에게 익숙한 연꽃 이야기를 시작한 다음 차츰 주변 나라들의 연꽃 이야기를 통해 이해의 폭을 천천히 넓혀가려는 이유에서이다.

유라시아를 무대로 넓게 퍼져나간 연꽃 이야기를 마지막으로 받아들인 나라는 일본이다. 그리고 일본은 더 이상 동쪽으로 전해 줄 나라가 없었다. 일본이 유라시아의 가장 동쪽 끝자락에 위치해 있었기 때문이다. 발원지에서 멀어진 만큼 문화적 원형에서 보면 상당 부분 변형과 축소를 겪어온 것이 사실이지만, 이를 감안하더라도 일본은 연꽃 이야기의 핵심 문화 코드는 별 손상 없이 잘 보존되어 있는 편이다. 여기에는 고구려 사람들과의 교류에 힘입은 바가 컸다.

그런데 연꽃을 통한 유라시아의 문화사적 관점에서 보면 일본은 수혜자의 입장이었을 뿐 제공자 역할을 했다는 증거는 발견되지 않는다. 보편적 문화교류라는 측면에서 일본은 매우 특이한 위치에 놓여있던 셈이다.

지금으로부터 1,400여 년 전, 그러니까 6세기 중엽을 기점으로 연꽃과 관련된 여러 문화 요소들은 불교와 함께 지금의 나라奈良에 전해졌다. 불교를 전해준 나라는 당시의 일본과 교류가 빈번했던 백제였다. 도읍지로서의 중심지인 나라와 아스카飛鳥 주변에서 전개되던 서기 600년 전후의 일본은 고구려 백제 신라와의 국제관계에 매우 심혈을 기울이던 때였다. 그러므로 당시의 동북아 국제관계와 불교는 서로 불가분의 관계에 놓여 있었다.

그런데 이때의 일본이 한반도로부터 유입하던 선진 기술은 건축 공예 농업 의학 역법 문방구 등 일일이 열거하기 어려울 정도였으며, 그 중에서도 특히 불교는 백제를 통해 전해진 대륙의 신비로운 정신세계이자 철학적 논리 체계였다.

그러나 이때 불교와 함께 전해진 연꽃문화가 과연 어떠했는지 전해주는 자료는 그다지 많지 않은 가운데, 고구려 사람들의 지도과 도움으로 만들어진 츄구지中宮寺의 천수국수장天壽國繡帳은 실로 많은 것을 전해주는 귀중한 문화유산이다. 고구려 백제 신라 삼국의 깊은 관여가 엿보일 뿐만 아니라 중국과 더 나아가서는 서역의 문화적 흔적까지 들여다 볼 수 있기 때문이다. 물론 연꽃의 동아시아적 전개와 맥을 같이 한다는 의미에서 그렇다.

천수국수장이란 일종의 자수 공예품으로 당시의 왕족이던 우마야도厩戸皇子(574-622)의 사십구재를 맞이하여 극락왕생을 기원하고자 서기 622년에 만들어진 것으로 추정되고 있다. 그러니까 극락왕생과 연꽃의 관계성은 불교가 일본에 전래된 초기부터 사후관념을 내포하면서 이야기되기 시작하였다는 것을 짐작하게 한다.

천수국수장에서 천수국은 아미타정토의 다른 표현이므로 달리 말하면 서방 정토의 광경을 자수刺繡로 재현해놓은 일종의 아미타변상도阿彌陀變相圖이므로 불화佛畵의 초보적인 구성 요소를 갖추고 있다. 우마야도가 사망한 후 극락정토에서 왕생하기를

16

기원하는 유족의 간절한 마음을 담아 자수 작업을 통해 만들어졌던 것이다. 불교적 극락왕생 신앙이 서민이 아닌 왕족을 중심으로 전해지기 시작했다는 분명한 증거 자료이기도 하다.

그런데 아미타 정토에서 왕생하는 광경을 자수로 제작하기 위해서는 당연히 밑그림이 필요했을 것이고, 밑그림을 그리기 위해서는 아미타 정토를 비롯하여 불화에 대한 해박한 지식이 없어서는 안 될 것이다. 그러나 이때는 고구려 출신인 혜자慧慈(?-624)나 담징曇徵(579-631) 같은 고승들이 일본에 들어와 활약하고 있었는데, 특히 혜자는 우마야도를 가르쳤던 스승이었고 담징은 나라 호류지法隆寺의 금당벽화를 그린 것으로 유명하다.

그러니까 천수국수장의 밑그림에 해당하는 아미타정토에서의 극락왕생도를 그리기 위한 충분한 지식과 기능을 갖춘 전문가는 이미 아스카와 나라에 거주하고 있었다고 보는 데 별다른 문제가 없을 것이다. 더욱이 나라의 법륭사가 애초부터 고구려의 척수(1尺 : 35.6cm)로 설계되는 등 고구려의 문화적 존재감은 예상보다 훨씬 컸다.

전하는 문헌에는 밑그림을 그린 화공 네 사람이 등장하는데, 동한말현東漢末賢과 고려가서일高麗加西溢은 고구려인, 한노가기리漢奴加己利는 백제 혹은 신라인, 그리고 경부진구마椋部秦久麻는 고구려인으로 제작의 전 과정을 지휘한 것으로 알려져 있다. 출신지를 놓고 전문가들 사이에 약간의 이견이 있지만 공통점은 네 사람 모두 고구려 백제 신라인이었다는 점이다. 중국인이나 일본인 전문가는 문헌에 나오지 않는 대신 명주 색실을 사용해 직접 손으로 수놓는 작업에 동원된 이삼십 명의 여인들이 이 지역 출신이었을 것으로 추정될 뿐이다.

천수국수장이라는 불교 자수 공예품을 제작하는 데 있어 고구려 사람들이 중심적 역할을 하였다는 역사적 사실만 놓고 보더라도 당시 고구려의 문화적 위상을 짐작하는 데 아무런 부족함이 없다. 그런데 이 대목에서 고구려 문화에 대한 약간의 지식을 갖춘 사람이라면 고구려 고분에 전하는 극락정토와 관련된 수많은 벽화나 문양을 떠올리지 않을 수 없을 것이다. 4세기경부터 만들어진 고분벽화에는 무덤이라는 특성상 극락정토에서의 왕생을 기원하는 불교적 내용이 적지 않게 그려져 있다.

이러한 문화적 배경에서 살아 온 고구려 사람들로서는 우마야도와의 돈독한 친분 관계를 고려할 때, 자신들에게 익숙했던 아미타 정토의 광경을 설명하고 지도하는 일은 그다지 어려운 일이 아니었을 것이다. 가령 지금의 길림성 집안에 남아있는 장천 1호분(5세기 중기)의 전실 천장에서 발견된 벽화에서 연화화생의 주인공이 무덤 주인인 고구려인이었다면 이제는 유사한 밑그림에 우마야도를 그려 넣으면 될 일이다.

이렇게 만들어진 천수국수장은 어두운 고구려 고분벽화에 비해 화려하기 이를 데 없는 불화로 재탄생하게 되었다. 그리고 색색의 명주 실로 짜 만든 자수 작품을 장막帳幕에 붙여놓으니 은은한 불빛 아래 비춰지는 아미타 정토가 마치 눈앞에 펼쳐지는 것 같은 장관을 연출하기에 충분하였다. 가로 4m 세로 2m의 장막이 두 장이나 만들어졌다고 전하므로 규모로 보더라도 대단한 광경이었을 것으로 짐작된다.

〈사진1〉 일본 천수국수장의 연화화생
(大橋一章·谷口雅一, 『隱された聖德太子の世界』, 2002, 사진37)

게다가 천수국수장은 단지 아미타 정토의 불교적 특징만을 그려 넣은 것이 아니라 망자 우마야도가 아미타 삼존불 앞에서 왕생하는 모습 또한 실제 상황처럼 표현되어 있었기에 유족들이 느꼈을 감정 이입은 이해하고도 남는다. 〈그림1〉은 실제로 남아있는 자수의 파편을 근거로 재현한 천수국수장의 부분을 옮겨 그린 것이다.

그런데 아미타 정토를 묘사한 소위 아미타변상도에 누군가의 실제 인물을 그려 넣는 문화 행위나 풍습은 고구려 고분벽화에서 이미 시작되었다. 현대 한국에서도 예를 들어 전라남도 송광사 지장전의 외벽에

〈그림1〉

연꽃의 문법

그려진 벽화에까지 이어지고 있는 그와 같은 현세적 감각은 불교미술사에서 보더라도 매우 특이한 현상으로 받아들여지고 있으며 일본의 천수국수장은 그러한 의미에서 고구려 고분벽화의 연장선이라 말하지 않을 수 없다.

더욱이 문제는 고구려 고분벽화에 그려진 무덤 주인이나 아스카 지역에서 사망한 우마야도는 모두 극락왕생하는 방법이 동일하다는 것이다. 즉, 이제부터의 핵심 개념인 연화화생蓮華化生에 의한다는 의미인데, 만개한 연꽃을 통해 망자가 새로 태어나는 왕생 모티브야말로 연화화생의 요체이다.

연꽃은 극락정토로 가는 통로이자 피안으로 이어지는 신비로운 입구로써 이러한 모티브의 종교 신화 이야기는 고대 이집트에서 인도에 이르기까지 상당히 널리 퍼져 있다. 지금도 인도의 고전문학을 연구하는 전문가들 사이에서 빼놓을 수 없는 주제의 하나로 간주될 정도이다. 한마디로 연꽃을 다른 차원의 세계로 이동하는 통로로 간주하거나 우주의 자궁으로 보는 견해가 지배적이며 인도 전래의 핵심 사상인 범아일여梵我一如와도 일맥상통하는 심오한 의미를 내포한다.

기원전 고대 이집트에서 이미 시작되었다는 연꽃 이야기의 본질 역시 연화화생이니 유라시아의 동쪽 끝자락에 위치한 일본에서 발견된 연화화생은 특별히 유념해 둘 필요가 있다. 마치 유전인자와도 같이 오랜 세월 유라시아를 횡단하면서도 소멸되지 않고 끈질기게 남아 있는 문화 인자이기 때문이다.

필자는 이러한 현상을 가리켜 문화적 바코드라 부르고 있다. 세월이 흘러 지금은 수수께끼 같이 알 수 없는 문화이지만 코드 하나하나를 해석하다보면 침전된 장구한 역사가 그곳에 숨겨 있다는 것을 알게 되기 때문이다.

천수국수장의 아미타정토에서 우마야도는 반드시 왕생을 해야만 하는 운명이었다. 당시의 국내외적인 정세로도 그렇지만 종교 문화적으로도 그러했다. 앞으로 일본 전국으로 전개될 태자신앙太子信仰을 위해서도 우마야도의 재생은 신비로움을 더해주는 중대한 연출이었다. 종합적으로 볼 때 왕실의 신격화를 위해 우마야도를 필요로 하는 시국이 전개되던 상황이었다. 그러기 위해서는 아직 추위가 가시지 않은 음력 이월

아스카 지역에 연꽃이 피기 만무하지만 우마야도의 극락왕생에서 연꽃은 불가결한 장치였다.

아미타 정토의 허공은 속세간의 시공을 초월해서 존재한다는 종교철학적인 이유 외에도 왕생은 곧 연화화생을 의미한다는 외래 사상 역시 고구려인들로 인해 유입되었기 때문이다. 일본 문화에서 큰 비중을 차지하는 태자신앙의 첫 디딤에 있어 고구려인들은 매우 중요한 부분에서 깊숙이 개입하는 결과를 초래하였다. 성덕태자로의 신격화 작업에 본의 아니게 관여하고 말았던 것이다.

연화화생이라는 용어가 처음으로 주제어로 등장하는 불교 경전은 산스크리트 원전 무량수경이다. 석가모니께서 제자 아지타의 물음에 답하는 형식으로 왕생의 종류를 설명하는 가운데 연화화생이 언급되었다. 그래서 간단히 말하면 생전에 부지런히 선업을 쌓은 망자들의 극락왕생이 곧 연화화생이라 정의하였다. 그렇지 못한 자들의 연화태생蓮華胎生과 구별되는 가운데 일체중생으로 하여금 연화화생으로 유도하는 법화의 성격이 강했다. 일반적으로 아미타변상도의 한가운데 연못에서 연화화생하는 망자들이 여럿 보이는 이유도 무량수경이나 관무량수경 같은 경전에 의거하여 그려졌기 때문이다.

그러니 불교를 받아들인 나라에서 극락왕생과 연화화생을 불가분의 관계로 보는 것은 어찌 보면 당연한 일이다. 천수국수장의 우마야도 역시 연화화생을 통해 극락왕생한다는 정토 이야기에 바탕을 두고 있으므로 아마도 생전의 선업善業을 높게 평가한 아미타여래의 가피가 있어 가능했다고 이해할 수 있겠다. 역사적 사실 관계는 확인하기 어렵지만 적어도 신앙적으로는 그러한 해석이 가능할 것으로 본다.

그런데 전문가들에 의해 알기 쉽고 새롭게 재현한 〈그림1〉의 연화화생을 다시 살펴보면 우마야도가 연화화생하는 연꽃의 양 옆으로 다른 식물로 보이는 꽃잎이 솟아 오른 것을 볼 수 있다. 도상학에서 흔히 말하는 인동문忍冬紋으로 인동초의 꽃 모양에 기인한다. 연꽃 문양이 기원전 오리엔트 지역에서 로제트Rosette 문양으로 진화 발전하던 경우와 유사한 과정을 밟아 왔다.

〈사진2〉 중국 산시 대동 운강석굴의 인동연화화생
(전호태, 『고구려 고분벽화 연구』, 사계절, 2008)

〈그림2〉

결국 문양으로 본다면 인동연화문(인동+연화+인동)이며 동시에 화생이 발생하고 있으므로 구체적으로는 인동연화화생문忍冬蓮華化生紋이라 명명할 수 있겠다. 양 옆에서 물고기가 위치하는 경우 쌍어연화문 혹은 쌍어연화화생문이라 지칭할 수 있는 것과 같은 이치이다. 인도에는 코끼리나 공작새 오리엔트에는 양이나 따오기 거위 등의 동물들이 양 옆을 보좌하는 경우 또한 비일비재하니 기본적으로는 인동연화문도 그와 같은 문양 패턴을 답습하는 경우라 말할 수 있다. 요컨대 인동연화문은 아시아의 보편 문화이고 이것이 유라시아의 가장 동쪽 끝에서 모습을 드러낸 것이다.

그러나 흥미로운 사실은 코끼리나 새 또는 물고기가 아닌 인동초가 연화의 양 옆에 위치하고 더 나아가 거기서 누군가의 인물 화생이 이루어지는 경우인데 이는 중국에서도 발견된 문양 패턴이라는 점이다. 그래서 인동연화인물화생 모티브는 지금까지 중국과 고구려 이외 지역에서는 아직 찾아보지 못하였다.

그러니 천수국수장이 중국과 고구려 사람들의 정신세계가 가미된 상태에서 제작되었다는 역사적 사실은 부인하기 힘들게 되었다. 다시 말해서 텍스트의 발원지는 중국이며 디자인을 지도한 것은 고구려인인데 작업에 동원된 사람들은 아스카인이라는 구도이다.

고구려의 관련 사례는 길림성 집안 오회분 4호묘 벽화(6세기 후반)에 전하는 인동연화 천인화생이 그것이다. 도상학적으로는 우마야도가 아닌 날개 달린 천인天人이 화생한다는 사실만이 다르고 인동연화문에서 인물상이 화생하는 구도라는 점에서는 동일하다. 즉, 오회분 4호묘의 벽화는 남벽의 주작, 북벽의 현무, 동벽의 청룡, 서벽의 백호와 함께 네 폭의 천인화생이 그려져 있는데 네 명의 천인이 제각각 동서남북 수호신 등 위로 치솟은 인동연화 속에서 화생하는 모습이 인상적이다.

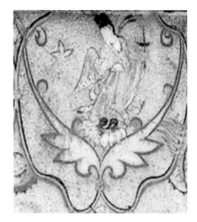

〈사진3〉 고구려 집안 오회분의 인동연화천인화생
(平山郁夫, 『高句麗壁畵古墳』, 2005, 290쪽)

중국의 문화를 가까운 거리에서 경험하고 수용할 수 있었던 고구려의 고분벽화답게 문화의 다양성은 천수국수장과 비교가 되지 않는다. 불교 도교 유교 등이 혼합되어 나타나기 때문이다. 고구려의 관련 벽화는 이밖에도 다수 전하기에 다시 후술하기로 하겠거니와, 위와 같은 인동연화천인화생 모티브가 일본 나라의 천수국수장에 전해짐으로써 연화화생이 갖는 종교적 의미 역시 수용되었으리라는 것은 충분이 예상하고도 남는다. 우마야도에서 성덕태자로, 그리고 성덕태자의 신격화에서 천황 숭배 사상으로 이어지는 일련의 문제는 일본사에서도 지극히 중요하고 민감한 문제이다. 그리고 그 최초의 동력으로

〈그림3〉

추정되는 연화화생을 통한 우마야도의 재생 이야기가 만들어지고 있었다.

이렇게 해서 일단 중국을 비롯하여 고구려에서 일본에 전파된 연화화생이지만 그 종교문화적인 의미가 사찰 밖으로 퍼져 나가는 일은 쉽지 않았다. 일반 백성에까지 불교가 널리 퍼지기에는 더욱 시간을 필요로 했기 때문인데 연꽃문화는 아직 불교라는 테두리에서 머물러야만 했다.

연꽃의 문법

〈사진4〉 가마쿠라시대(12-14세기)의 연화화생과 연엽화생
(蓮文化硏究會蓮談義의 사진을 참고.
https://8106.teacup.com/hasu/bbs?page=159&)

〈그림4〉

그러다가 일본의 종교사상사에 중요한 의미를 갖는 두 번째 계기가 도래하였으니 그것은 아미타여래의 서방정토에 대한 종교적 관심이 고조되던 10-13세기의 일이었다. 소위 가마쿠라鎌倉 불교의 방향을 한발 앞서 보여준 겐신源信(942-1017), 호넨法然(1133-1212), 신란新鸞(1173-1262)의 등장으로 인해 일본 불교는 아미타정토의 사상 연구에 대한 선택과 집중을 하게 되었으며, 이러한 현상은 급기야 사찰 밖의 생활 문화에까지 지대한 영향을 끼치게 된다.

일본 불교가 죽음 문제에 유난히 많은 관심을 기울이게 된 배경이며 이때부터 일본 불교를 가리켜 장례 불교라 부르는 경우가 많아지게 되었다. 일반 서민들은 불교가 장례식에 관여하는 일을 자연스럽게 받아들이게 되었고 자연히 연꽃은 일본에서 장례식이나 죽음을 표상하는 꽃이라는 이미지가 부각되었다.

현대 일본인들에 있어서조차 연꽃하면 떠오르는 이미지로 불교와 장례식을 말하는 데 주저하지 않는다. 동남아시아와 달리 일본의 꽃꽂이 문화에서 연꽃이 사용되지 않는 이유이기도 하다.

사찰 밖에서 진행된 연꽃과 장례 문화의 습합 과정과는 별도로 사찰 내부에서는 여전히 연화나 연화화생이 갖는 불교적 의미가 잘 보존되고 있었다. 사찰에서 사용되는 각종 물품에 새겨진 문양이나 건축 장식물에서 중요한 이야기 모티브를 제공하기도 했다.

특히 승려들의 수행 도구함에 부착돼있던 금속공에 사진을 옮겨 그린 〈그림4〉의 연화화생은 매우 사실적이고 보존 상태도 양호하다. 아미타 정토에서 왕생을 마친 망자들이 연꽃이나 연잎 위에 앉아 환희에 못 이겨 합장하는 모습이 선명하다. 오른쪽 상단의 화생은 연엽화생(좌)과 연화화생(우) 각각 한 명씩 보이는데 연엽화생은 색다른 구도이지만 이 역시 인도에서부터 널리 퍼진 화생 방법 중의 하나이다.

또 나라 호류지 천장에 매달린 장식물이 삼본연화(연봉오리+연화+연봉오리)라든가 쿄토의 토오지東寺(8세기) 오중탑 입구의 연화당초문이 신라시대에 창건된 경상남도 양산 통도사 돌계단에 양각으로 새겨진 연화당초문과 매우 흡사한 것도 사찰을 연화장蓮華藏으로 꾸미려던 공통된 인식에 바탕을 둔다. 연화장은 사찰이라는 공간과 형상이 갖는 불교적 이야기 모티브에서 없어서는 안 될 주요 개념이다. 생활 문화에서의 장례식이라는 이미지와는 별도로 사찰 내부에서의 연꽃은 해탈의 세계로 유도해주는 상징이기 때문이다.

쿄토의 육바라밀사六波羅密寺 본당을 앞에 서서 올려다보면 기와지붕의 바로 아래 처마에도 목조로 만든 선명한 부조(17세기 초)가 있는데 이 또한 삼본연화화생(연봉오리+연화+연봉오리)이다. 여기서 특이한 것은 화생의 주인공이 십일면관음보살의 진언에 해당하는 범어梵語라는 사실이다. 그러니 구체적으로는 삼본연화범자화생三本蓮華梵字化生으로 부를 수 있다. 과연 본당 안에 안치되어 있는 실제 본존불도 십일면관음보살이므로 본존불이 삼본연화화생을 통해 이 세상에 한 발

〈사진5〉 쿄토 육바라밀사의 **연화범자화생**(2011년 3월 필자 촬영)　　〈그림5〉

　　　　　　　　　　　　　　　　　　　　　　　　연꽃의 문법

앞서 모습을 드러내는 형국이다.

　　더욱 놀라운 일은 단지 연화화생 부조만 있는 것이 아니라 바로 아래에는 바다와 용의 형상도 표현해놓았으므로 마치 인도의 우주 개벽 신화를 재현해 놓은 느낌이다. 우주 개벽의 원수原水에서 시조신인 비시누Vishnu가 거대한 뱀 나가Naga와 함께 이 세상에 나타난 후, 수많은 신들이 차례로 출현하는 신화 이야기의 불교 버전을 보는 것 같다. 백련白蓮이라는 사실이 불교 이전부터 전해 내려오는 리그베다나 우파니샤드 사상과의 연계 가능성을 높여준다.

　　태초의 바다에서 나가를 대신하여 용이 나타나는 것은 한역 과정을 거친 이후의 변화이니 지금은 동북아시아의 특징처럼 되어버렸다. 그러나 중국은 인도와 함께 비교해야 비로소 문화적 원형에 접근할 수 있다.

　　그런데 삼본연화범자화생 모티브야말로 한국 불교에서는 지금도 흔히 발견되는 연화장의 구성 요소이므로 두 나라의 문화적 수수관계는 여실히 증명되고 있다. 경상남도 해인사를 비롯하여 한국의 많은 사찰에서는 범어 '옴Om'자나 기타 범자를 연화화생 위에 올려놓는 경우가 많다. 지붕의 막새기와 문양에서도 자주 발견된다. 물론 일본에서는 쿄토 육바라밀사 외에도 동경 지역의 사찰이나 묘비석에서 발견되고 있으므로 연화화생 이야기는 한국과 일본이 공유하고 있는 문화적 다양성의 일면에 지나지 않는다.

　　그런가 하면 현대 한국의 사찰에서도 흔히 볼 수 있는 망자들의 극락왕생도가 연화화생과 함께 표현되는

〈사진6〉 합천 해인사의 연화범자화생(2010년 8월 필자 촬영)

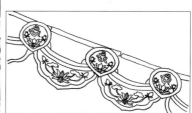

〈그림6〉

경우 역시 일본에 전해지고 있어서 천수국수장 이후의 일본 불교는 한마디로 아미타정토에서의 극락왕생과 연꽃으로 대표된다 해도 과언이 아닐 정도이다. 아미타변상도의 극락왕생을 비롯해서 그 아류와도 같은 각종 극락왕생도에서 연화화생은 필수 불가결한 문화 코드로 자리매김하고 있다. 기본적으로 연꽃은 이승과 저승의 연결고리로써 빼놓을 수 없다는 인식이 널리 퍼져 있다.

이러한 현상은 동경 한복판에서 발견되는 지금의 생활 문화에서도 쉽게 찾아볼 수 있다.

가령 동경 전철의 야마노테센山手線을 따라 우에노 역을 향해 걷다보면 에도시대江戸時代(1603-1867)부터 전해 내려오는 크고 작은 사찰이나 많은 묘지를 발견하게 되는데 이곳을 중심으로도 연화화생이나 유사 문화는 일본인들의 타계관에서 중요한 위치를 차지한다는 사실을 어렵지 않게 보여준다. 즉, 망자들의 극락왕생을 돕는 지장보살이나 유족들의 불공에서 연꽃은 피할 수 없다. 지장보살은 연꽃이 만개한 연못 위에 서서 망자들의 묘비를 바라보고 있으며, 경우에 따라서는 삼본연화가 묘비석에 새겨져 있기도 하다.

그런가 하면 아이치현 토요카와시에서 발견한 어느 장의 전문회사는 연화문이 새겨진 간판을 내걸어 놓고 장례를 전문으로 하는 회사라는 사실을 알기 쉽게 홍보하는데, 이는 부조 봉투에 인쇄되는 문양은 반드시 연화문이어야 한다는 일본인들의 공통된 인식과 맥을 같이 한다. 일본인들의 연꽃에 대한 생각이 중국이나 동남아시아 사람들과는 정반대로 진화 발전한 경우이다. 중국인들은 설날에 건네는 세뱃돈 봉투나 연하 봉투에 연꽃무늬를 인쇄하는 경우가 많다.

이와 같이 일본에서 연꽃은 불교나 죽음을 빼놓고는 달리 생각할 수가 없다. 그러나 이렇게 된 것은 앞서 지적

〈사진7〉 현대 일본의 부조봉투와 연화

연꽃의 문법

〈사진8〉 고구려 장천1호분의 삼본연화이
인화생(전호태, 앞의 책, 2008)

〈그림7〉

했듯이 일본 불교가 아미타 정토 사상에 집중한 결과
이다. 일본보다는 불교를 폭넓게 받아들이고 수용한
한국이나 중국에서 본다면 연꽃은 아미타 정토 사상
과 관련은 되지만 사후 문제 하나에만 집중되지는 않
는다.

고구려에 불교가 전해진 것은 소수림왕 2년(372)
에 전진前秦에서 승려와 함께 불상과 불경이 들어온
것이 시초이다. 이때부터 연꽃은 자연스럽게 고구려
사람들의 종교 생활에 자리 잡게 되었다.

앞에서 소개한 천수국수장〈그림1〉의 연화화생이 고구
려와 연결된다는 사실을 통해 본다면 고구려의 관련 문화유
산이 천수국수장보다 시기적으로 앞서는 것은 당연하다. 그
중에서도 특히 주목할 만한 연화화생은 장천 1호분(5세기 중기)
전실 천장고임 벽화에서 발견된 삼본연화이인화생이다.

이인이란 두 사람을 의미하며 고구려 고분 전문가들의
의견에 따르면 부부 합장묘라 하므로 자연히 연화부부화생
이라 바꿔 말해도 틀린 말은 아닐 것이다. 망자 한 명이
아니라 부부가 동시에 극락에서 왕생하기를 열망하는 지극
히 인간적인 바람이 반영되어 있다. 연화화생을 통해 복수의 인물이 동시에 화생하는
사례를 고대 이집트 외에는 달리 발견한 적이 없다. 그러므로 장천 1호분의 연화부부
화생이 유일하다고는 말할 수 없지만 정토왕생이라는 좀 무거운 주제를 세속적이면서
인간적으로 재해석하여 그려 놓은 소중한 문화유산이 아닐 수 없다. 생활문화에 입각
해서 이해하려는 고구려인들의 유연한 발상이 두드러진다.

다른 나라에서 들어온 외래문화를 있는 그대로 받아들이는 것이 아니라 수용자의
기존 문화에 어울리도록 재해석하는 유연함은 연화에 관한 한 고려시대를 마지막으로

잘 보이지 않는다. 조선시대에 들어오면서부터는 획일적이거나 뭔가의 틀에서 좀처럼 벗어나지 않는 경향이 강해졌다. 반대로 일본의 경우는 불교가 전해지던 초기부터 줄곧 고구려 백제 신라의 영향에서 벗어나지 못하다가 차츰 변화의 기운을 보이더니 에도시대에 이르러서는 자유분방한 연화문양이 등장하기 시작한다. 문화적 여유가 서로 반대방향으로 전개되던 사례를 우리는 연화를 통해서 느낄 수 있다. 엄중한 종교적 분위기의 연화문양에서 연꽃잎이 하나씩 차례로 떨어져 나가 하늘거리며 허공을 나는데 이러한 예술적 유희를 우리는 고구려 고분벽화에서나 실컷 만끽할 수 있다.

아무튼 〈그림7〉은 부부로 보이는 두 사람이 삼본연화(연봉오리+연화+연봉오리)를 통해 막 왕생을 마치며 아미타 정토에 모습을 드러내는 순간을 포착하였다. 이론적 배경이 되는 정토삼부경을 살펴보면 저 부부는 아마도 생전에 많은 선행을 실천하였을 것이고, 그리고 목숨이 다했을 때부터는 나 홀로 저승길을 걸었을 것이나 이 부분을 벽화를 그린 화공은 이승에서의 두 사람이 저승길조차도 함께 떠나는 것으로 재해석하여 그려 놓았다. 부부화생이나 이인화생 이야기가 어떠한 경전에도 등장하지 않는다고 해서 무량수경과 관무량수경을 설법한 석가모니가 역정 낼 일은 아닐 것이다.

벽화의 주변에는 아미타 삼존불이나 성중聖衆들로 추정되는 인물이 보이는 한편, 만개한 연꽃이나 연꽃봉오리 등이 흩날리는 말 그대로 연화장을 자유롭게 그려놓았다. 아미타 정토를 그렇게 장엄한 것으로 보이면서 동시에 아미타변상도라는 일종의 교과서 같은 모범 답안에 대해서 그다지 집착하지 않았다. 고구려 사람들이 인식하던 방식대로 아미타변상도를 그려냈다고 해도 과언이 아닐 것이다.

중국의 돈황 막고굴에 전하는 아미타변상도를 거의 그대로 모방한 불화가 국보급으로 높게 평가받는 경우가 있으나 문화적 평가의 기준이 무엇인가에 대해서도 여러 가지 생각하게 하는 고구려 고분벽화가 아닐 수 없다. 불화 제작에 담긴 미술사적인 측면도 중요하지만 당대 사람들의 정신세계나 생활세계를 읽어내는 일도 간과해서는 안 되기 때문이다.

다행인 것은 20세기 후반부로 접어들면서 한국 불교는 다시 과거의 문화적 유연성

〈사진9〉 순천 송광사 극락왕생도의 연화화생(2009년 8월 필자 촬영)

을 되찾기 시작했다는 점이다. 전국의 많은 사찰에 그려진 불화나 벽화에서 강하게 느껴지는 특징들이다. 앞서 언급했던 전라남도 송광사 지장전 좌측 외벽에 그려진 극락왕생도는 그와 같은 경우의 하나이다.

고구려 장천 1호분 〈그림7〉의 연화이인화생을 빼닮은 연화이인화생이 그려져 있는데 필자의 현장 조사로 실제 부부라는 사실도 확인할 수 있었다. 〈사진9〉의 우측 황련黃蓮 가운데에서 남녀로 보이는 두 사람이 상반신을 드러내고 있는 부분이다. 그리고 〈사진9〉의 극락왕생도를 그린 화승으로부터 고구려 고분벽화를 사전에 살펴본 경험이 전혀 없음도 직접 확인하였다. 학습을 통한 예비지식이 없었다는 것을 의미한다.

송광사 극락왕생도의 부부화생인 경우는 남편이 먼저 사망하였고 남겨진 부인은 이때부터 지장전 외벽에 아미타 정토왕생을 주제로 하는 극락도를 시주 불사하기 위해 여러모로 노력을 아끼지 않았던 것이 출발점이었다. 수년 후 부인마저 사망하자 사찰 측에서는 부인과의 약속대로 극락왕생도를 그리기로 했는데 우여곡절 끝에 부부의 연을 맺고 살던 두 사람을 황련 속에 동시에 화생하는 구도로 삽입하기에 이르렀다. 세속의 인연을 무상으로 보는 석가모니의 가르침과는 반대되는 상황이지만 이러한 세속화 현상은 사실 드문 일이 아니다. 황련 속의 우측이 남편이고 좌측이 부인이다.

벽화의 좌측에는 아미타삼존입상이 그려져 있어서 연화화생을 통해 왕생한 망자들을 연화대로 맞이한다. 아마타삼존불 가까이 다가 선 망자가 있는가 하면 우측 하단에는 아직 연봉오리가 완전히 개화하지 않아서 연화태생을 막 벗어나려는 망자도 보인다. 연화태생이란 연봉오리 속에 가두어진 상태를 말하는데 일종의 감옥 같은 공간이다.

산스크리트 원전 무량수경에는 연화감옥이라고 기록되어 있는데 감옥과 연꽃이라는 두 개념의 극단적인 혼합은 석가모니를 비롯하여 고대 인도인들의 독특한 화법의 산물이다. 생전의 업에 따라 봉오리 속에 가두어지는 기간이 길어지기도 하고 짧아지기도 하는데 이는 임종 후의 저승 심판에서 최종적으로 결정된다. 한마디로 인과응보의 결과이다. 연화화생과 연화태생의 차이점은 불교 경전에서 누차 강조되는 중요한 부분이다.

극락정토에서 다시 태어날 때는 누구나 연꽃이라는 새로운 자궁을 필요로 한다는 고대 인도의 사상이 현대 한국의 사찰 벽화에서 화려하고 선명하게 부활하였다는 사실이야말로 아주 흥미로운 일이 아닐 수 없다. 색색의 연꽃 색깔이나 파도가 이는 태초의 바다 모두 화공의 지식과 상상력의 산물이다. 무엇보다도 망자들이 화생한 연꽃이 작은 조각배처럼 파도 위를 위태롭게 이동하는 장면은 경전에 소개된 적이 없으므로 순전히 화공의 기발한 상상력과 미술적 감각에 기인한다. 화공이 거주하는 부산의 그의 집에서 나눈 긴 대화는 이밖에도 많은 것을 일깨워준 소중한 시간이었다.

고구려인의 문화적 유연성과 함께 시작한 연화화생이나 관련 문화들은 이후로도 지속적으로 우리나라의 문화를 윤택하게 해주었다.

평안남도 남포시에서 발견된 유명한 강서대묘 벽화는 고구려인들의 예술적 감각과 더불어 국제적인 시야를 엿보는 데 부족함이 없는 작품이다. 특히 〈그림8〉의 삼본연화보주화생三本蓮華宝珠化生의 경우 유라시아의 다양한 문화를 한 자리에 모아놓은 집결체

〈사진10〉 고구려 강서대묘의 삼본연화보주화생
(全浩天,『世界遺産高句麗壁画古墳の旅』, 2005, 136쪽)

〈그림8〉

와도 같다.

　자세히 살펴보면 인동문양 당초문양 연화문양이 하나의 문양으로 혼합 변형되어 보주宝珠를 화생시키는 새로운 도안으로 탈바꿈하였다. 둘 이상의 문양이 모여 새롭게 통합된 도안으로 재탄생하는 경우는 흔한 일이지만 저와 같이 셋 이상이 모여 새로운 콘셉트를 창출시키는 경우는 드물다. 그러니 엄밀히 말하면 인동당초삼본연화보주화생을 구현하는 도상이라고 말해야 할 것이다. 인동문 당초문 연화문 하나하나는 기원전 앗시리아와 페르시아에서 유행하던 문양으로 고구려인들은 자신들의 보주를 탄생시키기 위해 유라시아의 여러 문양을 총동원한 셈이다.

　고구려 문화의 정점으로 일컫는 강서 대묘에 어울리게 유라시아를 경유한 문양들이 서로 자연스럽게 잘 어울리고 있다. 그런데 삼본연화(연화+연화+연화)의 가운데에서는 새로운 형태의 보주가 화생하는데 이는 금강석 모양의 보주로써 중국의 영향으로 보인다. 그러나 더욱 거슬러간다면 서역의 영향으로 봐야 하겠지만 중국의 하남 낙양 공현석굴 제4굴 서남쪽 천장 부조에서 연화보주화생이 발견되었으니 중국의 영향이라는 개연성은 충분하다.[1] 역시 삼본연화(연화+연화+연화)를 기본으로 하지만 양 옆의 연꽃은 연봉오리와 중간 단계로 애매하다.

　보주나 금강석은 신神의 화현으로 간주할 만큼 신성함의 상징이었으니 법보法宝라

1・　전호태, 앞의 책, 2008.

부를 정도이다. 수행자라면 강력한 보리심菩提心을 상징하는 등 그 표상하는 바가 다양하여 한마디로 정의하기는 어렵다. 관음보살이나 지장보살이 손에 드는 지물持物의 하나로 모두 소구소원을 들어주는 마법의 여의주라고도 한다.

〈사진11〉 중국 낙양의 연화보주화생
(전호태, 앞의 책, 2008, 201쪽)

불교 이전의 고대 인도신화에서 항아리나 물병과 유사한 역할이 기대되었던 만큼 보주는 최고의 기능성을 갖춘 아이콘이라 하겠다. 〈그림9〉는 연화화생하는 보주가 작은 항아리 속에 들어있는 것처럼 보이지만 자세히 보면 석류 속에 들어 있다. 석류화생은 계통을 달리하는 문화이므로 다양한 요소가 혼합된 상황임을 암시한다. 석류를 마치 항아리처럼 그려 놓고 그 안에서 다시 보주가 출현하는 다층 구도이다.

〈그림9〉

위의 강서대묘가 전하는 삼본연화보주화생은 중앙아시아나 중국 대륙에 퍼진 당시의 글로벌 문화들을 적극적으로 수용했을 뿐만 아니라 고구려 식으로 바꿔가는 문제의식과 유연성을 함께 보여준다. 게다가 고구려인들은 연화화생을 바탕으로 하면서도 다른 개념의 화생, 즉 인동연화화생忍冬蓮華化生이나 화염화생火焰化生 같은 창의력을 발휘하기도 하였다. 오회분 4호묘 벽화는 〈그림3〉 외에도 다수의 기발한 벽화를 간직하고 있는데, 인동연화화생이란 한가운데의 연화를 소극적으로 처리한 결과겠지만, 화염화생은 화염문火焰紋의 응용일 것이므로 발상의 자유분방함에 놀라지 않을 수 없다.

중국을 경유한 인도의 화염문이 의외의 지역에서 활성화되었다. 현대 한국사회에서 요구하는 국제 감각과 문화의 재창출을 위한 역동성을 우리는 고구려 벽화에서 발견한다. 중국의 유명한 석굴사원 안에도 무수히 많은 벽화가 그려져 있지만, 그것들은 어디까지나 구도자의 길을 걷던 수행자의 공간이었기에 종교적인 의미가 강했다면

연꽃의 문법

고구려의 무덤 벽화는 생활세계의 연장인 망자들의 공간이라는 측면에서 근본부터 달리 하는 존재감이다.

앗시리아와 페르시아의 구영토인 지금의 이라크 이란 파키스탄 지역에서 발견되는 다수의 연화화생은 장신구나 도자기를 비롯한 여러 가지 생활용품을 통해서이므로 이 역시 고구려의 무덤 벽화와 구별된다. 조선시대의 장신구에서 십장생이 흔히 발견되는 것과 같다. 그러므로 무덤 벽화에서 연화화생을 다시 만나려면 기원전 고대 이집트의 사례까지 기다려야 한다. 그러니 고구려의 사례들은 특히 주목할 만한 가치가 있다.

그러한 차이점들을 뒤로 하면서 다시 한반도의 문화사에 입각하기 위해서는 역시 사찰의 안과 밖에서 제각기 전개되는 연화화생을 만나야 한다.

경상남도 양산 통도사 극락보전 뒤로 보이는 금강계단金剛戒壇에서 발견한 연화화생은 불보살이라 말하기에는 소박하고 아무래도 수행자로 보인다. 수인手印을 지권인智拳印으로 본다면 대일여래로 판단할 수도 있지만 마모가 심하여 단정하기 어렵다.

삼본연화(연화+연화+연화)에서 화생하니 아마도 수행자가 도달해야 하는 피안의 세계일 것이다. 불교에서 해탈이라고 하는 경지이다. 통도사는 7세기에 세워진 신라의 사찰이므로 연화화생의 사상적 토대는 고구려의 영향으로 형성되었다고 보는 것이 자연스럽다. 금강계단은 승려가 되는 과정 중의 하나인 수계의식이 이뤄지는 곳이므로 도를 얻어 깨달은 경지를 상징하여 새겨놓았을 것이다. 정진을 멈추지 않은 어떤 수행자가 마침내 삼본연화의 가운데 연화대에 앉아있는 모습을 상상해본다.

〈사진12〉 양산 통도사의 연화화생(2010년 8월 필자 촬영)   〈그림10〉

강서대묘 벽화에서 본 보주화생의 유사작품인 보병宝瓶화생은 해인사에서 볼 수 있었다. 해인사 역시 통도사와 마찬가지로 신라시대에 창건된 사찰이므로 앞에서 살핀 고구려 고분벽화의 특징들이 남아 있음을 본다. 〈사진13〉은 범종각의 단청에 그려진 연화보병화생이므로 범종이 울려 퍼지면서 보병에 담긴 진리의 말씀이 시방十方으로 끊임없이 퍼져나가기를 기원하는 마음이 담겨있다고 해석할 수 있겠다.

〈사진13〉 해인사의 대비로전 연화보병화생
(2010년 8월 필자 촬영)

〈사진14〉 해인사의 대비로전 삼본연화
(2010년 8월 필자 촬영)

그런데 자세히 보니 연화 양 옆의 문양은 지금까지와는 사뭇 다르다. 인동초나 연화도 아니고 운기문雲氣紋의 변형으로 추정된다. 그렇다면 운기연화문(운기+연화+운기)의 단위 문양이 만들어졌다는 의미인데 굳이 칭한다면 운기연화보병화생이라 명명할 수 있는 경우이다. 운기문의 등장은 법음法音을 형상화하기 위함이었을지도 모른다. 다양한 문양을 한 곳에 재구성함으로써 새롭게 재창출하던 고구려 사람들의 유연성이 현대 한국의 사찰 벽화에서 부활하고 있다는 느낌이다.

해인사의 단청을 그린 화공들은 운기연화문에 그치지 않고 대비로전大毘盧殿 입구 문짝 아래에도 삼본연화의 변형된 도상을 그려놓았다. 그런데 가운데의 연화를 아래에서 받치고 있는 한 장의 커다란 연잎을 볼 수 있는데 이것은 인도에서 발생한 매우 특이한 도상이다. 소위 연엽화생蓮葉化生의 등장이며 일본에서도 유사한 사례 〈그림4〉가 발견되었다.

그런데 이 문제에 관한 한 중국은 어디까지나 경유지일 뿐 인도의 신화가 연엽화생의 발원지 역할을 하였다. 그러니까 인도에서 중국을 거쳐 들어오면서 문화적 본질에서 일탈하지 않고 줄기차게 이어져 온 문화 코드의 하나였다. 고대 이집트 기원의

연꽃의 문법

문화 코드가 연화화생이라면 인도 기원의 문화 코드는 연엽화생이라 할 수 있다. 동아시아에서 연화화생의 문화적 외연을 넓혀준 것이 다름 아닌 연엽화생이다.

연엽은 인도 신화에서 태초의 대지를 상징한다. 우리들이 사는 속세간의 땅을 포함하지만 본래 천지개벽의 원초적 대지를 시원으로 한다. 인도의 신화를 전하는 브라흐마나Brāhmana에 의하면 우주 개벽의 다음 단계에서 조물주 프라자파티Prajapati는 태초의 바다 아래로 잠수해 내려가 흙을 건져 올려 연잎 위에 펼쳐놓았다고 전한다. 대지의 기원으로 전하는 이야기이다. 이 세상의 만물은 바야흐로 프라자파티가 연잎 위에 만든 대지에서 전개되니 연잎이야말로 앞으로 구체화될 현실 세계를 근본에서 떠받친다고 해도 과언은 아닐 것이다. 그러므로 〈사진14〉가 보여주는 도상은 삼본연화(연봉오리+연화+연봉오리)를 통해 만물이 이제부터 탄생하리라는 것을 예고하지만 다음 단계의 전개는 연잎으로 상징되는 대지가 있어 가능하다는 구도이다. 과거 현재 미래가 압축되어 있다. 그래서 이 세상의 모든 현상은 마침내 신의 섭리대로 연잎 위에서 전개된다는 예고편을 암시해준다. 그림의 연봉오리가 변형되긴 했어도 전체적으로는 불교와 더불어 인도의 신화세계를 함께 읽을 수 있다.

〈사진15〉 해인사 대적광전의 천녀와 연화관(蓮華冠)(2010년 8월 필자 촬영)

합천 해인사의 대적광전 천장에 그려진 천녀天女는 머리에 연꽃 모양의 화관花冠을 쓴 것이 독특하다. 양손으로 장구를 치는 모습이나 복장이 한국 전래의 무녀를 닮았는데 석가모니의 설법과 나투심에 대한 환희를 표현하는 불화나 무속화는 사실 이밖에도 많다. 불교의 례를 벗어나서는 무속의례로 정착한 측면이 있으며 이때 연꽃으로 만든 화관은 천녀의 신성함을 드높여주기도 한다.

그런데 〈사진15〉의 천장 벽화는 대웅전의 본존불을 수호하는 목적과 함께 종교적 환희를 표현한다고 말할 수 있다. 인도의 압사라Apsara에 해당하므로 불교문화권이라면 어디서나 유사한 천녀의 모습을 볼 수 있을 뿐만 아니라 지중해 문화권에서도 여신들 중에 수련 화관을 쓰는 경우가 종종 있다.

그러나 압사라가 머리에 연꽃 모양의 화관을 쓰는 경우는 드문 일이니 한국 사찰의 천녀나 무속신앙의 화관은 한국적 전개의 일면을 보여준다. 민속학에서 중요시하는 소위 무불습합의 전형이기 때문이다. 한국 문화에는 불교와 무속이 어울려 새로운 문화를 창출하는 사례가 매우 많아 다른 나라의 경우와 구별되기도 한다.

그런데 한 가지 흥미로운 것은 연화대무蓮花臺舞라는 춤에 관해서이다. 조선 성종 24년(1493)에 성현成俔 등이 왕명에 따라 펴낸 음악책『악학궤범樂學軌範』에 전하는 전통 무악으로 연꽃의 화관과 함께 연화화생이 중요한 모티브로 등장한다. 춤에 관련된 유래에 대해서는 중국 전래설이 유력한 가운데 학춤과 합쳐졌다거나 등장하는 두 여인의 출처가 봉래蓬萊라는 등 다양한 설이 교차되고 있다.『악학궤범』에는 그 역사적 배경을 고려시대부터 전해오는 당악의 하나라고만 짧게 기록되어 있다.

그런데 핵심은 불교를 숭앙하던 고려시대에 시작되었다는 사실이므로 연화화생과 연꽃 화관을 불교적으로 해석하지 않을 수 없는 상황이다. 화관이 천녀의 상징이라면 연화화생은 여기서 출현하는 천녀나 동녀童女가 범상치 않은 존재임을 강조한다. 다시 말해서 본래는 중국적 봉래가 아니라 최상의 천상 세계에서 내려온 천녀들이 출현했음을 암시하고자 연화화생을 연출했다고 보는 것이다. 춤의 전체적 스토리가 불교 교리를 드러내지는 않았지만 연희를 더욱 빛내고 축복하고자 삽입된 연화화생과 연꽃 화관이라 한다면 무불습합이 상당히 진행되던 고려시대이기에 가능했던 문화현상이었다.

다음 사진의 회화적 구성 역시 고려시대부터 형성되었을 것으로 추정되는 가운데, 천녀 옆에서 함께 춤을 추며 내려오는 또 한 명의 천녀는 치마저고리 복장이 영락없이 한국 여인이다. 양손으로는 긴 줄기의 홍련을 쥐고 있어서 역시 신녀神女임은 부정하기 어렵다. 연꽃을 상징적 지물持物처럼 손에 쥐고 나타나는 인도의 압사라나 불교의 관음 보살과 비천이 있기는 하지만 중국에서도 팔선八仙 중의 한 명인 하선고荷仙姑가 마찬

〈사진16〉 해인사 대적광전의 천녀와
연화(2010년 8월 필자 촬영)

가지로 항상 연꽃을 들고 등장한다. 게다가 하선고 역시 지역에 따라서는 춤을 추는 무녀로 등장하기도 하니 〈사진16〉과 유사하기까지 하다.

불교 이외의 여신이 연꽃을 손에 들고 나타나는 흔치 않은 경우이다. 칠선 모두가 남성인 가운데 하선고만이 여성이므로 팔선의 일원이 될 수 있었던 정체성 자체를 의문시하기도 한다. 즉, 칠선은 중국 고유의 신들의 이야기를 간직하지만 여덟 번째 여신인 하선고의 출신 배경에 의문이 간다는 의견이 많다.

하선고에 대해 설왕설래 많은 의견이 공존하는 가운데 인도의 여신 락슈미Lakshmi의 영향일 것이라는 소견에 대해서는 후술하기로 하겠다. 아무튼 〈사진16〉의 천녀는 자신이 신녀라는 사실을 연꽃을 통해 암시하고 있으며 아울러 불보살의 친견에 대한 환희를 온 몸으로 표현하고 있다. 그리고 한국의 문화적 특징으로 여겨지는 불교와 무속의 만남에서 연꽃이 중요한 매개 역할을 해왔다는 사실도 짐작하게 한다.

한편 경기도 파주시 보광사의 대웅전 뒷면에는 조선시대의 작품으로 알려진 벽화 〈사진17〉이 남아있는데 아미타변상도의 소박한 변형임을 한눈에 보여준다. 일반 신자들의 눈높이에 맞춰 제작된 벽화일 것이라는 화공의 의도 또한 금방 읽혀지는 극락왕생도이다. 난해한 식견을 필요로 하는 아미타변상도에 비해 매우 알기 쉽다는 뜻이다. 즉, 아미타 정토의 연못에서 망자들이 제각각 왕생하는데 그들 앞에는 아미타여래를 비롯한 불보살들이 곳곳에서 맞이하는 광경이다. 보광사가 9세기 말에 창건되었다고는 하지만 여러 차례의 소실을 거쳐 지금 남은 전각은 대부분 조선시대 이후의 중창에 의한다.

그런데 그림의 극락왕생도는 연화화생만이 아니라 연엽화생에 의한 왕생 역시

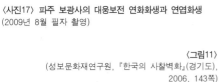

〈사진17〉 파주 보광사의 대웅보전 연화화생과 연엽화생
(2009년 8월 필자 촬영)

〈그림11〉
(성보문화재연구원, 『한국의 사찰벽화』(경기도),
2006, 143쪽)

다수 보이고 있어 두 가지 화생 방법이 조선시대 불교에서는 당연시되었던 것 같다. 연화화생 일변도로 이해하는 송광사의 극락왕생도와 구별된다. 해인사 대비로전의 연엽화생이 우주 개벽의 신화적 배경에 바탕을 둔다면, 보광사의 경우는 재가불자들의 왕생 신앙에 의거한 것으로 해석할 수 있겠다. 조선시대의 연엽화생 또한 상당히 토착화하였음을 보여주는 사례이다.

그리고 보광사의 연화화생은 오로지 백련白蓮으로 통일되어 있어 이 또한 조선시대 화공들의 안목에 머리를 숙이지 않을 수 없다. 화생 중에서 으뜸은 백련화화생이므로 의도적으로 모두 백련으로 그렸다고 봐야 마땅하다. 홍련 청련 황련은 약속이라도 한 듯이 배제되었다. 보광사와 인연을 맺고 불법승 삼보三寶에 귀의하는 자는 그림의 망자들처럼 언젠가 아미타 삼존불을 친견하게 될 것이다.

흥미로운 것은 망자들 중에 앞으로 옆으로 쓰러져 있는 모습이 더러 보인다는 점이다. 이 또한 우연이라기보다는 화공의 치밀한 기획에 따른 구도로 읽혀진다. 즉 망자들의 왕생은 이승에서의 아무개가 아닌 익명의 신생아로 새롭게 태어난다는 경전

연꽃의 문법

의 말씀을 그렇게 표현하려던 의도였다. 모두 버리고 떠나는 자들이라는 점을 부각시키려는 목적도 있으며 윤회에서 완전히 벗어나 두 번 다시 모태母胎로 돌아올 일이 없는 망자들이라는 점을 나타내려던 의도였을 것이다. 불교적 안목의 깊이로 말하면 과연 화승이라 부르기에 부족함이 없다.

이러한 조선시대의 전통은 현대 한국불교에도 그대로 남아있어서 가령 경기도 시흥시의 영각사 무량수전의 연화화생이 그렇다. 무량수전 정면의 현판 바로 아래에 단청의 일부로 그려진 연화화생이 그와 같은 사례인데 종교적 목적이 매우 뚜렷하다. 망자들은 하나같이 옷을 걸치지 않고 연꽃 위에서 상반신을 드러내며 합장한 자세이다. 무엇을 의미하는지는 굳이 설명을 요하지 않는다. 극락왕생의 감사하는 마음을 아미타여래께 합장으로 표현하면서 종교적인 환희를 만끽한다. 더 이상 이승에서의 누군가가 아니므로 알몸으로 표현하였다.

〈사진18〉 시흥 영각사 무량수전의 연화화생(2009년 8월 필자 촬영)

무량수無量壽(Amitayus)는 아미타여래를 의미하므로 무량수전은 아미타정토의 다른 이름이다. 그래서 연화장 같은 아미타정토의 장엄이 전각 구석구석을 가득히 메우고 있다. 아미타여래께 귀의하는 자는 그림의 망자들처럼 누구나 연화화생의 왕생을 이루리라는 무량수경의 법음이 선명하게 들려오는 듯하다. 그럼에도 불구하고 연화의 전체적 느낌은 획일적이고 화공의 종교적 깊이에서 오는 여유로움이 파주의 보광사만큼은 전달되지 않는다.

종교적이거나 예술적인 범주에서 전승돼 오던 사찰 내의 연화화생이 점차 세속과의 교류를 통해 변이를 일으키는 것은 종교의 일반적인 현상이기도 하다. 사찰 밖의 생활세계에 토착화하면서 문화 변이를 일으키게 되는데 한국의 연화화생도 예외는 아니라서 다음 사진은 그 중의 하나에 불과하다.

경기도 수원시 남문시장의 침구 전문점에서 판매하는 베갯모의 자수 문양에 주목하고자 한다. 최근에 만들어지고 판매되는 베갯모의 자수 문양이라는 점과 문양의 도상학적 의미, 그리고 이 문양에 대한 사람들의 민간신앙적인 욕구 등이 요점이 된다.

사진의 자수 문양을 직접 만든 가게 주인의 얘기를 종합하면 문양의 이름은 연엽동자화생蓮葉童子化生이라 명명하는 것이 적절하다고 본다. 즉, 연엽에서 아이가 화생하여 태어난다는 의미인데 수태를 희망하는 부부의 소원을 반영하여 베갯모 문양으로 만들었다고 한다. 그러나 만든 사람이나 사용하는 젊은 부부나 종교신화적 의미에 대해서는 자세히 알지 못하였다.

〈사진19〉 수원시 남문시장의 베갯모 연엽화생(2009년 8월 필자 촬영)

화생을 아이의 탄생으로 자의적으로 해석하면서 기자신앙의 일환으로 전승되는 전형적인 사례이다. 중국에서도 흔히 발생하는 문화 변이 패턴이다. 그러나 한편으로는 아이의 탄생을 부부의 문제로만 보는 것이 아니라 신의 세계에서 점지 받는다는 문제의식이 잠재되어 있다고 추정하는 것도 가능할 것이다.

게다가 흔히 볼 수 있는 연화화생이 아닌 연엽화생이므로 더더욱 신화적인 배경을 갖는 도상으로 봐야 하는데 불교 경전에도 거의 등장하지 않는 연엽화생이 어떤 경유를 거쳐 민간에 토착화하여 남아있는지 흥미로운 문제가

〈그림12〉

연꽃의 문법

아닐 수 없다. 지금으로서는 해인사의 사례에서 봤듯이 사찰 벽화나 탱화 속에 남아있던 연엽화생의 부분도가 사찰 밖으로 나갔거나 아니면 유사한 도상이 중국으로부터 전래되지 않았을까 추정하는 정도이다. 그러나 이것은 어디까지나 추정일 뿐 좀 더 많은 유사 사례들과 비교 분석함으로써 더욱 분명해질 것이다.

그리고 자수 도상에 나타난 바로는 연꽃 문양은 불분명하지만 삼본연화의 잔영은 엿보인다. 그렇다고 한다면 연엽화생 위에서 전개되는 삼본연화화생이 본질적인 배경이었을 것으로 판단하게 된다. 사진의 베갯모를 사용하는 어느 부부의 의도와는 상관없이 아시아의 다문화가 서로 교류하면서 침전된 사례를 우리는 생활문화 가까이에서 목격할 수 있다.

문화의 자의적인 해석과 활용이야말로 제3의 문화가 탄생하는 원동력 중 하나인데 우리 조상들은 고구려의 고분 장천1호분 벽화에서 봤듯이 그러한 유연함에서 특별한 능력을 발휘해온 것 같다. 국민 이야기 중의 하나로 간주하기에 충분한 심청전이야말로 연화화생의 우리 식 해석을 잘 보여준다.

아버지 심학규의 눈을 뜨는 데 필요하다며 공양미 삼백 석에 자신을 팔아 인당수에 제물로 바쳐졌던 심청이가 상제의 도움으로 왕후가 되었고 아버지를 만나기 위해 다시 이 세상으로 돌아오게 된다는 줄거리이다. 이때 심청이 용궁과 이승으로의 여행 길에서 몸을 의지하던 공간은 다름 아닌 연꽃 봉오리였다.

용궁과 이승을 오가는 설정이지만 죽음을 각오하고 제물로 바쳐졌으니 용궁은 사실상 저승이자 피안이나 다를 바 없다. 서로 다른 차원의 공간 이동에서 연화화생이 핵심이라는 이야기 설정을 의외로 가볍게 넘기는 경향이 있는데 중국의 불교설화가 그렇듯이 심청전의 경우도 최초의 발화자는 불교에 해박한 사람이었을 가능성이 있다.

그러니까 연화화생이라는 관점에서 본다면 심청전은 본격 불교설화의 구성 일부를 갖추었다고 해도 과언은 아니다. 다만 극락왕생이 아닌 이승으로의 환생還生이라는 생소한 이야기가 섞여있지만 이러한 반전이야말로 제3의 문화일 가능성을 높여주는 것이다.

불교적으로 본다면 이승으로의 연화환생이므로 거듭되는 또 다른 죽음이 전제되는 윤회 이야기라는 측면에서 극락왕생과는 엄밀한 차이가 있다. 진정한 왕생이란 해탈을 뜻하므로 이는 곧 영생을 얻은 것이며 그렇기 때문에 윤회에서 완전히 벗어난 상태를 말하는데 심청이 용궁으로의 연화화생과 더불어 이승으로의 연화환생을 보여준 것은 달리 사례를 찾아보기 힘든 이야기 전개가 아닐 수 없다. 심청전의 많은 이본異本 중에서도 특히 주목해야하는 줄거리 설정이다.

이와 같이 연꽃에서 촉발된 종교적 세계와 토착문화의 상호 교류에 관해 불교민속학이나 종교민속학은 최근에 와서야 비로소 그와 같은 문화적 구조 분석에 힘을 기울이고 있다. 세계의 주요 문화 대부분은 결국 종교와 민속의 경계에서 벌어지는 현상이므로 당연한 연구 경향이라 하겠다. 문명권을 특징짓는 경계 역시 종교적 경계와 중첩되는 경우가 많으므로 앞으로는 더욱 주목받게 될 연구 영역이다. 문명권 간의 경계는 문화에 국한되지 않으며 정치 경제를 비롯한 각 영역의 질서를 결정짓는 일이 빈번해지고 있기 때문이다.

한편 지금까지 살펴본 바와 같은 현상들은 중국의 연꽃문화를 통해서도 살펴볼 수 있고 그것이 고구려를 비롯한 한반도의 문화 형성에 지대한 영향을 주었다 해도 틀린 말은 아닐 것이다. 우리나라의 연꽃 이야기라 해서 그것이 모두 고유는 아닐 것이라는 얘기가 된다.

연꽃을 통해 중국의 문화를 들여다 볼 때 한 가지 유념해야 할 문제는 서역으로부터 전해진 불교의 영향 외에 중국의 자생적인 유교가 개입했다는 통속적인 이해이다.

유교의 연꽃이 지니고 있는 문화적 특징은 유라시아에서도 유별나서 연꽃은 한마디로 군자의 상징이라는 일반론이 있다. 이것이 조선시대의 유교나 연꽃문화와도 무관하지 않은데 우리로서도 유념하지 않을 수 없다.

연꽃이 왜 군자를 상징하는가에 대한 근거로는 진흙에 더렵혀지지 않으면서 청초한 꽃을 피운다거나 연못물에 오염되지 않는다는 상투적인 이유를 내세우는 경우가 많았다. 그러나 불교의 수행자나 우파니샤드시대의 브라만 수행자들에 대한 비유와 다를 바가 없어서 과연 유교의 고유 영역에서 연꽃에 대한 그러한 사유가 이전부터 있었는지는 단정하기 어렵다.

그럼에도 불구하고 중요한 이유는 현대 한국의 유교문화에서조차 여전히 연꽃이 군자를 상징한다는 일반적인 이해가 부착되어 있기 때문이다. 문헌만이 아니라 각종 민화나 부조에 나타난 연꽃은 변함없이 군자의 상징으로 전하는 실정이다.

그밖에도 십장생에 연꽃을 자의적으로 편입시켜 그린다거나 이것이 반대로 사찰 탱화 속으로 들어오는 역류 현상들은 지금 어렵지 않게 만나볼 수 있는 사례들이다. 게다가 오행사상이나 도교의 변형된 회화적 구도 안에서 주관적으로 해석되어 전승되는 연꽃으로 말하면 그 사례가 더욱 많아진다. 중국의 불교와 함께 유교와 도교의 영향을 무시하기 어려운 배경들이다.

그러나 아무리 그렇더라도 중국의 연꽃문화를 바르게 이해하기 위해서는 서역과의 관계를 소홀히 하면 안 된다는 것이 나의 생각이다. 연꽃문화에 관한 많은 부분에서 중국은 발상지라기보다 경유지로 봐야 하는 경우가 적지 않다. 한국 사람들은 중국에서 전해진 문화라면 대체로 중국을 발상지로 오해하는 일이 종종 발생한다.

경유지이면서 동시에 재구성 지역이 바로 중국이라는 필자의 판단을 가능케 하는 자료는 적지 않아서 가장 먼저 봐야 할 것은 무엇보다도 돈황 막고굴의 벽화 아미타변상도이다. 인도문화의 경유와 재구성이라는 면에서 이것이 대표적이고 또 한국과 일본을 포함한 동북아시아의 불교발전과 연꽃문화 전반에 끼친 영향도 헤아리기 어렵기 때문이다.

7세기 전반에 만들어진 막고굴의 아미타변상도는 이후의 변상도를 그리는 데 있어서 교과서 같은 존재였다. 회화적으로도 그렇지만 벽화에 드러난 정토삼부경의 해석에서도 그렇다. 그러니 벽화 제작에 가담한 화공과 설법에 관여하는 수행자들에게도 그 자체가 다르마Dharma(法) 같은 존재였다.

구체적으로 보면 무량수경 관무량수경 아미타경으로 구성된 정토삼부경의 내용과 사상을 한 폭의 그림으로 압축하여 재현했다는 의미에서 아미타 변상도가 된다. 무량수경에는 아미타정토란 무엇인가에 대한 개략과 사상이 담겨있다면 관무량수경에는 아미타정토에 왕생하기 위한 상세한 방법론이 전한다고 보면 될 것이다. 말하자면 해탈을 위한 비법이 담겨있는데 16관법이 골자로 명상과 임종에 의한 왕생론이 소상히 전한다. 그런데 16관법과 왕생론의 주요 개념이 연꽃으로 표상된다는 사실이야말로 지금 문제가 되는 내용의 핵심이다.

그리고 세 번째 아미타경은 위의 방법에 의해 무사히 아미타 정토에 도착하여 왕생한 자들이 목격하게 되는 광경이 상세히 기술되어 있다. 관찰자인 자신만이 아니라 연화화생을 통해 이미 왕생을 하였거나 지금 막 연화화생 하는 자, 또는 기약 없이 연화화생을 기다리는 망자들을 목격한다. 이들은 연화태생 중인 망자들을 가리키며 연꽃 봉오리 속에서 인고의 기나긴 세월을 보내야 하는 자들이다.

〈사진20〉 중국 돈황 막고굴의 아미타변상도와 연화태생

막고굴의 아미타변상도는 너무도 유명해서 각종 도록이나 인터넷을 통해 쉽게 만나볼 수 있으므로 여기서 자세히는 소개하지 않겠으나 우측 하단의 연화태생만은 모사로 그려 제시하기로 하겠다.

타원형의 연꽃 봉오리 속에 상반신을 드러낸 채 합장하고 있는 망자의 모습이 반투명인 상태로 들여다보인다. 이들이 연화태생중인 망자이다. 정토삼부경에 대한 화승의 식견에 저절로 감탄하는 순간이다. 산스크리트 원전 무량수경에 의하면 제자 아지타의 질문에 답하는 형식으로 석가모니는 연화태생에

〈그림13〉

연꽃의 문법

대해 설명하였고 이 부분을 화승도 잘 이해하고 그렸다는 결정적인 증거이다. 지금의 많은 연구자나 관광객들은 변상도 우측 하단에 매우 작게 그려진 연화태생을 놓치는 경우가 허다한데 그렇다고 하면 이 작품 세계의 진의에 대해 진정으로 이해했다고 보기는 어렵다.

이와 같이 망자가 들여다보이는 반투명 상태로 그려진 연화태생은 두세 봉오리로 많지는 않다. 그런데 이 부분이 중요한 이유는 세월이 지나면서 중국 한국 일본에서 그려지는 아미타변상도의 부류에서 저와 같은 연화태생이 차츰 희미해지거나 보이지 않게 되었기 때문이다. 급기야 근세 이후의 아미타변상도에서는 획일적인 연화화생만 그려지는 경우가 대부분이다. 이는 단지 벽화나 불화 구도상의 문제가 아니라 연화태생에 대한 문제의식이 차츰 기억에서 멀어지면서 동시에 연화화생에 대한 통찰력도 저하했을지 모른다는 반증이기 때문에 아미타변상도의 원점이라 할 수 있는 부분도 〈그림13〉의 메시지는 매우 크다. 연화화생의 온전한 이해는 연화태생과 함께 했을 때 비로소 가능하기 때문이다.

연화태생인 자들은 생전에 지은 많은 악업의 인과응보에 따라 연꽃 봉오리 속에 들어간 상태로 한량없는 세월을 기다리게 된다. 수억 년이라는 무한에 가까운 유한적 시간 설정도 불교 이전의 베다와 우파니샤드시대부터의 전통적인 화법이다. 부모를 살해했거나 수행자의 몸을 상하게 한 자들이 받는 죄의 대가는 무거워서 상상하기 어렵지만 의외로 처참한 지옥 대신 연꽃 봉오리 속에 가두어진다는 미묘한 징벌이 가해질 뿐이다. 그래서 산스크리트 원전 무량수경에서는 연화태생의 연꽃 봉오리를 연화감옥이라고 부르지만, 한역경전에서는 보이지 않는 용어이다. 한역경전이 전해진 나라의 불교에서 연화태생과 연화감옥에 대한 별도의 문제의식이 희미해진 또 하나의 원인이다.

이러한 이유로 인해 연화감옥에 대한 석가모니의 깊은 뜻을 올바로 이해하지 못했거나 혹은 시왕+王의 한 명에 불과한 염라대왕을 과도하게 강조하는 중국불교가 도교와 습합하여 지옥을 공포의 세계로 묘사하고 설명하면서부터 변화는 가속화되었다.

극락과 지옥을 변별적으로 다루면서 연화는 지옥과 거의 무관한 꽃으로 변하기 시작하였다.

관무량수경에 의하면 생전의 업에 따라 임종 후의 망자들이 제각각 가야하는 방향이 조금씩 다르게 되는데 〈그림13〉의 연화태생중인 망자들은 하품중생과 하품하생에 해당하는 자들이다. 구품왕생 중에서 맨 아래 여덟 번째와 아홉 번째에 속한다. 버림받은 자들일 것이라는 선입관과는 달리 수억 년이 지난 후에는 빠짐없이 연화화생 한다는 설정이므로 이론상으로는 일체중생 모두가 왕생의 대상이다. 석가모니 자비론의 실존 문제가 여기에 담겨있다.

이와 같은 임종과 왕생 이야기는 일반적인 아미타변상도 하단부에 우에서 좌로 작은 그림으로 그려진다. 주로 관무량수경의 구품왕생에 맞추어 표현하였으므로 아홉 가지 그림으로 나누어 놓는다. 상위 왕생부터 보면 상품상생, 상품중생, 상품하생, 중품상생, 중품중생, 중품하생, 하품상생이며, 나머지 둘은 위에서 언급한 하품중생, 하품하생이다. 〈사진20〉의 다른 부분에서 연화화생 하는 망자들 옆에는 아홉 가지 왕생의 종류가 세로로 적혀있어 망자 한 사람 한 사람의 생전의 업을 대략 짐작할 수 있다.

하품상생은 보통 중생들이 해당되는데, 생전에 적당히 나쁜 생각이나 거짓말 정도는 경험했거나 사리사욕에서 완전히 자유롭지 못했던 자들이다. 대부분의 사람들이 하품상생에 속할 수밖에 없는 이유이다. 그래서 이러한 자들이 임종을 하게 되면 저승에 도달하기 전 중유에 머물러야 하는 기간은 49일이며, 연꽃 봉오리 속에 갇히게 되는 기간도 49일이다.

사십구재의 기원 설명이기도 한데 자연히 상품과 중품은 연꽃 봉오리 속의 연화태생 기간이 점점 짧아져서 최상의 상품상생은 임종과 거의 동시에 연화화생을 이루게 된다. 그러다가 악업의 정도에 따라 반나절, 하루, 일주일 하는 식으로 연화태생 기간은 길어진다. 이와 같이 〈그림13〉의 아미타변상 부분도는 관무량수경을 바르게 이해한 화승이 그렸을 가능성이 매우 농후하다.

한편 왕생의 경지에 도달하는 방법에는 임종이라는 짧고도 기나긴 순간 외에도 명상을 통하는 방법이 남아있는데 변상도의 우측에 위에서 아래로 그려지는 내용들이다. 관법이라 일컫는 명상법으로 전체 16관법 중에서 특히 제1관법에서 제13관법까지 설명하고 있으므로 13장면으로 나누어 그려놓았다. 경전과 벽화는 보기 좋게 일치한다.

그런데 단계별 13관법에서 도달점이라 할 수 있는 관법은 제12관법으로 역시 연꽃은 핵심문제로 강조된다. 제1관법에서부터 수행자는 마치 세상의 근본을 하나하나 열어나가듯이 아미타 정토를 관觀하면서 차츰 다가서는데 이윽고 자연 세계를 관하는 단계에 이르렀으니 도달점은 연화상蓮華想이다. 아미타 정토의 중심을 상징하는 연꽃을 관할 수 있어야 한다.

그리고 아미타삼존불의 연화좌상을 관觀해야 하고 그럼으로써 이곳이 아미타정토임을 올바로 인식하기에 이른다. 이어서 더욱 정신을 집중하여 이번에는 수행자 스스로의 모습을 관觀할 수 있어야 하는데 이때는 이미 연꽃 위에 앉아 있는 자신의 연화좌상을 살펴봐야 한다. 아미타 정토에서 자신의 실존을 재발견함으로써 수행자의 명상은 일단락 하게 된다는 이야기인데, 이러한 흐름이 벽화의 위에서 아래로 단계별로 잘 재현되어 있다.

여기서 가장 주목해야 하는 관법은 수행자 자신이 연꽃에 화생해 있는 모습을 관하라는 보관普觀으로, 구체적으로는 연꽃이 오므라졌다가 다시 펼쳐지는 연속적인 움직임을 관한다는 명상법이다. 산스크리트 원전 무량수경에서 석가모니가 말하던 법문 그대로를 충실히 전달하는 관법으로 연꽃에 화생했다 해도 아직 완전한 왕생은 아니고 일단 오므라들었다가 다시 펼쳐짐으로써 비로소 완전한 왕생을 이룬다는 설정이다. 윤회를 완전히 끊고 전혀 다른 존재로 탈바꿈하는 시간이다.

이 부분을 놓고 벽화를 그린 화공이 얼마나 고민했는지 지금으로서는 알 길이 없지만 짧은 시간이라도 연화태생의 기간을 거친다는 전제가 강조되었다고 해석할 수 있겠다. 관무량수경에서 말하는 구품왕생법의 연화태생과 연화화생을 한 번의 명상으로 볼 수 있는 오묘한 단계이다.

이와 같은 명상 과정을 거쳐 진정한 왕생을 이루었다고 말할 수 있게 되는데, 임종 왕생과 더불어 두 가지 왕생법이 경전과 거의 다르지 않게 그려져 있다. 그리고 최종적으로는 아미타정토의 세계가 한눈에 펼쳐지게 된다.

그러나 아미타 정토를 회화적으로 재현하면서 중국인들은 궁궐이나 누각 연못 등을 중국풍으로 바꾸는 일에 주저하지 않았다. 아미타삼존불의 의상이 바뀐 것은 물론이고 궁궐의 건축물 또한 그러한데 연못조차도 화려한 건축물 사이에 작게 만들어 놓은 정원 연못 정도로 축소되었다. 태초의 원수原水라는 이미지는 거의 사라지고 없다. 여기서 망자들이 연꽃을 통해 화생하는 광경이 여럿 보이는데 규모도 작고 귀여워서 주변의 웅장한 분위기와는 사뭇 다르다. 아미타경에 나오는 연못이 불교 이전의 신화적인 분위기였다면 〈사진20〉의 배경이 되는 연못은 인공적인 정원에 만들어 놓은 작은 관상용 못 정도로 축소되었다.

무량수경의 48서원誓願 중 네 번째 서원에 의하면 아미타 정토에 왕생한 자들은 그곳의 신들과 다를 바 없는 존재로 탈바꿈한다고 하였으나 〈그림13〉의 주변에서 연화화생한 망자들은 주변의 신이나 성중들에 비해 격이 낮게 보이도록 배치하였는데 이것은 유교에서 강조하는 군신관계의 영향이다. 여러모로 중국의 아미타신앙으로 재구성된 내용으로 벽화가 전하는 아미타 세계는 거의 변경 없이 한국과 일본에 커다란 영향을 끼쳐왔다.

중국의 불교는 이미 2000여 년 전에 전래되었으므로 연화화생을 비롯한 연꽃문화는 비교적 일찍부터 퍼져있었다. 신강 위구르 지구에서 발견된 〈사진21〉의 부조(6세기 경)는 분명히 불교가 중국에 전래되던 초창기 연화화생 도안을 잘 답습하고 있다. 다만 발견된 장소가 사찰 터인지 아니면 묘지인지에 따라서 화생중인 주인공이 망자인지 불보살인지 판명할 수 있다. 그러나 구체적인 발견 장소의 정보가 기록에 남아있지 않아 판단하기는 힘들게 되었다.

그렇지만 유추할 수 있는 유사 자료는 인도의 붓다가야Buddhagaya에 다수 전한다.

연꽃의 문법

〈사진21〉 중국 신강의 연화화생
(서울 국립중앙박물관에서 2014년
필자 촬영)

〈그림14〉

즉, 그곳의 중앙에 솟아있는 거대한 스투파 주변에 둘러선 울타리 난순欄楯(Vedika)에서 흔히 볼 수 있는 연화화생이 그것이다. 붓다가야를 소개하면서도 설명하겠거니와 〈사진21〉의 사례도 붓다가야와 마찬가지로 삼보에 귀의한 수행자의 가능성이 높고 다음으로는 발견 장소가 묘지라면 망자일 수도 있겠다. 그러나 용산 국립중앙박물관에 전시되어 있는 유물의 연화화생에는 불보살도 포함되어 있으므로 이 역시 한 가지로 결정하기는 어려운 실정이다.

아무튼 중국의 경우에도 벽화의 아미타변상도만이 아니라 건축물의 장식이나 부조에서도 연화화생은 전승되고 있었다는 귀중한 사례인 것만은 틀림이 없다.

낙양 공현석굴의 삼본연화 보주화생 〈사진11〉은 이미 살펴보았듯이 고구려의 평안남도 남포 강서대묘의 삼본연화 보주화생 〈사진10〉에 영향을 주었을 것으로 분석하였다. 역사적 사실 관계로서가 아니라 도상학적인 선후 관계의 관점에서 그렇다는 의미이다. 다만 공현석굴은 수행 공간이고 강서대묘는 무덤이라는 커다란 차이점이야말로 두 지역의 연화화생이 갖는 각각 다른 문화적 의미를 암시하였다.

그런데 여기서 기억해야 할 문제는 대승불교 문화권에서도 특히 중국에서 가장 먼저 삼본연화의 진화 발전이 진행되었다는 점이다. 석굴 사원을 비롯하여 일반적인 사찰 건축물에서도 어렵지 않게 볼 수 있는 현상으로, 예를 들면 삼본연화의 기본적인 문양 패턴이 조금씩 변화를 겪게 된다.

돈황의 막고굴에는 앞에서 소개한 아미타변상도 외에도 극락왕생을 성취한 화생 동자가 하나의 다발로 만든 삼본연화를 왼손에 들고 아미타여래께 감사의 예를 올리는 벽화(618년)가 남아있다. 헌화하려는 듯이 보이는 자세이다. 그런데 자세히 보면 삼본연화의 실체가 '연봉오리+연화+연밥'으로 이루어져 있어 매우 드문 도상이라는 점에 눈이 가지 않을 수 없다.

연꽃잎이 떨어진 상태로 연밥(씨방)만이 남은 연줄기를 손에 쥐고 헌화하는 사례를 지금까지 달리 보지 못하였다. 동남아시아에도 연밥을 강조하는 사례가 보이지만 중국에는 비할 바가 못 된다. 연밥을 특별히 강조하여 그리는 회화는 중국에서 특히 발전하였다는 판단을 하게 되는데 이는 불교를 벗어나 사찰 밖의 생활문화에서 흔히 보는 민간신앙의 일부로 토착화하기에 이르렀다. 즉, 연밥의 씨방에는 완두콩 크기의 씨가 많은 경우 스무 개 정도나 들어있어 풍요를 상징하게 되었고, 나아가서는 재화를 모으거나 자손의 번창을 소망하는 사람들의 신앙적인 표상이 되기에 이르렀다.

중국의 도교에서는 연밥이나 연근에 대해 단순한 식재료가 아니라 선도 복숭아나 대추처럼 영약靈藥의 일종으로 보는 경향이 있었다. 물론 불교의 영향일 것으로 추측하는데 아무튼 이러한 중국적 변형은 중국은 물론이고 조선시대에 그려진 십장생이나 기타 민화에까지 영향을 주기에 이른다.

〈사진22〉 중국 돈황 막고굴의 삼본연화(敦煌文物研究所編, 『中國石窟敦煌莫高窟』 第2卷, 1981, 사진174)

〈그림15〉

그밖에도 종교적 상징이 민간신앙이나 기타의 이유로 속화俗化하는 현상은 특히 중국에서 어렵지 않게 발견할 수 있다. 연꽃을 중앙에 두고 좌우에서 물고기가 보좌하는 형태의 소위 쌍어연화문이 서역에서 들어온 외래문화이지만, 중국인들은 물고기를 잉어로 특화한 다음 잉어는 남성이고 연꽃은 여성이라는 변형을 선택하였다. 즉, 남녀의 결합에 의한 자손의 번영을 기대하는 길상화吉祥畵의 단골 소재로 발전되

연꽃의 문법

었다. 그리고 이러한 길상화는 점차 정월 풍습에서 없어서는 안 될 연화年畵의 중요한 단위 문양이 된다.

뿐만 아니라 최근에는 연하장을 넣어 보내는 봉투의 도상에도 자주 등장하는데 잉어의 자리에 금붕어가 그려지기도 한다. 〈사진23〉의 경우는 삼본연화(연봉오리+연화+연봉오리)와 금붕어, 그리고 환하게 웃는 어린아이가 그려져 있어 그 의미를 금방 알 수 있다. 고대 이집트 발생이며

〈사진23〉 중국의 연하봉투 도상과 삼본연화

서역을 통해 전래된 삼본연화의 단위 문양은 마치 유전인자처럼 굳게 지켜지고 있는 반면에, 잉어 대신 금붕어, 그리고 연잎과 어린아이가 도안을 메우고 있어 전체적으로는 중국인들의 민간신앙에 적합하도록 변형되었다.

연잎은 원래 저와 같은 상황이 전개되는 토대로 그렸어야 마땅하지만 작고 아름답게만 그려져 있어 연잎의 중요성에 대해 그린 이는 충분히 인지하지 못했던 것 같다. 산발적으로 보이는 각각의 소재는 다산과 풍요를 상징하기 위해 재구성된 도상의 중요한 부분으로 바뀌었다. 연하장을 받는 이에게는 한 해 동안의 다복을 기원하는 취지임이 분명하다.

종교적 성聖의 상징이 속俗으로 바뀌는 사례를 중국에서 어렵지 않게 발견할 수 있는데 풍요와 기자신앙祈子信仰에 관해서는 중국인들이 특히 집착하는 민간신앙이다.

삼본연화와 가을에 추수하는 여인들의 조합인 〈사진24〉 역시 오곡풍요를 기원하기 위함인데, 자세히 보면 풍豐 자 위

〈사진24〉 중국의 길상화와 삼본연화

의 연엽이 먼저 펼쳐져 있고 그 위에 다시 삼본연화를 마치 한 송이처럼 모아서 그려 놓았다. 중앙의 연꽃에는 노란색의 연밥에 연씨가 선명하니 중국인들은 다산과 풍요의 상징이 되는 요소들을 그냥 흘려보내는 일이 없다. 노동에 참가하는 여인들은 젊은 처자 여덟 명으로 구성되어 있어 풍요를 기원하는 마음을 극대화하였다.

　무엇보다도 가장 중요한 상징인 삼본연화는 연엽에 입각해서 비로소 가능하다는 구성이므로 그림의 길상화에서 연엽 한 장이 상징하는 바는 크다고 말하지 않을 수 없다. 고대 인도의 신화가 전하던 문화 코드가 한국불교를 비롯하여 곳곳에 그 잔가지를 뻗치고 있음을 확인한다. 그러나 연엽이 갖는 이와 같은 상징성을 일반 서민들이 얼마나 인식하고 있는지에 대해서는 여전히 미지수이다.

　다음 〈사진25〉는 옷장 같은 가구류에 붙이는 길상화로 중앙에는 기본 단위 문양인 삼본연화(연봉오리+연화+연봉오리)를 두고 주위에 길상을 상징하는 다른 동식물을 배치하는 도상으로 가화만사성을 기원하는 민간신앙의 집결체이다. 특히 상단 좌우의 딸기와 석류에 대해서도 중국인들은 씨가 많으므로 다산을 상징한다고 했으니 전체적으로 오곡풍요와 함께 집안의 다복과 번영을 기원하는 바람이 강하게 전달된다.

〈사진25〉 중국의 길상화와 삼본연화

　그리고 무엇보다도 중앙의 삼본연화가 핵심인 것은 물론인데 삼본연화를 떠받치고 있는 한 장의 넓은 연잎이 눈에 들어온다. 이 역시 대지를 상징하는 고대 인도의 신화적 영향이므로 여기서는 불교와 민간신앙의 경계선이 모호하다. 다만 중국의 길상화나 기타 도상에서 특히 홍련이 두드러지는 원인은 붉은 색을 좋아하는 중국인들의 기호와도 관련이 있다. 중국의 길상화에서 백련화가 그려지는 경우는 좀처럼

연꽃의 문법

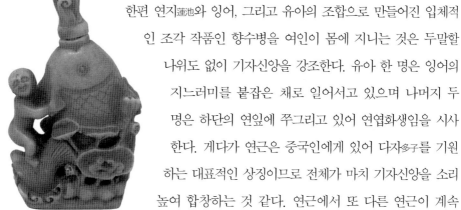

찾아보기 힘들다.

한편 연지蓮池와 잉어, 그리고 유아의 조합으로 만들어진 입체적인 조각 작품인 향수병을 여인이 몸에 지니는 것은 두말할 나위도 없이 기자신앙을 강조한다. 유아 한 명은 잉어의 지느러미를 붙잡은 채로 일어서고 있으며 나머지 두 명은 하단의 연잎에 쭈그리고 있어 연엽화생임을 시사한다. 게다가 연근은 중국인에게 있어 다자多子를 기원하는 대표적인 상징이므로 전체가 마치 기자신앙을 소리 높여 합창하는 것 같다. 연근에서 또 다른 연근이 계속해서 뻗어나가는 식물학적 속성 때문이다. 씨가 많아 역시 다자신앙의 대명사인 연밥도 세세하게 묘사하기를 마다하지 않았다.

〈사진26〉 중국 향수병의 연엽화생

이러한 향수병의 기본 구성은 청나라 때부터 현대에 이르기까지 중국 여인들에게 변함없이 환영받는 길상 그림 내지는 조각 작품들의 소재가 되었다. 그 어느 것도 인도의 종교와 사상적인 면은 누락된 상태에서 중국인들의 기호에 맞도록 재해석되는 경우가 대부분이다. 제시한 〈사진26〉의 향수병은 사천성에서 만들어진 것을 구입하였으며 근세 이후의 작품이다.

중국의 남부 소수민족들 사이에는 인도 여인들이 착용하던 전통적인 팔찌나 발찌와 유사한 장신구를 사용하는 경우가 더러 있다. 이러한 발찌나 팔찌의 문양에는 중국 전래의 문양 외에도 서역의 전통을 간직한 쌍어연화문이 새겨지는 경우가 많다. 앗시리아나 페르시아 지역에서도 흔히 발견되는 문양이므로 인도를 경유했지만 인도 고유의 문양이라고 말하기도 어렵고 중국의 전통일 수도 없다. 원거리를 이동한 끝에 중국 소수민족의 장신구에까지 전달된 것을 보면 길상화라는 관점에서 인기 있는 문양임에는 틀림이 없다.

〈사진27〉 중국의 발찌와 쌍어연화문

기자신앙이라고 단정하기 어렵지만 여인들의 장신구라는 측면에서는 〈사진26〉의 향수병과 비슷한 민간신앙의 연장선이 아닐까 생각한다. 물론 문양에 대한 특별한 의미 없이 발찌를 착용하는 여인도 있었겠으나 중국인들이 지금까지 연꽃과 잉어의 조합에 대해 보여 온 바로는 기자신앙이 대부분이었다. 이 발찌가 근세에 만들어진 것이라 하니 더욱 착용의 목적이나 문양 하나하나에 대해 지금보다 민감하게 받아들이던 시기였다.

그런데 중국적 전개 중에는 이상과 같은 민간신앙보다 민속종교의 관점에서 고찰해야 하는 경우가 있는데 이를 가장 잘 보여주는 사례는 앞서 잠깐 언급했던 하선고이다. 중국의 도교가 인도의 힌두교와 불교를 어떻게 수용했는가에 대한 근본적인 문제가 여기에 담겨 있기에 더욱 주의를 요한다.

팔선八仙의 마지막 선인이라는 하선고는 연꽃의 여신이라 칭하기에 충분하다. 광동성이나 대만에서는 6월(음력)의 연꽃신으로 숭앙의 대상이 되기도 하며 길림성의 연꽃축제에서는 본격적으로 의례의 중심에 세워지기도 한다. 또 하선고는 민간에서 흔히 사용하는 자수 문양으로 환영받는 소재이기도 한데 단순히 연꽃의 여신이기 때문이 아니라 칠선 중의 한 명인 남채화藍采和와의 사이에서 전개되는 로맨스 때문이다. 팔선 중의 두 남녀 선인의 로맨스를 두고 중국인들은 그대로 남녀 사랑이야기로 받아들이는데 이러한 이야기를 바탕으로 하선고와 남채화가 등장하는 도안을 길상으로 받아들이며 즐거워한다.

〈사진28〉은 우측의 남채화와 좌측의 하선고 두 남녀가 등장하는 자수 작품으로 민예품의 일종이다. 그러므로 지금은 특별히 도교를 강조했다기보다는 민속 도상으로 보는 편이 타당할 것이다. 중국인들의 생활 세계에 등장하는 자수 작품이라는 것도 이유의 하나이다.

그런데 도상을 자세히 보면 중앙의 홍련이 특별히 강조되어 있음을 짐작할 수 있고 그 아래에는 네 개의

〈사진28〉 중국의 하선고(좌)와 남채화(우)

연꽃의 문법

연근이 옆으로 이어져 있어 복이 연속적으로 복을 부르는 다복과 다산 중시의 민속 심리가 잘 표출되었다.

연蓮과 연連의 발음이 같다는 사실에 중국인들은 특별한 의미를 부여한다. 인도나 오리엔트 지역에서 보면 중국은 예상치 못한 상황에서 속화 현상이 곧잘 발생한다. 발음의 유사로 인해 일어나는 민속의 다양한 전개에 흥미를 갖는 민속학자도 있으나 본질과는 거리가 먼 이야기들이다.

한편 인도와 달리 중국에서 특히 부각된 연꽃 관련 문화로는 연근 외에도 연씨가 담긴 연밥[蓮實]이 있다. 연꽃의 여신이라 일컫는 하선고가 왼손으로 쥐고 있는 꽃은 다름 아닌 연꽃이어야 하고 사실 그것이 일반적인 사례이다. 그러나 위 자수 작품에서는 연밥이 매달린 연줄기를 손에 쥐고 있어서 하선고에 대한 도교적 일반론과 민중의 수용이 일치하지 않음을 확인하게 된다.

게다가 연밥을 특히 신성시하는 중국인들의 문화 변이에 대해서는 〈그림22〉에서도 살폈듯이 이미 7세기까지 거슬러 올라가는 매우 뿌리 깊은 현상이다. 연밥에 대해 이미 오래 전부터 신앙적인 집착이 있었던 것 같다. 종교와 민속 양 면에서 인정되는 현상이다. 연밥에는 씨가 많이 담겨 있다는 이유로 다산多産을 기원하는 여인들에게 특별히 환영받는 길상화로 발전하기에 이른다.

(사진29) 중국 광동성의 하선고와 연화

그밖에 목단도 보이는 등 전체적으로 화려한 구성이면서 남채화 하선고 두 사람 모두 잡귀를 몰아내는 지물을 들고 있어 민중 편에 서있는 신선이라는 사실을 암시한다. 그러나 뭐니 뭐니 해도 붉은 색 구름을 타고 있는 두 사람에 대해 신선임을 의심하는 중국인은 아마 없을 것이다. 민속이면서도 어디까지나 도교에 뿌리를 두고 있다는 사실을 분명히 하였다.

〈사진29〉는 하선고의 전형적인 도상으로 중국풍의 의상을 입고 있으며 왼손으로 홍련을 쥐고 있으므로 팔선

중의 한 명이라는 사실을 잘 보여준다. 다만 홍련과 연엽을 동시에 들고 있는 도상을 통해서는 구도상의 혼선을 엿볼 수 있다. 그러나 하선고가 연엽을 들고 있는 도상은 전혀 돌발적인 것은 아니며 그와 같은 전통이 다른 맥락을 통해서도 전해지고 있던 것이 사실이다. 불화에서도 간혹 발견되기 때문이다.

전체적으로는 화려한 하선고의 등장인데 중국풍의 의상을 제외한다면 한국 사찰의 벽화나 불화에서 발견되는 치마저고리를 입고 있는 천녀 〈사진16〉과 흡사하다. 문화적 수수관계로 말한다면 한국의 천녀가 하선고의 영향을 다소 받았을 것으로 추정하지만 좀 더 많은 사례를 바탕으로 비교해봐야 할 문제이다. 제시한 그림은 중국의 도상목록집에서 발췌하였다.

대만 타이페이에서 발견한 서시의 음각 도상으로 서시가 왼손으로 연꽃과 연잎을 함께 들고 있으며 그 앞에는 "유월하화화신서시六月荷花花神西施"라 새겨져 있다. 서시는 기원전 5세기경 중국 춘추시대 월나라의 여인으로 양귀비와 더불어 중국의 4대 미녀로 알려져 있다. 그러한 미녀 서시가 어떠한 배경에서인지 타이페이 맹각청산궁에서 연꽃신으로 숭앙의 대상이 되었다.

유월 하화란 음력 6월이므로 7월 여름의 연꽃이라는 의미이고 화신은 꽃의 여신을 가리키니 서시가 곧 연꽃신이라는 뜻이다. 중국 문화의 일반론에서 본다면 하선고야말로 연꽃신인데 청산궁에서는 서시로 바뀌어 전승되고 있다는 의외의 사실을 발견할 수 있었다. 그러나 서시 또한 광동성의 하선고 〈사진29〉와 마찬가지로 연꽃과 연엽을 같이 들고 있다는 점이 주의를 끌고 포즈도 비슷하다. 연밥의 강조와 더불어 중국에서는 여러 가지 문화적 변이가 있어왔음을 시사한다. 이렇게 서시와 연꽃의 관계에 대해서도 흥미롭지만 하선

〈사진30〉 타이페이 맹갑청산궁(艋舺青山宮)의 서시(西施)와 연화(2014년 3월 필자 촬영)

연꽃의 문법

고는 여전히 도교와 불교의 관계를 고찰하는 데 있어 많은 단서를 쥐고 있는 것 같다.

하선고나 서시나 연꽃신이라는 동일한 신격을 전제로 들고 있는 지물이 같다는 것은 구체적으로 무엇을 의미할까. 여기서 추론할 수 있는 것은 두 여신은 원래 별개의 존재였지만 서시의 아름다움을 강조한 나머지 여신의 대명사이던 하선고에 편승하게 되었을 것이라는 가설이다. 그러나 전승문화에는 간혹 오류에 의한 전승도 실제로 발생하므로 모두 논리적인 설명으로 해명되는 것은 아니다. 아무튼 서시가 연꽃신으로 숭앙받는 사례는 드문 현상이므로 좀 더 지켜볼 일이다.

또 한 가지는 연꽃 지물이 오리엔트에서 인도를 거쳐 중국에 이르기까지 널리 분포되어 있다는 사실에 비추어 연엽 지물은 주로 인도에서 동쪽으로 퍼져있으므로 중국은 그 전부를 수용해 왔다는 지역적 특징을 보여준다고 말할 수 있을 것이다.

한편 맹각청산궁의 하선고는 연꽃신이라는 점이 뚜렷이 드러나지 않는 대신 봉황을 타고 있으니 신들의 정체성이 매우 유동적이다. 왜 봉황인가에 관해서도 아직 추론 단계이지만 한국의 사찰에도 봉황과 연꽃이 함께 등장하는 경우는 종종 있다. 그리고 중국에서는 황후를 뜻한다는 외에도 새벽의 태양을 상징하므로 연꽃과 새벽 태양의 상징성이 겹쳐지기도 한다. 연꽃 여신은 대부분 아침에 떠오르는 태양신과 동일하게 보는 사례가 많으니 전혀 무관한 조합은 아닌 것 같다. 그러나 인도의 경우와 관련해서 여러 가지 유사한 사례도 있으므로 다음의 전래 이야기들과 함께 좀 더 포괄적으로 생각해보기로 하겠다.

〈사진31〉 타이페이 맹갑청산궁의 하선고
(2014년 3월 필자 촬영)

본래 하선고가 왜 팔선의 한 명이 되었나에 관한 역사적 사실은 분명치 않은 가운데 출생담에 관한 이야기는 몇 가지 전하는 편이다. 팔선들의 기이한 이야기를 전하는 문헌에서 하나를 소개하면 하선고가 소상신녀蕭湘神女의 환생이라는 점을 설명하는 줄거리로 불교와 도교가 습합된 양상을 보여준다. 신선들의 이야기라는 측면에서는 도교적이지만 마치 싯달타의 출생담과 비슷하다거나 백련화가 중요한 상징으로 묘사된다는 측면에서는 불교적이다.

전설은 먼저 하선고의 성씨가 잘 알려져 있지 않은 이유를 들어 출신이 분명치 않다는 점을 강조하는데, 다만 어머니 종鍾씨는 평소에 보시하기를 좋아하고 마음씨가 청정하나 아이가 없던 중에 어느 날 밤 꿈을 꾸면서 이야기는 시작된다. 꿈에서 어머니 종씨가 물가에 이르러 노닐던 중에 어디에선가 홀연히 바람이 불더니 백련화白蓮華 한 송이가 나타나는데 크기가 커다란 쟁반만 하였다. 백련화 위에는 백의白衣를 입은 여선女仙이 서 있어서 종씨에게 말하기를, 나는 본래 소상신녀이고 특별히 종씨의 집에 머물겠노라 하였다.

말을 마치자 소상신녀의 모습은 사라지고 없는데 한 줄기 청량한 바람이 일더니 종씨의 뱃속으로 들어가 버렸다. 종씨는 꿈에서 깨어났으나 도무지 무슨 일이 일어났는지 확연치 않은 가운데 며칠인가 지나더니 회임했음을 알게 된다. 말하자면 태몽을 꾸었던 것이다. 마야부인이 싯달타를 잉태하면서 꾸었다는 태몽에서 흰 코끼리와 백련화가 등장하던 이야기와 어딘가 닮아있다. 바람결에 뱃속으로 들어가는 이야기 또한 그렇다. 아무튼 그리하여 당나라 헌종 원화 3년(808) 11월 초에 하선고가 태어났다는 줄거리이다.

하선고가 태어났을 때 방 안에는 향기가 가득하였고 출생 후에는 모유를 먹지 않았음에도 배고픔을 느끼지 않았다고 한다. 이에 종씨의 걱정이 그치지 않던 중 다시 꿈속에 한 신선神仙이 나타나 고하여 말하기를 이 아이는 소상신녀이고 연꽃 위에서 이 세상에 나타난 것이라 하였다. 하선고가 백련화를 타고 온 범상치 않은 신녀이므로 인간의 모유를 먹지 않음을 염려하지 말라는 뜻이었다.

이렇게 해서 태어난 하선고는 연가루[蓮粉]만을 먹으며 자라더니 용모 단정하게 성장하였는데 매일 남악산에 올라 도서道書를 독송하거나 관觀하며 지내다가 이따금 신선들의 그림을 그리기라도 하면 사람들의 칭찬이 그치지 않았다.

그러다가 하선고의 나이 열세 살 때 부모가 잇달아 사망하여 가운이 기울었으나 빈곤한 사람들을 돕고 보시하는 일을 게을리 하지 않으니 사람들은 하선고를 존경해 마지않아서 마침내 여선사女善士라 부르게 되었다고 한다.

이야기를 기승전결로 나눠 본다면, 앞으로 태어날 아이가 소상신녀라는 예견을 전하는 하선고의 태몽 이야기가 기起에 해당하고, 승承에서는 출생에 따른 기이한 현상을 통해 범상치 않은 미래를 점치게 되는데, 전轉은 신선으로 예견되는 몇 가지 행위를 보여주었으나 갑자기 부모가 사망함으로써 가운이 기울게 되는 반전의 내용이며, 결結은 그러한 역경에도 굴하지 않고 결국에는 선사善士가 되었다는 구성으로 마무리할 수 있겠다.

불교에서는 선혜동자가 미래에 부처가 될 것이라는 연등불의 수기 이야기가 유명한데 이때 미래를 점치는 중요한 상징은 다름 아닌 백련화였다. 그러니 흰 옷을 입고 백련화를 타고 꿈에 나타난 소상신녀는 하선고가 미래에 선사가 될 것이라는 사실을 점치는 데 부족함이 없다. 오히려 선사는 부족할 정도이니 소상신녀라는 예견에 비추어 본다면 신녀神女이면서 동시에 여선女仙이었다. 한마디로 신선神仙과 다름없었다. 신녀라고 하면 무녀巫女와도 통하므로 하선고는 중국 문화에서 실로 다채롭기 이를 데 없다.

신선이 도교에서 말하는 최고의 경지라면 부처는 불교에서 최고의 경지이므로 백련화는 최고의 경지를 점치는 데 없어서는 안 될 중요한 상징으로 수용되었다고 여겨진다. 게다가 백련화의 소상신녀가 바람과 함께 종씨의 뱃속으로 들어가는 모티브는 백련화를 코로 문 흰코끼리가 마야부인의 뱃속으로 들어가는 모티브와 닮아있어 중국 도교가 불교를 수용했을 가능성을 높여준다.

출생 이후의 기행 중에는 모유를 먹지 않아도 배고픔을 느끼지 않는다 하여 보통 인간들과 다른 존재라는 사실을 분명히 하였고, 이후에도 연가루만을 먹고 자랐다는 점을 강조하면서 연蓮이 불로불사의 효험을 갖는 영약靈藥임을 암시하였다. 연가루란 아마 연근 가루를 가리키는 말일 것이다. 연잎이나 연씨를 말려서 만든 가루를 가리키기도 한다.

도교의 수행자들은 원래 쌀 보리 조 수수 피와 같은 오곡을 피하는 대신 안개[霧]나 영약을 먹으며 지낸다는 속설이 있다. 그런가 하면 광물인 운모雲母 가루를 먹는다는 이야기 또한 전하는데 연가루는 운모가루에서 변한 것으로 판단된다. 전설은 시대와 장소에 따라 끊임없이 변하므로 불교와 습합한 단계에서 불교적인 소재로 바뀌어간 것으로 생각한다.

연가루라 해도 그것이 운모가루에 못지않은 신선들의 영약으로 수용되었다는 점이 주의를 끄는데 연에 대한 중국인들의 신뢰가 예사롭지 않은 것은 분명하다. 그리스의 헤로도투스Herodotus(BC. 485-420년경)도 연을 먹는 사람들의 풍습에 관해 언급하면서 그리스인과 달리 뭔가 신기한 사람들이라는 시선으로 바라보았다. 연을 먹는 사람들이 산다는 섬에 표착하여 목격하고 체험한 이야기를 전하는 오디세이Odyssey(BC. 8세기경)가 영향을 미친 것으로 알려져 있다. 연을 먹은 후 정신이 몽롱해졌다는 경험담이 주요 내용이다.

이와 같이 기원전부터 연은 불가사의한 음식이라는 인식이 동서양에 퍼져있던 개연성은 충분하고 그러한 이유에서인지 하선고에 대해서도 무녀의 이미지가 중첩되어 나타난다.

하선고에 관한 또 다른 이야기를 전하는 『집선전集仙傳』에 의하면 다음과 같은 전설도 전한다. 하선고의 속명은 하경荷瓊이라 하는데 나이 열세 살 때 산에 들어가 약초를 캐고 있었다. 이때 우연히 팔선 중의 한 명인 여동빈呂洞賓을 만나니 그는 하선고에게 선도仙桃 복숭아 한 알을 주게 된다. 선도 복숭아를 먹고 난 후 하선고는 배고픔이나 갈증을 느끼지 않게 되었으며 나아가 사람들의 길흉화복을 능히 알게 되었다. 그리하여 하선고는 마침내 여신선이 될 수 있었다는 줄거리이다.

선도 복숭아는 이름 그대로 도교를 상징하는 대표적인 과일로 알려져 있는데 불교와 습합한 흔적은 보이지 않는 대신 하선고가 인간들의 길흉화복을 예측하는 무녀임을 내비친다.

또 『독성잡지獨醒雜志』가 전하기를 하선고는 이리저리 돌아다니다가 이윽고 어떤 선인을 만나니 그로부터 대추알[仙棗]을 받아먹고 사람들의 화복을 능히 알 수 있게 되었으며 이윽고 이산 저산을 자유롭게 비행하는 선인仙人이 될 수 있었다는 간단한 내용이다.

이와 같이 보면 하선고가 여신선이 되기 전에 어떤 신선으로부터 무언가를 받아먹었다는 내용이 전하는데 선도 복숭아, 대추, 운모가루, 그리고 연가루가 주를 이루는 가운데 도교의 전통에서 보면 역시 연가루는 도중에 추가된 불교문화라는 사실을 짐작하게 한다.

그런데 연가루에 대한 중국인들의 믿음을 좀 더 자세히 이해하기 위해서는 원래 운모가루에 대한 믿음이 무엇이었는지 확인해둘 필요가 있겠다.

『동유기東遊記』에 의하면 하선고는 당나라 측천무후 때 광주 증성현의 운모계곡에 살던 하소의 딸로 태어났는데 머리카락이 여섯 가닥이었다. 열너덧 살쯤 됐을 때 꿈에 신인이 나타나더니 운모 가루를 먹으면 몸도 가벼워지고 불사不死에 이를 것이라 했다는 것이다. 아침녘에 잠자리에서 일어난 하선고는 신인이 나를 속일 리는 없다 생각하고 실제로 운모가루를 먹기 시작하니 과연 신체가 가벼워지고 결혼도 마다하게 되었다.

그러던 어느 날 계곡에서 하선고는 이철괴李鐵拐와 남채화藍采和를 만나 선인이 되기 위한 비결을 배우게 된다. 이로부터 하선고는 매일 산 속의 선경仙境에 들어가 여선들과 도에 관한 얘기를 나누었으며 과일을 갖고 돌아와 어머니께 드리곤 하였다. 이러한 소식을 전해들은 즉천무후는 궁중으로 불러들이려고 사신을 보냈으나 끝내 모습을 감추었다고 한다. 그 후 경룡 연간(707-710)에 이철괴가 하선고와 함께 승천하더니 천보 9년(750)에는 마고麻姑와 함께 오색 구름위에 서 있는 모습이 발견되었다는 이야기이다.

위 이야기에서 하선고는 칠선 중 두 사람인 이철괴와 남채화를 만나 선인이 되기 위한 비법을 전수받는 것으로 나오지만 사실은 운모가루를 먹음으로써 불로장수의 영험을 얻었으니 이미 신선이 되어 있었다 해도 과언은 아닐 것이다. 나중에는 승천하는 신비로움을 보이기도 하는데 모든 출발은 운모가루이며 이와 같은 중국인들의 믿음이 무슨 계기에서인지 연가루로 옮겨졌던 것이다.

하화荷花는 연꽃을 의미하므로 하선고는 결국 "연꽃 여선女仙"이라 바꿔 부를 수 있겠다. 그러니까 처음부터 하선고는 연꽃과 밀착한 상태에서 중국 문화에 이식되었다는 뜻이다. 역사적 출신성분이 불분명한 상태에서 유추 가능한 외래신은 앞서 언급한 인도의 락슈미이며 락슈미야말로 연꽃 여신이므로 유사성이 많다. 더욱이 하선고가 락슈미의 도교적 수용이라면 길상천녀吉祥天女는 불교적 수용이므로 두 여신의 관계 또한 흥미롭다.

길상천녀가 본래 인도의 락슈미에서 유래했다는 점은 불교적으로 널리 알려졌음에도 불구하고 도교적 수용에 대해서는 지금까지 별로 주목을 받지 못하였다. 여기서 한 가지 흥미로운 점은 일본의 팔복신 역시 기존의 칠복신에 길상천녀가 더하여 팔복신이 됐다는 설과 그 배경이 매우 흡사하다.

일본의 칠복신이니 팔복신이니 하는 것도 중국의 칠선과 팔선의 일본판이라는 사실에 비추어 본다면 도교의 하선고나 불교의 길상천녀는 둘 다 인도의 락슈미를 원형으로 하면서 제각각 다른 문화변형을 일으킨 사례로 볼 수 있을 것이다.

여기서 하선고는 꾸준히 락슈미의 연꽃 이미지를 유지해온 반면 길상천녀는 연꽃 이미지가 어디론가 사라지고 희미해졌다는 점이 의문으로 남는다.

길상 도안이라는 세속의 평판은 그대로 다양한 회화나 부조 또는 자수 같은 이야기 표현 형식에서 언제나 환영받는 소재 거리가 된다. 하선고가 락슈미 연꽃 여신의 영향이고 남채화가 중국 전래의 칠선이라면 그야말로 인도와 중국의 만남이 아닐 수 없다. 물론 중국인들은 하선고가 인도에서 전해진 외래문화라는 인식 대신 중국의 전통문화라 생각하는 경향이 강한데 사실 이러한 경우를 찾아보면 한둘이 아니다.

불교의 길상천녀에 대해서도 일반적인 중국인들 사이에서 인도 문화라는 인식이 별로 없듯이 거의 중국화한 하선고에 대해서는 더더욱 중국의 이야기 속에 등장하는 신녀 정도로 생각하는 사람이 많다.

이상에서 살펴보았듯이 인도에서 건너온 문화는 근본이 대부분 신화나 종교와 관계가 깊음에도 불구하고 기복신앙이나 기자신앙 같은 민간신앙 속으로 편입시켜버리는 경향이 두드러진다. 이러한 현상은 외래문화에 대한 중국적 수용 패턴의 하나인데 중국인들의 실용주의적 사유 방식도 한몫 거들었을 것으로 판단된다.

연꽃에 담겨있었을 인도의 신화나 종교적 세계관이 한역경전의 일부에는 남아있을지 모르나 생활세계로 토착화하면서 다양한 민속 문화로 변질되는 경향은 중국에서 얼마든지 발견할 수 있다.

그런데 중국에는 이상과 같은 도교와 불교의 습합 외에도 유교 전래의 연꽃문화가 전한다는 믿음이 강하므로 그 대표적인 이야기를 살피고자 한다. 군자와 연꽃을 결부시키는 설명에서는 인도와의 차이점을 구하기 어렵다는 사실은 앞에서도 잠깐 언급했는데 여기서 자주 인용되는 것이 소위 애련설愛蓮說이다.

애련설이란 중국 북송시대의 유학자였던 주돈이周敦頤(1017-1073)가 남긴 글로 알려져 있으며 여기에 등장하는 군자는 이후 늘 연꽃과 함께 하면서 조선시대에 이르기까지 연꽃의 이미지 형성에 큰 영향을 끼쳐왔다. 즉,

水陸草木之花 可愛者甚蕃

晋陶淵明獨愛菊

自李唐來 世人甚愛牧丹

予獨愛蓮之出淤泥而不染

濯淸漣而不妖 中通外直

不蔓不枝 香遠益淸 亭亭淨植

可遠觀而不加褻翫焉

予謂 菊華之隱逸者也 牡丹華之富貴者也 蓮華之君子者也

噫 菊之愛 陶後鮮有聞

蓮之愛 同予者何人

牡丹之愛 宜乎衆矣

이상과 같은 내용인데, 우리말로 옮겨보면,

물이나 뭍에서 자라는 꽃 가운데 사랑할 만한 것이 대단히 많다

진나라의 도연명은 그 중 국화를 가장 사랑했고

당나라 이래로 세상 사람들은 모란을 매우 사랑했다

그런데 나는, 유독 진흙에서 나왔으나 더러움에 물들지 않고

맑고 잔잔한 물에 씻겨도 요염하지 않고

속은 비었고 밖은 곧으며 덩굴은 뻗지 않고 가지를 치지 아니하며

향기는 멀수록 더욱 맑고 꼿꼿하고 깨끗이 서 있어

멀리서 바라볼 수는 있으나 함부로 가지고 놀 수 없는 연꽃을 사랑하노라

내가 말하건대 국화는 속세를 피해 사는 자요

모란은 꽃 중에 부귀한 자요

연꽃은 꽃 중에 군자다운 자라 할 수 있다

아! 국화를 사랑하는 이는 도연명 이후로 들어본 일이 드물고

연꽃을 사랑하는 이 나와 함께 할 자가 몇이던가?

모란을 사랑하는 이는 마땅히 많을 것이다

이와 같은 내용인데 여기서 주돈이는 연꽃을 단연 군자다운 꽃으로 칭송하면서 스스로 군자임을 숨기지 않는다. 모란에 대해서는 세상 사람들이 좋아하니 세속적인 꽃이므로 군자로서는 옆에 두기에 위화감이 있다는 이해인 것 같다. 그리고 국화에 대해서는 도교적인 삶을 살아가는 도인들의 꽃으로 일정한 평가를 내리지만 주돈이 스스로가 지향하는 세계는 아니라는 입장이다. 사랑할 만한 꽃이되 나는 좀 다른 생각을 갖고 있다는 관점이다.

주돈이는 속세를 벗어나 은둔해 사는 도인도 아니고, 부귀영화를 좇는 세속적인 인간도 아니며, 유교적 삶을 살아가는 군자라는 입장이다. 군자가 무엇인가를 형이상

연꽃의 문법

학적인 언설이 아닌 연꽃의 형상을 빌려 설명하는 방법이니 이해하기 쉽다.

그러나 연꽃에 대한 주돈이의 세밀한 관찰과 묘사에 입각한 비유는 사실 불교 경전 여기저기에서 언급되던 내용이니 그 관계를 의심하지 않을 수 없다. 과연 주돈이는 유학 중에서도 특히 『역경』과 『주역』을 바탕으로 노장老莊 사상으로 대표되는 도교, 그리고 불교적 이념을 수용하여 통합을 시도했던 철학자로 유명했으니 위와 같은 문맥도 쉽게 수긍이 간다. 은둔이니 군자니 연꽃이니 하는 용어는 사실 각각 도교 유교 불교를 상징한다. 그러니 애련설에 담긴 학자다움의 사상은 유학을 종합 철학으로 발전시키려던 주돈이가 있었기에 가능했다고 생각한다.

원시 경전으로 알려진 숫타니파타에서 석가모니는 수행자의 자세를 설명하여 말하기를,

> 홀로 걸어가고 게으르지 않은 聖者
>
> 비난과 칭찬에도 마음이 흔들리지 않으며
>
> 소리에 놀라지 않는 사자처럼
>
> 그물에 걸리지 않는 바람처럼
>
> 물에 더러워지지 않는 연꽃처럼
>
> 남에게 이끌리지 않고 남을 이끄는 사람
>
> 현자들은 그를 聖者라고 안다.
>
> (213절)

이와 같이 연꽃이 성자다운 이유는 물에 오염되지 않기 때문이라 하였는데 여기서 물은 곧 세속이나 욕慾을 가리키므로 세속에 물들지 않음을 비유하였다. 세속에서 한 걸음 떨어져 있는 것 같은 자세는 도교의 은둔과는 구별되는 개념으로 수행자들은 마을에서 너무 가깝지도 멀지도 않은 곳에서 수행을 해야 한다고 석가모니도 누차 강조한 바 있다. 일체중생을 구제해야 하고 또 탁발도 해야 하므로 가까이 있되 세속

문제에 젖어들면 안되므로 적당히 거리를 유지하라 일렀는데 그러한 곳이 곧 시체를 버려두는 숲 정도였다고 한다.

그러니까 주돈이가 애련설에서 묘사한 손에 닿지 않는 수면 위 연꽃의 고고함은 석가모니가 말하는 수행자의 위치 설정에 매우 근접한다는 것을 알게 된다. 우리가 보통 주돈이를 유학자라 부르지만 불교에도 상당히 조예가 깊었음을 짐작하게 한다.

또 주돈이가 말하고자 하는 연꽃이나 군자의 상이 세상일에 초연한 고고孤高한 이미지를 공유한다면, 사비야라는 제자가 석가모니를 가리켜 칭송하는 가운데에도,

아름다운 白蓮華가 흙탕물에 더럽혀지지 않듯이
당신은 善과 惡 어느 것에도 물들지 않습니다
용감하신 분이여 두 발을 뻗으십시오
사비야는 스승께 예를 올립니다.

(숫타니파타 547절)

연꽃 중에서도 특히 백련화가 범아일여의 아我를 상징한다는 것은 불교 이전부터 내려오던 고대 인도의 전통 사상으로 우파니샤드에도 여러 차례 등장한다. 그 백련화와 석가모니를 동격으로 다루었으니 성자 중의 성자라는 뜻이다. 그러므로 선과 악을 초월하였기에 공空의 경지를 몸소 보여주는 분으로 제자들은 높게 평가했다는 의미가 된다.

한편 인도에서는 수행자를 바라문이라 했으니 한마디로 바라문이란,

연잎 위의 이슬처럼
송곳 끝의 겨자처럼
온갖 욕정에 더럽혀지지 않는 사람

그를 나는 바라문이라 부른다.

(숫타니파타 625절)

연잎 위에서 빛나는 한 방울 이슬이 한 순간도 멈추지 않다가 일순간에 흘러내리는 모습을 유심히 관찰하여 바라문을 이슬에 비유하였다. 잎에서 떨어지고 난 이슬은 담을 틈도 없이 사라지니 연잎에도 땅에도 어디에도 집착함을 보이지 않는 모습은 바라문을 닮아있어 있는 듯 없는 듯 공空을 지체 없이 보여준다. 이와 같이 세속의 어떠한 것에도 집착하지 않는 바라문의 이상적인 모습은 연꽃을 군자라고 하면서 칭송하던 주돈이의 생각과 근본에서 다르지 않다.

무엇보다도 군자의 고고함이 잘 묻어나는 석가모니의 법어는 다음인데 애련설의 사상이 거의 담겨있다고 보면 틀림이 없을 것이다.

龍(수행 완성자)은 온갖 편견을 떠나 두루 다니며 수행하기에
그것들에 고집하거나 논쟁을 해서는 안 된다
예를 들어 줄기에 가시가 있는 蓮이
더러운 물에서 자라지만 물이나 진흙에 더럽혀지지 않듯이
그와 같이 聖者는 平安을 말하는 사람이므로
貪하지 않고 慾望이나 세속에도 더럽혀지지 않는다.

(숫타니파타 845절)

읽는 이에 따라 도교적이면서 유교적이기도 한 위 법어에서 석가모니가 말하고자 하는 핵심은 사실 연꽃에 모두 압축되어 있다 해도 과언이 아니다. 그리고 불교에 관심이 많았던 주돈이가 위와 같은 법문에도 조예가 깊었을 것으로 추정된다. 탐하는 것도 욕망도 모두 내려놓고 세속에 물들지 않는다 했으니 남는 것은 고고한 군자의 상일 것이며 이것을 가장 잘 표현한 꽃이야말로 연꽃이었다. 군자와 수행자와 바라문

은 연꽃의 이미지를 공유하고 있었다는 얘기가 된다.

숫타니파타 외에 불교 신자들만이 아니라 과거에 많은 지식인들이 읽었다고 평가받는 법구경Dhammapada을 통해서도 석가모니의 가르침과 연꽃의 관계는 잘 드러난다.

이 세상에서 도저히 정복하기 어려운 욕망을 끊을 수 있다면
그에게 더 이상 고통은 존재하지 않는다.
연잎 위에서 물방울이 떨어지듯이.

(336절)

숫타니파타 625절의 법문과 유사한 내용이지만 사실은 이슬과 물방울이 같아 보이면서도 미묘하게 다른 말로 석가모니가 어디까지 인식하고 한 말인지 사실 해석이 어렵다. 아침이슬은 있는 듯 없는 듯 집착하지 않는 모습을 비유하기도 하고 물방울은 세속이나 욕망을 비유하는 경우도 있으므로 두 가지 해석이 가능한 법문이다.

그러나 연잎을 무대로 전개되는 물방울은 이야기의 무게 중심이 반은 연잎에 있으므로 이를 전제로 해석할 필요가 있다고 생각한다. 그래서 연잎에 머물지 못하고 굴러 떨어지듯이, 마치 그와 같이 세속과의 인연을 끊으라는 주문이다. 주돈이가 연꽃을 군자로 표현했던 것처럼 석가모니도 연꽃이나 연잎은 수행자를 상징하는 경우가 있었기에 가능한 법문이다. 법구경은 주돈이를 비롯하여 중국의 유학자들이 읽었을 가능성이 농후한 경전이므로 그 관계성이 특히 주의를 끈다.

이와 같이 주돈이의 애련설을 근거로 중국에서는 인도와 구별되는 연꽃 관념이 있었을 것이라는 통념이 있어왔으나 구별할 만한 차이점은 아직 발견되지 않고 있다는 사실도 눈여겨봐야 한다. 물론 인도에서 전해진 연꽃 관념이 아니더라도 유사한 관념이 자연 발생으로 생겨날 수도 있겠으나 적어도 연꽃과 군자를 연결하는 관념이 중국만의 고유가 아니라는 사실은 확인해둘 필요가 있겠다.

그런데 문제는 연꽃에 대한 주돈이의 견해가 중국에 머물지 않고 고려나 조선의

연꽃의 문법

유학에까지 영향을 끼쳤다는 점이다. 그래서 특히 조선의 유학자들은 서재를 꾸미면서 사군자 그림과 더불어 연꽃 그림을 장식으로 즐겨 사용하는 계기가 되었다. 조선의 유학자들도 연꽃을 통해 스스로 군자라는 자부심을 갖고자 했던 것으로 이해되며 그러한 이유에서 연꽃을 곁에 두려 했다는 해석이 가능할 것이다.

그러한 가운데 조선의 유학자들도 애련설에 버금가는 많은 문장을 남기었다. 특히 성삼문成三問(1418-1456), 서거정徐居正(1420-1488), 소세양蘇世讓(1486-1562), 퇴계 이황 李滉(1501-1570) 등의 문장이 남아있어 조선시대 유학자들의 생각을 이해하는 데 도움이 된다. 먼저 성삼문의 연찬蓮贊을 보기로 하겠다.

蓮兮蓮兮　旣通且直
不有君子　曷以比德
在泥不汚　在水不�泐
君子居之　何陋之有
蓮兮蓮兮　淸名之曰淨友[2]

우리말로 옮기면,

蓮이여 蓮이여 속은 비었고 겉은 곧으니
君子가 아니면 그 덕을 누구에 비교하랴
진흙에 있어도 더럽지 않고 물에 있어도 가르지 않으니
君子가 살아가는데 무슨 더러움이 있으랴
蓮이여 蓮이여 청컨대 이름을 淨友라 하려네

2·　국립공주박물관, 『우리문화에 피어난 연꽃』, 2004, 106쪽.

이와 같은 내용이다. 속은 비었고 겉은 곧아서 라는 말은 주돈이의 애련설과 다르지 않고, 진흙에 있어도 더럽지 않으니 마치 군자와도 같다는 비유 역시 그렇다. 또 물에 있어도 물을 가르지 않는다는 표현은 물에 씻겨도 요염하지 않다는 초월적 경지에 대한 주돈이의 묘사와 근본에서 다르지 않다. 세속을 초월한 도교의 경지일 수도 있고, 선과 악을 넘어선 불교의 경지일 수도 있겠다.

그러니 연蓮과 비교될만한 자는 군자뿐이라는 결론이며, 연꽃이야말로 꽃 중의 군자라던 애련설의 결론과 일치한다. 군자에 대한 성삼문의 자세와 더불어 연꽃에 대한 유학자로서의 관점 역시 주돈이의 애련설에 크게 의존하고 있음을 인정할 수밖에 없다.

이와 같은 애련설을 잘 이해하고 더욱 깊이 들어간 문장으로는 이황의 정우당淨友塘이 전한다. 정우는 이미 성삼문이 연찬에서 연꽃을 가리키는 말로 사용하였고, 당塘은 못 당이므로 정우당이란 연지蓮池를 의미한다.

> 物物皆含妙一天
> 濂溪何事獨君憐
> 細思馨德眞難友
> 一淨稱呼恐亦偏[3]

우리말로 옮기면,

> 사물은 모두 天賦의 미묘한 이치를 지녔는데
> 염계는 어찌하여 蓮만 사랑하였나

---

3 · 국립공주박물관, 위의 책, 108쪽.

연꽃의 문법

곰곰이 향내와 덕을 생각하니 벗 삼기 어려워

깨끗하다 함도 치우칠까 두렵네

주돈이의 애련설을 비롯하여 성삼문을 포함한 조선시대 유학자들의 견해까지 섭렵한 기운이 감도는 퇴계의 깊은 문장이라는 인상이다. 염계는 주돈이의 호이므로 처음부터 주돈이의 사상과 마주하는 자세이다. 즉, '연蓮만이 아니라 세상의 모든 사물에는 깊은 이치가 담겨 있거늘 주돈이는 어찌하여 연蓮만을 그토록 사랑하였나'라는 커다란 화두가 먼저 던져진다. 유불선을 통합하여 새로운 철학세계를 펼쳐보였다는 주돈이이므로 퇴계는 더욱 심상치 않은 시선으로 주의 깊게 바라본다.

그런데 가만히 그 연蓮의 향내나 덕에서 나오는 전체적 품격으로 보니 과연 옆에 두고 놀기조차 어려울 정도의 고고함이라 두렵기까지 하였다. 연蓮의 고고함이기도 하지만 주돈이의 철학적 경지에 대한 외경畏敬스러움도 같이 느끼고 있으니 여기서 퇴계는 스스로를 되돌아보는 자세를 보이면서 글을 맺는다.

연蓮의 줄기가 곧고 속이 비었으며 굽은 넝쿨이나 가지가 없다는 등의 구체적인 묘사 없이 향과 덕으로 군자다움을 담아내었다. 그러니 연蓮의 군자다움에 대한 선각들의 견해에 일말의 의구심도 보이지 않았다.

이와 같이 조선시대 유학자들이 얼마나 주돈이의 학문 세계를 흠모하였으며 아울러서 연꽃을 좋아하게 되었는지는 다음 문장이 모든 것을 잘 보여준다. 소세양의 임피애련헌기臨陂愛蓮軒記이다. 마음에 드는 애련당 건물을 새로 짓고 편액을 만들어 달면서 기념으로 읊은 문장이다. 즉,

余惟古人以蓮爲淨植

而濂溪先生 以花之君子許焉

則蓮之見重於大賢者尙矣

而人人亦知其所愛矣

當初 揭以爲扁者 其必有見於此矣 …(중략)…[4·]

내가 생각하거니 옛 선인들은 蓮이 서 있는 모습을 淨하다 했으니

염계선생은 꽃 중의 君子라 이른지라

大賢이 蓮을 소중하게 여긴 것이 오래 되었기에

사람들도 역시 蓮을 사랑할 줄 알게 되었다

당초에 편액을 내건 것은 아마 이것을 보았기 때문일 것이다

…(중략)…

큰 현자, 즉 주돈이의 애련설을 수백 년 동안 읽으면서 조선의 학자들도 연蓮의 깊은 뜻과 더불어 군자君子다움의 자세를 잘 이해하게 되었다는 고백이나 다름없다. 애련설의 짧은 문장이 조선 유학자들의 정신세계에 그칠 줄 모르는 물결을 일으켰던 것이다. 애련헌愛蓮軒 같은 작은 공간을 만들어 편액도 걸어 놓고 그 속에 들어 앉아 선비로서의 고고한 정신세계를 만끽하고 있었을 조선의 유학자들이 눈앞에 선하다.

그러니 이와 같은 유학자들에 의해 기획되고 만들어진 애련당이니 애련헌이니 하는 공간은 그들 나름대로의 연화장蓮華藏이었다 해도 지나친 말은 아닐 것이다. 불교에 연화장이 있다면 유교에는 애련당이나 애련헌이 있다는 식이다.

병풍이나 문방구의 장식으로 사군자나 십장생 외에 연蓮이 자주 애용되는 사상적 배경도 여기에 있다. 소위 책거리도에서 화병에 꽂아놓은 백련화, 연봉오리, 연밥, 연잎 등의 적극적인 표현으로 보자면 매란국죽의 사군자에 뒤지지 않는 기세이다. 어느 대학박물관이 소장중인 책거리도가 특히 그러한 특징을 잘 보여준다. 소세양의 앞 문장에 의한다면 이러한 유행과 사상적 조류는 대체로 주돈이의 애련설에서 기원했

4· 국립공주박물관, 앞의 책, 2004, 107쪽.

연꽃의 문법

다는 데 이의가 없는 것 같다.

애련설의 관점은 책거리도에 머물지 않고 여러 화가들이 남긴 연화도에도 그대로 묻어난다. 그림 한 구석에 애련설의 글귀를 인용하여 적어두기도 하고 또는 연꽃을 주돈이가 평가하였듯이 비세속적이면서 고고한 분위기로 살리려 노력한 흔적조차 엿보인다. 애련설은 군자의 표상으로만이 아니라 연화도를 그리는 화가들에게는 미술적 관점으로도 작용하였다.

이상 살펴 본 바와 같이 동북아시아의 연꽃은 불교에 머물지 않고 도교와 유교에서도 깊은 관계성을 유지해 왔다. 지금까지 살펴본 바로는 그렇게 판단해서 별 무리가 없어 보이므로 서남아시아나 오리엔트의 연꽃문화와 크게 구별되는 근거가 된다. 그런데 유교는 중국에서 발생하여 한반도로 유입된 철학 체계이므로 조선시대의 연꽃 관련 문화는 중국의 영향이라는 데 의심할 여지가 없다.

다만 일본의 경우는 불교와 달리 유교와 연꽃이 만난 흔적을 찾기가 매우 힘들다. 그만큼 일본의 유교가 생활 문화에 뿌리를 내렸다고 보기는 어렵다는 것을 반증한다. 스즈키하루노부鈴木春信(1725-1770)는 많은 풍속화를 남긴 화가로 유명한데 그가 남긴 연꽃 그림 중에는 배를 타고 연꽃에 다가간 미녀가 활짝 핀 홍련 줄기에 칼을 들이대는 장면이 나온다. 칼로 자르려는 의도이다. 군자의 상징인 연꽃은 소유의 대상이 아니라 저만치에서 바라보는 꽃이라는 유교적 관점이 전혀 전달되지 않는다. 이러한 사정이니 유교와 연꽃의 교류가 인정되는 것은 중국에서 한반도에 이르는 영역으로 정리할 수 있겠다.

한편, 동북아시아의 범주에서 분석 가능한 설명은 이상과 같지만, 중국 유교와 연꽃의 상관관계가 제시하는 맥락을 가리켜 과연 중국만의 고유문화인가는 여전히 풀어야 할 문제로 남아있다. 그것은 히말라야 저편의 인도 대륙이 낳은 종교사상 역시 연꽃에 대해 다르지 않은 맥락을 보여주기 때문이다. 우연의 일치인지 아니면 중국이 인도의 연꽃 사상을 수용한 것인지 의문이 남는다.

중국에 불교가 전파되기 전에 이미 연꽃 관련 문양 등이 발견되고 있는 것을 근거로 중국적 연꽃 사상 역시 기원전부터 있었을 것으로 유추하는 경우가 있으나 그것은 어디까지나 유추일 뿐 기원전 연꽃 문양에 군자의 이미지를 투영시키는 사상이 있었다고는 보지 않는다. 문양은 어디까지나 문양이었고 그것이 사상으로 승화하는 데는 기나긴 세월을 요한다.

가령 불교가 발생하기 훨씬 이전 소아시아에서 발생한 단순한 문양이 앗시리아와 페르시아를 거쳐 인도대륙으로 들어와서는 종교적으로 신성한 아이콘으로 발전하였으며 그것이 불교에 편승하여 중국으로 전파되면서 만卍이라는 문자로 변하는 과정은 이미 경험하였다. 연꽃도 마찬가지 논리 과정으로 추론한다면, 기원전 중국의 연화문에는 애련설 같은 사상도, 그리고 인도 대륙이 낳은 범아일여 사상도 아직 부착되지 않은 단계였다.

그러니 이제부터는 중국인의 사유 세계로 인해 조금씩 변형되기 이전의 연꽃 관련 근본 사상이나 모습을 인도 대륙에서 살펴보기로 하겠다. 그렇게 함으로써 인도의 이해는 물론이고 중국의 인도문화 수용 양상에 대해서도 이해가 한층 깊어질 것이다. 중국을 올바로 이해해야 한국문화도 제대로 이해할 수 있게 된다.

제2장

종교의 발생과
연화화생
─인도 · 네팔 이야기

02

●

종교의 발생과 연화화생
−인도·네팔 이야기

인도의 연꽃문화는 불교가 발생하기 훨씬 전부터 전해 내려오던 아주 오래 된 문화였다. 리그베다를 비롯하여 브라흐마나와 우파니샤드에 이르는 동안 고대 인도의 사상과 연꽃은 줄곧 함께 해왔다. 특히 3대 베다나 브라흐마나 우파니샤드는 석가모니가 출가 전부터 열심히 공부하던 책들이다. 요컨대 브라만교의 주축이 되던 내용이 기록되어 있으므로 불교에 사상적 영향을 끼치면서는 동시에 연꽃도 함께 스며들게 되었다. 문화적 전승 과정이라는 관점에서 보면 너무도 자연스러운 일이다.

이러한 연꽃 사상이 중국으로 전해지게 된 계기는 물론 불교의 동진이었으므로 산스크리트어를 한자로 옮기던 한역 단계에서부터 중국인들은 연꽃과 관련한 다양한 모색이 시작되었다. 간혹 불교 이전의 인도적 사상을 엿볼 수 있는 연꽃문화가 온전히 번역되는 경우도 있었으나, 인도 문화에 대한 이해 부족이나 또는 상응하는 한자어를 발견하지 못하고 다르게 번역되는 경우도 적지 않았다.

중국불교를 받아들인 한국불교로서는 한역경전에 의지해서 인도불교의 문화적 원형에 대한 시시비비를 가려내기가 곤란한 상황이었다. 주돈이의 애련설을 중국의 유교문화라는 틀 속에서 바라볼 수밖에 없는 조선시대의 유학자들도 그러한 문제에서 자유롭지 못하였다.

이와 같이 이천여 년 전부터 번역되기 시작한 한역경전은 중국을 포함하여 한국이나 일본에 이르도록 연꽃의 사상 형성에 커다란 영향을 끼쳐왔다. 반대로 말하면 한역 이전의 산스크리트어에 담긴 연꽃의 문화적 배경에 대해서는 역시 중국이 아닌 인도의 문화적 토양에 입각하여 고찰해야 한다는 당위성으로 이어졌다.

중국에서 발신되는 불교적 연꽃문화는 이미 불교 이전의 모습과는 상당히 구별되기 시작하였기 때문이다. 변화 이전의 모습 또한 동시진행으로 전래되고 있었다는 뜻도 포함되므로 자연히 인도불교와 더불어 인도 대륙의 다른 종교적 사상도 함께 생각해야 한다는 의미로 풀이된다.

요컨대 인도에서 연꽃문화를 살피다 보면 자연스럽게 불교를 비롯하여 힌두교나 브라만교 자이나교 이슬람교와 같은 다른 종교의 연꽃문화가 모두 시야에 들어온다. 힌두교가 기성종교로서의 모양을 갖춘 것은 기원후라 하지만 불교나 자이나교는 기원전 6세기경이고, 브라만교는 우파니샤드와 리그베다시대를 포함하여 그 이후를 뜻하므로 기원전 1500여 년 전부터가 대상이 된다. 지금으로부터 약 3500여 년 전부터의 연꽃 이야기를 생각해야 하는 배경이다. 중국에 불교문화를 전해줬던 인도로 들어오니 연꽃 이야기가 갑자기 아득한 태초의 울림처럼 들려온다.

우리가 지금 중국을 거쳐 인도에 들어왔으므로 중국과 인도가 만나는 접점을 먼저 고려하지 않을 수 없다. 연꽃문화를 생각했을 때 어떠한 접점이 있을 것인가는 지금까지 검토해오면서 어느 정도 예상할 수 있었던 두 가지가 있다. 하나는 불교이고 다음은 불교의 중개지라 할 수 있는 지금의 신강 위구르 지역이다.

기원전부터 소위 호탄Khotan이라는 나라가 위치하던 곳인데 이곳은 중국보다도 먼저 대승불교가 전해져 번성하던 나라였고 산스크리트 경전을 한역 경전으로 옮기기 전부터 인도불교가 중국으로 전파되는 데 중개 역할을 하던 곳이다. 그러니 〈그림14〉에서 잠시 소개한 연화화생도 중국에서 변모하기 이전의 모습을 어느 정도 답습한다고 보면 될 것이고 이러한 연화화생이 인도불교가 전하던 연화화생과 연결된다고 예상할 수 있다.

호탄의 연화화생에 대한 도상학적 원형으로 자리매김할 수 있는 사례를 살펴보기 위해서 우리는 인도의 붓다가야로 향할 필요가 있다.

붓다가야는 석가모니의 4대 성지 중 한 곳이다. 4대 성지란 싯다르타가 태어난 네팔 남부의 룸비니Lumbini를 필두로 법을 깨우쳐 부처가 됐다는 붓다가야, 깨우쳐 구한 진리를 최초로 설법했다는 초전법륜初轉法輪의 땅 사르나트Sarnath, 그리고 열반에 들었다는 마을의 변두리 쿠시나가라Kusinagara이다.

이 중에서 붓다가야는 싯다르타가 스물아홉에 출가하여 6년간의 수행을 마치던 서른다섯에 깨우침을 얻고 사십구일 동안 참선과 경행經行을 하며 머물렀다는 장소이다. 네란자야 강가에서 멀지 않은 곳이다. 그런데 이곳에 석가모니가 열반한지 약 200여 년이 흐른 뒤 인도 대륙을 거의 통일한 마우리아 왕조의 아쇼카(B.C.304-B.C.232) 대왕에 의해 석가모니를 추모하는 거대한 탑이 세워지면서 많은 사람들이 성지로 여기고 이곳을 찾아들기 시작하였는데 불교성지순례의 단초가 되었다.

그리하여 이곳을 찾는 사람들 중에는 신앙적 환희심을 일으키거나 세속적인 소망을 기대하면서 불법승佛法僧 삼보에 귀의하는 자들이 생겨났고 이를 증명이라도 하듯 연화화생 부조를 만들어 탑 주변 난간 형식의 울타리에 〈사진32〉처럼 다수 남겨놓기에 이르렀다. 그러다가 하나 둘 늘어나 급기야는 울타리 네 변 중에서 세 변 거의 모두를 연화화생으로 가득히 메울 기세였다.

불교 이전의 신화세계에 등장하던 연화화생이 불교가 종교적으로 존재감을 얻어가던 이천 삼백여 년 전 신앙생활 속의 연화화생으로 거듭나는 원동력이 되었다. 신화 세계가 전하는 신들과 수행자 및 신자들이 어우러져 연화화생의 숲을 이룰 수 있었다. 그러니까 명분으로는 불교 성지에 장

〈사진32〉 인도 붓다가야의 연화화생(2010년 필자 촬영)

식된 연화화생이라 할지라도 부조들의 내용을 구체적으로 들여다보면 불교 이전의 수많은 신들과 종교적 사상이 함께 공존하는 세계라는 것을 알게 된다. 불교 성지라 해서 불교만의 공간이 아니라는 사실은 불교가 타종교를 어떻게 바라보는지를 포함하여 불교의 정체성을 밝혀주는 중요한 단서가 된다.

아쉬운 것은 세계문화유산이기도 한 이곳 붓다가야의 연화화생 부조 대부분이 복제품이라는 점이다. 진품은 델리 국립박물관이나 영국 런던의 박물관에 보존되어 있다. 인도를 지배하던 식민 종주국 영국에 의한 문화재 반출은 불교 성지도 예외는 아니었다.

〈사진33〉의 실물은 영국 런던의 빅토리아 앨버트박물관Victoria and Albert Museum에 전시되어 있다. 돌기둥 중간에 만들어진 연화화생 부조로 쿠랑기Kurangi라는 여성에 의해 시주 불사된 내용이 쓰여 있으며 사진의 화생중인 여성과 동일인으로 추정된다. 삼보에 귀의하였거나 붓다가야를 참배한 기념으로 남긴 것이다. 우리나라 송광사 지장전의 연화화생 주인공과 시주자가 동일 인물이라는 측면에서 다르지 않은 신앙 행위이다.

〈사진33〉 **붓다가야의 연화화생**(런던에서 2014년 필자 촬영)

연꽃잎으로 보자면 사실상 천엽련이 전제된 부조 도상으로 둘레에는 두세 겹의 작은 연꽃잎이 선명하므로 화생의 출처로는 최대한 신성한 공간임을 강조하였다. 천엽련은 불교 경전을 비롯하여 우파니샤드에도 등장하는 신비로운 연꽃으로 우주의 중심을 상징한다. 바로 그러한 연꽃에서 화생하는 주인공 여성이야말로 신앙적으로는 극락왕생의 완성을 확신해 마지않았을 것이다. 한편 머리모양새가 선명하여 이천 삼백여 년 전의 생활상을 유추하는 데도 매우 흥미로운 자료이다.

그러나 붓다가야에는 이밖에도 많은 종류의 부조가 있어서 도상학적으로는 연화화

연꽃의 문법

생의 전체상뿐만 아니라 동서 문화 교류를 이해하는 데도 많은 도움이 된다. 붓다가야의 다음 사례는 그리스에서 전해진 도상으로 날개 달린 스핑크스Sphinx가 연꽃 속에 앉아있는 형상인데 다른 나라에서 들어온 외래문화가 연화화생에 접목하는 이색적인 경우로 볼 수 있다. 이집트에서 이미 발견된 사례들은 스핑크스가 연꽃을 바라보거나 머리 위 또는 등에 장식으로 얹어놓는 경우가 대부분이다.[5]

인도인들에게 익숙한 연화화생과 오리엔트의 외래 수호신이 혼합된 새로운 형태의 출현이다. 불교의 대표적인 성지임에도 불구하고 이국적인 다채로운 문화를 수용하여 새로운 문화를 창출하려는 자세야말로 인도적이라 말하지 않을 수 없다. 이와 같이 다문화가 혼재하는 상황은 대승불교문화권에서도 변함없이 유지돼 왔으므로 그다지 낯선 풍경은 아니다. 한국이나 중국 일본의 불교 사찰에 들어가더라도 도교에서 유교 무속에 이르기까지 각양각색의 전통 신들이 불교와 혼재하는 양상을 나타내는데 기원전부터 늘 그러했다고 보는 편이 타당할 것이다.

스핑크스의 기원은 고대 이집트에서 출발하여 앗시리아로 전해졌으며 나중에는 그리스에서도 발전을 거듭하게 된 기원전 고대 문화의 하나이다. 그것이 인도에 들어온 계기는 알렉산더 대왕의 동방 진출과 관련된다. 뒤에서 설명하는 아칸서스와 요정이 만나는 그리스의 도상이 인도로 진출하던 시기와 거의 겹치기 때문이다.

붓다가야의 탑이 조성되기 시작한 시기 역시 인도대륙을 최초로 통일한 마우리아 왕조였으므로 결국은 서쪽

〈사진34〉 **스핑크스의 연화화생**
(붓다가야에서 2010년 필자 촬영)

〈그림16〉

5· W.H.Goodyear, *The Grammar of The Lotus*, London, 1891, pp.213-227.

의 헬레니즘을 대표하는 그리스와 대결하는 국면에서의 문화교류였다. 세계의 문명사적 관점에서 본다면 동서의 거대한 두 문명권이 본격적인 만남을 시작하던 시기라 말할 수 있겠다.

이때 인도의 서북지역을 지배했던 그리스인 밀린다Milinda 왕과 불교 학승이던 인도인 나가세나 간에 오고 간 대화 기록이 전하고 있어 주목받고 있다.[6] 무아無我의 사상을 비롯하여 윤회나 열반에 이르기까지 보통 사람들이 궁금히 여기는 주제에 관하여 그리스인의 철학적 사유와 불교도 간의 사상 논쟁으로 발전하였으니 흥미로운 대화록이 아닐 수 없다.

인도의 서북지역과 아프가니스칸 파키스탄이 만나는 넓은 의미의 간다라 지역에서 만들어지던 불교미술이 헬레니즘의 영향을 받은 것도 동서 문화 교류라는 측면에서 이해할 수 있다. 이와 같이 그리스와 인도는 우리가 예상하는 것보다 훨씬 폭넓은 교류가 있던 가운데 스핑크스도 인도에 전파될 수 있었다.

〈사진35〉 켄타우로스의 연화화생
(붓다가야에서 2010년 필자 촬영)

아무리 그렇더라도 고대 이집트에서 권력의 상징이나 신전의 수호신으로 활약했던 스핑크스가 인도의 불교 성지에서 연화화생으로 출현한다는 일은 쉽게 수긍이 가는 문제는 아니다. 오리엔트와 인도의 문화교류 외에도 연화화생이 갖는 불가항력적인 힘에 의한 것일지도 모른다.

스핑크스가 본래 이집트 발생이라면 다음의 켄타우로스Kentauros는 그리스 발생이다. 그리스의 본격 신화에

〈그림17〉

6· 「彌蘭王問經」(一, 二), 『南傳大藏經』(59上下), 大藏出版株式會社, 1940.

연꽃의 문법

나오는 반인반마半人半馬 족이며 그 한 명을 가리키는 말이기도 하다. 그리스 신화의 켄타우로스가 연화화생으로 출현하는 장면이란 그리스 사람들로서는 상상도 할 수 없는 사건이다. 아마도 기괴한 일로 받아들일 것이다. 그리스 신화상의 켄타우로스 출생담에는 원래 다음 두 가지가 전한다. 하나는 헤라 여신에 부정한 욕정을 품은 이쿠시온이 헤라 여신의 모습을 한 구름과 정욕을 나눠 출생했다는 설, 다음은 그렇게 태어난 켄타우로스가 암컷 말과 교미를 갖은 후 태어난 일족을 가리킨다는 설이 전하는데 이후에 전개되는 신화상의 활약상에는 한시도 눈을 뗄 수가 없다. 그러니 이번에는 불교의 성지 인도 땅에서 세 번째 출생담에 해당하는 연화화생을 통해서 출현하고 있으니 문화적으로는 대단히 충격적인 일이 아닐 수 없다.

아마도 그리스의 신화 이야기를 더욱 풍요롭게 만들기 위해서라기보다는, 붓다가야 현지인들에 의한 문화적 우월성이나 포용력을 과시하려는 여유도 있었을 것이다. 가톨릭의 성지 바티칸에서 오리엔트의 연화화생과 연꽃나무를 수용하는 자세와 비슷하다고 말할 수 있다.

스핑크스와 켄타우로스 같은 외래 신이나 괴수怪獸조차도 삼보에 귀의하면 연화화생을 통해 해탈을 얻고 정토에 왕생한다는 믿음을 주기 위한 교화의 목적도 있지 않았을까. 그러나 수호신이라는 순수한 목적 또한 부정하기는 힘들다. 앞에 언급한 밀린다 왕과 인도 학승과의 대화에서도 정토 해탈 열반 윤회 같은 주요 개념을 놓고 토론을 벌였다는 기록이 남아 있을 정도이니 같은 시기에 헬레니즘의 괴수나 수호신을 연화화생 부조로 남겨놓는 일은 남다른 의미가 있었을 것이다. 불교의 성지 붓다가야가 불교만의 문제가 아닌 이유이다.

그런데 붓다가야의 연화화생은 거리상으로 가까운 네팔에도 영향을 주었다는 증거가 발견되었으며 그 영향은 지금까지도 이어진다. 네팔불교는 티베트불교와 더불어 원시불교를 재구성하는 데 빼놓을 수 없는 주요 거점으로 주목받고 있다.

여기서 우리가 이미 알고 있으면서도 거듭 주의해야 할 문제가 하나 있는데 그것은 지금 경험하는 국가 간의 경계와 과거의 문화적 경계가 반드시 일치하는 것은 아니라는 점이다. 아무리 강조해도 지나치지 않은 당연한 명제이다. 즉, 네팔의 경우도 히말라야 산간부와 인도 접경지역인 룸비니 주변은 자연환경이나 문화적 배경이 다르다. 룸비니 주변 지역은 싯다르타가 성장하던 지역이고 성도 후에 자주 찾아와 머물던 기원정사가 가까이에 있으니 결국은 브라만교를 비롯하여 자이나교 힌두교와 크게 다르지 않은 종교문화적 토양을 공유하던 곳이다. 작은 인도로 주목받는 이유이다.

사진은 네팔의 카트만두에서 멀지 않은 옛 도읍지 파탄Patan의 주변마을을 걷다가 우연히 발견한 연화화생인데 나무 조각을 이어서 만든 부조 작품이다. 일반 가옥들이 이어지는 주택가 담장의 붉은 벽돌 사이에 끼워진 상태로 발견되었다. 연꽃잎이 여덟 장인 연화에서 한 명의 인물상이 상반신을 드러내는 도상이다. 자세히 보면 두 다리도 보이므로 경상남도 양산 통도사의 〈사진12〉와 비슷한 연화좌상의 형태를 취하고 있고, 마모가 심하여 확실하지는 않으나 주목할만한 점은 합장한 두 손 외에도 양 손을 위로 향하여 연봉오리를 쥐고 있는 포즈라는 점이다.

중국 신강에서 발견된 연화화생 〈사진21〉도 두 손을 위로 향하고 있어 어떤 연관 성이 있어 보인다. 특별한 이유를 찾기 힘든 가운데 눈여겨 볼 사례로 인도의 여신 락슈미 관련 도상들이 있다. 간혹 팔이 넷 달린 락슈미 연화입상 혹은 좌상을 발견하게 되는데 두 팔은 땅을 향하지만 나머지 두 팔은 위를 향하는 경우가 많다.

싯다르타가 탄생하자마자 천상천하유아 독존이라 외치면서 한손은 하늘로 다른 한손 은 땅을 향했다는 불교전설에 비추어 볼 때 흥 미로운 공통점이다. 네팔의 파탄에서 필자가 발견한 연화화생 역시 위로 향하는 두 팔이 있 다는 점 외에 전체적으로는 인도 붓다가야의 정형화된 연화화생을 답습하고 있는 것으로 보인다.

그밖에도 연꽃무늬 속에 내재된 아칸서스

〈사진36〉 네팔 파탄의 연화화생 (2011년 필자 촬영)

연꽃의 문법

라는 지중해 문화권의 한 양식이 엿보이고 있어 주의를 요한다. 마모로 인해 단정하기는 어렵지만 이것이 사실이라면 지중해 문화의 오리엔트 전파와 연이은 인도로의 유입, 그리고 네팔에 잔류하게 되었다는 긴 여정을 상상할 수 있다. 이러한 흐름을 통해 본다면 〈사진36〉의 목판 부조는 역시 중국보다 인도에 더욱 가깝다는 느낌을 지울 수 없다.

이와 같이 호탄과 네팔, 그리고 인도의 붓다가야로 이어지는 초창기 불교 전파 지역에서 유사한 연화화생 도안을 발견할 수 있는 것은 단지 우연의 일은 아닐 것이다.

한편, 중국과 인도의 연결 고리 중에서 연꽃과 관련해서 또 한 가지 유의해야 할 문제로 여전히 락슈미는 빼놓을 수가 없다. 중국의 하선고에서도 언급했듯이 락슈미는 연꽃 여신이면서 비시누 시바 브라흐마와 함께 인도 신화를 구성하는 주요 등장인물이다.

인도의 수많은 신들의 이야기는 주로 4대 베다 ― 리그베다·야주르베다·사마베다·아타르바베다 ― 와 우파니샤드의 여러 문헌들, 그리고 브라흐마나의 여러 권에 기록되어 있는데 기원전 문헌들이 주요 대상이 된다.

또 기원전 6세기경부터 일어난 불교의 가르침이 기록된 각종 경전에도 역시 연꽃 이야기는 열거하기 어려울 정도로 많다. 불교의 커다란 이야기에서부터 개별 경전 속에 편입된 작은 이야기에 이르기까지 거의 모두 연화장세계에 바탕을 두고 있으므로 경전 속의 어느 세계를 엿보더라도 연화장과 무관한 내용은 별로 없다. 장편의 연화장 이야기를 하나의 기하학적 그림으로 압축해놓았다고 평가받는 티베트불교의 만다라조차 그렇다.

티베트불교의 주문 중 가장 중요하다며 널리 알려진 옴마니팻메훔Om Mani Padme Hum도 수행자가 궁극적으로 도달하고자 하는 경지를 연꽃에 비유하고 있으니 기복신앙으로 세속화하는 중국의 사례들과 너무 차이가 난다. 불가에서는 옴마니팻메훔에 대해 많은 해설이 있는 것으로 아는데 본래의 어의를 좇는다면 마니는 지혜나 보석의 의미로 다른 말로 하면 다이아몬드같은 보寶에 해당한다. 그리고 팻메란 산스크리트어로 연꽃이므로 두 말을 하나로 하면 보련화寶蓮華[7]가 된다. 경전에 빈번히 등장하는 금강화金剛華나 금강대金剛臺도 같은 부류의 말이다.

즉 이는 연화장[梵]이 전제된 연꽃[我]에 귀의함을 암시하는 진언이었다. 그러니 저 진언을 외는 행위란 곧 수행자인 나는 범아일여, 즉 브라흐만[梵]과 아트만[我]의 합일로 들어가겠다는 종교적 의지 표명이며, 그래서 해탈을 하겠다는 깊은 뜻이 담겨 있다. 우파니샤드의 다른 표현을 빌려 말한다면, 인간의 몸이 전체적 범梵이라면 심장 은 아트만이자 아我인데 이것을 백련화 한 송이로 표상하는 것과 같은 이치이다. 최소 단위의 개별자인 아트만이 심장이자 연꽃이라는 상징성은 불교이전부터의 신화 사상 과 맥을 같이 한다.

요컨대 불교 이전의 우파니샤드와 리그베다의 사상이 그대로 담겨있는 진언으로, 연꽃 중에서도 특히 백련화는 아트만 중의 아트만, 즉 심장의 깊은 곳에 있는 실재자 푸르샤Purusa의 안식처이기도 하다. 푸르샤는 또 빛[光]으로 표상되므로 연꽃 중에서도 백련화가 아니면 안되는 이유가 여기에 있다. 그래서 영원불멸의 존재자인 푸르샤야말 로 생사를 초월하여 자유롭게 여행하는 일체 중생의 실존이라고 인도인들은 믿어 의심치 않는다.

연꽃을 둘러싸고 전해 내려오는 이와 같은 신묘한 이야기들로부터 알 수 있는 것은 궁극적인 해탈의 경지를 사람들은 줄곧 연꽃에 의지하여 인지하려 했다는 점이 다. 더욱이 해탈을 통해 피안의 경지로 건너가는 종교적 실천뿐만 아니라, 피안의 세계에서 일체 중생의 세계로 모습을 드러내는 신들의 출현 방법에서도 역시 연화화생 은 유효하였다.

그리고 이러한 종교신화적 사상을 배경으로 연꽃의 여신이라 일컫는 락슈미가 불교이전부터 이미 출현해 있었다. 인도 신화에서 말하는 인류 최초의 여성신으로

---

7 · Alexander Studholme, *The Origins of Om Manipadme Hum*, State University of New York Press, 2002, p.110.

연꽃의 문법

중국불교에서는 길상천녀로 이름을 바꾸어 수용하게 되었다는 점은 앞에서도 짧게 언급하였다.

불교의 입장에서 본다면 불교가 시작되기 전부터 태초의 이야기를 비롯하여 신들의 탄생이야기에 이르기까지 연꽃과 관련된 수많은 이야기가 한 발 앞서 눈앞에 전개되고 있던 것이다. 수용할 것인가 말 것인가의 선택의 문제가 아니라 그러한 전승문화 위에서 불교는 싹이 트고 성장하였다 해도 과언이 아니었다. 석가모니는 전승문화를 부정하는 태도가 아니라 수용하면서 그 위에서 자신의 생각을 피력하는 방법을 취하였기 때문이다.

그러니까 불교적 길상천의 원형인 락슈미는 본래 태초의 바다에서 움트기 시작한 생명력의 현상으로 출현하였다. 말하자면 우주 개벽 신화에서 최초의 여신이 등장한다는 줄거리에서부터 중요한 초자연적인 존재로 결정되어 있었다.

그런데 락슈미의 또 다른 출현이야기라고 할까 탄생은 비시누Vishnu의 이마에서 자라난 연꽃을 통해 태어났다거나 또는 연못에 핀 연꽃에서 출현했다는 민간전승도 함께 전한다. 인도의 신화에 등장하는 본격 연화화생 이야기의 아류들이다. 환상적이면서 신비로운 탄생담인데 그러나 다양한 탄생담에도 불구하고 신들이 출현하는 일련의 이야기들은 모두 비시누의 섭리에서 비롯되었다.

비시누는 우주 개벽의 섭리이자 브라흐만Brahman(梵)이고 최초의 남성 신이었다. 원수原水에서 현현한 비시누는 최초의 생명력인데 전체를 상징하는 브라흐만이므로 아트만Atman(我)의 존재자들이 필연적으로 뒤따르게 된다. 다시 말해서 태초에 출현하는 신들의 이야기이면서 범아일여梵我一如가 사상적 근간이 된다. 전체와 개별자가 궁극적으로 둘이 아니라는 논리적 구성으로 이루어진 사상이다. 허공에 충만된 전체의 세계를 지배하는 비시누가 가장 먼저 출현하고 이어서 개별 존재자들에 해당하는 아트만들이 뒤따라 나타나는 이야기 전개이다.

기원후의 힌두교에서는 브라흐만을 개별적 인격신인 브라흐마Brahmā로 숭배의 대상으로 삼기도 하였는데 이 역시 중국 불교에서는 범천梵天으로 번역하여 수용하였다.

인도신화의 삼신이라 칭하는 비시누 시바 브라흐마와는 다른 차원에서 여성신 락슈미가 오늘날까지 인도인들로부터 특별한 대접을 받는 것은 특히 주목할 만한 일이다.

힌두교 이전의 인도 신화로 돌아가자면 브라흐만과 아트만이 연계되는 경계에 빛이 매개체로 존재하는 사상적 맥락이 있어왔다. 그런가 하면 또 개별자로서의 신들이 이동하는 통로에 연꽃이 매개하는 사상 또한 전해왔다. 연화화생은 그 방법론의 구체화였던 것이다.

그러나 티베트불교에서는 이 부분을 좀 더 명확히 하고자 빛 외에 구체적인 바람의 존재를 추가로 강조지만 그렇더라도 근원 사상은 역시 인도의 빛 사상이 먼저이다. 브라흐만과 아트만, 다시 말해서 범아일여와 빛과 바람의 관계에 대한 티베트불교의 독특한 설명은 『티베트 死者의 書』에 전하니 읽어볼 만하다.

그래서 빛과 연꽃의 범상치 않은 만남이 이루어질 수 있었는데 이는 서로 다른 종교사상의 역사적 맥락에 기인하는 현상으로 이해하고 있다. 즉, 태양과 불빛을 숭배하는 조로아스터교의 영향과 오리엔트 지역에서 전래된 더욱 강력한 연꽃 숭배 사상이라는 두 가지 맥락을 가리킨다. 이와 관련해서 두 종류의 맥락이 합쳐진 백련白蓮의 사상적 진화 발전에 관해서는 다시 후술하겠거니와, 이계異界를 넘나드는 아트만들의 신비로운 통로로 연꽃을 설정한 고대인들의 사유세계는 매우 신비롭고 의미심장하다.

그러한 사상적 배경을 먼저 수용한 연후에 태초의 바다에서 비시누가 비스듬히 누운 자세로 이마와 배꼽을 통해 연꽃을 피웠고 그 속에서 락슈미와 브라흐마가 각각 출현한다는 이야기로 점차 이해의 폭을 넓힐 필요가 있다. 신화의 이해에는 신화라는 줄거리 이해에 앞서 고대인들의 관점에서 바라본 상징성의 이해가 선행돼야 한다.

락슈미의 출현은 브라흐만이라는 피안에서 이승으로 화생한 여신이었기에 이 단계에서 연꽃이라는 출구는 이미 필연적이었다. 말하자면 연꽃은 해탈이나 저승으로의 왕생만이 아니라 저승에서 이승으로의 통로로도 사용된다는 의미가 숨겨있다. 한국의 심청이 연꽃을 통해 이승으로 환생하는 이야기도 있어 비교 대상으로 흥미롭다.

한편 락슈미의 출현에 비시누가 직접 관여하지 않는 모티브도 전하는데 앗시리아나 페르시아 경유의 연화화생이 크게 변형되지 않은 형식이다. 인도의 토착 신앙이 부착된 것은 코끼리 신앙정도이다. 즉, 패턴화한 단위 문양인 삼본연화(연화+연화+연화)의 중앙에 락슈미가 서 있고 양 옆의 연화에는 각각 성수聖獸인 코끼리가 성수聖水를 뿌리며 보좌하는 형식이다. 굳이 명명한다면 쌍상雙象삼본연화락슈미화생이 되지 않을까. 문양이나 도상의 기본 패턴은 변하지 않되 주변 상황이 지역마다 다르게 전개되는 양상이다.

연줄기가 당초 문양처럼 구부러진 형태는 자연계에서는 부자연스럽지만 오리엔트 지역에서부터 이미 그렇게 변형된 문양이 사용되어왔다. 포도 당초문이나 인동문 등 다른 식물의 문양과 뒤섞이며 진화 발전된 결과로 보인다. 연줄기가 당초 문양처럼 구부러지는 양상은 고구려 고분벽화에서도 어렵지 않게 발견되므로 변형조차도 하나의 패턴으로 고정된다면 그것이 다시 보편 문화로 널리 퍼지게 된다는 문화 변이 이론의 전형이다.

아무튼 이와 같은 기본 도안은 굽타시대(AD.320-550)에 실제로 사용하던 은화의 도상으로 발견되거나 신전神殿같은 건축물의 각종 부조 장식으로 남아있다. 실제로 남아있는 유형 문화에서 그렇다는 뜻이지만 이미 삼천년 이상 전부터 전해 내려오던 신들의 이야기가 선행하던 것은 물론이다. 연줄기가 마치 포도 줄기나 인동초 같이 굽어 있는 것이 특징이다.

은화의 도안 〈사진37〉에 비해 인도적 성향을 더욱 강하게 전달하는 도안은 다음 부조〈사진38〉이다. 아쇼카 대왕시대보다 약간 늦게 세워진 바룻Bharhut 유적의 석조 기둥에 새겨진 부조인데 힘 있게 새겨진 삼본연화가 둥그런 항아리에서 출현하는 구도라는 점이 새롭게 발전된 형식이다. 연꽃을 태초의 자궁으로

〈사진37〉 은화의 삼본연화와 락슈미
(인도 콜카타박물관에서 2010년 필자 촬영)

〈사진38〉 인도 바룻의 삼본연화와 락슈미
(Devdutt Pattanaik, *Lakshmi*, India, 2003, p.5.)

보던 관념이 인도를 포함하여 오리엔트의 보편 문화라면, 둥그런 항아리나 꽃병을 그렇게 보는 것은 인도 전래의 문화이다. 불교 이전부터의 신화 이야기가 불교 성지에 새겨진다는 자체가 얼마나 보편적인가를 가늠하게 한다.

신과 성수聖獸를 포함한 성중聖衆 모두의 출처는 하나의 항아리, 즉 브라흐만의 분신이라는 신화적 해석이 가능한데, 회화적 표현 방식이 대단히 직설적이다. 항아리를 그렇게 인식하던 고대 인도인들의 사유세계는 많은 고전문학에서 인기 있는 소재이기도 하다. 그래서 인도인들은 연꽃 외에도 항아리라는 신화상의 자궁을 또 하나 소유하게 되었다.

아울러 위 그림에서 항아리의 연화는 삼본연화에 더하여 연봉오리가 추가되어 전체적으로 풍요로움을 강조하는 도상으로 발전하였다. 이러한 도상이 중국을 거쳐 한반도의 불교미술에까지 영향을 끼쳤으니 여간 흥미로운 일이 아니다.

황해남도 개성시 관음사 대웅전 뒷벽에서 발견한 목조 부조는 한반도에서의 문화 변이를 생각하게 하는 귀중한 문화유산이다. 조선시대의 작품으로 알려져 있으며 연화장 세계로서의 사찰에 어울리도록 화려한 연화 장식 부조를 만들어 놓았다. 그런데 여기서 시선을 사로잡는 것은 연꽃 사이로 보이는 백호白虎와 등에 올라 탄 산신山神의 모습이다. 필자의 추론으로는 인도 전래의 백상白象과 연꽃의 조합이 백호와 연꽃의 조합으로 탈바꿈한 것이 아닌가 생각한다.

더욱이 인도의 락슈미 여신이 산신으로 바뀌었다면 연꽃 이외의 등장인물이나 이야기 구성은 철저히 토착화하였음을 짐작케 한다. 산신조차도 사실은 붉은 가사를 걸쳤으니 승려 차림이다. 그렇지

〈사진39〉 황해남도 개성 관음사의 쌍어연화병과 백호(2008년 필자 촬영)

연꽃의 문법

만 둥근 화병의 양옆에는 물고기가 각각 한 마리씩 자리하고 있으므로 오리엔트와 인도 전래의 단위 문양인 쌍어연화문双魚蓮華紋이 어느 정도 갖추어진 구도이다. 연화병으로 발전되었을 뿐이다. 중국을 거쳐 들어왔을 것으로 사료되는 인도 문화의 요소들이 목조 부조의 작품 속에 침전되어 훌륭하게 남아 있는 모양새다. 그러나 현지 관리인에게 물어도 그 의미에 대해 전혀 아는 바가 없다고 한다.

사실 이와 같은 문화 변이 현상은 오리엔트나 인도에서도 어렵지 않게 찾아볼 수 있으므로 하나하나 확인해가면서 개성 관음사의 부조가 지닌 국제적 의미에 대해 재음미할 수 있기를 기대한다.

그런데 다음 그림의 락슈미에 주목한다면 브라만교에서 힌두 신앙으로 바뀌어가는 과도기를 미루어 짐작하는 데 도움이 된다. 연꽃과 락슈미에 주의하면서 살펴보기로 하겠다.

미美와 풍요의 여신이면서 동시에 연꽃의 여신인 락슈미는 현대 인도에서도 가장 환영받는 여신이라는 점은 앞서 지적한 대로이다. 지금도 길상도안으로 인기가 높아 기복신앙을 대표하면서 인도인들의 생활문화에 매우 밀착해있다.

〈사진40〉 락슈미의 길상도안과 삼본연화
(Devdutt Pattanaik, Ibid, p.44)

그림은 포스터나 연하장에 즐겨 사용되는 도안인데 하단의 연화대에 서 있는 인물상이 락슈미이다. 아래쪽을 향한 두 손바닥에서는 곡식이 쏟아져 내리므로 오곡풍요를 보장해 주는 신이라는 사실이 강조되어 있고, 위로 향한 또 다른 두 팔은 각각 연꽃을 쥐고 있으니 전체적으로 삼본연화를 구성한다. 즉, 삼본연화의 중심에 락슈미가 위치하는 기본 패턴을 유지하면서도 인도인들의 기복 신앙을 반영한 도상이다. 종교와 생활의 경계가 낮아진 상태에서 락슈미는 인도인들의 삶에 더욱 다가서 있다.

락슈미 양 옆에는 코끼리가 위치하고 있어 인도

적 길상도안에 부족함이 없다. 상단의 양 옆에는 크리스마스 분위기를 자아내는 나무 장식이 있는데 이 또한 오리엔트 전래의 오래된 풍습으로 새해를 맞이하면서 신년을 축하하고 신들의 강림을 기대하는 마음이 담겨 있다. 그런데 흥미롭게도 맨 하단의 중앙과 좌우에 만卍 자 아닌 스와스티카Swastika가 보이는데 이 역시 고대 오리엔트를 경유한 소아시아 지역의 문양이 동쪽으로 이동하면서 진화 발전된 아이콘으로 온 세상으로 광채가 넓게 퍼져나가는 무량광을 상징한다. 자비나 행복 등 갖가지 해설이 많지만 본래의 의미는 우주 전체로 퍼져나가는 광채를 상징하던 단순한 문양이었다.

그러니까 그림의 포스터에는 마치 크리스마스 때의 산타크로스처럼 락슈미가 많은 행복을 가져다주고 자비를 베풀어주며 또 그것이 더욱 멀리 퍼져나가기를 갈망하는 서민들의 마음이 담겨있다고 본다. 그러므로 인도 사람들 사이에서는 종교적인 고상한 목적보다 민간신앙 차원에서 즐겨 그리는 도상이다.

비시누는 락슈미 외에도 배꼽에서 연꽃을 피워 브라흐마Brahmā(梵天)를 탄생시키는데 이 역시 최초의 출현이므로 스스로 연꽃에서 모습을 드러내는 화생 방식이지만 비시누의 의지에 의한다는 공통점이 있다. 이와 같이 연꽃을 삼라만상의 출처로 인식하는 이야기는 인도 고전 문학에서도 중요한 위치를 차지한다.

그런데 락슈미의 탄생담과 연꽃의 만남에서 삼본연화나 연화화생 모티브가 선행하는 이야기라는 사실은 기억해둘 필요가 있다. 그래서 연꽃 이야기의 근본이 인도의 서쪽에서 전래됐다는 문명사적인 흐름에 따른다면 좀 더 근본적인 이야기 흔적이 인도에도 남아 있을 것이다. 그렇다면 이제부터는 불교에 한정하지 않고 이슬람교나 자이나교의 사원 벽화에 대해서도 좀 더 살펴보려고 한다.

이슬람 문화권 전체에 대해서 아직 충분한 조사가 이루어지지 않은 상태이지만, 콜카타에서 찾아간 이슬람 사원Nakhoda Mosque을 보자면 불교 사찰과 커다란 공통점을 한 가지 발견할 수 있었다. 그것은 대리석 계단이나 돌기둥, 천장, 지붕 장식 등 온통 연꽃에서 건축물의 형태나 장식의 모티브를 구해 사원 전체를 연화장으로 표현했다는 의외의 사실이었다.

〈사진41〉 인도 콜카타의 이슬람 사원과 삼본연화
(2010년 필자 촬영)

역사적 배경을 살펴보면 인도를 통치하던 이슬람 무굴Mughal 제국의 바버Babur(1483-1530)왕조 때부터 새로 세우는 모스크 사원에는 반드시 연못[蓮池]을 만들어 정토 세계를 구현하고자 했다. 불교와 크게 다르지 않은 정토 세계를 상상하고 있었던 것 같다.

이와 같은 배경을 염두에 두고 사진의 이슬람 사원에서 특히 주목을 끄는 부조는 대웅전에 해당하는 본당 건물 입구에 서서 바로 머리 위에 만들어진 삼본연화(천엽련+연화+천엽련)와 또 다른 전각의 입구에서 발견한 삼본연화(천엽련+연화+천엽련)화생이었다.

천엽련은 동아시아에서 지중해에 이르기까지 거의 보편 문화로 자리 잡은 느낌인데 불교 힌두교 그리고 가톨릭과 이슬람교에서도 발견되었다. 천엽련을 통해서 본다면 모든 종교의 다름이란 마치 나타났다가 사라지는 구름과 같다고나 할까. 여러 종교가 자신의 정체성을 열심히 발신하려 노력하지만 결국 모두 천엽련 앞에서 같은 얼굴을 하고 있으니 이 또한 묘한 일이다.

현지인들은 성화聖花(Sacred Flower)라 부르는 장식인데 삼본연화는 두말할 필요도 없이 오리엔트에서 전해진 기본 패턴이다. 그런데 자세히 보면 연꽃잎이 서너 겹으로 묘사되어 있어 천엽련을 의식한 문양임이 분명하다. 이슬람 사원도 타 종교의 사원처럼 자신들이 우주의 중심이라는 종교신화적 믿음을 절대로 놓으려 하지 않는다.

도상학적으로 본다면 오리엔트의 기본 문양에서 거의 손상되지 않은 형태인데 이것이 불교에 편승하여 중국 대륙으로 퍼진 이야기는 이미 언급하였다. 게다가 삼본연화는 불교와 힌두교에서도 불보살을 비롯한 여러 신들의 좌상이나 입상을 만들 때 기본 받침으로 사용되어왔으니 종교의 구별을 무색케 한다. 삼본연화를 가리켜 연화화생과 함께 아시아의 문화적 바코드라 부르는 이유이다.

다음 사진은 삼본연화의 기본 패턴을 바탕으로 상단에는 초승달과 별 도안이 새겨

져있는데 이 역시 앗시리아에서 만들어
져서 오늘날까지 사용되고 있는 기본
문양이다. 즉, 삼본연화초승달화생이라
명명 가능한 패턴으로 현대의 이슬람교
에서도 초승달과 별 문양은 반드시 등
장한다. 이슬람 국가의 국기 도안에서
지금도 쉽게 발견할 수 있다. 초승달과
별이 오리엔트 지역에서는 오래 전부터

〈사진42〉 콜카타의 이슬람 사원과 삼본연화화생
(2010년 필자 촬영)

숭배해오던 자신들의 절대적 존재이기 때문인데 신들의 출처가 연꽃이라는 인식 또한
타 종교와 공유한다.

이와 같이 지역의 신이나 자신들의 종교적 정체성을 보여주는 신을 탄생, 즉 화생
을 통해 출현시키는 현생은 거의 범세계적이다. 다시 말해서 연화화생 모티브가 유라
시아의 보편문화라면 화생 형식으로 출현하는 주인공 신들은 제각각 지역성이나 종교
적 정체성을 강조한다. 그러니 이곳 인도의 이슬람 사원일지라도 오리엔트에서 전래된
신화시대의 기억이 지금까지 남아 있다는 사실은 의미하는 바가 크다. 지역성 이상으
로 종교적 정체성이 강조된 경우이므로 아마도 인도 밖의 이슬람 국가들과 공유하는
도상일 것이다.

다른 한편으로 생각한다면 인도가 다른 나라들에 비해 특히 다종교사회라는 특수
성을 여전히 견지하고 있기에 가능하다고 해석할 수도 있을 것이다. 인도에서는 종교
간 분쟁이 마을 단위나 사회적으로 그다지 발생하지 않는 현상이 이를 입증한다.

다음에는 마찬가지로 콜카타의 자이나 사원들을 찾아가보기로 하겠다. 자이나교
Jainism는 마하비라Mahavira를 창시자로 하며 불교와 거의 비슷한 시기에 석가모니의
활동 영역과 겹치는 지역을 배경으로 일어난 종교이다. 말하자면 불교와 자이나교는
종교적 형제지간이라 해도 과언이 아닐 정도이다.

싯다르타가 출가해서 처음으로 찾아간 우파카라는 종교지도자도 자이나교의 고행

연꽃의 문법

주의자로 알려져 있다. 결국 고행주의자들의 곁을 떠나게 되지만 싯다르타도 한때는 그들의 종교적 분위기에 젖어있었다고 경전은 전한다. 석가모니의 생애에서 애를 먹이던 데바닷타라는 제자가 있었는데 불교 전설로는 부처의 신통력으로 데바닷타를 제압하는 이야기가 전하지만 사실은 데바닷타가 보수적 고행주의를 고수하려 했기 때문에 석가모니와는 수행 방법에서 더 이상 같은 길을 걸을 수 없게 되었다고 한다. 데바닷타는 불교전설이 전하는 것처럼 땅이 갈라져서 지옥으로 떨어진 것이 아니라 결국 자이나교단으로 돌아가 나름대로의 공헌을 했다는 이야기도 전한다.

오늘날에 이르기까지 인도 대륙에서는 불교 이상의 종교적 기세를 여전히 유지하고 있으므로 당연히 신자수도 상당하다. 참고로 현대 인도사회에서 자이나교 신자들의 특징은 경제적으로 윤택한 생활을 보내는 사람이 특히 많다는 점이다. 종교학만이 아니라 경제학이나 정치학 분야에서 주목하고 있는 현상이다.

아무튼 불교와 같은 길을 걸을 수 없었던 자이나교이지만 여전히 고행주의를 굳게 지켜오는 종교이므로 요즘도 사원에 들어가면 간혹 기이한 광경을 목격하게 된다. 고행의 이유를 물으면 한결같은 대답으로 제행무상諸行無常과 공空이 돌아온다. 필자도 알몸으로 수행하던 사람을 발견하고 그 이유를 물으니 무소유를 실천하는 중이라 했다. 포스터 그림에는 알몸으로 명상중인 수행자의 앞에 가위나 빗자루를 그려 넣기도 하는데 그 이유도 마지막 하나까지 버리고 떠남을 강조하기 위함이라고 한다. 긴 털을 묶어 사용하는 비는 특히 벌레들을 다치지 않고 치우기 위한 용도로도 사용된다.

리그베다와 우파니샤드의 사상적 계통에서 벗어나지 않는 단사리斷捨離를 자이나교 신자들은 온 몸으로 간단명료하게 표현한다. 출가 역시 단사리를 실천하는 방법 중의 하나라고 하니 필자 같은 범부로서는 불교와의 사상적 차이점을 찾기가 점점 힘들어진다.

그들은 해탈과 행복의 경지 역시 명상보다 더욱 신뢰할 수 있는 고행을 통해 비로소 얻을 수 있다고 믿는다. 즉, 불교와 비교했을 때 구하고자 하는 목표는 다르지 않지만 방법론에서 차이가 있다는 사실만은 누구라도 금방 알아차리게 된다.

수행자가 좋은 옷을 입을 필요는 없지만 그렇다고 굳이 알몸이어야 하는 이유도 없다는 석가모니의 중도中道를 바로 눈앞에서 생각하게 하는 순간이다. 이천 오백여년 전의 싯다르타 역시 방법론에 회의를 느꼈기에 고행을 뒤로 하고 명상의 길로 접어들게 되었다는 과정이 여러 경전에 상세히 전한다.

이와 같은 배경의 자이나교이므로 신화시대부터 전해 내려온 우주관이나 생사관도 불교와 비교해서 근본에서는 큰 차이가 나지 않는다. 그리고 좀 더 보수적인 분위기라는 사실은 전문가가 아니더라도 어렵지 않게 느낄 수 있다. 싯다르타가 성도 후에 법문을 설하면서 간혹 언급하던 베다와 우파니샤드의 관점에서 본다면 자이나교 역시 자유롭지 못하므로 두 종교는 하나의 뿌리에서 다른 꽃을 피웠다는 것을 알 수 있다. 기존의 브라만교에 저항하며 출발한 불교와 자이나교이지만 궁극적으로는 베다와 우파니샤드에서 완전히 탈피하지 못했다는 사실은 매우 역설적이다.

〈사진43〉 콜카타 자이나 사원의 삼본연화화생(2010년 필자 촬영)

콜카타에서 찾아간 자이나 사원Digambar Jain Temple의 경우 대웅전에 해당하는 건물 내부의 사방 벽에는 불교사원의 벽화와 비슷한 내용의 스테인드글라스가 화려하게 장식되어 있다. 불교에 자타카스토리라는 불교설화가 있는 것처럼 자이나스토리가 있는 것이다. 우주 개벽에서부터 만물의 생성과 신들의 탄생 이야기가 화려하게 묘사되어 있는데 그림은 삼본연화의 한가운데에서 항아리가 출현하는 순간을 포착한 표현이다. 도상의 형태만 놓고 본다면 삼본연화항아리화생으로 신화적 출생 장치의 이중 구조가 역력하다.

〈그림18〉

그런데 연화화생이라고 단정하기에 앞서 한 가지 의문이 남는데, 삼본 연화 사이에 황금빛의 둥그런 원

연꽃의 문법

이 있으며 그 속에 항아리가 들어앉은 도상이기 때문이다. 둥그런 원이 황금색이라는 사실에 비추어 볼 때 이것은 브라흐마나에 등장하는 태초의 황금란黃金卵을 묘사한 것으로 추정된다. 브라흐마나는 인도의 난생신화卵生神話를 처음으로 전한 문헌으로 리그베다의 황금태아 신화와 연결된다.

브라흐마나의 황금란 모티브를 수용한 것이라면 실로 원초적이며 다원적인 이야기가 아닐 수 없다. 우주 개벽의 다음 단계에서 출현하는 이 세상의 만물은 연화화생만이 아니라 항아리나 황금란이라는 이중 삼중의 출처를 필요로 한다는 이야기이기 때문이다. 만물이 출현한다는 신화적 장치 세 가지를 한 자리에 보기 좋게 모아놓은 형국이다.

항아리가 태초의 자궁이라는 고대 인도의 신화 이야기를 불교와 공유하면서도 황금란 모티브를 강하게 간직하고 있다는 사실은 자이나교의 보수성을 여실히 입증한다. 자이나교가 보수적이고 불교가 진보적이었다는 대비는 여러 문헌이 전하는 바인데 신화세계에 대한 수용 자세에서도 그렇게 해석된다는 점이 흥미롭다.

락슈미와 연화의 관계를 설명하는 가운데 소개한 부조 〈사진38〉의 특징 역시 신화적 자궁의 이중 장치이면서 이들을 감싸는 둥근 원의 존재 역시 의미심장하였다. 항아리에서 연화가, 그리고 연화에서 락슈미가 화생한다는 식이었으나 이것들은 모두 하나의 둥근 원 안에서 전개되는 이야기였다. 그러나 스테인드글라스의 사례에서는 삼본 연화가 먼저이고 항아리는 후차적으로 출현하는 데 이러한 이야기들도 결국 황금란 속에서 벌어지는 일이라는 구성이다. 불교와 자이나교에서 순서의 뒤바뀜은 있어도 근본적으로는 황금란을 토대로 가능한 이야기였다. 그러니 자이나교가 말하는 만물은 이제부터 저 황금란 속에서 쏟아져 나올 기세이다.

〈사진44〉 콜카타 자이나 사원의 삼본연화화생(2010년 필자 촬영)

〈사진44〉는 삼본연화의 황금란에서 사슴이 화생하여 출현하는 내용을 표현하였는데 소 돼지 물고기 악어 거북이 뱀 사자 코끼리 등 동물만이 아니라 심지

어 나무 같은 식물도 삼본연화의 황금란을 통해 이 세상에 출현한다는 태초의 이야기가 적나라하게 전개된다. 윤회전생의 실존인 아트만이 동식물의 경계를 넘나들며 지속된다는 우파니샤드의 사상을 그대로 옮겨와 묘사하였다. 그렇기 때문에 신화시대의 이야기를 가감 없이 표현하고자 하는 의지가 단연 불교보다 강해 보인다. 요컨대 우파니샤드의 사상이 불교보다는 덜 정제된 상태에서 그대로 묻어난다.

그러나 무엇보다도 주목해야 하는 스테인드글라스는 이슬람 사원에서 살펴본 사례 〈사진42〉와 유사한 초승달Chandra이 삼본연화의 황금란에서 출현하는 도상이다. 태양이나 초승달 같은 천체조차도 출발점은 황금란이라는 발상이 매우 진지하고 사실적이다. 그러므로 우주의 중심이라는 천엽련千葉蓮과 마찬가지로 황금란도 그 크기는 가늠하는 일이 불가능하다. 무한대와 일상이 뒤엉키는 인도인들의 불가사의한 감각에 기인한다.

그런데 힌두교와 불교에서 상징하는 초승달Crescent의 의미는 한마디로 시간의 시작과 끝이다. 초승달이면서 반대 모양은 그믐달Dark Moon이기 때문인데 고대인들의 발상을 사실 그대로 수용한 결과이다. 본래는 시간을 창출하고 알리는 인격신으로 간주하던 사상이 바탕에 깔려 있었다. 이러한 사상도 오리엔트에서 전래된 외래사상이 혼합된 것으로 유추하는데 이슬람 사원과 마찬가지로 자이나 사원에서도 초승달은 연화에서 출현하는 구도이다. 자이나 사원에서는 밤을 배경으로 한 시간의 생성을 말하고자 하지만 근본적으로 시간이 연화에서 출현한다는 것은 무엇을 의미할까.

고대 이집트의 『死者의 書』에도 등장하는 시간과 연화의 관계는 연봉오리가 암시하는 과거와 미래, 그리고 만개한 연꽃이 암시하는 현재의 상관성에서 이해해야 한다. 연봉오리의 하나는 만개 후 오므라든 봉오리이며 또 하나는 앞으로 피어날 봉오리이므로 과거와 미래로 나뉘었다. 연꽃은 실제 자연계에서 오후에 오므라들었다가 아침이면 다시 피어나기를 반복하므로 관찰한 그대로가 사상으로 반영되었다.

이것이 발전하여 과거세 현세 미래세로의 전개는 곧 기성종교로의 발전과 맥을 같이하지만 기본적으로 천지창조라는 시간의 출발과 미래의 관념이 연꽃과 결부된

〈사진45〉 콜카타 자이나 사원의 삼본연화화생
(2010년 필자 촬영)

것은 고대 이집트에서 시작되었다. 다른 지역에서도 자연 발생적으로 유사한 사상이 발생했을 수도 있겠으나 연꽃과 관련해서 고찰했을 경우 그렇다는 뜻이다.

그러한 신화적 범주에서 자유롭지 못한 〈사진45〉의 초승달 연화화생을 보고 있으면 자이나교와 다른 종교의 분별이 곤란하다는 생각이 든다. 힌두교에서 시바Shiva 신이 초승달을 머리에 올려놓고 나타나는 경우가 종종 있는데 그 이유도 과거 현재 미래의 전 시간을 지배하는 절대자임을 과시하려는 의도이므로 종교적으로 최고의 권력자임을 상징한다.[8] 시바신을 가리켜 파괴의 신이면서 결국은 재생의 신이라 말하는 이유도 시간의 시작과 끝을 동시에 관장하는 신이므로 그렇게 부르게 되었다.

리그베다나 우파니샤드, 브라흐마나가 전하는 인도의 신화에 의하면 태초에는 시간이 없던 상태였기에 우주가 열리는 최초의 시간을 창출한 신의 존재는 필수적이었으며 동시에 그 의미하는 바가 절대적이었다. 현대 힌두교의 종교적 포스터에는 시바신의 머리 부분에 부착된 초승달을 마치 머리 장식품이나 우스꽝스러운 액세서리처럼 처리하는 일이 있지만 신화적 의미가 형해화한 경우로 봐야 한다.

콜카타의 자이나 사원에 장식된 스테인드글라스를 통해서 엿보이는 종교적 뿌리가 힌두교와 불교의 그것과 다르지 않다는 사실은 아시아의 종교문화를 연구하면서 결코 간과해서는 안 되는 문제이다.

콜카타의 또 다른 자이나 사원Pareshnath Jain Temple을 찾아가기로 하겠다. 기본적으로는 연화장 세계를 장엄하려는 의도가 역력하여 빈 공간을 찾아보기 힘들 정도로 종교적 미술 작품으로 빼곡하다. 한 가지 특이한 점은 그림이나 부조 또는 스테인드글

---

8 ·   Fredrick W. Bunce, *A Dictionary of Buddhist and Hindu Iconography*, India, 1997, p.57.

라스가 아니라 작은 타일 조각을 이어 붙여서 제작한 모자이크 작품이라는 점이다. 모자이크가 오리엔트 발상이라는 미술사적 관점에서 보더라도 인도와 오리엔트의 문화교류는 의심할 여지가 없으며 교류의 정도로 말하자면 우리의 상상을 뛰어넘는다.

타일 조각을 붙여서 교묘히 만든 연화문양이 선명한가 하면 공작새가 양 옆에 위치한 돌계단의 쌍조화병문双鳥華瓶紋이 눈부시도록 아름답다. 그밖에도 포도 당초문이나 로제트문 팔메트문 쌍어연화문 등 오리엔트 발생으로 알려진 각종 단위 문양이 보이는 가운데 단연 돋보이는 것은 사진의 연화화생을 보여주는 문양이다. 구체적으로는 천엽련千葉蓮에서 황금태아가 화생하는 도상으로 매우 희귀한 자료이다.

여기서 천엽이란 무수히 많이 붙어있는 연꽃잎을 의미하므로 잎이 많다는 뜻으로 오해하면 안 된다. 신화적으로는 우주 자체이면서 중심이라는 뜻도 있다. 연꽃잎이 무수히 많다는 상상의 연꽃은 인도 신화에 등장하던 천엽련이므로 기성 종교가 발생하기 이전의 신화 세계를 충실히 재현한 도상이다.

연꽃잎 한 장 한 장은 각각 소우주를 상징하면서 동시에 우주를 구성하는 개별자들을 암시한다. 산이나 바다를 비롯하여 동물이나 식물 같은 일체중생 모두가 개별자들이다. 백련화 속의 황금색 연밥이 중심인 것처럼, 황금태아에서 연결된 연꽃잎은 모두 백련이다. 연밥과 황금태아의 천엽과의 관계는 마치 바퀴 중심과 바큇살의 관계와 같은 원리이다. 힌두교나 불교에서 차륜이니 법륜이니 하면서 발전된 모습을 보여주지만 진화 이전의 원래 모습이다.

황금빛 태양을 중심으로 흰 광채가 방사되는 비유도 석가모니의 법문 중에 엿보이는데 모두 일맥상통하는 현상이며 그것들을 형상화한 도상이다. 표현하고자 하는 것은 하나인데 상황에 따라 조금씩 다른 도상이나 설명이 가해졌을 뿐이다. 석가모니의 이와 같은 화법에 대해 소위 대기화법이라고 말하기도 한다. 같은 설명을 요하는 도상이 자이나 사원에서 발견되리라고는 예상하지 못했다.

불교의 관무량수경에는 십육관법이라 하여 아미타여래에 차츰 다가가서 친견하는 관법이 전하는데 그 과정에 연꽃잎이 팔만사천 장이나 되는 천엽련을 관觀하는 제7관

연꽃의 문법

〈사진46〉콜카타 파레슈나트 사원의 황금태아 연화화생
(2010년 필자 촬영)

법[蓮華想]이 상세히 기록되어 있다. 연꽃잎 한 장 한 장에는 잎맥[葉脈]이 팔만사천이나 되고 각 잎맥에는 팔마사천의 빛이 발산된다고 하였다. 팔만사천이나 천은 무수히 많다는 상징 숫자이므로 수행자가 관하는 연꽃 한 송이는 무한대의 하나이다.

또 여기서의 연꽃은 아미타 정토를 장엄하는 꽃으로 묘사되지만 인도의 신화에서는 우주의 근본이다. 결국 다르지 않은 종교적 우주관이다. 다른 말로 우주의 배꼽으로 일컫는 거대한 연꽃인 것이다. 너무 거대해서 우주적 허공 전체일 수도 있으며 브라흐만Brahman(梵)의 다른 모습으로 여겨지기도 한다. 그러한 중심이므로 자이나교에서도 그들의 종교적 중심이나 교조인 마하비라에 귀의하는 자가 해탈하거나 왕생하는 경지를 표현하려던 도상으로 이해하고 있다.

그런데 황금태아가 화생한다는 것은 과연 무엇인가. 이해를 위해서는 베다와 우파니샤드, 그리고 브라흐마나로 이어지는 기성종교 이전의 이야기를 먼저 이해해야 하므로 간략히 설명하면 다음과 같다.

황금태아黃金胎兒(Golden Embryo)란 리그베다[9]에서 창조자격인 원인原人을 가리키는 말로 이 세상에 출현한 최초의 원본적인 인간이라는 뜻이 담겨 있다. 부모를 필요로 하지 않았으므로 출생이라기보다는 홀연히 출현했다고 말하는 것이 적당하며 경우에

---

9 · Wendy Doniger, *The Rig Veda,* Penguin Books, 1981, p.26.

따라서는 남성도 여성도 아닌 중성의 성향을 갖기도 한다.

태초의 바다를 가리켜 원수原水라 하고 이 원수에서 태초의 생명력이 움트면서 형상이 나타나기 시작했다는 신화적 사유방식과 비슷하다. 밤도 없고 낮도 없으며 무도 없고 유도 없었으므로 홀연히 출현한 원존재이다. 그러므로 브라흐만에서 분파된 시원의 아트만, 즉 푸르샤Purusa(原人, 人我, 神我)라 부르기도 한다. 산스크리트어를 앞에 놓고 고민하던 중국의 진체眞諦(499-569)와 현장玄奘(602-664)이 각각 인아人我와 신아神我로 번역하여 소개한 용어인데, 어떠한 번역어이든 아트만의 근본인 푸르샤가 현현顯現한 모습이 다름 아닌 황금태아라는 인식이었다.

황금색이어야 하는 이유는 아트만의 원존재인 푸르샤가 빛의 근본이라는 인식과 상호 연계되는데, 다시 말해서 방사되는 광채는 백白으로, 그리고 광채의 근본은 태양과 시각적으로 유사한 황금으로 인식했기 때문이다. 황금란黃金卵(Golden Egg, Hiranmayam Āndam) 역시 태초의 바다[白]가 감싸고 있는 중심에서 열熱[黃]을 일으킴으로써 출현하였다는 천지창조 이야기가 브라흐마나에 전한다.[10] 날짐승의 알이 노른자와 흰자로 구성되어 있는 자연 그대로를 묘사한 것 같은 형국이며 또한 태양의 관찰과도 맥을 같이 한다.

황금 태양과 눈부시도록 흰 광채의 대비는 석가모니의 법문에서도 같은 맥락의 묘사와 함께 종종 엿보인다. 그러니 빛의 근본인 황금태아의 푸르샤를 감싸고 있는 아트만은 희게 빛나는 광명일 수밖에 없다. 여러 연꽃 중에서도 특별히 백련화의 존재 이유가 있듯이 황금이어야 하는 신화적 배경이 있었다는 얘기이다.

인간의 아트만인 심장을 백련화, 그리고 백련화 속에서는 영원불멸의 근본 존재자인 황금빛 푸르샤가 숨 쉬고 있다고 인도인들은 생각해 왔다. 인도 신화의 수수께끼 같은 이야기 구성이 근본에서는 단순한 원리와 연결고리에 의해 이어진다는 점은

---

10 · F. Max Müller, *The Satapatha Brāhmana*, London, 1900, p.12.

연꽃의 문법

의외로 그다지 알려져 있지 않다.

불교에는 연등불과 선혜동자의 수기 이야기가 전하는데 이때 수기의 상징인 백련화 역시 중요한 종교적 상징성을 갖는다. 연등불께 백련화를 헌화한 선혜동자가 장차 붓다가 될 것이라는 계시를 수반하기 때문으로 관점을 바꿔 말한다면 과거세와 현세와 미래세가 백련화를 매개로 이어지는 신화였던 것이다. 그래서 주요 등장인물이 바뀌더라도 결코 바뀌지 않는 것은 시간의 연속성이었다. 시간의 연속성과 연꽃의 관계성이야말로 종교적 사유의 외연을 넓혀준 중요한 발견이었다.

마치 메시아의 강림을 예언하는 신비로운 코드처럼 백련화는 등장하였다. 이러한 일련의 신의 계시 이야기에서 백련화가 핵심인 이유는 백련화야말로 아트만이기 때문이며 백련화 속에는 영원불멸의 푸르샤가 존재한다는 믿음 때문이었다.

인도인들의 신화세계에서 백련화가 요체일 수밖에 없는 이유는 이밖에도 여럿 있는데 싯다르타가 마침내 마야부인의 뱃속으로 수태가 되는 장면에서도 마찬가지 전개이다. 즉, 마야부인의 잠결에 흰 코끼리가 백련화를 코로 물고 나타나더니 꽃으로 옆구리를 툭 건드렸다거나 옆구리 속으로 넣었다고 한다. 또는 그대로 몸속으로 들어갔다는 전설이 전하기도 하는데 이러한 이야기들도 모두 아트만과 푸르샤의 안착을 상징하는 결정적인 암시였던 것이다.

푸르샤의 황금란에는 원인原人 외에도 씨앗이라는 의미가 포함되어 있음을 브라흐마나는 전한다. 그러나 어떠한 상징이든 시간의 연속성을 말하고자 하는 의도에는 변함이 없다.

자연계의 백련화가 꽃잎을 활짝 열고 만개했을 때 그 속을 들여다보면 다른 색깔의 연꽃에 비해 유난히 황금색으로 빛나는 씨방을 발견할 수 있다. 고대 인도인들의 신비로운 사유 세계라고 해서 처음부터 깊고 먼 곳을 바라본 것이 아니라 주변의 자연계에서 벌어지는 바로 눈앞의 사태를 직시한 결과였다. 연꽃이 그러하며 날짐승의 알이나 태양이 그러했다. 석가모니가 법문을 설하면서도 가까이에 있는 자연 현상을 직시하며 설명하는 대목이 자주 나오니 사실 석가모니도 신화적 연속성의 계보에 있음을 인정하지 않을 수 없다. 그리고 그 연속성을 유지시켜주는 문화 코드야말로 연꽃이었다.

〈사진46〉에 담긴 뜻을 정리하면 백련화의 천엽련은 브라흐만[梵]이고 황금태아는 아트만[我]의 핵核이니 이는 곧 범아일여의 궁극적 경지를 의미한다. 수행자들이 소망하는 해탈이나 망자들이 갈망하는 극락왕생의 순간도 저와 다르지 않은 경지일 것이다. 불교의 관무량수경이 말하고자 하는 연화화생이 석가모니에 의한 돌발적인 발견이라기보다는 신화적 계보에서 이해해야 하는 논리적 귀결이기도 하다.

그러나 일반 참배객들이나 신자들에게는 이와 같은 종교철학적인 세계가 먼저 눈에 들어오지는 않는다. 다른 종교에서처럼 자이나교의 교조인 마하비라에 귀의하여 수행을 열심히 하는 자는 정토에서 왕생한다거나 천국에서 태어날 것이라는 세속적 믿음이 바탕에 있을 것이다. 그리고 자이나교도들이 수행하는 일차적인 목표는 끊고 버리고 떠나는 단사리 실천에 귀일한다. 그렇게 해서 사진에서와 같이 천엽련에서 황금태아가 화생하는 가르침은 자이나교도들의 궁극적인 목표라 말하지 않을 수 없다.

이밖에도 이곳 자이나 사원의 종교 미술이 갖는 특징은 각종 미술 양식이나 문양이 인도나 오리엔트 발상으로 해석되는 가운데, 한 가지 그리스 발상으로 설명해야 하는 사례가 등장하였다는 점이다. 바로 아칸서스Acanthus라는 식물의 등장인데 톱니 모양의 잎과 강하게 굽은 줄기를 가진 이 식물은 그리스 로마시대 이래 문양이나 도상 장식의 모티브로 널리 사용되었고 점차 유럽 문화를 대표하는 문양 소재로 자리매김 하게 되었다.

특히 건출물을 떠받치는 기둥의 주두문양柱頭紋樣이나 테두리 부분의 장식에 많이 사용되었는데 인도에서는 연꽃과 연결되어 변화 발전을 거듭하였으나 어떠한 배경에서 다른 문화끼리의 만남이 이루어졌는지 문헌을 통한 설명은 아직 이루어지지 않은 상태였다. 오리엔트와 인도에 연꽃 문양이 있다면 그리스를 비롯한 지중해 문화권에는 아칸서스 문양이 있다는 대립 구조가 기원전부터 발생하고 있었다.

이에 대해 필자는 그리스 알렉산더 대왕(BC.356-BC.323)의 동방 진출과 함께 전래된 비문자非文字 문화의 하나로 판단하고 있다. 좀 더 구체적으로 말한다면 기원전

연꽃의 문법

오리엔트와 아프리카 북부를 아우르는 넓은 지역에서 오래 동안 선진 문명국이던 이집트와 주변 나라들의 정치 종교 문화적인 역학관계의 산물이기도 하다. 결정적인 계기는 알렉산더 이후이지만 오리엔트 지역의 뿌리 깊은 역사적 우여곡절의 산물이라는 뜻이다.

기원전 고대 이집트 문명이 그리스 문명을 앞서던 것은 두말할 필요도 없는 사실이었다. 그래서 이집트 문명의 많은 물질문화를 비롯하여 오리엔트의 슈메르 앗시리아 바빌로니아, 그리고 소아시아 지역의 다양한 문화는 상호 교류를 통한 진화와 발전을 거듭해오고 있었다. 그러면서 차츰 지중해 연안 도시 국가들로 퍼져나가게 되었으며 가까운 그리스가 그 문화적 혜택을 가장 먼저 받기에 이르렀다. 상인들에 의해 확산된 주요 물품으로는 도자기나 은화, 직물류 등이 있었으며, 여기에 새겨지거나 그려진 문양과 도상은 자연스럽게 동시에 확산되는 계기가 되었다.

대표적인 문양으로 연화문 당초문 로제트문 팔메트문 등이 있는데 이러한 외래문화를 수용한 그리스로서는 특히 연화문에 응용된 연꽃이 생소할 뿐만 아니라 자신들의 자연 환경이나 종교적 토양으로 볼 때 성화聖花의 소재로는 부자연스럽다고 판단하였다.

무엇보다도 그리스인들은 자신들의 독특한 문화를 찾고 싶었던 것인데 이러한 현상은 세계 어디에서나 일어났던 문화적 정체성에 관한 문제였다. 그러니 이집트를 비롯하여 오리엔트에서 들어온 문화에 대해 이교도들의 문화라는 상대적 비교 관점이 일어나기 시작하였고 이때 가장 자연스럽게 자신들의 정체성을 눈뜨게 해준 식물이 다름 아닌 아칸서스였다.

이집트의 나일강에는 파피루스와 수련이 흔하게 피어있으며 인도의 간지스강에는 연꽃과 수련이 사시사철 피는 관계로 이 지역의 신화이야기에 밀착해버린 현상과 다를 바가 없다. 그리스인들도 다른 나라의 문양과 도상에 그려진 식물을 보면서 조상 대대로 살아온 자신들의 땅에 널리 서식하는 아칸서스 식물에 대해 각별한 애정을 느끼는 계기가 되었을 것이다.

고대 이집트의 신전 건축물에 세워진 거대한 석주가 사실은 연꽃과 연줄기를 각각 응용한 형태였으며 이러한 건축 디자인을 모방하거나 변형시킨 석주는 기원전 4세기경까지 소아시아 지역에서도 유행하였다. 소위 이오니아Ionia식 석주로 발전하였는데 이는 당연히 인접하는 그리스 본토에도 영향을 주어 코린트Corinth식 석주로 변화 발진하면서 아칸서스가 응용되기에 이르렀다. 연꽃을 응용한 신전 돌기둥을 연꽃석주Lotus Capital라 부르듯이 아칸서스석주Acanthus Capital라 명명해도 무방할 것이다.

그러니까 알렉산더 대왕에 의한 거대 제국이 건설될 즈음에는 그리스 문화의 주도에 의한 다원주의적 융합, 즉 헬레니즘이라는 새로운 지평을 맞이하고 있었다. 신문화주의이면서 그리스인에 의한 문화주권주의의 도래였던 셈이다. 순수하게 다양한 문화의 공존으로 보는 견해도 있으나 문양이나 도상을 통해 보자면 그리스인들에 의한 문화주권주의였다는 견해가 오히려 일리가 있다는 생각이다.

다시 말해서 문화주권주의가 도래함으로써 이집트나 오리엔트의 요소는 점차적으로 축소되거나 변형되기에 이른다. 같은 연꽃 문양이라도 그리스로 오면 기하학적 문양으로 더욱 변모하는 양상도 그 중의 하나였다. 자신들만의 세계에 어울리는 문화로 재탄생시키는 것이다. 그러면서 이 시기에 만들어지는 물질문화의 디자인에는 지중해 연안의 아칸서스가 섞이거나 교체되기 시작하였다.

그들만의 식물로 대체함으로써 정체성과 안정감을 지키려 했던 것이다. 〈사진46〉의 천엽련 황금태아화생이 아칸서스 석주 위에서 전개된다는 새로운 모티브는 그러한 배경에서 이해할 필요가 있다. 말하자면 연꽃과 아칸서스의 만남은 지중해를 건너기 전에 한 발 앞서 인도에서 발견하게 되었다.

알렉산더 대왕의 동방 진출과 함께 그리스에서 창출된 아칸서스 문양이나 도상도 뒤따라 동방으로 퍼지게 되었고 급기야는 인도까지 전래되었다는 전제이다. 그런데 다음 그림의 여러 돌기둥 꼭대기도 아칸서스로 장식되어 있어 서쪽에서 유래한 코린트식 석주라는 사실을 금방 짐작하게 한다.

아칸서스 잎 사이에서 유아들이 모습을 드러내는 기이한 상황이 연출되고 있는

데 인도문화로서는 또 한 가지 변수가 늘어나게 되었다. 자세히 보면 아칸서스 잎은 유아의 좌우에 각각 한 장씩, 그리고 등 뒤로 뒤집어 쓴 모양으로 대형 잎이 한 장, 모두 세 장으로 구성되어 있다. 연꽃의 삼본연화처럼 세 장의 아칸서스를 의식한 흔적이 엿보이며, 또 그 위에는 다시 연화문양이 좌우로 이어져있어 두 식물의 공존을 시사한다.

이와 같이 인도는 동아시아보다 그리스 지역을 중심으로 확산된 헬레니즘과의 문화교류에 훨씬 많이 노출되어 있었음을 보여주는 사례로 볼 수 있다.

그런데 이 유아 모습의 정체는 사실 유럽문화에서 매우 중요한 위치를 차지하는 바로 그 요정이다. 그러므로 〈사진47〉의 도상을 굳이 명명한다면 아칸서스요정화생이라 부를 수 있는 상황이다. 요정이 아칸서스 잎 사이에서 출현하는 모티브의 형상화이기 때문이다. 일회성이 아니라 유럽 문화권 전역으로 퍼져나가 패턴화한 도상이므로 그렇게 명명할 수 있다는 의미이다. 그리고 이렇게 패턴화한 도상은 또 다시 현대 유럽 사람들이 부자연스러운 문화로 받아들이는 그린맨Green Man의 예고편이었다.

〈사진47〉에 담긴 문화사적 배경을 이렇게 이해한다면 근세 이후에 동아시아에 유입된 유사한 건축양식은 본래의 의미가 상당 부분 희미해진 상태에서 표면적인 양식만을 수입한 결과물로 봐야 할 것이다. 바꿔 말하면 헬레니즘과 인도 오리엔트는 서로 상대방의 외견상의 도상에는 적극적이었지만 속에 담긴 신들의 이야기에는 소극적이었다는 얘기가 된다.

현대 인도의 콜카타에 위치한 자이나 사원에서 그리스의 코린트식 돌기둥Corinthian Capital

〈사진47〉 콜카타 파레슈나트 사원의 아칸서스화생(2010년 필자 촬영)

〈사진48〉 코린트식 석주의 아칸서스와 부처좌상　　　　　〈그림19〉
(https://en.wikipedia.org/wiki/Indo-Corinthian_capital)

과 더불어 요정이 출현하는 구도의 부조가 발견되었다는 점을 도대체 어떻게 봐야 할 것인가. 문화적 원형인 연꽃을 응용한 돌기둥에서 변화한 것이라 했을 때 더욱 문제의 복잡성이 증폭된다. 시기적으로는 기원후로 조금 늦어지지만 여기서 한 가지 참고가 될 만한 사례가 인도의 서북부 간다라Gandhara에서 발견되었다.

간다라 지방의 자말가리라는 지역에서 돌기둥이 발견되었는데 기원 후 2세기경의 작품으로 추정된다. 돌기둥 꼭대기의 주두문양은 아칸서스이므로 코린트식이지만 잎 사이에서는 부처 좌상이 모습을 드러내니 거의 완벽한 동서 문화의 융합이라 말할 수 있겠다. 간다라 지방의 불교문화와 헬레니즘이 적극적으로 교류한 결과 태어난 제3의 문화라 할 수 있는데 아칸서스와 부처상의 공존보다 더 알기 쉬운 표현은 달리 없을 것이다. 그리스 로마에는 오리엔트의 문양에 의탁하는 그들의 신 이야기가 있는 데 반해 간다라에는 그리스의 문양에 의탁하는 부처의 이야기가 만들어지고 있었다.

프랑스 파리의 기메박물관이 소장하는 위 석주는 아칸서스에서 부처가 화생하는 구도가 더욱 선명하다. 아칸서스가 지중해의 문화이지만 오리엔트의 화생 모티브를 모방했다는 필자의 가설을 뒷받침해주는 자료이다. 아칸서스화생 모티브의 부조는 결코 일시적인 현상이 아니라 패턴화하여 넓은 지역에서 연화화생과 더불어 양립구도 를 형성하기에 이르렀다.

일반적으로 헬레니즘이나 그리스풍의 영향이 스며든 불교미술을 가리켜 그리스 불교미술Greco Buddhist Art이라 부르는 경우가 있는데, 그리스의 불교미술이라는 의미가

　　　　　　　　　　　　　　　　　　　　　　　　　연꽃의 문법

 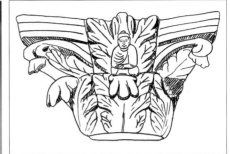

〈사진49〉 코린트식 석주의 아칸서스와 부처좌상(Guimet Museum)　〈그림20〉
(https://en.wikipedia.org/wiki/Indo-Corinthian_capital)

아니라 그리스의 영향을 받은 불교미술이라는 의미로 받아들여야 한다. 그리고 〈사진49〉의 아칸서스와 부처좌상의 공존 역시 그러한 사례의 하나로 판단되며 발견 장소로 볼 때 이미 인도대륙에서 그러한 미술적 성향이 진행되고 있었다는 증거가 된다.

그러므로 앞에 제시한 〈사진48〉과 〈사진49〉를 통해 본다면 인도문화와 헬레니즘의 문화가 융합하는 시대가 도래하였다는 점, 그리고 그리스 사람들의 문화적 정체성에 대한 문제의식으로 인해 연화화생에 버금가는 모티브를 찾은 결과 아칸서스화생이라는 새로운 문화를 창출하게 되었다는 두 가지 특징을 지적할 수 있겠다.

그리고 이러한 현상이 그리스 현지가 아니라 인도에서 발견되고 있다는 사실을 요약하자면 먼저 헬레니즘의 적극성이 원인이라고 말할 수 있겠고, 외래문화에 대한 인도문화의 유연한 수용 자세 또한 인정하지 않을 수 없다. 더욱이 이러한 수용 자세에서 벗어나지 않는 불교와 자이나교가 있었기에 지금까지도 인도대륙에서 헬레니즘의 영향을 찾아볼 수 있는 계기가 되었을 것이다.

그런데 앞의 〈사진36〉에서도 소개하였지만 인도와 중국의 접경에 위치하면서 인도의 문화를 많이 받아들여 작은 인도로 부르기에 부족함이 없는 네팔은 여전히 흥미로운 지역이므로 좀 더 면밀히 살펴볼 필요가 있다. 경우에 따라서는 인도보다 더욱 인도의 기원전 문화를 간직하기도 한다.

카트만두의 국립박물관 전시실 입구의 양 옆 기
둥 하단에는 항아리에서 솟아난 연꽃이 매우 선명하
여 삼본연화(연봉오리+연화+연봉오리)의 단위 문양임을 금
방 알 수 있다. 중요한 공공 건축물의 장식이므로 특
정 종교의 색채를 강조하기보다는 네팔의 전통 문화
에서 차지하는 중요한 도상을 취한 결과물일 것이다.
불교나 자이나교, 혹은 힌두교를 떠나 그들에게 중요
한 문화적 사상이라면 신화시대부터 전해 내려오는
사상을 가리킬 것이며 그 결과 사진과 같은 삼본연화
와 항아리가 조합된 모티브를 선택하게 되었다.

〈사진50〉 네팔 국립박물관의 항아리 부조
와 삼본연화(2011년 필자 촬영)

인도의 연꽃 이야기에서도 설명했듯이 위와 같은
모티브는 두말할 필요도 없이 풍요의 영원한 지속을
상징하는 길상도안이다. 항아리와 삼본연화가 각각
생명의 탄생과 풍요를 이중으로 상징한다는 점도 앞
에서 살핀 바 있다. 불교 이전의 신화 사상을 잘 이해

〈그림21〉

하고 물려받은 사례로써 전통문화에 대한 네팔 사람들의 자세를 보여주는 전형이다.

그런데 〈사진51〉의 경우는 〈사진50〉보다 인도의 신화 사상을 더욱 가감 없이
반영하고 있어 주목할 만하다. 19세기에 그려진 종교화의 일종으로 제작연대는 그리
오래되지 않았으나 그림의 내용은 거의 기원전 신화의 사상을 그대로 보여주고 있어
놀라지 않을 수 없다.

전시물의 설명문[11]에 의하면 마야데비Maya Devi가 천엽련 위의 초승달에서 출현
하는 내용이라 하는데 마야데비는 싯다르타의 생모 마하마야Maha Maya의 다른 이름이

---

11 · "Creation of Mayadevi from Moon on a Thousand Petalled Lotus, 19th century."

연꽃의 문법

다. 그런데 천엽련은 연꽃 중의 연꽃으로 우주의 중심에서만 핀다는 만물의 출처이다. 성인 성자가 연화화생하는 경우에 한해 천엽련을 통하므로 제한적으로만 등장하는 연꽃이다. 티베트의 종교 지도자 달라이라마 14세가 천엽련에서 출현하는 모티브의 그림이 그려지는 이유도 같은 배경을 공유한다. 유일무이한 성자라는 의미가 담겨 있다.

게다가 천엽련의 중심에는 연밥이 두드러지고 연밥에서는 초승달이 출현하는데 초승달은 태초의 시간을 상징하므로 우주의 한가운데에서 천지가 개벽하는 순간임을 암시한다. 초승달은 인도 자이나 사원의 스테인드글라스 도상 〈사진45〉를 통해서도 확인하였고 또 인도 신화에서 시바신이 초승달을 관장함으로써 시간의 전체를 장악한다는 사례도 소개하였다. 그러니 지금의 천엽련에서 초승달이 솟아나는 모티브는 시간의 시작과 동시에 출현하는 마야데비의 거룩함을 특별히 강조한다.

〈사진51〉 네팔 국립박물관의 천엽련 화생(2011년 필자 촬영)

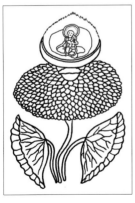

〈그림22〉

그림의 기본 구조를 근거로 정리한다면 천지개벽을 알리는 시간의 출발선에서 싯다르타의 생모 마야데비가 출현하는 순간을 최고의 방법으로 표현하였다. 생모 마야데비는 싯다르타를 출산하기에 앞서 이미 우주가 개벽하는 단계에서 출현해있었다는 의미로도 해석할 수 있다. 싯다르타에게는 백련화를 매개로 하는 수기 이야기가 있었던 것처럼 마야데비에게도 천엽련을 매개로 하는 수기이야기가 존재했었다는 신화 논리로 이어진다.

그런데 기본 단위 문양은 일반적인 삼본연화인 "연봉오리+연화+연봉오리" 또는 "연화+연화+연화"가 아닌 "연엽+천엽련+연엽"의 구조를 갖추고 있다. 현대 한국의 사찰에서도 흔히 볼 수 있는 "연엽+연화+연엽"보다 한 단계 상위로 판단된다. 이는 마치 관무량수경에서 생전의 업에 따라 아홉 가지의 다른 왕생의 길을 걷게 된다는 구품왕생처럼, 연화화생보다는 천엽련화생이 상위의 출현 방식으로 이해하게 된다. 연화화생의 세계에도 상중하의 계층별 구분이 있었다는 얘기 이다.

고대 이집트나 앗시리아 페르시아의 연꽃문화와 구별되는 인도의 연꽃문화는 연꽃 이외에도 연잎이나 연꽃잎 등 다양한 전개를 적극적으로 보여준다는 특징과 그것들이 제각기 다른 세계관을 보여준다는 점을 들지 않을 수 없다. 연잎에 대한 신화적 세계관 도 고대 이집트에서 먼저 등장은 했지만 인도에서 비로소 자세한 이야기와 더불어 회화적 묘사가 패턴화하기 시작하였다. 그리고 중국으로 건너가면 연밥이나 연근이 별도로 부각된다는 점은 앞에서도 소개하였다.

그러므로 사진의 "연엽+천엽련+연엽"과 같이 연잎이 양 옆에 자리하는 도상이 등장하는 모티브도 인도에서 더욱 발전된 것으로 판단되며 그 의미 역시 인도 신화에서 제시하는 태초의 대지라는 상징성에서 크게 벗어나지 않을 것으로 본다.

태초의 대지가 연잎 위에서 펼쳐지는 이야기는 브라흐마나에 전하는 바와 같으며 천지개벽의 장대한 신화 이야기를 구성하는 부분으로 자리매김하였다. 그러므로 연엽 이나 천엽련, 그리고 초승달 모두가 태초의 시작을 알리는 상징성을 공유하므로 여기서 출현하는 마야데비의 신성함은 한층 더하게 된다. 싯다르타의 생모가 신성한 만큼 싯다르타의 출현 역시 태초부터 이미 그렇게 예정돼있었다는 수기의 당위성을 거듭 강조한다.

그런데 여기서 천엽련에 관해 한 가지 짚고 넘어가야 할 부조가 또 하나 있어 소개하고자 한다. 네팔 파탄에서 발견한 부조로 "연봉오리+연화+연봉오리"의 단위 문양을 따르지만 중심의 천엽련만이 과도하게 강조된 가운데 연줄기는 힘차면서도 굽어있다. 더욱이 정체불명의 잎이 굽은 줄기에 붙어있어 자연계에서는 발견할 수 없는 부자연스러운 형태이다.

단언하기는 어려우나 아칸서스에서 변모된 잎으로도 보이므로 도상의 전체적인

〈사진52〉 네팔 파탄의 천엽련
(2012년 필자 촬영)

구성은 복잡하다. 연꽃과 아칸서스가 융합된 도상은 사실 지중해 연안 지역은 물론이고 영국 런던에서도 발견한 적이 있으므로 매우 다양한 이야기가 숨겨있을 가능성이 예상된다. 그러나 하단에는 물결을 표시하여 여전히 이것이 원수原水 위에 솟아난 거대하고 성스러운 연꽃이라는 사실을 힘주어 강조한다. 인도의 신화나 불교 경전에 등장하는 정토의 중심에 솟아 있다는 바로 그 천엽련이다.

그러나 대중적으로는 종교신화적인 목적이나 의미보다 행복을 가져다주는 길상의 상징으로 간주하는 경향이 있으므로 그러한 눈높이에서의 장식일 것으로 여겨진다. 의미는 그렇더라도 인도에서 멀리 떨어진 지역이 아닌 네팔에서 만들어지는 신화 이야기의 장식에서 심한 변형이 발견되는 경우는 흔치 않은 사례이다. 굽은 줄기의 연꽃 도상을 고구려 고분벽화에서 발견하기는 어렵지 않고 거리상으로도 충분히 이해가 간다. 그러나 굽은 줄기 외에도 아칸서스로 보이는 식물이 네팔에서 발견되는 것이 사실이라면 이 역시 인도 콜카타의 자이나 사원에서 본 것 같이 알렉산더 대왕의 동방 진출과 관련된 문화 변형인지 아닌지 더욱 다양한 사례 분석이 요망되는 단계이다.

다음은 네팔 박타푸르의 박물관에서 촬영한 그림이다. 유有도 없고 무無도 없는 태초의 바다에서 연꽃이 피어난다는 모티브가 논리적으로 모순이라는 점은 앞에서도 지적했지만 이야기를 복잡하게 만든 원인 중의 하나로 다양한 신화적 계보를 들 수 있다. 그러한 가운데 〈사진52〉에서는 삼본연화의 단위 문양과 연못[蓮池]만으로 구성된 원초적 바다를 보여주었지만, 〈사진53〉에서는 힌두교의 신화 이야기 그대로 만물이 탄생하는 출처로서의 연꽃과 태초의 바다가 충실히 재현되어 있다. 19세기에 그려진 종교 회화로 알려져 있으며 한국의 화승과 같은 전문가가 그린 작품으로 추측된다. 그러므로 등장하는 신들의 특징은 물론이고 배경이 되는 태초의 바다에 대해서도

〈사진53〉 태초의 바다와 비시누와 락슈미(2011년 필자 촬영)　　　　〈그림23〉

신화가 전하는 풍경과 그다지 다르지 않다. 그러니까 논리적 모순도 그대로 옮겨진 경우이다.

　연꽃이 피어나기로는 연지蓮池를 방불케 한다. 여기 저기 많이 피어나는 이유도 그만큼 많은 만물이 출현하게 될 것을 전제하기 때문이다. 연봉오리 연꽃 연잎 등 다양하게 묘사해 놓음으로써 만물의 출현 방법 또한 다양함을 암시하였다. 연봉오리를 그림으로써 일시적으로 출현하기 보다는 시차를 두고 출현할 것이라는 점 또한 예고하였다.

　그런데 전문가의 손에 의한 종교화임에도 불구하고 예상치 못한 변형은 피하기 어려운 것 같다. 즉, 비스듬히 누운 비시누의 배꼽에서 피어난 홍련을 통해 브라흐마가 출현한다는 이야기는 널리 알려진 사실이지만 그 연꽃 줄기에 이름 모를 잎을 그려 넣은 것은 별로 알려져 있지 않다. 연꽃에 대한 사전 지식이 미약한 상태에서 그려지는 경우를 티베트의 불화에서는 간혹 발견한다. 그러나 네팔의 저와 같은 변경이 티베트불교의 영향인지 아니면 네팔 자체적인 원인에서 비롯된 것인지는 단정하기 어렵다.

　그 외에 비시누의 오른손으로 쥐고 있는 것이 홍련이며 왼손으로는 소라 고동을 쥐고 있는데 이것은 불교에서 석가모니의 가르침을 상징하지만 힌두교에서는 신의 가르침을 방해하는 악마를 퇴치하는 힘을 지녔다고 믿는다. 오른쪽으로 도는 나선

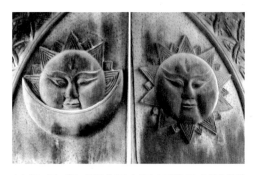

〈사진54 · 55〉 네팔 파탄의 초승달과 태양과 연화(2011년 필자 촬영)

〈그림24 · 25〉

모양의 흰 고동을 특히 신성시 하여 성자의 명성을 상징한다고도 하였다. 그러므로 위 그림은 힌두교가 상당히 진행된 단계에서 그려진 작품으로 이해할 수 있다.

그런데 〈사진54〉와 〈사진55〉의 두 얼굴상은 파탄의 건축물에서 발견한 목조 부조로 입구의 문짝 상단 좌우에 각각 새겨져있었다. 네팔을 여행하다보면 자주 목격되는 종류의 도상으로 일반적으로는 〈그림24〉의 초승달 형상이 달이며 〈그림25〉가 태양으로 알려져 있다. 각각 신격이 부여된 인격신이므로 얼굴 형상까지 표현하였다.

달과 태양 중에서 태양에 먼저 사람의 얼굴 형상을 새기게 되었는데 처음에는 태양신으로서가 아니라 〈사진46〉과 같은 황금태아에서 비롯되었다. 그렇기 때문에 천엽련에서 황금태아가 출생하는 리그베다의 신화 이야기가 모티브였으나 점차 태양신으로 특화하며 전승돼왔다. 인도와 네팔에서도 태양신 이전의 황금태아를 기억하는 사람은 사실 드물다.

초승달의 신격화에 대해서는 인도의 신화에 뿌리를 둔 초승달 연화화생이 근본이다. 같은 패턴의 문양은 오리엔트에서도 발견되지만 네팔은 인도로부터 유입된 것으로 판단된다. 이때의 연화는 역시 우주의 중심에 핀 연꽃이어야 했고 인도 자이나 사원의 스테인드글라스를 통해서도 몇 가지 유형을 확인하였다.

그러니까 네팔에서 달신이니 태양신이니 말하기 전에 이미 인도의 신화에서 초승달과 황금태아는 천엽련화생으로 창조되도록 설정되어 있었다. 그러나 네팔에 전래된 이후에는 네팔의 역사와 함께 진화 발전하였으므로 예를 들어 18세기부터는 달이 왕가王家, 태양이 재상가宰相家를 상징한다거나, 또는 달이 힌두교 태양이 불교를 상징한다는 식으로 단순화하여 받아들여지고 있다. 지금은 네팔의 지역문화로 토착화한 상태로 수용되고 있다.

〈사진56〉 네팔의 국기와 초승달 태양(https://en.wikipedia.org/wiki/Flag_of_Nepal)

그 결과 근대 이후의 네팔에서는 두 개의 삼각형을 상하로 배치하는 특이한 디자인으로 국기를 만들게 되는데 위에는 초승달을 아래에는 태양을 각각 배치하는 도안으로 결정하기에 이른다. 세계에서도 특이한 점은 두 개의 삼각형만이 아니라 사람의 얼굴이 들어있다는 사실이었다. 달과 태양을 인격신으로 신격화했기 때문인데 1962년 이후에는 사람의 얼굴이 삭제된 국기를 사용하고 있다. 그러나 디자인에 담긴 네팔 사람들의 이해가 도식화된 느낌에는 변함이 없으므로 근본을 탐구하기 위해서는 역시 신화의 관점에서 해석해야 한다.

〈그림26〉

다시 말해서 초승달이나 태양이 기성 종교를 초월하여 신화시대의 산물이라는 점, 그리고 이 둘은 각각 삼본연화나 천엽련에서 출현하는 연화화생 형식을 취하고 있었다는 점, 끝으로 두 개의 삼각형은 불교나 힌두교 이전의 브라만 사상을 담고 있다는 점이다. 이를 구체적으로 설명하기 위해 다른 그림을 제시하면 다음과 같다.

이 사진은 네팔 사람들의 생활 세계에 늘 존재하는 부조 도상으로 속화된 의미로는 액을 퇴치하거나 복을 불러들이기 위해 집 앞에 놓는 디딤돌이다. 집을 드나들 때마다 밟고 지나가라는 의도로 대문 앞에 내두는 경우가 많다. 그러나 도상을 자세히 보면 둥그런 연꽃 문양이 먼저 보이고 그리고 안에는 정삼각형 두 개를 거꾸로 겹쳐 놓은

연꽃의 문법

〈사진57〉 네팔 박타푸르의 샤트코나 연화
화생(2011년 필자 촬영)

〈그림27〉

샤트코나Shatkona가 뚜렷하게 보인다. 육각별이나 헥사그램Hexagram과 모양이 다르지 않다.

처음으로 보는 모티브의 연화화생인데 네팔의 국기와 비교하며 결론부터 말하면 국기의 두 삼각형은 〈그림27〉의 연꽃 속 두 삼각형에서 취한 것으로 본의는 바로 여기에 있다.

〈그림27〉을 단적으로 정리하면 샤트코나의 연화화생을 표현한 것으로 우주의 중심에 피어난 연꽃에서 샤트코나가 출현하는 국면이다. 윤회의 출발을 암시하는 창조의 순간이다. 샤트코나가 윤회를 상징하게 된 배경에는 꼭지점이 아래로 향한 삼각형은 여성이고 위로 향한 것은 남성이라는 상징성 때문이다. 남녀의 결합에 의한 생명의 탄생을 상징하며 세속적으로는 번영이 영원히 지속될 것이라는 의미인데 불교적으로는 일체중생의 고해苦海가 이제부터 시작된다는 뜻이기도 하므로 가볍게 받아들일 수 없는 도상이다.

힌두교에서도 꼭지점이 위로 향한 삼각형은 시바Shiva이고 아래로 향한 것은 샤크티Shakti로 이해하면서 역시 남녀 두 신의 결합과 윤회의 출발로 이해한다.

네팔의 국기는 여기서부터 변화를 겪으며 도달된 종교문화적 결론이었으며 초승달의 개입도 시간의 출발은 곧 창조이고 창조를 상징하는 신은 시바라는 일관된 문맥에서 이해해야 한다. 시바신은 통속적으로 파괴의 신으로 알려져 있으나 곧 재생으로 연결시켜 준다는 신으로 받들어진다. 네팔에는 근대화 이후의 급격한 변화도 있지만 기성종교가 발생하기 전부터 전해 내려오던 신화시대의 기억도 잘 간직하고 있다는 점은 매우 중요하다.

그런데 이와 같은 상황 전개가 모두 연꽃을 통해 비로소 비롯된다는 사실이야말로 연화화생의 중요성을 재차 각인시켜준다. 〈사진54〉와 〈사진55〉의 문짝에 부조로 새겨진 태양과 초승달도 원래는 연화화생에서 서서히 변모된 형태였다. 그리고 더욱 원본적 신화세계로 거슬러 올라간다면 황금태아의 연화화생이 있었고 황금태아는 아트만과 푸르샤로 연결되는 구조였다. 또 원래는 오리엔트에서처럼 초승달도 연화화생의 형태였으나 태양신처럼 사람의 얼굴 형상을 첨가하면서 초승달이 얼굴보다 아래에 위치하게 되었다.

시간의 경과와 함께 신화적 본의는 서서히 멀어져가고 이어서 형태마저 변하게 되면 뒤이어 본의에 대한 망각은 더욱 가속화 한다. 〈사진56〉의 네팔 국기처럼 정치적인 의미가 부여되는 일이 발생하기라도 하면 신화 세계에 대한 망각은 빨라진다. 그러나 이러한 망각에도 불구하고 신화의 기억이 마치 굳어진 석고처럼 남아있는 경우도 가끔 있는데 생활문화에 침전돼버린 경우이다. 지금 사람들은 그 정체성을 이해하지 못하고 그냥 알 수 없는 바코드를 바라보듯 한다.

〈사진58·59〉 네팔 박타푸르의 다양한 디딤돌과 연화문
(2011년 필자 촬영)

〈그림28·29〉

대문 앞에 놓인 다양한 디딤돌은 평범한 연꽃 문양에서부터 의미심장한 샤트코나의 연화화생에 이르기까지 각양각생이다. 〈그림28〉은 흔히 보는 연꽃 문양이고 〈그림29〉는 연화문 속에 육각별인 샤트코나가 들어 있다. 디딤돌을 밟고 지나는 사람들의 마음에는 제각각의 소구소원이 담겨 있겠지만 문양이나 도상을 확인하고 과거의 기억

〈사진60〉 네팔 카트만두의 시바와 샤크티
(2011년 필자 촬영)

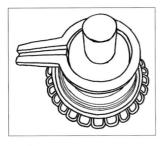

〈그림30〉

을 읽어내는 일은 연구자의 몫이다. 도상의 수수께끼를 풀어내는 일은 마치 고고학자가 갖는 의문에 흡사하다.

〈그림27〉의 도상과 〈사진60〉의 조각은 결국 남녀의 결합이라는 동일한 의미를 지녔다는 사실부터 말하고자 한다. 말하자면 〈사진57〉이 종교신화적인 의미가 희미해진 상태로 토착화하였다면 〈사진60〉은 힌두 사원의 경내에서 발견한 것이면서 동네사람들에 의해 끊임없이 신앙의 대상이 되어왔다. 힌두교와 민속의 양면성을 보이므로 종교민속의 일종으로 볼 수 있다. 또 후자는 형태에서 오는 이미지로 인해 그 종교적 의미를 금방 알 수 있으나 전자는 기하학적으로 변형되어 있으므로 일찍부터 그 의미가 망각된 상태에서 형태만 남은 민속이라는 점이다.

그러니까 〈그림30〉 역시 〈그림27 · 29〉와 같은 의미, 즉 시바의 남성과 샤크티의 여성이 연화대 위에서 결합하고 있는 내용이다. 남녀의 결합은 연꽃 위에서 종교적 의미를 갖는다. 생산과 풍요, 죽음, 재탄생으로 이어지는 시간의 연속성과 윤회가 전제된 작품이다. 윤회라고 하면 무거운 느낌이지만 민중의 입장에서는 생명력과 풍요가 영원히 지속되기를 기원하면서 참배하게 된다.

참배하는 사람은 주로 여성으로 곡식과 같은 먹을 것을 바치기도 한다. 결코 종교적인 해탈을 기원하는 것은 아니며 강가의 화장터에서 시신을 화장하기 전에 유족들이 먼저 시바신께 예를 올리는 행위와 비슷한 민간신앙적인 모습이다. 재생과 풍요를 기대하는 마음이 그들에게는 가장 중요하다.

파괴 후의 재생을 특히 시바신께 소원하는 현상인데 이러한 일련의 과정이 연꽃 위에서 일어난다는 사실 또한 적나라하게 보여준다. 정삼각형 두 개를 역방향으로 겹쳐서 만든 샤트코나와 뜻하는 바는 같을지라도 민중이 이해하는 정도는 다를 수밖에 없다.

샤트코나의 연화화생과 달리 이번에는 정사각형 두 개를 엇갈리게 겹쳐 만든 기하학적 도상인 팔각별 모양의 챠트슈코나Chatushkona가 연꽃 속에 자리하는 디딤돌 사진이다. 꼭지점이 위로 향한 사각형은 하늘이며 좌우 수평을 이룬 사각형은 대지로서 연꽃 위에서 천지가 생성된다는 신화 이야기를 표현해 놓았다. 브라흐마나에는 하늘이 열리고 땅이 생성되는 인도의 신화 이야기가 전하는데 바로 그와 같은 천지개벽이 연꽃이 있기에 가능한 것이므로 이 연꽃이야말로 우주의 거대한 허공에 피었다는 상징적 천엽련임에 틀림이 없다.

〈사진61〉 네팔 박타푸르의 챠트슈코나와 연화화생(2011년 필자 촬영)

〈그림31〉

사각형의 가운데에는 또 다시 원형과 원형 속의 무언가 도상이 있는 것으로 여겨지나 사람들이 지나가면서 밟는 자리이므로 마모가 심하여 선명하지 않다. 도상 전체를 설명하지 못하는 점은 아쉽지만 이밖에도 디딤돌의 연화화생은 매우 다양하여 네팔 사람들의 생활세계에 대한 연화화생의 존재감을 짐작하기에 충분하다.

이와 같이 민속과 종교를 넘나들며 나타나는 다양한 연화화생이 한편으로는 거리의 상징물이나 힌두 사원의 종교적 시설물의 조각품에서 발견되는 경우도 있다. 역시 박타푸르에서 발견한 사례를 소개하면 다음과 같다.

사진의 입체 조각을 받치고 있는 것은 연화대이며 그 위에는 원형의 대형 조각품이 세워져 있는데 가장 바깥은 화염문火焰紋이 자리하고, 그 안에 천엽련이 들어 있는 구도이다. 천엽련 안에는 정사각형 두 개를 겹친 챠트슈코나가 있으며 그 속에서 다시 원이 나타나더니 원 안에는 육각별 모양의 샤트코나가 모습을 드러낸다. 또 샤트코나

연꽃의 문법

〈사진62〉 네팔 박타푸르의 기념비와 연화화생
(2011년 필자촬영)

안에는 다시 연꽃으로 보이는 작은 도상이 있어 상당히 복잡한 구도이다.

기원전 브라만교의 사상이 기원후 힌두교의 교리로 잘 정돈된 다음 그것이 다시 기하학적으로 압축된 느낌이다. 가장 바깥의 화염은 불의 신 아그니Agni로 태양신을 상징하기도 하고 만물의 근원으로 보기도 한다. 조로아스터교가 중시하던 불과 태양의 상징이 묘사된 원인은 만물의 근원으로서의 생명력을 재차 강조하기 위함일 것이다.

다음 단계로 천엽련이 나타나더니 바야흐로 만물이 출현할 것을 암시하고 있으며, 과연 만물이 생성되는 토대로서의 하늘과 땅이 팔각별을 통래 모습을 드러낸다. 그리고 다음 단계에서는 다시 음양의 조합을 상징하는 육각별을 통해 다양한 생명체가 탄생하게 될 것이라는 본격적인 세상 만들기가 예견되고 있다.

그런데 이 모든 전개는 시간의 연속성을 증명이라도 하듯 과거에서 현재 미래로 진행되므로 마치 물이 흐르는 것 같다. 그리고 가장 한가운데의 무언가는 선명하지는 않지만 작은 연꽃으로 보이는데 이상과 같은 천지개벽 이야기[梵]를 전제한다면 이제부터의 아트만[我]들은 마지막 연화화생을 통해 세상에 출현하게 될 것이라는 스토리 전개가 예상된다. 인도신화의 복잡한 이야기를 저 조각품 하나에 압축하여 담아냈다는 것이 신기하기만 하다.

간단하지만 인도 신화에서 말하는 천지개벽 이후의 전개가 기하학적 도형으로 표현돼있는 형국이며 이것이 마침내 얀트라Yantra의 기원으로까지 발전하게 된다. 얀트라와 만트라Mantra, 그리고 만다라Mandala로 진화 발전하게 되는 내용은 이미 잘 알려진 내용이므로 여기서의 상술은 삼가기로 하겠다.

그러나 여기서 중요한 문화 코드가 연꽃이라는 점에 대해서는 지금까지 집중적인 고찰이 잘 이루어지지 않고 있었다. 인도에서 발생했거나 경유하는 모든 존재에 깊숙하게 관여하는 연꽃이야말로 아트만이자 푸르샤였다. 연꽃이 갖는 핵심적인 문제에 관해 다음 그림을 이해한다면 더욱 도움이 될 것이다.

〈사진63〉은 네팔 창구나라얀Changunarayan의 힌두 사원에 있는 종교 시설물로 연꽃에서 소라 고동Shankha이 출현하는 내용이 담긴 조각품이다. 힌두 사원이라면 대체로 사진과 같은 조형물을 접할 수 있으니 인도나 네팔에서는 보편 문화이다. 소라 고동은 불교 힌두교 자이나교에서 여덟 가지 성물聖物의 하나로 간주하는 것이며 가장 성스러운 방법으로 이 세상에 출현하는 모습을 연출하고 있다. 연화대 위의 천엽련 화생이 그것이다.

〈사진63〉 네팔 창구나라얀의 소라 고동과 연화화생
(2011년 필자 촬영)

그런데 여덟 가지 성물이란 소라 고동, 두 마리의 황금 물고기, 파라솔, 보병宝瓶, 연꽃, 무한 매듭, 승리의 배너, 법륜을 가리키고 이것들은 상황에 따라 연화화생으로 출현하는 경우가 많다.

소라 고동은 신의 위엄이나 석가모니의 말씀, 또는 법음을 상징하므로 악마를 퇴치하는 영험한 힘도 지녔다는 믿음이 있어서 힌두 사원에 존재하는 의미는 매우 복합적이고 신성함의 대명사라 할 수 있다. 힌두교도들은 신화 세계에 입각해서 소라 고동을 태초의 형태로 간주하였으며 속의 빈 공간에 물이 차 있는 상태가 바로 태초의 바다라 믿는 경우도 있으니 비시누와 락슈미도 그 속에 거주한다고 믿었다.

소라 고동의 곁에 비시누와 락슈미가 종종 그려지는 원인이기도 하다. 또 태초의 바다는 원수이므로 만물의 생성력이고 이를 상징하는 것은 거대한 뱀 나가Naga인데 이러한 이유에서 소라 고동이 좌우 두 마리의 나가와 동시에 등장하기도 한다.

〈사진64〉는 소라 고동이 특히 강조된 경우인데 연화화생으로 출현하는 구도이면

연꽃의 문법

서 동시에 맨 위에서는 다시 천엽련이 등장하고 있으므로 시간적인 전후관계는 아래에서 위로 올라가는 구성이다. 그러나 소라 고동을 인도인들의 믿음대로 태초의 우주라 간주한다면 논리적으로 이해는 간다. 태초의 바다에서 천엽련이 나타나 바야흐로 만물이 생성될 것이라는 예고이기 때문이다.

이와 같은 형태의 조각이나 도상은 이밖에도 간혹 보이고 있지만 그 의미를 유추하는 데 도움이 되는 것은 천엽련 속에 담긴 작은 황금빛 모양의 연밥이다. 육각별 모양으로 보이기도 하지만 어느 쪽으로 해석하더라도 생성력을 더욱 강조하는 의미라는 데는 차이가 없다.

육각별의 샤트코나는 앞에서 살펴보았던 것처럼 음양의 결합을 상징하므로 만물의 생성을 함의하는 것이며 연밥은 씨앗이므로 또한 그렇다. 그러니 일련의 과정을 떠받치는 근본으로서의 소라 고동이라는 점이 특이하지만 하단에 위치한 연화대의 역할에는 아무런 변함이 없다. 연화대 위의 더 큰 연화대는 사실 항아리 모양으로 되어 있어 태초의 시작을 일부러 힘주어 강조하는 형국이다. 하나하나가 모두 인도 신화에서 태어난 상징물이다.

소라 고동에서 천엽련이 나오고 나가 두 마리가 좌우를 보좌하는 사례도 있어 살펴보기로 하겠다.

〈사진65〉는 네팔 박타푸르의 힌두 사원에서 발견한 부조로 하단의 연화대 위에서 벌어지는 일은 태초에 천지개벽이 일어난 직후의 상황이다. 소라 고동을 통하여 우주를 인식하려 했으며 그렇다면 그 속에는 비시누와 락슈미가 있다는 전제일 것이고, 좌우에

〈사진65〉 네팔 박타푸르의 소라 고동과 천엽련(2011년 필자 촬영)

는 원수原水를 지키는 거대한 뱀 두 마리가 보좌하고 있다.

이렇게 준비된 태초의 바다에서 최초의 울림, 즉 숨 쉼과 함께 모습을 드러내는 생명력은 다름 아닌 천엽련이었다. 우주의 자궁이 만들어지는 순간이다. 그것이 소라고동의 꼭대기에서 선명한 모습을 드러냈으며 또 그 속에는 궁극적인 존재자인 아트만의 형체를 표현해 놓았다. 세상 만들기가 본격적으로 시작된다는 암시이다.

인도의 신화에 의하면 천엽련의 핵이야말로 존재자의 최소단위이자 또 다른 존재자들이 탄생하는 출발점이다. 이와 같이 수수께끼 같은 형상들이라도 신화 이야기와 무관한 것이 별로 없다. 부조를 만든 이의 신화적 지식이 범상치 않은 것은 분명하다.

그 중에서도 나가 두 마리의 등장은 또 다른 문맥의 신화 이야기가 시작된다는 메시지로 중국에서 쌍용雙龍연화문이 나타나기 이전의 모습일 것으로 추정된다.

그런데 이와 같은 모든 일의 토대는 연화대이며 또 다시 최초의 울림도 다름 아닌 천엽련이었으니 위에 소개한 부조가 전하는 이야기의 시작과 끝은 모두 연꽃으로 갈무리되고 있다. 여덟 가지 성물 중에는 다음과 같은 사례도 있다.

<사진66> 네팔 창구나라얀의 법륜과 연화화생(2011년 필자 촬영)

이곳 힌두 사원에서는 법륜法輪(Dharmachakra)과 같은 다양한 성물이 연화화생을 통해 모습을 드러내므로 이 연꽃은 천지개벽 이후의 공간을 구체적으로 채워나가기 위한 출처였다. 법륜은 말 그대로 법의 바퀴이므로 막힘없이 세계 어디라도 강력하게 뻗어나가는 힘을 지녔으니 신의 존재와 다를 바 없다. 불교에서도 석가모니의 말씀을 전하는 상징으로 수용되었다. 힌두교와 불교의 법륜은 근본에서 차이가 없다. 이러한 초월적 힘조차도 연꽃에서 비롯된다는 얘기가 되므로 연꽃의 존재감은 비할 데가 없다.

그런데 힌두 사원 같은 종교적 건축물에 남겨진 각종 연화화생만이 아니라 앞서 살펴 본 바와 같이 가정집 문 앞의 디딤돌에서도 발견되었다. 생활문화에 적응하면서 의도된 변형도 있지만 오해에서 기인한 변형도 있다. 문화의 전승에는 발생 단계에서 전해 내려오는 이념이나 사상을 견지하는 사례가 없지 않으나 도중에 의도적으로 또는 가벼운 오해의 소산으로 변경되는 경우가 많다. 다음이 바로 그와 같은 사례이다.

〈사진67〉 네팔 박타푸르의 락슈미 연화화생
(2011년 필자 촬영)

〈사진67〉은 3층 건물 가정집의 2층에 해당하는 외벽에 마치 크리스마스 장식처럼 락슈미 여신을 중심으로 태양과 달을 곁들여 꾸며 놓은 광경이다. 락슈미는 누차 소개하였듯이 인도 신화에서 비시누의 반려자임과 동시에 연꽃 여신이고 민중에게는 산타크로스 같은 존재라고 할까 많은 행복을 가져다주는 신이다. 아래로 향한 오른손에서는 곡식이 쏟아지고 있으니 장식에서도 그것을 표현하려던 흔적이 역력하다.

〈그림32〉

위로 향한 두 손으로는 홍련과 소라 고둥을 쥐고 있는 등 일반적으로 알려진 락슈미 여신의 모습을 충실히 재현하였다. 머리 위 좌우로도 코끼리가 등장하여 코로 물을 뿜고 있는데 성수로 축복을 하였다는 불교설화의 재현이다. 그러나 좌우로는 각각 초승달과 태양을 표현해 놓았으니 락슈미 여신과의 조합으로는 흔한 경우가 아니다. 아마도 집 주인의 주관에 의해 만들어진 장식이 아닐까 싶다.

그러나 초승달은 흰색이고 태양은 붉은 색으로 만들었으므로 신화와 일치하는 부분도 없지는 않다. 또 태양이 황금란의 연화화생에서 변형된 것이라는 점을 고려한다면 연꽃잎의 변형인 태양의 광채를 황금색으로 표현한 것은 신화와 부분적으로 일치한다. 그러나 초승달조차도 황금색 광채를 발산한다는 식의 이해는 부자연스러운 부분이다.

문화 변이로 볼 수 있는 〈사진67〉의 사례는 상징성이 의미하는 깊은 뜻과 무관하게 길상 도안만을 이것저것 모아놓은 경우이다. 그런데 이와 같은 사례는 중국에서도 볼 수 있듯이 민중의 심의를 유추하는 데는 오히려 효과적이다. 신들의 이야기보다는 길흉화복의 민간신앙과 직결되는 장식이 대부분이기 때문이다.

시대에 따라서는 종교적 상징성을 심각하게 고려하지 않는 경우도 있는데 특정 종교가 억압의 대상이 되거나 관광 산업에 지나친 관심을 기울이는 경우이다. 이러한 국면을 맞이한 사회에서는 잘 인지하지 못하는 사이에 도상이나 문양에 담긴 신들의 이야기는 누락되고 외형만이 남아 편리하게 수정되기도 한다. 다음과 같은 사례이므로 살펴보기로 하겠다.

다음 사진은 태양과 초승달에 인격 신이 부여된 여타 도상과 비교할 때 대체로 비슷하다. 그러나 이름 모를 식물의 잎이 증가하여 주변을 장식하므로 연화화생으로 부르기는 곤란하고, 또 두 인격신의 사람 얼굴을 보면 곱슬머리 같은 헤어스타일이 우스꽝스럽다. 중요한 식물 문양에서 식물을 특정하기

〈사진68〉 네팔 박타푸르 힌두 사원의 태양과 초승달
(2011년 필자 촬영)

힘들다는 것은 만든 이의 상상력이 과도하게 발휘되었음을 뜻한다. 또 신격을 가볍게 처리한다는 것은 종교의 엄격성이 관광 산업의 뒷전으로 밀려나는 반증으로 볼 수 있다.

목조로 만든 문짝의 부조로써 오래된 작품으로는 보이지 않는데 아마도 제작자들의 현대적 감각에 기인한 것으로 보인다. 부근에는 실제로 저와 같은 문짝을 만드는 목공소 분위기의 공방이 성업 중으로 관광객들은 구입도 가능한 실정이다. 그럼에도 불구하고 우측이 태양이며 좌측이 초승달이라는 시각적인 이미지만은 분명하여 이것

연꽃의 문법

이 과거에는 종교적 부조였음을 입증하는 유일한 흔적이다. 이들의 문화 코드만은 지워버릴 수 없었던 것 같다.

〈사진69〉 네팔 박타푸르 힌두 사원의 쌍어화병문 (2011년 필자 촬영)

목조로 만든 〈사진69〉의 부조는 중요한 신화 사상이 남아 있어 도상학적으로 많은 의문이 남는 사례이다. 힌두 사원에서 각 건물 입구에 설치된 문짝에서 흔히 발견되는 부조인데 매우 흥미로운 내용이다. 즉, 화병과 연화문이 하나의 도상을 이루는 일은 많지만 자세히 보면 화병의 실제 도상은 존재하지 않고 그 대신 두 마리의 물고기가 양 옆에서 몸체를 구부려 화병 모양을 연출하고 있을 뿐이다. 미술적으로는 만든 이의 재치에 감탄하게 된다.

그렇게 만들어진 화병 모양의 안에는 육각별의 샤트코나가 선명한데 두 삼각형이 서로 얽혀있는 형태이다. 음양의 결합을 특별히 강조하였다. 그리고 그 위에서는 보통 연꽃이 솟아나는 도상이 일반적인 패턴인데

〈그림33〉

이 경우에는 정체불명의 식물이 등장하므로 무슨 이유에서인지 연꽃에는 연연해하지 않는 작품으로 보인다. 또 이 식물 위에서는 소라 고동이 놓여있는 것으로 보아 아마도 원래는 연화화생에서 변형된 도상일 것이다.

게다가 화병 모양이 놓여있는 가장 하단부에는 연화대가 있을 법도 하나 여기서는 자그마한 소반小盤같은 것이 있으니 전체적으로 제작자의 미술적 주관이 상당히 돋보인다. 이렇게 다양한 변화가 시도되는 가운데에서도 두 마리 물고기는 힌두교의 성물인 황금 물고기 또는 황금 잉어일 것이며 꼭대기의 소라 고동이나 실체 없는 화병과

함께 여덟 가지 성물을 구성한다.

〈사진70〉 네팔 박타푸르의 쌍어화병문
(2011년 필자 촬영)

두 마리의 황금 물고기가 몸을 구부려 만든 실체 없는 화병은 이 부조의 백미로 그 안에 자리 잡은 육각별의 샤트코나와 함께 풍요와 다산을 기원하는 신앙을 극대화시킨 도상이다. 이렇게 만들어진 부조가 문짝의 좌우 두 군데 동일하게 만들어져 있으므로 우연이라기보다는 뚜렷한 의도 하에 만들어진 작품이라는 것을 말해준다.

그런데 박타푸르의 어느 가정집 문창살에서도 유사한 모양이 발견되었다.

〈그림34〉

인도나 네팔에는 칸막이 없는 창문이나 문짝을 흔히 보는데 사진은 그와 같은 사례 중 하나이다. 철사를 휘어서 만든 문양 장식으로 칸막이 대용으로 삼고 있으며 날씨가 더운 동남아시아에서도 여러 차례 목격한 적이 있다. 어설프게 만들어졌지만 두 마리 물고기가 마주하면서 화병 모양을 만들어 전하려는 메시지가 무엇인지는 충분히 전달된다. 그렇게 형태가 갖추어진 화병 안에는 원이 나타나고 원 속에는 육각별인 샤트코나가 선명하다.

화병 위에서는 무언가 식물 같은 것이 솟아나오는 의도로 읽혀지는 두 가닥의 줄기가 보이지만 표현력이 빈약하고 식물의 정체 또한 불분명하다. 여기서도 연꽃은 보이지 않는 대신 두 마리의 황금 물고기와 화병, 그리고 샤트코나라는 성물들의 조합을 통해 길상임을 강조한다.

종교적 시설물이나 일반 가정집의 창틀에서 유사한 모양을 발견할 수 있다는 것은 문화 변이가 종교와 생활문화 양쪽에서 진행되고 있다는 것을 의미한다. 연꽃이 절대적인 의미를 간직하고 있으면서도 반대로 다른 성물들의 등장으로 인해 상대적으로 적당히 처리되는 경우도 예상해야 하는 상황이다. 여기서도 종교와 민속의 경계가 애매해지고 있음을 느낀다.

연꽃의 문법

〈사진71〉 네팔 박타푸르의 쌍어화병문(2011년 필자 촬영)　　〈그림35〉

　　그런데 〈사진71〉의 장식은 〈사진70〉에 비해 더욱 서민적이고 소박한 창틀이다. 철사를 휘어서 만든 장식은 같지만 내용에서는 비전문가의 손으로 만든 것이 금방 드러나는 솜씨이다.

　　물고기 두 마리가 마주보며 몸을 구부리는 것은 같지만 이미 화병 안에 들어있어 그 목적이 희미해지고 말았다. 그런데 화병 속에 있으면서 한 송이 연꽃을 중심으로 좌우에서 보좌하는 역할을 애써 수행하고 있으니 문화적 코드에 대한 진지함에는 납득하지 않을 수 없다. 쌍어연화문이 화병 안에 들은 형국이다.

　　그리고 화병 위에서는 다시 두 송이 연꽃이 모습을 드러내므로 결국 삼본연화라는 문화 코드 역시 암묵적으로 견지되고 있는 셈이다. 여기서 흥미로운 점은 위에 나타난 두 송이 연꽃 가운데에서는 소라 고동이 출현하므로 소라 고동의 삼본연화화생을 애써 구현하려던 도상이라는 점을 읽을 수 있다. 화병 속의 물고기라는 넌센스에 비하면 문화 코드에 대한 집착과 함께 힌두교의 성물들을 한데 모아 길상을 극대화하려는 집 주인의 열의가 느껴진다.

　　그런데 미술적 구도라는 측면에서 봤을 때 또 한 가지 모순은 연꽃이 들어있는 화병이 놓여 있음에도 불구하고 주변에 다시 연꽃 네 송이를 표현해 놓음으로써 연못을 전제하는 구도가 되었다는 점이다. 만든 이는 길상을 상징하고자 하는 목적으로 일단 모아놓으려는 마음이 앞섰던 것 같은데 그래서 네 가지 성물의 조합은 이루었으나

〈사진72〉 네팔 박타푸르의 쌍(雙) 나가 연화병문(2012년 필자 촬영) 〈그림36〉

전체적인 문맥은 모호하게 되고 말았다. 민속사회에서 보통 일어날 수 있는 일이므로 특이 현상은 아니지만 이 역시 눈여겨 볼 대목이다.

그런데 박타푸르의 사례 중에는 소라 고동을 두 마리의 나가가 보좌하고 그 위에서 천엽련이 나타나는 〈사진65〉가 있었는데 이번에는 연꽃이 출현하는 화병을 두 마리 나가가 보좌하는 사례를 들여다보기로 하겠다.

연꽃이 모습을 드러내는 화병을 무언가가 좌우에서 보좌하는 패턴의 도상이나 문양은 사실 매우 널리 퍼져있으며 역사적으로도 오래된 문화이다. 힌두교의 성물 중 하나인 보병이나 항아리를 숭배하던 고대 신앙의 유습이다. 그런데 화병 위의 연꽃은 낯선 두 장의 잎이 좌우 보좌하는 형태로 보인다. 즉, "연엽+연화+연엽"의 패턴인가는 애매한 상태이지만 화병에서 연꽃이 솟아나는 것만은 분명하다. 아래로 흐드러진 다른 잎 역시 정체가 불분명한 가운데 전체가 연화대 위에 놓여있는 점에는 변함이 없다.

연화화병을 나가가 좌우 보좌하는 패턴이 중국으로 갈수록 서서히 두 마리 용이 보좌하는 형태로 변해가는 문제는 앞으로도 주의 깊게 관찰해야 한다. 나가 두 마리가 연화 혹은 연화병을 보좌하는 것은 태초의 바다를 배경으로 하는 신화 이야기를 통해 해석이 가능하였다. 그런데 나가의 몸통에서 서서히 비늘이 두드러지고 지느러미와 날개의 중간 형태가 나타나기 시작하더니 발톱 달린 발이 생겨나면서 용에 가까워지는

연꽃의 문법

변화 과정은 도상학적 비교 고찰을 필요로 한다. 물론 중국으로 이동하면서 눈에 띄기 시작하는 현상이므로 용의 정체를 해석하는 데도 일정한 논리적 타당성을 제공한다. 용 또한 바다와 물을 상징하므로 두 마리 나가 연화문과 쌍용 연화문의 신화적 차이점은 찾아보기 어렵다. 이 또한 흥미로운 문제로 여겨진다.

〈사진73〉에서 기본 패턴은 같지만 나가보다는 용의 이미지로 바뀌어 가는 과도기적 형상을 확인할 수 있다. 발톱이 달린 발은 물론이고 지느러미와 날개 중간 정도의 모습이 표현되는 등 많은 과제를 던져주는 목조 부조이다. 스스로의 점차적인 변화인지 아니면 중국의 영향인지 하는 문제가 가장 크다.

〈사진73〉 네팔 박타푸르의 쌍용화병연화문(2011년 필자 촬영)

아무튼 이렇게 변화무쌍한 용이 좌우에서 보좌하는 가운데 연꽃이 솟아나는 화병이 중간에 위치하는 구도에는 변함이 없다. 그것도 화병의 양옆으로 늘어뜨린 연꽃과 함께 삼본연화를 구성하고 있으므로 단위 문양으로는 꽤 옛 것을 답습하고 있다. 다만 다른 식물의 잎이 애매하여 연잎으로 단정하기는 힘든 상태이니 크고 작은 변화를 간직한 도상이다.

또 한 가지 변화로 지적할 수 있는 것은 과거의 유사한 부조 도상들이 신들의 이야기를 간직하고 있으면서 불필요한 표현은 억제되고 있었다면 최근의 도상에서는 전체적으로 빈 공간을 찾기가 어려워졌다는 점이다. 신들의 이야기가 멀어지는 대신 빈자리를 가득 채워 넣으려는 화공들의 욕구가 있었던 것 같다. 빈 공간에 대한 공허함이 때로는 불안감으로 발전되는 경우도 있다. 신들의 이야기가 새로운 무언가로 대체되는 요인 중 또 한 가지로 관광 산업을 지적할 수 있다는 사실은 누차 언급하였다.

그런데 전통문화의 계승과 더불어 변화를 겪는 과정이 역력하지만 연꽃이 갖는

문화적 코드의 존재감은 외견 상 별 손상 없이 그대로 이어지고 있다. 〈사진74〉 목조 부조는 화병에 연꽃이 담겨 있는 연화당초화병문이다. 기본적으로 한국의 불교 사찰에서도 어렵지 않게 발견할 수 있는 부조 도상이다. 가정집의 창문 틀 아래의 목조 부조로 새겨져 있었는데 화병을 보좌하는

〈사진74〉 네팔 박타푸르의 연화당초화병문
(2011년 필자 촬영)

것은 아무 것도 없는 화병문이지만 이 또한 널리 퍼진 패턴 중 하나이다. 일반 가정집의 창문 장식으로는 정교한 편이라서 네팔 사람들의 예술적인 감각을 잘 보여준다.

그러나 연줄기가 휘어져 있다는 것 외에도 정체불명의 잎이 붙어있는 등 연꽃이 피어 있지 않다면 과연 무슨 식물인지 알 수 없을 정도의 변화를 마다하지 않은 작품이다. 오리엔트의 연꽃나무만큼이나 식물학적 정체성의 변화가 극심하다. 그러나 이것이 길상도안이라는 확고한 믿음을 주는 것은 화병의 연꽃이 주는 부동의 존재감 때문이다. 연꽃은 이 가정에서도 복을 가져다주는 영험한 도상이면서 자세히 알 수 없지만 신비한 바코드로 받아들여지고 있음에 틀림이 없다.

〈사진75〉 네팔 박타푸르의 삼본연화문과 팔메트문(2011년 필자 촬영)　〈그림37〉

문화의 전승과 변화가 동시에 진행되는 가운데 당돌한 시도가 엿보이는 장식도 발견되었다. 역시 박타푸르의 일반 가정집 3층의 창문 틀 목조 장식에서인데 보는 바와 같이 관찰자의 시점이 다르게 표현되었다. 삼본연화에서 가운데 연화는 위에서

바라본 로제트 양식이지만 양 옆의 연화는 측면에서 바라본 팔메트 양식이다. 두 시점을 하나의 평면 위에 펼쳐놓는 시도가 참신하지만 사실은 기원전 이집트나 앗시리아에서 이미 출현했던 패턴이다. 아마도 인도를 경유하여 유입된 것으로 보인다.

그러나 저와 같은 불규칙 시점의 표현을 평면에 배열하는 사례로는 앞에서도 잠시 언급했던 조선시대의 책거리도를 빼놓을 수가 없다. 책거리도만큼의 확대원근법이 시도된 것은 아니지만 네팔의 미술 세계에도 새로운 바람이 불어온 것만은 분명하다.

이와 같은 예술성이 자연 발생적으로 생겨날 수도 있었겠으나 구체적으로는 헬레니즘의 동진에 의한 문화유입을 간과할 수 없다. 네팔에 앞서 인도대륙에서는 아칸서스를 비롯한 헬레니즘의 영향이 있었다고 앞에서도 지적했듯이 네팔은 그와 같은 국제 문화교류의 영향권에 있었다고 보는 것이 옳다. 이천여 년 전이나 지금이나 네팔의 남부지역은 인도 문화권이라 해도 무방할 정도로 상호 교류는 일상화되어 있다. 오리엔트의 부조 양식이 일반 가정집의 목조 장식 같은 생활 문화에 남아 있을 가능성은 지리적으로 늘 열려 있었다.

인도 대륙의 다양한 종교 문화가 서로 공유하는 성물 중에서 세 가지를 축으로 연화문의 변형을 시도한 부조도 발견되었다. 중앙의 연화문을 중심으로 좌측에는 무한한 매듭으로 알려진 슈리밧챠Shrivatsa, 그리고 우측에는 승리의 깃발이라는 드바자Dhvaja를 배치하여 종교적 세계관과 신념을 표현하였다. 좌측부터 슈리밧챠는 음양의 합일에서 유발된 삶의 현상으로서의 끊임없는 윤회와 전생을 표현하였다면 그 속에서도 궁극적 순수함이 존재한다는 사실을 연꽃으로 나타내더니 그 힘을 빌려 악마를 퇴치하고 승리의 깃발을 높이 치켜세워 해탈에 이르렀음을 선언하는 것으로 해석된다.

여덟 성물聖物에 대한 힌두교와 불교의 이해를 바탕으로 저와 같이 이해할 수 있을 것이며 발견 장소가 힌두 사원이므로 이곳에 머무는 힌두교도들이 받아들이는 세계관이기도 하다.

〈사진76〉 네팔 박타푸르의 연화문과 성물(2011년 필자 촬영)

그리고 그 중심에 연꽃이 있다는 사실을 남김없이 표현하려는 종교적 신념이 강하게 전달되는 부조이기도 하다.

그런데 그들의 삶의 중심에 연꽃이 존재한다는 사실은 역시 종교 시설이나 생활공간을 막론하고 발견된다. 가정집에서 사람들이 드나드는 입구의 양옆이나 힌두 사원의 회랑에서도 같은 연꽃 문양이 새겨진 연주連柱를 발견하는 일은 어렵지 않다.

가정집 〈사진77〉과 힌두 사원 〈사진78〉의 나무 기둥 장식이 크게 구별되지 않는 가운데 한국의 사찰에서는 원통형 목조나 콘크리트 기둥에 단청의 연속 그림으로 그려 넣는 경우가 대부분이다. 회화적 표현이 많은 한국과 부조의 나라 네팔의 커다란 차이점이지만 연주라는 문화 코드의 연속성에서 벗어나지 않았다는 점에서는 공통점이기도 하다.

그러나 무엇보다도 인도나 네팔에서 지역의 특성을 가장 잘 보여주는 것은 문양으로 생활세계와 종교 시설을 구분하기 어렵다는 점이다. 지금 제시하는 나무 기둥의 연꽃무늬가 동일하다는 것 외에 생활 도구에서도 적지 않게 발견되는 형상이다. 이것은 서남아시아 사람들에게 종교는 생활이고 생활은 곧 종교라는 사실을 보여준다.

(사진77 · 78) 네팔 파탄의 나무 기둥과 연꽃 문양(2011년 필자 촬영)

다만 나무 기둥의 연꽃이 상하로 겹겹이 쌓아올린 것처럼 묘사된 것에 대하여 도상학은 별다른 의견을 내놓지 않았던 것 같은데 오리엔트의 연꽃나무가 관련되는지 살펴볼 여지는 있다고 생각한다.

종교 차원에서의 연꽃문화가 생활 세계로 퍼져나가는 현상은 다른 나라에서도 발견되지만 인도나 네팔 같은 서남아시아에서는 특히 유별나다. 가령 〈그림38〉처럼 5층 건물의 연립주택 꼭대기 난간이 연꽃 연속문양으로 장식되어 있다거나 아이스크림

〈사진79〉 네팔 박타푸르의 연꽃 장식(2011년 필자 촬영)　　　〈그림38〉

이나 과자를 파는 손수레, 또는 장난감 가구 등에 길상도안으로 연꽃이 그려진다던가 하는 일은 비일비재하다. 불교나 유교의 관점에서 연꽃을 바라보는 한국 또는 장례식과 결부지어 생각하는 일본과는 판이하게 다른 현상이 아닐 수 없다.

　　사진의 아이스크림을 파는 손수레나 가정집에서 연꽃 문양은 그냥 길상도안 외에는 아무 것도 아닐 것이다. 한국 사람들이 십장생 문양을 관습에 따라 자유분방하게 사용하는 현상과 비슷하다고 보면 될 것이다.

〈사진80〉 네팔 박타푸르의 연꽃 장식
(2011년 필자 촬영)

　　그런데 아칸서스에서 요정이 모습을 드러내는 도상의 등장을 인도 자이나 사원의 사례를 통해 앞에서 소개하였는데 그 아류로 보이는 패턴의 간판 장식을 박타푸르에서 발견할 수 있었다. 자이나 사원보다는 유치한 제작 기법이지만 아칸서스의 식물 사이에서 콧수염을 기른 기괴한 얼굴상이 출현하고 양 옆에는 중국풍의 용이 좌우를 보좌하는 패턴은 분명히 식별이 가능한 상태이다. 헬레니즘풍의 요정으로 단정하기는 어려우나 르네상스 이후에 유행하던

〈사진81〉 네팔 박타푸르의 아칸서스화생
(2011년 필자 촬영)
〈그림39〉

유럽의 그린맨Green Man과는 어딘가 닮은 데가 있다. 아칸서스에서 인물이 화생하는 패턴임에는 틀림이 없는데 어떻게 이곳까지 흘러 들어왔는지 궁금하다.

위 장식이 있던 곳은 박타푸르의 기념품 가게이며 간판 바로 아래에 걸려있었다. 간판과 장식 모두 최근에 만들어진 것으로 보이므로 도상의 내용에 대한 이해가 충분했다고는 생각하지 않는다. 그럼에도 불구하고 아칸서스와 인물화생이라는 패턴이 전승을 이어오고 있다는 사실과 더불어 인도의 나가 대신 중국풍의 용이 갑자기 개입하는 상황 또한 문화 변이라는 측면에서 흥미로운 현상이다.

연꽃 이야기는 마침내 지중해의 아칸서스와 아시아의 용이 조우하는 장면을 가볍게나마 보여주는 단계에 이르렀다. 네팔은 인도에서 전래된 고대 문화의 잔영이 적지 않게 남아있는 한편 중국에서 전해진 문화 또한 다소이긴 하지만 혼합되어 나타나는 경계 지역이기에 가능하였다.

그런데 인도와 네팔의 연꽃 이야기를 동북아시아와 비교해본다면 전체적으로 오리엔트에 한 걸음 더 가까워짐을 느끼게 하였다. 근세 이후에는 중국과의 문화교류도 인정되지만 오리엔트와 인도 발생의 문화가 근간을 이루고 있다는 사실에는 변함이 없다. 그것은 동북아시아의 경우 주로 불교와 함께 유입된 연꽃 이야기가 주를 이루었으나 인도의 경우는 불교에 머물지 않고 자이나교 힌두교 이슬람교 헬레니즘에 더하여 불교 이전부터의 고대 인도신화에 뿌리를 둔 연꽃 이야기가 다수 혼재되어 있기 때문으로 해석할 수 있겠다.

연꽃의 문법

동북아시아에 입각해서 연꽃 이야기를 살피다 보면 인도에 대한 관점이 처음엔 불교의 범주에서 벗어나지 못하는 한계에 부딪치지만 정작 인도에 입각해서 보면 불교는 부분이며 더 넓고 큰 이야기가 있다는 사실을 하나 둘 깨우치게 된다. 이러한 다원적 상황에 직시하게 된다면 동서 문화를 비교하고 해석하는 데 있어서도 인도가 중심권에 위치해 있다는 사실을 자연스럽게 받아들이게 된다.

　그럼 이제부터는 동북아시아와 함께 인도의 영향을 함께 공유하고 있는 동남아시아의 연꽃 이야기는 과연 어떠한 상황인지 간단히 살펴보기로 하겠다.

제3장

연꽃문화의
전개
— 동남아시아 이야기

03

●

연꽃문화의 전개
－동남아시아 이야기

동남아시아의 연꽃문화 대부분은 인도에서 전래된 외래문화였다. 물론 지금의 연꽃문화를 외래문화로 인식하는 사람은 거의 없지만 원래의 발상지가 그렇다는 뜻이다. 자생적인 연꽃문화를 인정하더라도 지금의 많은 연꽃문화를 체계적으로 재구성해준 종교로 생각할 수 있는 것은 불교와 힌두교 이슬람교를 들 수 있다. 근세 이후에는 화교들이 유입한 중국의 불교나 유교 도교 사원의 영향도 있지만 근본은 역시 인도이다.

소위 소승불교권이라 불리는 지역이 바로 지금의 동남아시아와 서남아시아인데 남방불교문화권이라는 표현으로 대체한다면 좀 더 이해하기 편할 것 같다. 이 지역은 동북아를 중심으로 전개되는 대승불교에 비해 여러모로 원시불교에 더욱 가까워지는데 연꽃과 관련해서도 마찬가지 느낌을 받게 되므로 이러한 내용도 하나하나 밝혀보기로 하겠다.

원시불교에 가까워지는 느낌을 받는다는 것은 곧 바라문교 불교 힌두교와 같은 종교 간의 구별이 모호해진다는 의미를 내포한다. 연꽃과 관련된 도상이나 이야기를 통해서 그러한 고대 인도의 종교사상을 읽어낼 수 있는 부분이 동북아시아에 비해 많아진다.

동남아시아의 불교문화에서 단연 돋보이는 것은 양력 4월 중순의 송크란Songkran과 5월 말이나 6월 초의 웨삭데이Wesak Day이다. 송크란은 최근에 물뿌리기 축제로 알려져 있지만 원래는 신년의례이면서 동시에 새해 욕불의례에 이어서 행하는 성수聖水 뿌리기였다. 그리고 웨삭데이는 석가탄신일에 대한 국제적 공용어로 사용되지만 태국이나 라오스 등지에서는 비사카푸자Visakha Puja라 부르기도 한다.

즉, 석가모니의 탄생 성도 열반을 동시에 기념하는 날이면서 지역에 따라서는 이 날이 새해 첫날이라는 인식을 갖는 곳도 있다. 동북아시아에서는 석가모니의 탄생 성도 열반의 날짜를 각각 별도로 정해놓고 기념하지만 이것은 중국불교가 자의적으로 만들어 놓은 새로운 개념의 문화이다.

위 두 가지 의례가 동남아시아에서는 매우 중요하다는 것을 먼저 확인하고자 하는데, 바로 이때 깊숙이 개입하는 또 하나가 바로 연꽃이다. 사찰을 연화장으로 인식하거나 연꽃을 재생과 풍요의 상징으로 인식하는 전통은 다른 불교문화권과 다르지 않지만 그 존재감에서는 미묘한 차이가 있다.

태국의 송크란을 보자면 물뿌리기 축제를 하기 전에 사람들은 먼저 사찰을 찾아 참배부터 시작한다. 그러니까 축제라는 놀이가 아닌 종교 의례라는 측면에서 봤을 때의 핵심은 욕불과 연꽃이며, 이때의 연꽃은 단연 백련화가 주목을 받는다.

사진은 태국 방콕의 왓포Wat Pho 사원과 치앙마이의 왓판농Wat Phan On 사원에서 송크란을 맞이하여 경내에 마련한 헌화용 백련화와 헌화하는 모습을 촬영한 사진이다. 황련 청련을 헌화하는 모습은 본 적이 없으며 홍련은 간혹 있으나 드문 경우이다. 송크란이 아니더라도 백련화는 헌화에서 늘 중심이다. 백련화를 손에 들고 헌화하

〈사진82 · 83〉 방콕과 치앙마이의 헌화용 백련화(2007년 필자 촬영)

연꽃의 문법

는 사람은 시주함에 정해짐 금액이나 임의로 넣기도 한다.

백련화는 신자의 종교적 순결과 더불어 석가모니의 숭고한 대자대비를 찬양하는 의미가 담겨있다. 불법승 삼보에 귀의한다는 의미에서 세 송이의 백련화 봉오리를 헌화해야 마땅하지만 수량 부족으로 한 송이로 만족하는 경우가 많다.

백련화는 만개한 꽃이 아닌 봉오리 상태로 헌화하는 것이 일반적이다. 연꽃잎이 한 장이라도 늘어져 있으면 헌화하기 전에 손으로 잘 다듬어 봉오리 상태를 단정히 한다. 만개한 연꽃보다는 봉오리가 과거 현재 미래라는 시간의 연속성을 상징하지만 이러한 깊은 의미를 인식하는 사람은 별로 없이 거의 전해 내려오는 관습으로 받아들인다.

백련화의 꽃대를 손에 쥔 신자는 불을 붙인 향 세 개와 노란색 촛불 하나를 준비해서 이마 앞에 대고 머리를 숙여 예를 올리거나 대웅전을 시계 방향으로 세 바퀴 돌기도 한다. 숭배의 대상을 시계방향으로 세 바퀴 돌고 물러나는 풍습은 기원전 인도에서 전래되었으며 우파니샤드나 불교경전에도 기록이 남아있을 정도이다. 석가모니의 제자들도 스승의 가르침을 청해 듣고 물러날 때는 반드시 그렇게 하였다. 그러니까 도는 대상은 스승이나 법당, 보리수, 탑 등 존경과 숭배의 대상에는 구별이 없다.

백련화와 향과 초를 함께 손으로 쥐었을 때의 모양은 두 손을 합장하여 꽃봉오리처럼 했으므로 합장한 두 손 사이에 넣었다는 표현이 어울린다. 이 상태로 예불하거나 세 바퀴 돌거나 하는 것이므로 단연 눈에 띄는 것은 백련화이다.

헌화대에 꽂아진 백련화는 사찰 도우미들에 의해 다시 입구로 운반되는데 다른 신자들이 예불을 위해 재차 사용하기 때문이다. 이러한 재사용은 백련화에 한정하기 때문에 발생하는 절대적 수량 부족에서 오는 궁여지책이다. 그만큼 백련화를 고집하는 이유는 앞에서 말한 백련화의 의미와 형식성에 대한 종교신화적 전승이 그들의 무의식 속에 아직 남아 있다는 확실한 증거이다.

백련화에 대한 문화적 고집은 석가탄신일인 비사카푸자를 맞이해서도 변함없이 이어진다.

<사진84> 비사카푸자를 맞이한 태국 사람들
(왓포 사원에서 2007년 필자 촬영)

<사진85> 방콕 사남루앙(Sanam Luang) 광장의 백련화
(2007년 필자 촬영)

아침부터 사원을 찾은 신도들은 백련화 한 송이에 향 세 개와 촛불 하나를 합장한 두 손 사이에 끼고 법당을 세 바퀴 돈다. 간혹 세 송이의 연꽃도 보이지만 백련화 한 송이에 홍련화 두 송이를 합쳐서 그렇게 만든 것이다. 이러한 행위도 백련화의 부족으로 인한 대책의 일환인데 세 송이라는 숫자를 중시하는 신도라고 볼 수 있다. 홍련화가 섞이더라도 백련화 한 송이는 반드시 포함되어야 한다.

석가탄신일이므로 이밖에도 크고 작은 의례나 행사가 개최되는 가운데 석가모니의 대자대비에 조금이라도 기대보려는 신도들의 신앙행위가 줄을 잇는다. 행사장 한가운데에는 석가모니의 해탈과 자비심을 상징하는 백련화 조화가 설치되어 있는데 백련화 옆에는 무량광을 표현하기 위해 석가모니 불상과 연결된 흰 실 여러 가닥이 부챗살 모양으로 길게 늘어져 있다.

빛을 형상화 한 설치물 중의 하나이며 석가모니는 황금 태양이고 하나하나의 흰 광채는 아트만의 분신과 다르지 않으니 사실 불교 이전의 리그베다와 우파니샤드 사상과 연결된다. 황금태아와 황금란 이야기가 그것이다.

밤에는 조화인 백련화에 조명이 비춰지고 물안개의 연출을 하는 등 환상적인 분위기를 자아낸다. 백련화를 중심으로 벌어지는 연출은 석가모니의 탄생과 성도와 열반을

연꽃의 문법

축복하고 기념하고자 하는 태국 사람들의 돈독한 신앙심이 그렇게 표현하였다고 보면 된다.

석가모니 불상과 연결된 흰 실은 석가모니에서 발신되는 무량광이며 대자대비라는 믿음이 있으므로 의례를 마칠 무렵에 끄트머리부터 끊어 신도들의 몸에 부착하거나 팔목에 감아두면 액을 쫓고 복을 부른다는 속신이 널리 퍼져있다. 불상과 연결되지 않았더라도 이때 승려들이 손목에 감아주는 흰 실 또한 저와 같은 영험이 있다는 믿음으로까지 발전하였다. 불상에 직접 연결된 실은 한정돼 있기에 일어나는 일로 백련화가 부족하여 재사용하는 궁여지책에 닮아있다.

이와 같이 백련화와 흰 실에 대한 민속 차원의 근원에는 석가모니의 해탈과 대자대비에 조금이라도 다가서려는 태국 사람들의 소박한 신앙심이 존재한다.

또 이때를 맞이하여 한국이나 스리랑카처럼 연등을 만들어 집 앞에 매달거나 절 주변을 장식하는 풍습 또한 태국에 전하였는데 최근에는 연등만들기 경연대회가 성황리에 개최되고 있다. 연등 모양이 조금씩 다를 뿐 기본적으로 다른 나라들과 별 차이가 없는 풍습이다.

그런데 연등 모양의 연꽃이 홍련이므로 태국사람들도 항상 백련화만을 중요시하는 것은 아닌 것 같다. 그림의 연등은 만개한 연꽃 모양과 꽃받침이 선명한 디자인으로 아래위로 연거푸 이어져놓은 보기 드문 연등이다. 기원전부터 전해 내려오는 오리엔트의 연꽃나무에 닮았지만 그 관계에 대해서는 아직 단언하기 이른 단계이다.

불교문화권의 다른 나라들처럼 팔상도는 사상도나 삼십이상도와 함께 널리 알려진 석가모니의 일대기이다. 동남아시아에는 만화책이나 애니메이션을 통해 어려서부터 가르치고 있으며 사찰 벽화의 소재로도 흔히 볼 수 있는 내용이다. 그 중에서도 특히 석가탄신일을 맞이해서 쉽게 발견할 수 있는 그림이나 모형이 비람강생상인데 이때 등장하는 일곱 송이 연꽃은 선명한 홍련이다. 마야부인의 몸에 석가모니가 수태하는 장면을 묘사한 도솔래의상에서 흰 코끼리가 코로 물고 나타나는 연꽃이 세 송이 백련이라는 사실에 비추어 대조적이다.

〈사진87〉 방콕 사남루앙 광장의 비람강생상(2007년 필자 촬영)

〈사진86〉 태국 방콕의 연등 만들기 경연대회
(2007년 필자 촬영)

태국의 결혼식에서는 젊은 부부가 주례격으로
모신 승려들에게 헌화하는 풍습이 있는데 이때도
역시 세 송이 백련화다. 백련화가 전반적으로 신성시되는 가운데 비람강생상의 일곱
송이 연꽃은 홍련화가 화려하게 그려지거나 아니면 여러 가지 색깔을 자유분방하게
칠해놓기도 한다.

한국의 비람강생상은 무지갯빛 일곱 색깔로 그리는 경우조차 있어서 연꽃에 한정
하여 보건대 비람강생상에서 일곱 송이의 연꽃이 등장하는 모티브는 본래부터 백련화
와는 다른 계통일지 모른다는 의구심이 들 정도로 화공의 주관이 상당히 허용되는
영역이다.

신성한 연꽃 자체의 존재성을 부각시키려는 목적에서 그렸다기보다는 싯달타가
일곱 걸음을 걸으면서 일곱 송이 연꽃이 땅에서 솟았다는 불교설화에 부연하도록
추가된 연꽃 그림일 것이라고 생각한다. 즉, 연꽃이 부차적이라는 뜻이다. 그래서
마야부인이 싯달타를 출산하던 룸비니 정원의 자연 경관에 어울리도록 각양각색의
색깔로 연꽃을 표현하려는 미술적 취향이 다소 가미되었을 것으로도 생각하고 있다.

연꽃의 다양한 색깔을 통해 여러 가지 문제를 생각하게 하는 가운데 방콕의 석가탄

연꽃의 문법

신일은 백련화와 홍련화의 차이를 선명하게 부각시켜준다.

　위와 같은 연꽃 이야기는 불교에 편승하여 전승돼왔으므로 가깝게는 인도불교의 영향이다. 그렇지만 인도를 넘어 페르시아와 그 이전까지를 시야에 넣어 생각해야 하는 문화로 연주蓮柱가 있다는 점도 누차 강조하였다. 불교가 퍼진 지역을 포함하여 유라시아의 어디서나 볼 수 있는 문화 중 하나이므로 경우에 따라서는 연꽃 문양 못지않은 비교문화의 대상이 되기도 한다. 이러한 연주가 동북아시아와 비교해서 커다란 차이점을 보여주고 있다.

〈사진88·89〉 방콕 왓프라케우 사원의 연주(2007년 필자 촬영)

　사진의 연주가 그와 같은 차이를 잘 보여주는데 연주라는 점에서는 동일하지만 아래에서 위로 바라본 연꽃잎의 모양을 보면 연蓮이 아니라 수련睡蓮이다. 대웅전의 높은 연주 〈사진88〉도 그렇고 둘레의 회랑을 받치는 연주들 〈사진89〉도 수련이 선명하다. 연꽃잎보다 길쭉하고 폭이 좁은 수련 꽃잎의 특징을 잘 보여준다. 인도의 경우 연과 수련 두 종류의 연주가 동시에 전승되고 있는 현실에 비추어 볼 때, 18세기에 세워졌다는 왓프라케우Wat Phra Kaew 사원의 건축 양식이 페르시아 쪽에 가까운 수련 양식을 선택했다는 사실은 매우 흥미롭다. 그러나 이것은 왓프라케우만이 아니라 태국의 많은 사찰에서 인정되는 현상이며 또 태국 문화와 가장 가까운 라오스 불교사원에서도 수련을 기반으로 하는 연주가 다수 발견된다.

　동남아시아에는 예상보다 훨씬 많은 불교 이전의 문화적 전통이 전해 내려오고 있다는 증거이면서 또한 지리적으로 가까운 중국의 영향이 제한적이라는 판단을 가능하게 하는 부분이다. 방콕에서 느끼기 시작한 수련 연주의 보편화는 동북아시아의 연꽃 연주와 비교해서 강력한 문화적 정체성으로 각인되어간다.

이러한 현상은 불교 사원의 천장에서도 나타나는데 가령 동북아시아에서는 둥근 연화문으로 통일된 디자인이 일반적이지만 왓프라케우는 좀 더 다양한 문양이 모여 있다.

요컨대 한가운데의 팔엽 연화문을 중심으로 바로 팔각별 모양의 챠트슈코나Chatushkona를 닮은 연화문이 감싸고 있는데, 그 주변에는 다시 작은 크기의 챠트슈코나 여덟 개가 원을 따라 둘러선 도상이다. 하늘과 땅을 포함한 온 세상이면서 풍요와 행복을 가져다주는 문양과 팔엽 연화문의 연속적인 확대는 마치 범아일여의 영원성을

〈사진90〉 왓프라케우의 천장 문양
(2007년 필자 촬영)

연상케 한다. 단조로운 연화문 보다는 복합적이지만 사실적으로 종교적 우주관을 압축해 놓았다.

불교사찰임에도 불구하고 바라문교 힌두교 자이나교에 공통적인 종교사상이 바탕에 깔려있는 이러한 현상은 한역 경전이 유포된 동북아시아보다 팔리어 경전을 통한 원시경전을 중시하기 때문으로 이해하고 있다. 한역 경전보다는 팔리어 경전이 산스크리트어 경전에 비추어 볼 때 석가모니의 법문에 더욱 근접한다는 사실은 잘 알려져 있다.

원시 경전의 문맥을 잘 이해하고 또 그대로 표현한 벽화장식으로 다음 그림도 있다.

방콕의 왓수닷Wat Sudhat 사원에서 촬영한 〈사진91〉은 법당 건물의 맞배지붕 밑 합각벽에 조성된 부조 장식이다. 법화경이나 정토삼부경에 전하는 명상법이 그대로 옮겨진 것 같은 내용인데, 명상을 통해 불국토를 하나

〈사진91〉 방콕의 천불과 연화화생(2007년 필자 촬영)

연꽃의 문법

하나 관觀하는 광경이 묘사되었다.

관무량수경의 화좌상華座想을 연상시키는 중심의 부조 도상을 비롯해서 주변의 수많은 연화좌상은 무수히 많은 불국토를 주재하는 부처들이다. 한량없이 많은 불국토를 팔만사천이라 부르는데 천엽련千葉蓮의 꽃잎이 팔만사천이라는 관념과 연결된다.

한마디로 무한적 유한이자 유한적 무한이라는 의미로 받아들이면 되고 그렇게 많은 불국토를 한 번에 관할 수 있는 부처의 눈을 갖고자 용맹정진 하라는 메시지로 보인다. 수행하던 자가 마침내 뜻을 이루어 세 번째 눈을 갖게 되는 경지가 담겨진 내용이다.

제3의 눈을 갖게 된 수행자만이 볼 수 있다는 수많은 불국토는 그 전제조건으로 연화화생을 통해 새롭게 태어난 자기 자신을 먼저 명상을 통해 관할 수 있어야 한다. 석가모니도 여러 법문에서 밝혔듯이 연꽃 속에서 홀연히 모습을 드러내는 자기 자신을 찾기 위해 부단히 노력해야 가능한 일이다. 아마도 합각벽에는 미처 그리지 못은 숨겨진 뜻일 것이다.

벽화의 내용처럼 불국토 전체를 관하게 되는 경지는 곧 범아일여의 또 다른 국면으로 이 역시 본래는 불교에만 있는 사상은 아니었다. 즉, 불교이전의 브라만 사상에 토대를 두고 있으므로 불교는 물론 힌두교나 자이나교와 공유하는 종교사상으로 볼 수 있다.

석가모니의 법문을 이와 같이 직설적으로 가감 없이 묘사한 연화화생을 동북아시아에서는 좀처럼 찾아보기 어렵다. 사찰의 벽화 장식이나 도상 자체가 마치 산스크리트 원전을 대하는 느낌이 드는 것은 비단 필자만은 아닐 것이다.

흥미로운 것은 이와 같은 원시불교의 잔상이 동남아시아의 경우 생활세계에서도 발견된다는 점이다. 연꽃 관련 그림이나 도상에서 물고기는 남성이고 연꽃은 여성이라는 식으로 받아들이는 중국적 속화현상이 동남아시아에서는 발견하기 어려운 대신 원시불교에 등장하는 도상이나 이야기가 그대로 지금의 생활세계에 남아있는 경우가 많다.

한편 〈사진91〉에 대한 종교적 이해는 사실 원시불교에 국한된 부분도 없지 않다. 왜냐 하면 〈사진91〉의 구조적 특징을 고대 이집트나 앗시리아 등 오리엔트 지역에 비추어 본다면 연꽃나무Sacred Lotus Tree를 매우 닮았기 때문이다.

오리엔트의 이야기에서도 다루겠지만 기원전부터 오리엔트에는 연꽃나무라는 상상의 성수聖樹가 숭배의 대상이 되어왔을 뿐만 아니라 종교의례의 공간을 장엄하는 성스러운 장식으로도 만들어졌다. 지금은 단언하기 어렵지만 불교의 천불 사상과 오리엔트의 연꽃나무에는 문화사적 접점이 있을 것이라는 심증을 갖고 있다. 좀 더 지켜보면서 밝히고자 한다.

연꽃나무에는 두 가지 유형이 있는데 실제 연꽃과 달리 많은 가지의 일반적인 나무 형태에 연꽃이나 연봉오리 연밥 연잎 등이 달려있는 구도와, 활짝 핀 연꽃을 층층이 쌓아 올린 형태이다. 그 중에 〈사진91〉은 전자를 닮아있어 오리엔트의 연꽃나무 문화를 인도불교에서 더욱 발전시킨 것은 아닌지 추정하고 있다.

방콕의 왓아룬Wat Arun 사원 근처의 주택에서 발견한 철제 대문의 문양 장식으로 연화화생을 특별히 선명하게 만들어놓았다. 상반신을 드러낸 인물상이 만개한 연꽃 속에서 합장한 자세로 출현하는 내용이다. 대문에 만들어놓은 장식의 의미는 물론 집안으로 복을 불러들이거나 반대로 사람들에게 해가 되는 액을 막아보려는 서민들의 소박한 민간신앙 차원이다. 그러니까 본래의 종교신화적 의미에 대한 이해보다는 민속의 길상화 정도로 이해하면 된다. 네팔에서 살펴보았던 집 앞의 디딤돌 같은 역할이다.

그러나 이러한 목적에도 불구하고 민속사회가 원하는 방향으로 문양이나 도상을 상당 부분 변형시키거나 또는 그 의미를 다르게 해석하지 않는다는 데 의의가 있다고 본다. 동남아시아의 불교문화

〈사진92〉 태국 가정집 대문의 연화화생
(2010년 필자 촬영)

연꽃의 문법

〈사진93〉 방콕 왓포 사원의 벽화와 연꽃 행상
(2007년 필자 촬영)

에서 발견되는 특징을 중국과 비교한다면 대조적인 경우가 많다.

16세기에서 18세기에 걸쳐 완성된 왓포 사원의 벽화는 불교설화만이 아니라 태국의 근대사와 구비문학 또는 서민들의 생활상에 이르는 다양한 내용이 그려져 있어 전승문화의 보고이다. 어린이들은 굴렁쇠를 굴리며 뛰어가거나 행상이 지나가기도 하는데 어른들은 한가롭게 장기를 둔다. 가오리연을 날리는 풍경이나 소가 쟁기를 끄는 농촌 풍경에 이르면 조선시대의 민화와 크게 다를 바 없다는 느낌마저 든다.

그러한 그림 사이로 보이는 낯익은 행상이 바로 〈사진93〉의 벽화 내용으로 아낙의 어깨에 걸친 긴 장대 양 끝에는 바구니가 걸쳐있고 그 속에는 연봉오리가 가득 담겨있다. 연봉오리를 파는 행상을 그려놓은 것이다.

연봉오리를 바구니에 담아 판다는 행위가 한국에서 보면 낯선 풍경일 것이나 동남아시아에서는 연밥 행상과 더불어 자연스러운 생활문화의 한 장면이다. 먹을 것이 많고 선택지도 다양해진 현대 사회에서는 그다지 인기 있는 식재료가 아니지만 옛날에는 연근에서 연봉오리 연밥에 이르기까지 버릴 것이 하나도 없을 정도로 보편적인 식재료였다.

여러 가지 요리가 가능한 가운데 아이들이 가장 좋아하던 간식거리는 단연 연씨였다. 만개하지는 않았어도 어느 정도 도톰하게 커진 연봉오리의 연꽃잎을 벗기다보면 속에서 아직 딱딱하게 굳지 않은 연밥이 나오고 연밥 속에는 아직 종자로 사용하기에 이른 부드러운 연씨가 적어도 열 개 이상은 박혀있기 마련이다.

연씨를 종자로 사용할 수 있을 정도로 딱딱해진 연밥은 요리에 사용하기 어려우나 그렇지 않은 연밥은 주부들이 즐겨 찾던 식재료였고 그 속의 부드러운 연씨는 어린이들이 좋아하던 간식거리였던 셈이다. 필자도 동남아시아를 걷다보면 가끔은 길가에서 사먹던 경험이 있는데 중국인들이 심심풀이로 호박씨를 까먹는 취향과 비슷하다고 보면 된다.

벽화에서 연봉오리를 파는 행상 주변에 연씨를 좋아하는 어린이를 배치한 것은 벽화를 그린 화가가 그 시대의 생활문화에 익숙한 노련한 사람이라는 것을 암시한다. 조선시대의 민화에서 엿장수 주변에는 어린이들을 그려 넣는 것과 같다. 더욱이 동남아시아에서 연은 계절에 관계없이 성장하고 수확이 가능하므로 풍부한 식재료이면서 그만큼 생활문화에 매우 밀접한 관계에 놓여있었다. 동북아시아에서 연근이 계절 음식이었던 점과 근본에서 다르다.

그러다보니 동북아시아보다는 각종 설화에 등장하는 경우도 많은데 이 점은 인도의 경우와 다르지 않다. 고전문학이나 구비문학에서 연꽃이 관련되는 소재를 빼놓고는 얘기하기가 어려울 정도이다. 여러모로 동남아시아는 연꽃과 관련된 문화에서 기원전의 잔영이 상당히 남겨질 수밖에 없는 자연환경이라고 볼 수 있겠다.

〈사진94 · 95〉 방콕 왓포 사원의 선녀와 연못(2007년 필자 촬영)

위 두 사진은 신화나 고전문학에 담긴 연꽃의 본질이 전해지는 이야기를 그림으로 옮겨놓은 사례이다. 왓포 사원의 문짝 안쪽에 그려져 있었는데 이러한 그림이 사찰을 장엄하는 장식의 일부에 남아 전한다는 사실이 반가울 따름이다. 한국을 비롯하여 동북아시아에 잘 알려진 나무꾼과 선녀 이야기의 동남아 버전으로 사냥꾼과 선녀

연꽃의 문법

이야기로 바꿔 부를 수 있는 이야기이다. 굳이 전파론에서 말한다면 나무꾼보다는 사냥꾼 쪽이 선행하던 이야기로 알려져 있다.

동남아시아에서는 불교설화의 하나로 알려져 있으므로 선녀는 인도 전래의 압사라로 여겨지는데 천국에서 인간 세계로 잠시 내려오거나 다시 천국으로 돌아갈 때 변신을 위해 반드시 거쳐야 하는 곳은 다름 아닌 연꽃이 만개한 연못이어야 한다. 심청전에서 심청이가 용궁으로 갔다가 다시 자신이 살던 마을로 되돌아오면서도 다른 세계를 넘나들기 위해 연꽃을 필요로 했다는 모티브와 동일하다. 선녀가 입고 있던 깃털 달린 옷에 정신이 쏠려 그녀들이 물놀이하던 연꽃이 만개한 못을 놓치는 경우가 종종 있었다.

변신을 위해 연꽃이 만개한 연못을 필요로 하는 모티브는 사실 불교이전으로 거슬러 올라가야하는 고대문화의 유산이다. 그러나 구비문학이나 민속학에서는 동북아시아의 나무꾼은 선녀를 자신의 아내로 삼지만 동남아시아의 사냥꾼은 선녀를 왕자에게 바친다는 모티브에 주목하며 비교분석하곤 한다. 물론 흥미로운 문제이긴 하지만 연꽃에 담긴 문화 코드와는 무관하게 부착된 내용들이다. 변신과 연꽃과의 상관성이야말로 고대사회의 종교와 신화의 사상적 계보를 잇는 문제이다.

라오스 비엔티안의 불교 사원에서 우연히 발견한 〈사진96〉의 벽화는 남녀 간의 희롱보다 연꽃이 만개한 못과 선녀들에 초점이 맞춰진 그림이다. 하늘에서 내려온 선녀들이 연못에서 물놀이에 열중하는가 하면 다른 선녀들은 날개옷을 펼치고 하늘로 올라가는 중이다.

구도상 어색한 것은 가릉빙가의 등장이다. 땅에 새의 다리가 닿아있지만 손동작을 보니 막 날아오르려는 자세이다. 가릉빙가와 목욕중인 선녀들

〈사진96〉 라오스의 사냥꾼과 선녀 이야기와 연못(蓮池)
(2007년 필자 촬영)

은 거의 동격으로 그려져 있다. 보는 이의 관점에 따라 가릉빙가이거나 비천이거나 하는 것일까.

여러 가지 흥미로운 요소가 있음에도 불구하고 성속聖俗의 변신을 거듭하는 연못에 가장 먼저 눈길이 가는 구도이다. 못가의 나무 아래에 몸을 숨기고 훔쳐보던 사냥꾼은 활을 앞에 내려놓고 날개달린 옷 하나를 훔치려고 주변을 살피지만 구석에 그려져 있어 그림이 전하는 이야기 전체에서 보면 주변의 제3자처럼 보인다. 그렇지만 주의해서 보면 이야기가 반전을 하는 데 있어 주요 인물일 것이라는 예감은 불식하기 힘들다. 연꽃이 흐드러지게 만개한 못을 이만큼 강조한 그림도 달리 보지 못한 것 같다.

개별과학의 정체성과 관련해서 많은 것을 생각하게 해주는 문제이기도 한 나무꾼과 선녀 이야기, 즉 사냥꾼과 선녀이야기가 태국과 라오스에 걸쳐 원전에서 그다지 손상되지 않은 상태로 벽화에 남아 전한다는 사실은 구비문학이나 민속학에게도 중요한 연구 과제이다.

그렇다면 태국을 비롯한 동남아시아 각국에는 무슨 이유에서 줄거리가 그다지 변형되지 않은 이야기가 사찰 벽화에 남아 전하는 것일까 하는 문제인데 앞에서도 언급한 원전 번역상의 문제와 더불어 불교에 대한 신앙심의 차이에서 원인을 구할 수 있을 것이다. 당대 사람들의 사회적 요구에 따라서 전하는 이야기의 줄거리나 상징하는 의미를 바꾸어 버리는 일이 동북아시아에서는 자주 일어나지만 동남아시아에서는 흔한 일이 아니다. 그러니 비슷하면서 다르게 전개되는 동북아시아의 구비전승은 비교 분석에서 나름대로의 흥미 유발은 되지만 근본에 접근하려는 연구자는 언젠가 동남아시아나 서남아시아의 비슷한 유형과 비교하는 단계에 도달하고 만다.

오래 된 풍습이나 본질이 지금도 크게 변하지 않은 상태에서 전승되는 양상은 라오스의 다른 곳에서도 계속된다. 라오스의 불교 사찰에서 흔히 볼 수 있는 의례용 악기인 북과 징의 장식 문양을 보면 다음과 같다.

라오스의 문화는 태국과 가장 유사하다고 알려져 있는데 사실 언어 사회 문화 종교 전반에 걸쳐서 인정되는 현상이다. 불교 사찰에 들어가 보면 건축 양식에서부터

연꽃의 문법

〈사진97 · 98〉 라오스의 불교 악기
와 장식 문양(비엔티안 사찰에서
2007년 필자 촬영)

장식 문양에 이르기까지 차이를 발견하기 어려워서 불교
설화를 묘사한 벽화까지 매우 비슷하다. 그러한 가운데
법당 안에 보관 중인 의례용 악기의 장식 문양도 거의 비슷
하여 사찰에 들어오면 국경을 넘었다는 실감이 잘 나지
않는다.

〈사진97〉과 〈사진98〉은 그 중의 한 예로 북과 징의
장식문양은 팔각문八角紋이 기본 단위로 되어 있다. 팔각별
이나 팔각점 팔엽 등 다양하지만 기본은 팔각이라는 사실
이다. 인도 네팔 태국에서도 발견되지만 라오스에서 도상
이 변형되었다거나 하는 현상은 좀처럼 발견되지 않는다.

온 세상을 의미하는 팔각문의 기본에 충실하면서 그
용도 또한 본질에서 크게 벗어나지 않는다. 신의 권위나
석가모니의 가르침을 뜻하기도 하며 넓게 퍼지라는 의미도 담겼을 것이고 단순한
길상으로 그렸을 수도 있겠다. 징에 표현된 팔각점은 징의 특수성과도 연관이 있는
듯 악마를 쫓거나 계율을 어긴 수행자를 징벌하는 의미에서 징을 두들긴다고 하므로
신의 권위를 나타내는 의미가 담겨있을 것이다.

불교 이전의 문화유산이 온전히 남아있는 사례로 앞서 연주蓮柱를 언급하였는데
라오스도 예외는 아니다. 고대 이집트의 연주를 보는 것 같은 착각을 불러일으킬 정도
의 형태를 갖춘 연주를 라오스에서 발견하는 일은 그다지 어려운 일이 아니다.

신전이나 사원 건축물에서 건물을 떠받치는 기둥은 기원전부터 연꽃과 줄기 형태
를 기반으로 만들어왔다. 기원전 고대이집트가 발상지로 알려져 있으며 오리엔트를
거쳐 동서로 퍼져나가 지금은 유라시아의 보편문화이다. 그런데 엄밀히 말하면 인도로
전래되기 전에는 대체로 수련 꽃 형태를 모델로 만들어진 연주였으나 인도에서부터
동쪽으로 전파되면서는 연꽃을 모델로 삼는 사례가 많아졌다. 학술적으로는 둘 다
"Lotus Capital(蓮柱)"로 분류되지만 엄밀히 말하면 수련과 연의 차이는 있었다.

그러한 가운데 동북아시아는 연꽃 모양으로 변경된 연주를 당연시하는 동안 동남아시아의 일부 나라들은 고대 이집트의 유습인 수련꽃 연주를 고집해 왔다. 수련을 모델로 한 〈사진99〉는 꽃잎 형태가 매우 선명하여 동북아시아와의 차이점이 금방 드러난다.

〈사진99〉 라오스 비엔티안의 연주
(2007년 필자 촬영)

위 사진을 찍은 비엔티안의 시사켓Sisaket 사원은 1818년에 세워졌으나 외부 세력에 의해 수차례 파괴된 뒤 1935년에 복원하여 지금까지 박물관으로 사용하고 있다는 설명이 적혀있다. 그렇다면 처음부터 불교 사찰이라는 인식 하에 세워진 건축물이라는 뜻인데 동북아시아와 판이하게 다른 전개를 보여줬던 것이다.

불교 이전의 수련 기둥을 고집하는 남방불교 유포지역과 불교 이후의 연꽃으로 변형된 연주 일변도의 동북아시아라는 대비가 가능해진다. 힌두교의 수많은 신들이나 불교의 불보살이 놓여진 연화대가 지역 불문하고 대부분 연꽃 모양이라는 사실에 비추어 볼 때 연주를 통해 관찰되는 차이점은 매우 흥미롭다.

그런데 사진에서처럼 근세 이전까지의 사찰만이 아니라 비교적 현대에 세워진 규모가 작은 동네 사찰에서도 기둥 장식은 수련꽃을 모델로 하는 전통을 고수한다. 비교적 높지 않은 기둥 장식이기는 하나 아래부터 꼭대기까지 수련꽃잎의 묘사가 한결같다. 라오스 불교 사찰의 기둥 장식을 보자면 마치 불교 이전의 기억을 지키려는 마지막 보루같이 느껴진다. 다만 한 가지 사진에서처럼 원통형 기둥이 아닌 사각기둥이라는 점은 특이한 변형이다. 흔히 보는 형태가 아니라서 단정하기는 어려우나 태국이나 라오스에서 발견되는 사각기둥의 묘비석과 영향을 주고받은

〈사진100〉 라오스 비엔티안의 현대 사찰과 연주(2007년 필자 촬영)

것이 아닌지 추측해본다.

다만 활짝 핀 연꽃을 겹겹이 쌓아올린 형태는 오리엔트의 연꽃나무 장식을 연상케 한다. 수련꽃을 기반으로 하거나 연꽃나무에 근접하는 사례 등은 라오스 불교가 불교이전의 고대문화와 연결되어 있다는 증거 자료이므로 풀어야 할 문제가 많은 지역이다.

이와 같이 사각 기둥의 묘비석에는 망자의 사진과 이름 외에 생몰년대가 적혀있기 마련인데 〈사진101〉의 연주와 비교해서 차이점은 꼭대기가 수미산 모양으로 장식되어 있는가의 여부이고 또 하나는 연꽃 모양이다. 만개한 연꽃 모양이면 연주이고 뾰족한 형태가 올려져있으면 묘비석이라는 일반적인 차이가 있다. 그런데 후자에는 연봉오리가 많아 재생을 소망하는 것으로 해석하지만 그밖에 대략적인 형태는 비슷하여 구별하기 힘들다.

<사진101> 라오스 비엔티엔의 묘비석과 연화문(2007년 필자 촬영)

그리고 주의해서 관찰한다면 꽃잎의 형태가 다르다는 점도 알게 되는데 연주는 수련꽃잎이지만 묘비석은 연꽃잎 장식이 주류이다. 요컨대 망자들의 연화화생을 위해서는 연꽃이 선호되고 있다는 얘기이다. 라오스의 연꽃문화가 수련과 연을 오가며 전승되고 있다는 사실이 아주 흥미롭다. 불교이전의 오리엔트 문화가 동진을 거듭하면서 그 한계선이 라오스였다는 판단을 하게 한다. 베트남을 경유하여 동북아시아로 올라서면 불교 사찰에서 수련을 기반으로 하는 도상이나 문양은 찾아보기 어렵게 된다.

불교이전의 먼 기억 중에는 수련과 함께 연봉오리 묘비석이 있다. 시대적으로도 그렇지만 지역적으로도 지중해 동부 연안 지역에서나 볼 수 있던 연봉오리 묘비석이 라오스에 전하고 있어 좀 혼란스럽다. 키프로스에서 발견된 유사한 묘비석을 전문가에 따라서는 솔방울 묘비석이라 부르기도 한다. 솔방울인가 연봉오리인가는 애매한 문제인데 지중해편에서 다시 언급하기로 하겠다.

여기서 일단 매우 특이한 묘비석은 루앙프라방의 작은 돌산 꼭대기에 집단으로

모여 있던 〈사진102〉와 같은 묘
비석들이다. 힌두교 시바신의 링
감Lingam신앙을 연상케 하는 형태
와 비슷하면서 상단은 연봉오리로
아직 만개하지 않은 상태이다.

〈사진102〉 라오스 루앙프라방의 묘비석(2007년 필자 촬영)

　　불교 관무량수경의 관점에서
본다면 앞으로 만개하기를 기다리
는 미래의 연꽃이다. 미래에 연꽃
잎이 펼쳐져서 모습을 드러낼 망
자는 그때 마침내 극락왕생을 이
룩한다는 화생 신앙이 전제된 것으로 해석할 수도 있겠다. 말없이 왕생을 기다리는
묘비석들이라는 이해가 가능하다면 모두 연화태생으로 봐야하는 것일까. 이미 왕생을
이룩한 망자들과 비교해서 불공평해 보이지만 묘비석의 형태가 그렇게 말하고 있다.
그러나 원통형 연줄기의 중단에는 사각형 혹은 팔각형으로 형태가 다양하여 더욱
의문을 자아내는 묘비석이다.

　　유추해볼 수 있는 것은 힌두교와의 관련성이다. 즉, 시바신의 화신이라 일컫는
링감의 중단이 사각형으로 되어 있고 팔각형의 하단은 비시누라고 믿는 신앙과의
관련성이다. 인도 힌두교의 링감신앙은 태국이나 캄보디아 라오스 베트남 남부까지
퍼져있으므로 전파론의 관점에서 충분히 고려할 수 있는 문제이다.

　　사진이 제시하는 라오스의 묘비석이 연화화생이나 연화태생과 더불어 힌두교의
링감신앙이 습합하였다면 사각형의 시바는 파괴와 재생의 신이고 팔각형은 유지의
신 비시누이므로 극락왕생의 영원성에 대한 강력한 믿음이 아닐 수 없다.

　　루앙프라방의 작은 동산 꼭대기에서 만난 묘비석들은 동남아시아와 서남아시아의
전통 사상에 대하여 많은 것을 생각하게 해주는 문화적 오아시스이다. 죽음과 연꽃과
의 관계는 계속해서 발견할 수 있었기에 소개하면 다음과 같다.

연꽃의 문법

〈사진103〉 루앙프라방의 연화화생(2007년 필자 촬영)

사진은 적당한 크기의 타일 조각들을 맞추어 모자이크 형식으로 도상을 표현한 종교화의 부분도이다. 인간을 포함한 일체 중생들의 육도윤회를 묘사한 줄거리의 부분인데 표현 방식이 어눌하고 개략적이라 분명히 읽어내기는 쉽지 않다. 그러한 가운데 생애의 끝자락에는 극락이나 지옥 같은 사후의 세계도 표현해 놓았으며 그 중의 하나가 위 그림이다.

요컨대 망자가 연못에 핀 연꽃에서 상반신을 드러낸 채 단정히 앉아있는데 이것은 백련의 연화화생을 표현한 것임에 틀림이 없다. 옆에서 미처 피지 못한 봉오리도 백련화이고 화생중인 꽃도 백련화이다. 인도의 영향을 강하게 받았다는 증거이다.

양 옆으로 솟은 백련화 꽃잎 사이로 단정히 앉은 망자가 보이고 못 바깥에는 안경 쓴 의문의 남성이 서서 망자를 바라본다. 안경의 등장은 근대 이후의 작품임을 말해준다.

〈사진104〉 베싼타라의 아이들과 연화화생
(라오스 비엔티안에서 2007년 필자 촬영)

경전대로라면 아미타여래나 보살 천신들이 곁에 있어야 마땅하겠으나 불교 교리에 맞게 제작된 내용으로는 보이지 않는 대신 토속적인 해석에 의한 표현이 오히려 흥미를 유발시킨다.

이와 같이 묘비석만이 아니라 사후의 세계를 표현하면서도 그 경계에 연꽃이나 연화화생을 인식하는 경우가 늘어난다. 반드시 생사의 경계가 아니더라도 존재성이 변하는 경계에서 연꽃을 필요로 하는 사례는 연화화생과 함께 멈추질 않는다.

〈사진104〉는 태국이나 라오스에서 자주 발견되는 불교사찰의 벽화 그림인데 수련이 아닌 연꽃이 선명한 연화화생으로 석가모니의 전생담과 관련

이 있다. 우리나라에서 석가모니의 전생담을 말할 때 가장 먼저 떠올리는 과거세의 싯다르타는 선혜동자이지만 동남아시아 불교에서는 베싼타라Vessantara가 단연 주목받는다.

〈사진104〉는 과거세의 석가모니 베싼타라가 대자대비를 실천하기 위해 자신의 혈육인 아이들을 하인으로 원하는 쥬타카Jutaka에게 보시하는 줄거리의 부분도이다.

베싼타라와 쥬타카의 대화 내용을 엿듣게 된 아이들이 연못[蓮池] 속으로 몸을 숨겼으나 아버지 베싼타라가 발견하여 뭍으로 불러내는 장면이다. 이후 아이들을 쥬타카에게 보시하는 이야기가 이어지는데 이때 아이들의 존재성이 변하는 과정에서 연못이 경과지로 등장하는 점이 의미심장하다. 자신의 후손을 연화화생으로 재탄생시킨다는 의미에서는 고대 이집트에서 오시리스가 손자들을 연화화생으로 재생시키는 모티브 〈그림74〉와 동일하다.

동남아시아에서 조금씩 변형된 상태로 다양하게 전승되는 베싼타라 이야기를 통해 본다면 연꽃이 만개한 연못에 어떠한 방식으로 아이들이 몸을 숨기는가도 흥미롭다. 물론 다른 곳을 놔두고 굳이 연꽃이 핀 물속으로 들어가야 하는 이유도 포함된다. 숨는 행위는 부차적인 이야기일 뿐 연꽃을 통해 변신하는 줄거리야말로 주요 테마이다.

그런데 〈사진104〉의 벽화를 그린 화가는 연꽃 속에서 화생하는 모티브를 선택하여 표현함으로써 아이들의 운명이 과거와 미래에서 다르게 전개된다는 점을 드라마틱하게 예고하였다.

위 그림에서 연화화생을 특별히 강조하여 그린 이유도 아이의 존재성이 성聖과 속俗을 넘나든다는 이해가 있었을 것이다. 연못으로 몸을 숨겼다가 다시 연꽃을 통해 모습을 드러내는 모티브가 독특한데 이전과 이후의 차이는 자식들이 겪는 이후의 파란만장한 전개가 증명하며 또한 석가모니의 대자대비도 한층 증폭되면서 이야기가 마무리 된다.

두 종류의 다른 세계를 넘나들며 통과하는 연꽃이나 연못이 종교 주변의 수많은 이야기를 풍요롭게 해왔다면 넓은 의미의 해탈을 의미하는 종교적 연화화생 또한

연꽃의 문법

라오스 사람들은 고집스럽게 견지해오고 있다. 사찰이 갖는 공간적 의미의 본질이 연화장에 있다는 사실은 누구나 알지만 정작 사찰 벽화의 내용에서 연화장을 연상시키는 내용은 많지 않은 경우도 있다. 그러나 라오스의 불교사찰에서는 구석구석이 연화화생을 토대로 한다.

〈사진105〉 라오스 호프라케오 사원의 연화화생(비엔티안에서 2007년 필자 촬영)

〈사진106〉 라오스 호프라케오 사원의 아칸서스화생(비엔티안에서 2007년 필자 촬영)

비엔티안의 호프라케오Hophrakeo 사원은 현재 박물관으로 사용되고 있으나 1565년에 세워진 불교사원이다. 그러니까 여전히 라오스 불교건축 양식이 남아 있으며 연화장으로서의 장식도 거의 그대로이다. 예를 들어 그림에서 보는 것처럼 대웅전 전면 문짝의 좌우에는 각각 네 명의 연화화생이 부조로 장식되어 있는데 도상은 가장 일반적인 형식으로 연꽃 위에서 합장한 자세의 수행자가 상반신을 드러낸다.

연화대는 선명하지만 주변의 장식은 인동초 혹은 아칸서스로도 보이며 관점에 따라서는 화염문으로 읽을 수도 있겠다. 그러니까 제작자의 주안점은 연꽃에서 화생하는 모티브이며 이것이 여덟 명이나 묘사되어 있다. 삼보에 귀의한 자가 도달하는 경지이기도 하겠지만 단순히 수행자의 자세 중에서 화좌상華座想을 표현한 것일 수도 있다.

같은 호프라케오 사원의 다른 문짝에는 더욱 많은 연화화생이 보이는데 다음과 같다.

같은 사원의 다른 문짝인데 이번에는 아칸서스가 등장한다. 아칸서스에서 석가모니가 출현하는 모티브의 부조가 처음 등장한 것은 인도 서북 지역의 간다라였다. 소위 간다라 미술로 유명한 지역으로

〈사진48〉과 〈사진49〉를 통해 이미 확인하였다. 라오스까지는 인도 대륙과 미얀마 그리고 태국을 거쳐 들어왔을 것이라는 과정을 예상할 수 있다.

문짝에 묘사된 아칸서스화생은 좌우에 각각 스물네 명의 수행자가 합장한 자세로 앉아있다. 줄기는 하나같이 모두 굽어있고 전체적으로 아칸서스 당초문으로 명명하기에 충분하다. 간혹 새도 보이며 아칸서스 잎도 풍요로워 훨씬 평화로운 풍경이다. 이러한 광경을 통해 라오스 사람들은 연화화생과 다르지 않은 신앙심을 유발하였던 것일까. 아니면 단지 유행하던 도상을 그대로 모방한 것일 수도 있지만 대웅전의 다른 문짝에 동일한 종교적 목적을 갖는 다른 부조가 존재한다는 점이 도상학적으로 흔한 일은 아니다. 연화화생과 아칸서스화생의 공존 현상은 인도를 비롯하여 지중해에서도 발견되므로 앞으로도 관찰 대상이다.

석가모니불이 안치된 법당을 드나드는 사람들은 반드시 이 문을 통과해야 한다. 아마도 이곳을 지나면서 한번쯤 문짝에 묘사된 연화화생이나 아칸서스화생에 자신을 투영해보았을 것이다.

〈사진107·108〉이 보여주는 연화화생은 같은 사찰임에도 불구하고 서로 다른 도상으로 남은 것이 특이하다. 〈사진107〉은 일반적인 삼본연화(연화+연화+연화)를 통한 연화화생이지만, 〈사진108〉은 삼본연화(연화+연화+연화)화생으로 보이면서도 중앙의 연화가 연꽃과 연잎의 이미지를 반씩 닮은 모양새이다. 합성 사진처럼 보인다. 상단의 두 꽃도 특정하기 힘들 정도로 모호한 모양이다. 종교적인 이유보다는 단순히 도상학적인 변화가 일어나고 있다는 생각이다. 이러한 상황이지만 바라보는 사람들이 느끼는 종교적 감흥에는

〈사진107·108〉 라오스 비엔티안의 연화화생(2007년 필자 촬영)

연꽃의 문법

아무런 차이가 없을 것이다.

그러나 또 다른 건물의 합각머리 장식을 보면 연꽃 디자인은 사라지고 정체불명의 잎 사이에 수행자가 합장하고 있는 형태이므로 엄밀히 말하면 연화화생에 포함시키기는 어렵다. 도상의 개략이 연화화생에 가까울 뿐이다. 주변의 당초문조차도 무슨 식물인지 판단하기 어려울 정도로 변형되어 있다. 연꽃 모양의 연화화생이 시각적으로 고루하다고 판단했는지는 모르나 새로운 도상이 산뜻한 느낌은 준다.

라오스에는 불교이전의 오리엔트 지역이나 지중해 동부 연안지역의 고대문화가 남아있어 놀라우면서도 연꽃 문양을 파괴해버리는 당돌함을 겸비한 지역이다. 그리스 로마에 비견될 만하다. 고산지대가 많아 일단 유입된 문화는 그대로 머물러버리는 환경 때문인지, 아니면 불교에 편승하여 전해졌지만 미얀마나 태국사람들만큼 종교에 그다지 구속되지 않는 민족성 때문인지 앞으로도 눈여겨 봐야할 대목이다.

새로운 느낌의 연화화생에 대한 미술적인 요구가 있었을 것으로 예상되는 도상이 바로 〈사진110〉인데 제작자의 주관이 강렬하다. 연화화생을 의도한 것은 분명한데 연화대의 연꽃은 두 개를 겹쳐놓은 형상으로 하나는 접시 모양이나 다른 하나는 날개를 활짝 펼친 새와도 같다. 기본적으로는 이중연화문에서 변형된 것 같다. 다른 문화의 간섭이라고 말하기에는 너무 독특하므로 의도된 작품으로 판단된다.

〈사진109〉 합각머리의 화생(비엔티안에서 2007년 필자 촬영)　〈사진110〉 합각머리의 연화화생(비엔티안에서 2007년 필자 촬영)

도상학적으로는 지역적이거나 주관적인 시도가 많이 허용된 구도라는 의미로 받아들일 수 있겠다. 하지만 연화화생의 본질이 근본에서 이탈하는 경우가 거의 없다는 사실이 동북아시아의 경우와 다른 점이다. 다시 말해서 외견상으로는 변화를 주기 위한 시도가 있음에도 불구하고 삼본연화가 갖는 문화 코드에는 거의 변화를 읽을 수 없다.

다양한 시도가 허용되는 사회 분위기 속에서도 기본에 충실한 도상을 꼽으라면 〈사진111〉의 부조이다. 삼본연화(연화+연화+연화)를 통한 연화화생을 상단에 선명하게 표현하면서도 머리 광배光背를 염화문처럼 묘사한다거나 연화대 밑에서는 마치 방사되는 빛줄기처럼 연결된 당초문이 뻗어있어 종교적 의미와 더불어 아름다움을 추구하였다. 깨우친 자의 몸에서 끊임없이 빛이 발산된다는 경전의 내용을 형상화하였다. 명상 중인 화좌상華座想으로도 해석할 수 있으나 결국은 대동소이하다.

연화화생을 의심하기 어려울 정도로 분명하게 그리면서도 주안점은 수행자의 몸에서 뻗어나가는 광채에 있는 경우이다. 간략한 연화화생에 비해 색다른 당초 문양을 연화대의 밑에 연결해 놓음으로써 빛의 반짝거림을 표현하려던 의지가 역력하다. 작은 잎이 굽은 줄기에 촘촘히 붙어있는 이러한 식물이 연화화생과 연관되는 경우도 드문

〈사진111〉 합각머리의 연화화생
(비엔티안에서 2007년 필자 촬영)

〈사진112〉 합각머리의 연화화생
(루앙프라방에서 2007년 필자 촬영)

연꽃의 문법

〈사진113〉 불상의 후광과 연꽃
(루앙프라방에서 2007년 필자 촬영)

일이다. 자유분방한 라오스 사람들의 문화 수용 태도가 엿보이면서도 역시 근본에서는 섣불리 벗어나지 않는다.

라오스의 유연한 예술적 감각은 다음 사례를 통해서도 잘 전달된다. 루앙프라방 변두리 사찰의 법당 벽 아래에 석가모니불이 안치되어 있는 사진인데 광배로 소박한 장식을 만들어놓았다. 그러니까 불상과 후광 장식은 서로 분리되어 있는 상태로 빛이 발산되는 것처럼 보이는 것은 시각적인 효과 덕분이다. 후광 장식은 황금색 금박지를 벽에 오려 붙여 만들었으며 전면에서 바라보면 불상에서 사방으로 황금빛이 뻗어나가는 것 같은 착각을 불러일으킨다. 실내조명이 촛불이나 등잔이었던 과거에는 황금색 금박지에서 반사되는 반짝거림이 제법 현란했을 것으로 예상된다.

그러나 빛줄기를 자세히 보면 연줄기이고 끝에는 연봉오리가 좌우 서너 개씩 달려있어 천불을 암시한다. 천불을 꾸미는 당초 문양도 오리엔트의 연꽃나무와 관련이 있을 것으로 추정한다. 연봉오리는 단지 꽃 한 송이라는 뜻이 아니라 하나하나의 연화화생을 예견하며 각각의 불국토를 주재하는 미래의 부처가 숨 쉬고 있으니 결국 천불을 상징한다. 요컨대 석가모니가 관觀하는 우주의 허공에는 무수히 많은 부처가 늘 함께 존재한다.

한편 불상의 머리 위에는 삼본연화로 보이는 장식이 별도로 표현되었는데 자세히 보니 쌍조연화문으로 두 마리 새가 가운데의 연화문을 보좌하는 형국이다. 연화문은 태양과 구별이 모호한 상태이기는 하지만 둘을 혼동하는 경우는 이밖에도 종종 일어난다. 어차피 태양과 연화문은 상호 교차되는 문양이다.

이를 감안하더라도 후광 장식을 만든 이의 솜씨나 불교에 대한 지식이 불상을 만든 장인의 해박함에 못지않음을 잘 보여주는 장식이다. 불상 배후의 연꽃 장식을 통해 광배 효과를 노리는 연출이 농촌 지역이라는 점을 생각하면 뛰어난 감각이라고 말하지 않을 수 없다.

인도의 신화에서 비시누의 배꼽이며 우주의 중심인 천엽련千葉蓮은 불교 이전에서 이후까지를 관통하면서 줄곧 중요한 문화 코드의 하나였다. 회화적 표현 방식으로는 위 사진처럼 간단한 상징 요소만으로 표현하기도 하지만 실제로 무수히 많은 연꽃잎을 의도적으로 그려 넣기도 한다. 다음에 제시하는 사례가 그와 같은 경우이다.

일반적인 6엽련이나 8엽련이 아닌 그 이상을 표현하는 경우 꽃잎의 매수에는 제한이 없는데 그것도 이중 삼중으로 표현함으로써 연꽃잎이 매우 많음을 나타내려고 한다. 우주의 중심이라는 믿음 때문에 표현 방식에 특별한 제한이 없으며 무수히 많은 연꽃잎은 모두 이 세상을 구성하는 개별자들이다. 기본적으로 인도에서 전해진 문화이다.

<사진114>는 루앙프라방 사찰의 천장벽화를 촬영한 것인데 이곳이 바로 우주의 중심이며 아래에 안치된 불상이야말로 석가모니라는 뜻이 담겨 있다. 동북아시아와 달리 석가모니를 주로 모시는 동남아시아와 서남아시아에서는 석가모니가 좌선중인 장소야말로 우주의 중심이라는 믿음 또한 따라다닌다. 수행자나 망자가 화생하는 하나의 연꽃과 달

〈사진114〉 라오스 루앙프라방의 천엽련(2007년 필자 촬영)

리 무한적 유한의 의미를 지닌 천엽련이다. 다음 사진은 더욱 구체적이다.

보리수 아래의 연화대 위에 앉은 석가모니는 선정인禪定印을 하고 있으므로 깊은 명상중인데 네 겹의 천엽련이 감싸고 있으니 궁극적 깨우침의 경지를 암시한다. 스스로가 우주의 중심임을 선언하는 구도이며 이러한 결정적인 순간을 가장 사실적으로 표현하기 위해 천엽련의 상징성은 불가결하였다. 석가모니의 주변은 네 겹의 천엽련에 둘러싸여 있고 다시 그 둘레에는 물을 암시하는 푸른색의 둥근 띠가 막고 있으니 마치 태초의 바다에서 최초의 생명력이 응집하는 신화 이야기를 재현한 느낌이다.

연꽃의 문법

우주라는 거대한 허공의 중심에 비시누 대신 석가모니가 있음을 극명하게 보여준다.

범아일여梵我一如의 아我이며 푸르샤이므로 우주를 관觀할 수 있는 진정한 원인原人이 됐다는 자기 고백이다. 해탈을 하여 깨우친 자만이 저 천엽련 속에 자리할 수 있다. 그리고 주로 석가모니를 모시는 남방불교 사람들의 원시불교적 믿음의 경지가 동북아의 불교가 곧잘 민속신앙으로 기우는 경우와 어떻게 다른지 잘 보여준다.

〈사진115〉 석가모니의 성도와 천엽련
(비엔티안에서 2007년 필자 촬영)

한국이나 중국 일본의 사찰 천장에는 육엽련 팔엽련 등의 연꽃이 색색으로 화려하게는 그려지지만 천엽련은 매우 드물다. 〈사진115〉와 같은 천엽련을 그려야 하는 종교적인 이유가 그다지 세간에 알려져 있지 않기 때문이다. 그것은 불교 이전의 신화 이야기가 북방 불교에서는 남방 불교만큼 절실하지 않다는 이유와도 같은 맥락이다.

한중일의 불교보다는 원시불교의 잔영이 비교적 많이 남아있는 라오스의 사찰에 들어오면 다소 소박한 도상이나 그림일지라도 주의해서 봐야하는 경우가 많다. 다른

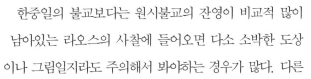

〈사진116〉 석가모니의 성도와 연못
(루앙프라방에서 2007년 필자 촬영)

문화의 간섭을 덜 받은 상태에서 기원전 인도의 신화적 분위기가 진하게 남아있기 때문이다.

태초의 바다에서 비시누가 최초로 모습을 드러냈을 때의 장소는 거대한 뱀 나가의 몸체 위였음을 상기할 필요가 있다.

인도에서 본다면 석가모니를 가리켜 비시누의 아바타Avatar라 여기는 사람이 많은

데 과연 명상중인 석가모니는 거대한 뱀 위에서 선정인의 자세로 앉아있다. 선정인은 명상을 통해 선정에 들었다는 것을 상징하는 수인이고 또 범아일여가 전제된 관법觀法이므로 세속적인 주체성을 초월한 상태로 봐야 한다.

명상 중에 찾아들었을지 모르는 수많은 악마들은 수행자의 갖가지 욕구나 망설임일 것이며 그러한 총체적 의미로서의 악마들은 이미 나가의 도움으로 퇴치하였기에 항마촉지인降魔觸地印을 초월하였다. 거대한 뱀은 머리가 일곱 달린 나가이므로 인도 신화와 연동되는 가운데 불교적으로 윤색되는 과정으로 이해할 수도 있다.

더욱이 연화대를 대신하는 나가는 태초의 바다 위에 떠 있는데 신화가 전하듯이 태초의 바다에는 연꽃이 만개해 있어 일체중생이 그곳에서 출현하기 직전임을 강하게 암시한다. 태초의 바다와 나가의 관계성이 중국으로 전해져 바다와 용의 관계로 변했을 것으로 해석하기도 한다.

이렇게 고대 인도의 신화 세계가 고스란히 전하는 반면에 한 가지 흥미로운 점은 연꽃이 피어나는 못에 물고기 등이 풍요롭게 표현되어 있다는 사실이다. 한눈에 중국의 민예품을 보는 것 같은 착각이 든다. 그러나 라오스 사람들은 연꽃을 종교적 성화로 생각하거나 식용으로 애용한지 오래지만 그것들을 민예품의 도상과 같은 감각으로 이용하는 경우는 그리 많지 않다.

그러한 상황에서 비시누의 아바타 석가모니가 좌상중인 연못에 물고기 두 마리와 연잎 세 장, 그리고 연봉오리 네 개와 연꽃이 두 개나 그려져 있어 마치 중국의 민화를 보는 느낌은 지우기 어렵다. 중국이라면 이러한 종류의 민화를 두고 오곡풍요나 다산을 상징한다고 해석해야 하겠으나 그렇게까지 속화된 해석을 요하지 않는 라오스이므로 위 그림은 희귀한 경우이다. 무엇보다도 그림의 내용을 구성하는 문화 요소 하나하나의 선택과 배치가 의외로 매우 진지하여 그 계보가 궁금하다. 라오스의 중부

〈사진117〉 석가모니의 성도와 연못
(루앙프라방에서 2007년 필자 촬영)

연꽃의 문법

와 북부는 중국 운남성과의 교류가 활발하여 그 영향을 의심해볼 수 있겠다.

연꽃만이 아니라 물고기 등 풍요로운 연못으로 묘사하는 사례는 사찰을 옮겨가면서 어렵지 않게 발견할 수 있다. 〈사진117〉의 경우는 나가의 아래쪽으로부터 광채가 무수히 쏟아져 나옴을 표현하려 했는데 이는 당초문으로 줄기 끝에는 각각 연봉오리가 있어 무량수국을 관장하는 부처의 출현을 암시하였다. 그런데 이러한 현상이 일어나는 무대로 역시 연못을 그려놓았는데 여기에는 물고기 다섯 마리에 매우 드물게도 연근 세 개도 묘사되어 있다.

연근과 연밥이 민간신앙에서 특히 주목받는 나라는 중국이므로 연근의 갑작스런 출현에 놀라지 않을 수 없다. 만든 이의 주관적인 감각에 의한 변형인지 아니면 흔한 일은 아니지만 중국의 영향인지 지금으로서는 가늠하기 어렵다.

그밖에도 의식하여 그린 것이 역력한 삼본연화(연엽+연봉오리+연엽)가 하단부에 등장하는데 식물학적으로는 오류가 아닐까 싶다. 연근은 연꽃을 암시하지만 연잎은 수련이기 때문이다. 뿌리와 잎의 불균형은 사실 다른 나라에서도 종종 발견된다. 도상을 표현하는 요즘 사람들조차 수련과 연의 식물학적 차이를 충분히 인지하지 못하는 데 원인이 있다. 간혹 일어나는 작은 오류이지만 가끔은 해석에 있어 심각한 일탈로 발전되기도 한다. 연꽃은 각각의 줄기에서 꽃과 잎이 하나씩만 자라는 원시식물이다.

아무튼 위 합각머리에 부조 장식을 만든 이의 의도는 태초의 연못을 풍요롭게 꾸미려 했다는 점이다. 석가모니가 성도하면서 진정한 세계가 열리기 시작했다는 전제이고 이때부터 범음梵音이 울려 퍼지는 가운데 만물이 생겨난다는 이야기를 상상했던 것으로 보인다. 원시불교와 고대 인도의 신화적 세계가 어울려 만든 도상이라는 판단을 지울 수 없다. 불교 이전부터의 보편성과 흥미로운 변형을 동시에 보고 있는데, 지금 제시하는 사례는 더욱 희귀하다. 즉, 연밥에서의 화생이

〈사진118〉 합각머리의 연밥화생(루앙프라방에서 2007년 필자 촬영)

선명하게 그려져 있어 필자로서도 처음 보는 사례이다. 연못에 핀 연꽃은 하나같이 백련으로 통일되어 있으니 태초의 바다에 가깝도록 표현하려던 화가의 의지가 역력하다.

라오스 비엔티안의 신소이카람Vat Sinsoikaram 사원 합각머리에 그려진 연밥화생으로 양 옆에서 보좌하는 나가조차도 흰 색이므로 이를 그린 이는 태초의 세계는 흰색이어야 한다는 강한 믿음이 있었던 것 같다.

여러 개의 연봉오리 외에 좌우 두 개씩 네 개의 연밥에는 합장하는 자가 앉아있어 화생중임을 말해주고, 중앙의 커다란 백련화대 위에는 결가부좌한 석가모니의 자세가 당당하다. 원초적인 세계의 어떤 존재를 황금색과 흰색으로 표현하려던 사상은 리그베다와 우파니샤드부터이므로 위 벽화에 담긴 의미를 불교에 한정하여 해석할 수는 없다.

브라흐만과 아트만 중에서도 특히 아트만의 푸르샤를 백련화의 깊은 속 허공에 존재한다고 보던 사상이 있었음은 별고에서도 다룬 바 있다.[12] 이러한 사상적 맥락에

〈사진119 · 120 · 121〉 석가모니와 나가와 연화대(루앙프라방에서 2007년 필자 촬영)

---

12 · 편무영, 「불교이전의 사상과 연화의 상관성 고찰」, 『동아시아의 전통문화와 스토리텔링』, 2017.

서 본다면 온통 백련화로 그려진 위 벽화는 불교적으로 윤색되었을 뿐 고대 인도의 신화세계를 그렸다 해도 그다지 과한 말은 아닐 것이다.

남방불교의 분위기가 비교적 강하게 풍기는 라오스 불교답게 석가모니의 연화대는 대체로 크고 둥글게 똬리를 튼 나가의 위에 위치한다. 사찰 외벽에 장식된 그림과 보리수 아래에 안치된 조형물을 통해 전하는 메시지는 동일하다.

한중일을 중심으로 하는 북방불교와 아주 다른 풍경이다. 그러나 이렇게 기괴하게 보이는 모습은 남방불교가 빨리어와 산스크리트어를 경유해오면서 고대 인도의 신화적 분위기를 상당 부분 간직해왔기 때문이다. 반대로 말하면 한역경전의 세계에서는 그러한 고대인도의 신화 세계가 적지 않게 삭제되거나 변형되어 왔다는 설명이 가능해진다.

라오스의 사찰 벽화에 그려진 거대한 뱀의 유래와 배경이 불교가 발생하기 이전으로 거슬러 올라간다는 사실은 남방불교를 바라보는 눈에 선입견이 있으면 안된다는 주의 사항으로도 작용한다. 나가와 연화대의 조합이 태초의 바다를 연상시키지만 일곱 개의 머리가 달린 나가는 인도신화가 보여주는 문화의 연속성을 제시한다.

〈사진122〉 석가모니와 보리수와 삼본연화
(루앙프라방에서 2007년 필자 촬영)

〈사진122〉의 보리수는 단지 석가모니가 수행을 하던 나무라는 뜻을 넘어 석가모니를 대체해서 숭배의 대상이었던 역사를 되새겨 필요가 있다. 그러므로 저와 같은 배치는 곧 보리수와 석가모니를 동격으로 보던 시대의 산물이다. 남방불교권을 조사 다니면서 흔히 볼 수 있는 종교 공간이다. 관련되는 또 하나의 사례를 제시하면 다음과 같다.

서 있는 석가모니의 뒤로 보리수가 나란히 있는 구도인데 마치 일심동체인 것처럼 그려놓은 화법이다. 보기에 따라서는 보리수에서 석가모니가 모습을 드러내는 것 같지만 삼본연화의 가운데 연꽃에 서 있음으로써 보리수와 분리해서 보이기는 한다. 선명한 광배가 득도한 수행자의 특징을 잘 보여주고 있으며 무엇보다도 삼본연화는 성자임을 분명히 하였다.

한편 〈사진122〉는 관무량수경의 제4관법, 즉 수상樹想을 연상시키는 그림으로도 해석할 수 있다. 관무량수경에는 삼천대천 온 세계를 관하면서 마치 우주목과도 같은 보수寶樹를 관하는 대목이 나오는데 보수에 대한 설명과 이해는 부처와 궁극적으로 구별하기 힘들다. 그러므로 범아일여라는 심오한 진리에 바탕을 둔 다양한 설명과 그림으로 이해하고자 한다.

이러한 이야기를 떠받치는 삼본연화가 특히 그림에서는 그 중요성을 더하고 있다.

석가모니와 동격인 보리수 하나만을 위한 연화대도 라오스에서는 자주 발견된다. 여러모로 라오스 불교는 원시불교에 근접하는 불교문화를 다수 발견할 수 있는 흥미로운 지역이다. 사진의 거대한 연화대는 말 그대로 천엽련이므로 중앙의 보리수야말로 아미타 정토에 등장하는 보수寶樹로 간주해도 무방할 것이다.

게다가 이중의 천엽련이므로 중심 중의 중심임을 강조한다고 볼 수 있다. 텅 빈 허공 속 우주에도 중심이 있다는 인도인들의 세계관이 반영되었는데 그곳은 우주적 자궁이므로 만물이 출현하기를 기대하게 만드는 곳이다. 그리고 이곳에 솟아 있는 보리수의 가지 잎 꽃 열매 저마다에서는 무수한 사물들이 우주를 채우기 위해 쏟아져 나올 것이다. 삼천대천을 관하는 석가모니와 보리수의 경계가 희미해지는 가운데 이 모든 현상은 천엽련 속에서 움트기 시작한다.

〈사진123〉의 천엽련 연화대와 보리수는 고대 인도의 신화와 불교가 만나 어우러졌을 때 생길 수 있는 문화현상이 어떻게 진화하는지 잘 보여준다. 이와 같은 사상이 담긴 보리수를 일상생활에서 석가모니처럼 대하는 라오스 사람

〈사진123〉 **보리수와 연화대**(루앙프라방에서 2007년 필자 촬영)

들의 신앙심을 보자면 스리랑카 사람들의 불심에 전혀 뒤지지 않음을 느낀다.

그런데 라오스 루앙프라방에서 발견한 또 하나의 벽지 장식은 눈을 떼기가 어렵다. 라오스 불교의 특징을 잘 보여준다고 생각할 수도 있겠고 한편으로는 인도의 신화와 불교가 적절히 녹아있는 한 폭의 금박지 도상이라는 판단도 가능하기 때문이다. 금박지를 오려 붙여 도상이나 복잡한 그림을 표현하는 사례는 태국과 라오스에 많다.

한국에도 잘 알려진 인면조인데 불교에서는 가릉빙가迦陵頻伽(Kalavinka)로 일컫는 반인반조半人半鳥의 새를 가리킨다. 기이한 모습을 하였으나 원래는 인도에 많이 서식하는 공작새를 기반으로 변형시킨 형태라고 전한다. 우리나라에서도 무령왕릉 동탁은잔 탁잔에 연꽃 한 송이를 손에 쥔 반인반조의 형상이 보이는 문제를 놓고 가릉빙가인지 아닌지 많은 논의가 있던 것으로 알고 있다. 여기서 긴 설명은 삼가겠으나 필자로서는 불교의 가릉빙가라는 입장이다.

〈사진124〉 가릉빙가와 연꽃
(루앙프라방에서 2007년 필자 촬영)

가릉빙가는 또 다른 말로 극락조로도 알려져 있듯이 아미타정토에서는 법음의 소리를 낸다고 하며 불교 사찰의 벽화에서는 극락세계를 표현하는 데 빼놓을 수 없는 상서로운 새로 등장한다. 바로 이러한 가릉빙가를 묘사하였다는 것은 극락세계를 염두에 둔 그림이라는 것을 암시하고 나아가서는 연화장 세계를 구체화시키겠다는 화공의 의지 표현으로도 읽을 수 있겠다.

그러나 가릉빙가의 손에 연꽃이 들려있는 모습을 자세히 보면 압사라Apsara(천녀)에 매우 흡사하여 천계天界의 두 중생이 습합하여 탄생한 그림이 아닌가 의심해본다. 머리에 쓴 화관은 태국풍이므로 옆 나라의 영향도 있었을 것이며 날개의 형태는 화려한 가릉빙가를 빼닮았다. 그렇지만 몸동작은 춤을 추는 듯 보이니 가무를 하며 하늘에서 하강하는 압사라를 연상시킨다. 원래의 가릉빙가에 비해 상반신의 표현이 비교적 많은 것도 문제인데 이것이 오히려 인간적인 가릉빙가로 보이게 하는 이유이기도 하다.

아무래도 가릉빙가와 압사라의 합체로 해석하고자 한다.

이와 같이 이질적으로 보이는 두 가지 문화 요소를 한 자리에 표현할 수 있었던 것은 가릉빙가나 압사라나 천상을 배경으로 하는 불법 수호자이자 불교 이전부터의 천신이라는 공통점 때문이다. 라오스가 변방의 나라로 알려진 만큼 문화의 변형에 있어서 의외성이 풍부한 편이다.

라오스의 의외성은 곧 문화적 풍요로움을 뜻하는 경우가 많은데 위에 제시한 그림도 그 중의 하나이다. 육도 윤회를 끊임없이 공전해야 하는 일체중생의 윤회전생은 불교문화권이라면 어디서나 들을 수 있는 가장 일반적인 불교 교리 중 하나이다. 그러나 이것을 원색적인 그림으로 표현하는 경우는 그리 많지 않은 가운데 라오스 사람들은 메시지만을 강조하는 식이니 전달 효과는 더욱 단도직입적이다.

지옥 축생 아귀 아수라 인간 천계로 구성된다는 육계를 쉴 없이 돌아야만 하는 존재를 일체중생이라 하고 여기서 벗어나기 위해 수행을 하는 것이며 목표를 달성한 상태를 가리켜 해탈이라 하는 것이 골자이다. 그리고 윤회전생을 그림으로 표현한다면 부분적이지만 〈사진125 · 126〉처럼 된다는 이해인 것 같다. 뱀이나 거북이 새 같은 축생이 인간으로 태어날 때는 난생卵生을 거치지만 다시 새로 태어날 때는 연화화생을 통한다는 해설이 예상되는 그림이다. 경전과 반드시 일치하는 내용은 아니지만 그림의 메시지는 소박하고 서민적이다.

〈사진125 · 126〉 라오스의 연화화생과 윤회전생(비엔티안에서 2007년 필자 촬영)

연꽃의 문법

여기서 인간은 축생보다 한두 단계 위라는 우월감이 있다면 인간이 연화화생이 아니라 난생을 거친다는 모티브에 불만이 있을 수 있겠다. 여러 경전이 전하는 바에 의하면 난생 습생 태생 화생이 있다 하였는데 인간으로 태어남에 있어 인간의 태를 빌리지 않고 축생의 알에서 태어난다는 이야기 설정이 의아스럽기는 하다. 그러나 이 역시 벽화를 그린 화공이나 사찰 관계자들의 생각이 반영되었을 것이며 이렇게 경전이 아닌 세간의 의견에 영향을 받는 사례는 한국에도 얼마든지 있다. 경전에 대한 인간적이고 세속적인 수용으로 해석되는 부분이다. 그러니까 〈사진125〉의 그림에서 연화화생을 통해 태어나는 새의 경우는 전생에 쌓은 선업이 적지 않았을 것이다.

이러한 이해는 비엔티안이나 주변 사람들의 불교 수용 태도가 반영된 지역적 문제일 수 있는데 무엇보다도 인간과 축생을 난생과 화생으로 구분하려던 의도가 궁금증을 더한다.

라오스 불교가 지역적 특색을 보여주면서도 불교 교리의 기본에서 크게 일탈하지 않는다는 점은 앞에서도 언급하였다. 그래서 난생과 화생의 흥미로운 대조가 있었으나 경전이 말하는 석가모니의 특징인 32상 80종호를 충실히 표현하기도 한다. 이 중에는 족하이륜상足下二輪相이 포함되는데 마침내 깨우침을 이룩한 석가모니의 발바닥에 두 개의 바퀴 무늬가 출현하는 모양을 의미한다.

그런데 간혹 이륜상이 아닌 연꽃무늬를 표현하여 석가모니가 악마들을 퇴치하고 마침내 득도하였음을 나타내기도 한다. 다른 나라에서도 자주 발견되는 모양이지만 라오스에는 유난히 많다. 불족석과는 구별되면서 비슷하지만 동일하지는 않다. 사진의 석가모니는 항마촉지인을 취하였으므로 지금 막 성도라는 드라마틱한 순간을 발바닥 연꽃과 함께 표현하려 했던 것으

〈사진127〉 비엔티안의 석불과 천엽련(호프라케오 사원에서 2007년 필자 촬영)

로 보인다.

　그러나 깨우친 자의 몸에서 연꽃이 솟아나거나 출현하는 사례는 불교 이전에 이미 고대 인도신화에서 나타난다. 비시누를 비롯한 힌두교의 신들은 자신의 몸에서 연꽃을 출현시켜 신비로운 힘을 과시한 적이 있다. 천엽련과 각각의 연꽃은 범아일여의 다른 모습으로 해석할 수도 있다. 범아일여 또한 우파니샤드의 사상과 다름 아니므로 석가모니의 발바닥 연꽃 출현은 브라만교나 힌두교의 계보와 맥을 같이한다고 보면 될 것이다.

　다른 문화도 그렇듯이 연꽃문화에는 보편성과 지역성, 혹은 연속성과 비연속성으로 설명되는 부분이 상당이 많다. 나가의 배경이 되는 태초의 바다나 연못이 그러하며 나가 자체의 미세한 변화 역시 그렇다.

　〈사진128〉의 사례는 왓치앙만Wat Chiang Man 사원의 계단 장식으로 양쪽에 각각 나가 한 마리씩 장식되어 있다. 입체적인 조각 작품으로 볼 수 있으며 뿔같이 솟아난 머리 장식이나 몸 전체에서 자라는 비늘 등은 중국풍의 용에 상당부분 근접하고 있음을 암시한다. 다만 날개는 보이지 않으며 몸통에 비해 매우 작은 다리가 앞뒤로 부자연스럽게 붙어 있어 용의 모습으로 완성되기까지에는 아직 약간의 진화 과정을 필요로 하는 것 같다.

　나가의 신화적 분위기를 자아내는 배경으로 연꽃이 만발한 연못을 들지 않을 수 없다. 물론 중국의 변화된 용 역시 물이나 연꽃과 더불어 삼위일체를 이루는 경우가 많아 문화 코드로서의 연꽃의 존재감은 여기서도 범상치 않다.

　비교적 섬세하게 그려진 연꽃은 연잎 연봉오리 연밥 등 다양하게 그려놓아 밝은 느낌을 준다. 이러한 전통에서 태국이나 라오

〈사진128〉 태초의 연못과 나가
(태국 치앙마이에서 2007년 필자 촬영)

연꽃의 문법

스에서는 석가모니불조차도 연꽃이 만개한 연못 한가운데에 배치하는 경우가 많으며 몇 가지 사례를 앞에서도 살펴보았다. 다음에는 태국 치앙마이에서 발견된 사례를 확인해보기로 하겠다.

〈사진129〉의 계단 사진과 같은 왓치앙만 사원 대웅전의 합각머리에 남겨진 부조 장식이다. 나가와 석가모니가 근본 에서 다르지 않은 연못을 배경 으로 모습을 드러내는 사례는 남방불교의 일반적인 현상이 다. 불교 힌두교 브라만교가

〈사진129〉 석가모니와 연못(태국 치앙마이에서 2007년 필자 촬영)

결국 같은 신화적 뿌리를 공유하고 있다는 사실을 말해주는 자료인데 이와 같은 사례는 이밖에도 많은 편이다.

그런데 위 부조 장식에서는 석가모니불의 좌우에 연꽃과 연봉오리가 각각 하나씩 배치되어 있으며 하단에는 풍요로운 연못이 단조롭지만 선 굵은 기법으로 묘사되어 있다. 눈에 띠는 것은 좌우에 각각 물고기와 거북이 한 마리씩 배치한 것으로 풍요롭고 희망적인 분위기를 연출한다. 손의 모습은 선정인을 취하고 있어 명상중인 석가모니가 먼 곳을 응시하는 시선이 이채로운데 연꽃의 상태를 본다면 새벽녘에 떠오르는 태양을 바라보는 것일까. 꽃잎을 아직 완전히 펼치지 않은 것도 화공의 의도일지 모른다. 연꽃은 떠오르는 태양과 함께 꽃잎을 펼치기 시작한다는 이유에서 고대사회에서부터 신성시 해왔다.

인도 신화의 비시누와 나가, 그리고 불교의 석가모니가 연꽃이 피어나는 연못을 배경으로 출현하는 모티브는 남방불교권에 보편적이지만 연못에 물고기나 새 거북이 등을 등장시킴으로써 좀 더 풍요롭게 묘사하려는 노력은 동쪽으로 이동할수록 활발해 진다. 신화나 종교에 담긴 사상을 깊이 사색하고 이해하려는 자세보다는 생활주변에 대한 관심 증대로 인한 결과이다. 그러다가 이러한 현상이 중국으로 가면 세속적인

민간신앙으로 토착화하기에 이른다.

천엽련과 물과 석가모니를 결부시키려는 흥미로운 시도도 있는데 다음 사진을 통해 살펴보기로 하겠다.

〈사진130〉 연못의 천엽련(태국의 차총사오에서 2016년 필자 촬영)

방콕에서 열차로 시간 반 정도 달려 도착한 차총사오Chachoungsao라는 곳에 불교를 테마로 한 호수 공원이 있으며 호수 가운데에 설치된 거대한 천엽련이 백미로 이를 보러 많은 사람들이 방문하는 곳이기도 하다. 먼 거리에서 바라보면 수면 위에 실제로 거대한 홍련화가 떠있는 것처럼 보여 종교적인 신비로움을 더해준다. 부교가 연결되어 있어 건너갈 수 있으며 천엽련 중앙에는 작은 탑이 있고 그 속에 석가모니불이 안치되어 있다.

많은 사람들이 참배를 위해 건너가는데 불교의 법화경이나 화엄경에서 말하는 향수해香水海의 천엽련 같기도 하고 우파니샤드에서 말하는 범아일여의 아트만이 천엽련 속에 존재하는 것처럼 보이기도 한다. 천엽련은 하나의 아트만이면서 전우주이니 존재의 근본인데 중심의 석가모니는 아트만의 핵심이면서 브라흐만의 정신적 혼魂이라 말할 수 있겠다. 이러한 세계를 거대한 조형물로 만들어 설치하는 태국 사람들의 종교관에 대해 다시금 되돌아보게 만든다. 주변은 마치 한국의 축제 현장을 재현한 것처럼 난장도 열리고 있어 많은 사람들로 북적거린다. 남방불교의 특징은 언제나 석가모니의

연꽃의 문법

원점에 입각하려는 자세에 있다. 새로운 시도를 거부하지는 않지만 원점에 대한 믿음을 전제하므로 도상에서도 인도 신화의 모습이 뜻밖에도 그대로 전해지는 것이다. 나가나 천엽련이 그렇고 물과 연꽃과 석가모니의 조화가 그렇다. 흔히 있는 패턴이지만 이상하리만큼 변형되지 않는 다음과 같은 장식도 그렇게 생각할 수 있다.

태국 치앙마이의 왓프라싱Wat Prasingh 사원의 전각 합각 머리에서 찾은 위 부조 장식은 힌두 사원에 있다면 그대로 힌두교의 신화 이야기에 적합한 내용 이다. 힌두교와 불교의 경계를 무색하게 하는 장식 내용인데 거의 변형되지 않은 상태에서 신화시대의 내용 그대로가 표현되었다는 사실 자체 가 주목받아 마땅하다. 새 두 마리가

〈사진131〉 태국 치앙마이의 쌍조연화보병(2007년 필자 촬영)

연꽃이 피어오르는 보병을 좌우에서 보좌하는 형식은 오리엔트에서도 발달된 도상이고 이것들이 합쳐져서 더욱 풍요로운 분위기를 자아 내기 시작한 지역은 인도이다. 남방불교가 인도의 영향에서 자유 롭지 않다는 것을 말해주는 부조 장식이다.

그러니 도상학적으로는 쌍조연화보병을 기반으로 하면서 풍요로운 당초문양에 둘러싸여있는데 상단에서는 다시 팔메트 연꽃무늬가 솟아오르는 구도이다. 아름답게 꾸미려 는 만든 이의 의지가 돋보인다.

불교 전반에 대해서도 그렇지만 종교적 상징물에 대해 신중하게 대하는 남방불교 사람들은 천엽련에 있어서도 숭배 의 마음과 더불어 언제나 생활 곁에 있다는 점이 북방불교와 다른 점이다. 사진은 태국의 푸미폰 전 국왕이 아들을 안고 있던 모습인데 천엽련이 감싸듯 둘러싸고 있는 구도야말로

〈사진132〉 천엽련과 푸미폰 전 국왕
(방콕에서 2016년 필자 촬영)

국왕에 대한 최대한의 존경심의 표현이다.

천엽련이 인도 신화에서는 우주의 중심이지만 불교에서도 불교적 세계관에서 중심을 상징하면서 한편으론 불보살의 출처이기도 하므로 국왕을 마치 불보살 대하듯 하는 구도라 말할 수 있다. 비슷한 사례로는 관세음보살의 화현으로 믿는 달라이라마 14세를 천엽련화생으로 그리기도 하는데 그에 대한 티베트 사람들의 존경심이 지극하다는 것을 말해준다.

태국 사람들이 국왕을 부처 대하듯 할뿐만이 아니라 그렇게 굳게 믿어온 신앙이 있었기에 가능한 조형물이라고 본다. 그런데 다시 자세히 살펴보니 단순한 천엽련이 아니라 양 옆에 봉오리가 각각 위치하고 있어 삼본연화(연봉오리+천엽련+연봉오리)라는 사실을 알게 되었다. 성자의 출현 방식으로는 최상의 구도이며 오리엔트 지역에서도 유사 사례는 흔치 않다. 양 연봉오리의 등장으로 인해 주인공의 영원성을 한층 강조하는 조형물로 발전하게 되었다. 삼본연화의 가운데는 보통 연꽃이 위치하지만 천엽련이 등장하는 예도 드문 경우이다. 역시 우파니샤드를 기반으로 하면서 불교에 의해 진화 발전된 도상이라고 생각한다.

고대 신화의 기억과 불교의 사상을 이렇게 진지하게 대하는 태국사람들이지만 변형된 문화의 수용과 전달에는 어쩔 수 없는 경우도 있다.

도상학적으로 매우 의미심장한 패턴이 다시 등장하는데 배경이 좀 복잡한 메시지가 담겨있다. 〈사진133〉의 조형물은 〈사진132〉 옆에 위치해 있는 것으로 보아 태국 국왕을 수호한다는 의미일 것이며 수호신으로 성스러운 코끼리가 등장한다. 그런데 코끼리 등에는 불보살이 타 있는데 오른손으로 삼본연화로 보이는 지물을 들고 있는

〈사진133〉 방콕의 아칸서스와 보현보살(2016년 필자 촬영)

연꽃의 문법

것으로 보아 보현보살이나 석가모니로 판단된다. 코끼리 주위로는 어설프지만 원형 무늬가 그려져 있고 그 바깥에는 놀랍게도 아칸서스가 감싸듯 둘러있는 상태이다.

연꽃 문양이 불분명한 원형 무늬로 바뀌기는 했지만 연꽃 문양과 아칸서스 문양이 섞인 사례로 추정된다. 앞에서 소개하였듯이 인도에서부터 조금씩 보이기 시작한 동서 문화 교류의 사례이며 방콕 시내의 조형물에서도 발견되었다는 점은 주목하기에 충분하다.

둘레의 아칸서스는 마치 연꽃 문양과 같은 위치 설정이면서 육각별을 연상시키는 형태이다. 아칸서스 문양이 헬레니즘의 영향이라는 인식은 없었을 것이지만 이미 일상적인 문양으로 자리 잡고 있었기에 가능했던 것으로 여겨진다.

그런데 아칸서스와 연꽃무늬의 만남은 그리스에서 발생하여 진화 발전하다가 이탈리아의 로마와 베네치아를 거쳐 지금의 영국 런던 건축물에서도 발견되고 있다. 이러한 또 다른 이야기에 대해서는 이 책의 지중해 편에서 다시 언급하기로 하겠다.

그런가 하면 치앙마이의 왓도쿵Wat Dokeung 사원에 안치되어 있던 연화화생상은 전체적인 형태가 놀라우리만큼 북방불교에 가까우나 머리 모양과 얼굴 생김새는 태국인의 화생상임을 분명히 말해준다. 머리 위 뾰족하게 솟은 장식은 남방불교의 전유물 같지만 연꽃에서 막 화생을 성취한 망자가 두 손 모아 합장하며 아미타여래께 감사한 마음을 전하는 형태로 말하자면 한국 중국 일본에서 흔히 보는 사례이다.

저와 같은 연화화생의 모태는 물론 인도의 붓다가야이지만 이후로는 기원 전후를 중심으로 중앙아시아의 호탄에서 많이 만들어졌고 곧이어 중국에 퍼졌으며 네팔에서도 유행하였다. 한국과 일본에까지 퍼진 것은 물론인데 태국의 치앙마이라는 지역적 특징이 의문점을 풀어줄 뭔가 해답을 지니고 있는

〈사진134〉 태국 치앙마이의 연화화생상
(2007년 필자 촬영)

것으로 추정된다.

요컨대 치앙마이는 중국의 운남성 시산판나西双版納를 중심으로 거주하는 타이족偓族 분포지역과 겹치며 타이족은 13세기경부터 남하하기 시작한 몽골족을 피해 메콩강을 건너 새로운 왕국을 세운 사람들이다. 치앙마이가 새롭게 도읍지로 만들어진 것도 이 무렵이고 불교 사찰도 뒤따라 세워졌으니 북방불교풍으로 변모된 연화화생상이 남하했다고 해도 그다지 지나친 말은 아닐 것이다.

위와 같은 추정이 타당하다면 사진의 연화화생상은 실로 기나긴 여정을 지나온 결과물로 봐야 한다. 즉, 인도 북부를 출발하여 중앙아시아를 거쳐 호탄으로 들어가더니 중국으로 건너간 다음 원나라의 힘에 눌려 운남성으로 다시 남하하였고 이후에는 타이족을 따라 메콩강을 건넜을 것이라는 여정이다. 히말라야산맥을 중심에 놓고 시계 방향으로 돌고 돌아 지금의 태국 치앙마이에 정착하였다는 의미로 해석할 수 있겠다.

불교문화의 대부분을 인도의 영향으로 본다는 전제이지만 아주 드문 경우 중국 운남성을 경유하여 메콩강을 건너는 일도 없지 않았다는 증거를 발견한 셈이다. 연화화생상이 북방불교식이고 그것도 방콕이 아닌 북부지역에서 발견되었다는 점이 그 가능성을 높여준다.

인도 붓다가야를 발원지로 하는 불교적 연화화생에 근거하여 본다면 수행자가 성지순례를 마친 다음에 성취감으로 인한 종교적 환희를 일으켰다거나 깨우쳤다는 만족감과 더불어 감사한 마음을 표현하기 위해 연화화생상을 만드는 것이 상례였다. 북방불교권처럼 망자가 왕생을 성취했다는 기쁨을 도상이나 조각 부조로 나타내는 일은 많지 않았다. 바로 이와 같은 이유도 사진의 연화화생상이 운남성에서 메콩강을 건너 남하했다고 보는 것이다.

태국의 마지막 사례인 연화화생상을 통해 문화의 이동에 따른 기나긴 여정을 살펴보았는데 다음에는 캄보디아 앙코르와트Ankor Wat 사원의 부조에서 역시 다문화 상황을 검토해보기로 하겠다.

13세기부터 인도에서 이주해온 사람들에 의해 세워진 동남아시아 최대의 힌두

〈사진135〉 캄보디아 앙코르와트의 삼본연화와
압사라(2007년 필자 촬영)

사원이던 앙코르와트는 도중에 불교문화가 유입
되는 등 지속적으로 다문화 상황을 유지하고 발전
시켜 왔다. 그래서 불교문화가 섞이기는 했지만
기반이 되는 힌두교의 이야기부터 다채로운 양상
을 보이는 곳이다. 그러나 힌두교 불교 어디서나
보이는 조각이나 부조 중에는 대체로 압사라가
등장하며 북방불교에서는 천녀들로 불린다.

압사라는 보통 하늘에서 춤을 추며 내려오기
도 하지만 지상에 내려와서 추기도 한다. 그렇지
만 여기서는 세 명의 압사라가 제각각 연꽃에 올
라서서 춤을 추는 독특한 모습인데 요즘도 태국이나 캄보디아에서 볼 수 있는 춤사위나
손놀림과 크게 다르지 않다. 캄보디아는 과거의 내전으로 많은 문화인들이 희생을
당한 후 무형문화유산을 복원하는 데 있어서 앙코르와트의 기록을 전통의 표준으로
삼았다는 얘기가 전한다.

특히 그녀들이 올라 선 꽃에 주목해보면 수련에 가까운 형태
이나 꽃 모양은 연꽃이다. 수련은 하나의 구근에서 꽃과
봉오리 잎이 동시 다발적으로 자라나는 특징을 갖고
있어서 연꽃과 구별되지만 여기서는 꽃 모양은
연꽃이면서 전체적으로는 수련으로 묘사되어
있다. 아마도 앙코르와트 주변에서 흔히
보던 수련과 연꽃을 혼합해서 그린 것
같다.

이러한 미술적인 혼란을 감안하더라도
삼본연화는 선명하여 세 명의 압사라를
신성시하려던 의도는 분명히 엿보이며

〈사진136〉 캄보디아 앙코르와트의 락슈미(2007년 필자 촬영)

인도차이나 동남부 지역까지 삼본연화가 진출해 왔음은 한눈에 알 수 있다.

　같은 앙코르와트에는 인도차이나 양식으로 변형된 락슈미 여신이 작은 연화대 위에 앉아있는 모습이 부조로 표현되어 있어 눈길을 끈다. 신체적 특징으로는 인도의 락슈미이지만 복장이나 머리모양새는 인도차이나 스타일로 변형되어 있고 양편에는 신성한 코끼리가 물병을 거꾸로 들어 올린 채 성수를 뿌려 축복하고 있다.

　주변에는 아칸서스로 보이는 오리엔트 전래의 식물 잎을 심하게 구부려서 강조하였으니 시각적으로는 아름다움이 더한다. 여러 문화가 복합적으로 어우러진 상태로 남겨진 부조라 말하지 않을 수 없다. 무엇보다도 인도의 락슈미 도상을 앙코르와트에서 발견한 것은 그 의미가 적지 않다. 길상천녀이니 화선고니 하면서 변형시키는 중국의 사례와 대조를 이룬다.

　베트남 호치민에서 찾아간 비교적 규모가 큰 불교 사찰인 사리사는 전체적으로 인도차이나의 문화 요소와 더불어 중국 불교가 섞여있는 분위기이다. 〈사진137〉의 연화보주화생도 남방불교보다는 북방불교권에 널리 퍼진 도상으로 특히 중국에서는 여의주로 알려져 있는데 연꽃에서 화생하는 모티브는 인도에서 중앙아시아를 거쳐 중국에 들어갔다는 흔적을 발견할 수 있었다. 물론 한국의 사찰에서도 발견되는 도상으로 호치민 사리사의 도상과 큰 차이를 발견하기 어렵다.

〈사진137〉 베트남 호치민의 舍利寺와 연화보주화생(2011년 필자 촬영)

　사진에서는 특히 보주에 범자 타라크가 새겨져있어 허공장보살의 복덕과 지혜가 담겨 있음을 강조한다. 뿐만 아니라 질병회복에도 효험이 있다는 범자이니 많은 사람들로부터 신앙의 대상이 되는 것은 물론이다. 문짝이나 건물 벽 등 곳곳에 같은 유형의 도상이 그려지고 새겨져 있으므로 당사의 관계자들은 이것이 사리사를 유명하게 하는데 큰 도움이 되는 영험한 도상으로 판단하고 있는 것 같다.

1956년이라는 비교적 현대에 세워진 사찰임에도 불구하고 연화보주화생의 전통이 잘 남아있으며 중국을 경유한 문양일 것으로 추정하고 있다. 현대 베트남의 불교사찰은 중국불교와의 교류 외에도 화교들이 직접 관여하여 세워지는 경우도 많다.

이중으로 만들어진 연화대 아래에 놓인 석류石榴도 기원은 오리엔트이지만 중국 대륙을 경유해 왔음을 추측케 하는 사례이다. 중국에서는 석류에서 바로 보주화생(<사진 11>)을 하지만 연화대를 경유함으로써 다문화 복합체로 재탄생하였다.

〈사진138〉 베트남 호치민 사리사의 연꽃 문양
(2011년 필자 촬영)

중국 불교의 영향으로 추정할 수 있는 또 하나의 자료는 〈사진138〉로 한국 사찰의 크고 작은 문짝에서 흔히 보는 연꽃 문양과 동일하다. 저와 같은 한국의 연꽃 문양이 중국에서 전래되었다는 역사적 사실을 공유하는 대목이다. 베트남은 동남아시아에 위치해 있으면서 북방불교의 요소가 다수 남아있는 문화적 경계 지역이다.

사리사에서도 문짝에 새겨져 있으며 중앙의 연꽃무늬는 선명하여 가운데 연밥이 드러날 정도인데 양 옆에는 연봉오리나 연잎이 아닌 정체불명의 식물이 감싸고 있어 모양만 삼본연화를 갖춘 형태이다. 잎의 끄트머리를 보면 삼본연화를 의식한 것 같지만 분명치 않고 아칸서스라고 말하기에도 지나치게 길쭉하여 아칸서스를 목격한 적이 없는 자에 의해서 변형된 것이 아닐까 추측할 따름이다. 실제로 연꽃을 본 적 없는 사람이 연꽃 문양을 심하게 변형시켜 그리는 경우와 유사하다.

인도에도 아칸서스가 양 옆을 보좌하는 연꽃 문양이 전하지만 인도와 오리엔트는 직접적인 문화교류가 빈번했기에 형태의 변형이 그다지 발생하지 않았으며 인동문양 연꽃 문양 또한 마찬가지이다. 그러나 인동초도 아칸서스도 아닌 정체불명의 식물로 둔갑시킨 배경에는 역시 해당 식물이 서식하고 있는 지역인가 하는 문제가 크게 관여한다.

바로 그와 같은 연꽃 문양이 사리사 문짝에 남아 있으니 베트남은 중국과의 관계에서 한국과 유사한 위치에 있었음을 실감한다. 그러나 한국보다 베트남이 더욱 중국에 기울어지는 양상을 보이는 경우도 있는데 바로 8선 중의 한 명인 하선고荷仙姑가 간혹 눈에 띄는 것이다. 하선고는 인도의 연꽃 여신이라 일컫는 락슈미의 도교식 변형으로 추정되고 있으며 그 하선고가 변형 없이 그대로 베트남으로 남진하여 발견되는 현상은 중국의 영향이라고 밖에는 달리 설명할 길이 없다. 캄보디아 앙코르와트의 락슈미와 베트남 호치민의 하선고는 남방불교와 북방불교의 경계선에서 부딪치는 형국으로 문화의 충돌과 융합이 동시에 발생하는 지역이다.

다시 말하면 베트남은 외견상으로는 같은 불교이지만 내용에서는 엄연히 다른 남방불교와 북방불교가 공존하는 흥미로운 경계 지역이다. 두 가지 색다른 불교가 섞여 습합하는 경우도 보이지만 변별적으로 존재하기도 한다. 인도차이나에 속해 있으면서 중국과의 문화교류가 빈번했다는 지역적 특징이 외래문화의 유입 양상에도 그대로 반영되어 나타나고 있다.

남방불교와 북방불교의 양면성을 보이는 베트남이기에 볼 수 있는 사례는 자주 목격되는데 사리사의 법당 천장에서 발견한 문양도 그와 같은 경우이다. 바탕은 천엽련이고 가운데에는 만자卍字가 자리하고 있어 스스로 드러내는 화생을 의미함과 동시에 부처나 진리의 말씀이야말로 우주의 중심임을 나타낸다. 그리고 이러한 도상은 인도를 비롯하여 중국에까지 널리 퍼져있으니 그 어느 쪽의 영향이라고 해도 틀린 말은 아니다. 다만 중국이라면

〈사진139〉 베트남 호치민의 사리사 대웅전과 천엽련 (2011년 필자 촬영)

좌회전의 만자이지만 인도에서는 우회전인 경우도 많다. 문양에서 글자로 진화 발전하였기 때문에 생긴 변화이다.

타일 장식으로 묘사된 그림의 삼본연화도 몇 점 발견되었는데 캄보디아의 앙코르

연꽃의 문법

〈사진140〉 베트남 호치민 힌두 사원의
삼본연화(2011년 필자 촬영)

와트에서처럼 연꽃과 수련 등이 무질서하게 혼합되어 있어 자연계라면 부자연스러운 구도이다. 연꽃이라면 여러 줄기가 분리되는 경우는 있을 수 없다. 이러한 모순된 미술 작품은 사실 힌두 사원 남방불교 북방불교 불문하고 퍼져있어서 한반도에서도 발견된다.

연꽃 줄기가 포도의 굽은 줄기처럼 구불구불 휘어지는 불가사의한 도상도 마찬가지 실수의 아류들로 아시아에서 흔히 발견된다. 이러한 미술적 오류의 출발점은 인도의 주변 정도로 추정하고 있으며 사진의 사례도 그 중의 하나로 어느 나라에서 들어온 문화인가에 앞서 실수의 공유로 보아 무방할 것이다. 연줄기가 인동초로 변한 단계에서는 실수조차도 새로운 출발로 이어진다는 의외성을 보여준다. 또 홍련이 많이 보이기 시작하는 것은 동북아시아가 가까워졌음을 의미한다.

〈사진141〉 베트남 호치민 사리사의 연꽃
무늬 와당(2011년 필자 촬영)

남방불교 북방불교 어디서나 볼 수 있는 연꽃무늬 와당으로는 〈사진141〉과 같은 사례가 있다. 지붕에 기와를 얹어놓을 때 막새기와로 사용하거나 기타 장식으로도 사용되는 연꽃무늬 와당이다. 한국을 비롯하여 중국 일본에서도 볼 수 있으며 남방불교권에서도 발견되므로 베트남이 두 문화권의 경계선에 위치해 있다는 특징을 실감나게 보여준다. 다만 연화문 주위에 연속 구슬 무늬를 배치하는 것은 인도나 오리엔트에서 많이 발견된다.

그러한 가운데 독특한 사례도 발견되는데 대웅전에 안치된 불상의 광배 자리에 연꽃 조명을 배치하여 마치 연꽃에서 광채가 발산하는 것 같은 연출을 하였다는 점이다. 이탈리아의 산안드레아 성당에서 발견했던 십자가 연화화생 〈사진179〉에 닮아있다. 당사의 단순한 취향으로 볼 수도 있겠으나 연꽃 가운데에 불을 밝혀놓은 것을 보면 다분히 의도적이라는 것을 알 수 있다.

이 세상 삼라만상의 결정結晶인 아트만Atman이 연
꽃으로 형상화된 심장 속에 있다는 우파니샤드의 기
록을 떠올리지 않을 수 없다. 그래서 저 연꽃을 보면
서 우주의 중심에는 부처가, 부처의 중심에는 심장이,
심장 속에는 연꽃이, 연꽃 속에는 아트만이, 아트만
속에는 푸르샤라는 광채가 자리한다는 우파니샤드의
범아일여를 연상한다면 지나친 생각일까. 다른 나라
나 지역에서 찾아볼 수 없었던 연꽃의 존재감을 보면
서 베트남 사람들의 종교적 심성에 대해 다시금 되새
겨본다.

〈사진142〉 사리사 불상의 광배와 연꽃
(2011년 필자 촬영)

〈사진143 · 144 · 145〉 베트남 호치민의 靈山古寺와 삼본연화(2011년 필자 촬영)

호치민의 주택가와 시장이 혼재하는 한가운데에 위치한 영산고사는 황금빛으로
물든 가람의 특징을 보이고 있었는데 첫 인상은 중국 화교들에 의해 세워진 사찰이
아닌가 하는 점이었다. 곳곳에서 한자가 눈에 띄는 것 외에 변형된 삼본연화를 살펴본
결과도 그러했다. 경내에 놓인 커다란 화분 겉면의 장식이 삼본연화라는 사실은 금방
알려주는데 그 변형이 독특하다. 즉, 전체적인 구도는 삼본연화 혹은 인동연화(인동+연화

연꽃의 문법

+인동)이지만 중앙이나 양 옆에 작은 크기의 연봉오리나 모란꽃을 표현해놓았다. 특히 〈사진145〉는 백수련이 모란을 품고 있으니 아칸서스를 품은 런던의 연꽃무늬 〈사진182〉를 연상하지 않을 수 없다.

모란은 중국문화에서 중요시되는 문양으로 연꽃을 대신해서 그려지는 경우가 있을 정도이다. 그래서 연꽃과 모란의 공존은 곧 중국문화의 부분을 이룬다 해도 과언이 아니며 베트남에 들어와서도 토착화한 느낌이다. 이러한 두 가지 다른 꽃의 공존을 모방했다는 자체만으로 북방불교의 영향이라고 추정할 수 있다. 게다가 중국인들이 좋아하는 글자 '富'를 길상문양으로 새겨놓음으로써 이것이 중국 발상임을 분명히 하였다.

이러한 가운데 특히 흥미로운 점은 첫째, 〈사진144〉처럼 삼본연화의 가운데 연꽃 속에 보병이 존재하는 점인데 물론 인도에 유사한 사례가 전하고 있어 중국의 영향을 받으면서도 발상지는 인도라는 사실을 암시한다.

둘째는 〈사진145〉의 인동연화에서 가운데 연꽃 속에 모란이 존재하는 사례이다. 지중해 문화권에서 발견되는 연꽃무늬 속의 아칸서스를 떠올리게 하는데 인동연화는 지금까지 동아시아에서만 발견되었다. 인동무늬야말로 동서를 나누는 결정적인 문화 요인이다.

마치 이와 같이 연꽃무늬 속의 모란은 중국인들에 의한 외래문화 수용 태도의 일환이었을 것으로 해석한다. 불교적 연꽃무늬를 외래문화로 보고 모란은 자문화라는 인식이 강하니 두 문화를 하나로 융합시켰다는 얘기이다. 지중해와 중국에서 유사한 외래문화수용 태도를 볼 수 있었고 이를 베트남에서 발견했다는 점이 흥미롭다.

연꽃무늬와 아칸서스의 공존은 앞에서도 소개하였듯이 이미 인도에서 발견되는 문화공존현상이었다. 그리고 이것이 주변으로 퍼져나갔다는 점도 확인하였는데 이곳 호치민 노트르담 성당에서도 들어가는 입구 천장에는 연꽃무늬가 옆 돌기둥에 그리스의 코린트식 아칸서스가 선명하였다. 프랑스인들에 의해 세워진 성당이라는 역사적 사실이 이를 입증하며 이러한 공존이 여러 갈래를 통해 인도차이나의 동남단까지 진출하게 되었다.

지금까지 살펴본 바와 같이 동남아시아는 여러 모로 서남아시아와 동북아시아의 중간 지역이지만 주로 인도의 영향이 크다는 사실을 확인하였다. 그러나 베트남으로 들어오면 상황이 변하여 남방불교의 영향과 더불어 북방불교의 영향이 적지 않다는 사실도 인정할 수밖에 없었다. 주로 중국불교의 영향이 컸는데 화교들의 유입과 더불어 중국 남부지역과의 문화교류가 적지 않았다는 것을 짐작하게 하였다.

인도를 중심으로 동북아시아와 동남아시아의 대략에 대하여 알아보았다. 지금까지 확인한 지역만 놓고 보더라도 보편적인 문화에는 어떠한 것이 있는지 그리고 각 지역마다의 특수성은 무엇인지에 관하여 개략이나마 알 수 있었다. 그러나 이미 짐작하였듯이 동북아시아와 동남아시아는 모두 인도와 관련이 있었고 또 인도의 문화 전부가 반드시 인도를 발상지로

〈사진146 · 147〉 베트남 호치민 노트르담 성당의 연꽃무늬와 아칸서스(2011년 필자 촬영)

하는 것은 아니라는 사실도 어느 정도 예상할 수 있었다. 인도의 서쪽 오리엔트가 신경 쓰이는 대목이다.

그래서 다음 장에서는 인도의 서쪽으로 이동하면서 연꽃의 문화적 패턴이 과연 인도에서 발생해서 확산된 것인지, 아니면 인도 역시 서쪽의 외래문화를 수입하던 입장이었는지 여부에 관해 이집트와 오리엔트 지역을 중심으로 하나하나 검증해보기로 하겠다.

제4장

연화화생과 고대인의
사유세계

－오리엔트의 수련이야기

04

•

연화화생과 고대인의 사유세계
—오리엔트의 수련이야기

오리엔트라는 말은 아프리카 동북지역을 기점으로 동쪽으로는 아프가니스탄과 파키스탄 인도의 서북 지역, 그리고 북쪽으로는 터키와 중앙아시아의 남쪽 일부에 이르는 광대한 지역을 가리키는 말이다. 주로 이슬람 문화권과 겹치는 지역이 많아 동쪽으로는 힌두문화권, 그리고 서쪽으로는 지중해를 경계로 유럽문화권과 구별되기도 한다.

그런데 오리엔트를 포함한 유라시아에서 가장 먼저 연꽃문화가 종교와 신화에 깊숙이 관여하기 시작한 지역은 기원전 고대 이집트라는 것이 도상학의 정설이다. 이집트를 발상지로 해서 동서로 퍼져나갔고 앗시리아 페르시아를 거쳐 인도에 들어왔다. 인도에서 더욱 다양하고 풍요롭게 진화 발전된 연꽃문화는 그 후 힌두교 불교 유교와 관계성을 유지하였기에 그 상세한 내용에 대해서는 지금까지 살펴본 대로이다. 그러니까 동아시아 입장에서 연꽃문화의 기점은 인도였지만 인도의 입장에서는 문화의 중개지역이면서 서쪽에서 전해진 외래문화를 더욱 풍요롭게 재구성한 지역이기도 했다.

그러나 일반적으로는 단순히 인도가 동북아시아와 동남아시아에 연꽃문화를 퍼뜨린 발상지나 다름없다는 이해가 널리 퍼져 있다. 동북아시아의 불교와 유교, 그리고 동남아시아와 서남아시아의 불교와 힌두교, 기타 티베트나 네팔 부탄 스리랑카에 걸쳐 발견되는 연꽃문화 대부분의 발상지를 인도로 보아 그다지 틀린 말은 아니기 때문이다. 물론 각지에서 자생적으로 생겨난 크고 작은 연꽃문화의 지역적 특성도 인정해야 하지만 종교와 신화의 체계 속에서 신들과의 관계성을 갖게 된 배경에는 인도의 연꽃문화가 자리하고 있었다.

이러한 상황에도 불구하고 인도에 들어와서 생각하면 연꽃문화 모두가 인도에서 발생하여 동쪽으로 퍼졌다고 보는 데는 무리가 따르는 경우가 많다. 인도의 서쪽에서 유입된 외래문화로 유추할 수 있는 요소 또한 적지 않기 때문이다.

다시 말해서 인도에서도 연꽃의 존재감은 불교 힌두교 이전의 베다와 우파니샤드에서부터 강하게 나타나기 시작하지만 도상으로 본다면 서쪽 페르시아와 앗시리아의 영향을 부정할 수 없다. 연꽃 문양의 전체적인 맥락에서도 그렇지만 특히 연화화생의 출현과 그 의미는 분명한 친연관계를 보여준다. 이탈리아 로마의 바티칸 성당에서 발견한 연화화생이 인도의 불교 성지인 붓다가야의 그것과 매우 유사하다는 사실은 친연관계의 절정이면서 동시에 지중해까지 외연을 넓혀서 봐야한다는 당위성을 제공한다. 인도에서 연꽃문화가 더욱 활성화한 부분 역시 적지 않음에도 불구하고 서쪽을 더욱 바라봐야 하는 이유는 뜻하지 않은 곳에서 속속 드러난다.

지금까지는 문화의 전파에 따라 대체로 역순으로 살펴보는 방식이었다. 그래서 이 책에서 소개한 자료를 시대로 말하면 불교가 발생했던 기원전 5, 6세기를 넘지 못하였다. 이때부터 현대까지 약 2,500여 년 동안의 연꽃 관련 문화유산을 통해 주마간산식으로 검토해 왔다는 얘기이다.

그러나 이제부터는 기원전 5, 6세기 이전의 과거를 향해 더욱 더 먼 시간 여행을 떠나야 한다. 연꽃이 종교 신화와 관계를 맺기 시작한 발상지가 고대 이집트라 했고 또 연화화생을 표현한 최초의 벽화나 파피루스 문헌[13] · 에 등장하는 연화화생이 기원전 3,000여 년 전부터라 하니 지금으로부터 5,000여 년 전까지의 이야기가 될 것이다. 도상을 하나씩 풀어가다 보면 불교의 발생보다 무려 2,500여 년 전으로 되돌아가게

연꽃의 문법

된다. 그리고 이때부터 동서로 퍼진 연화화생을 비롯한 연꽃문화는 인도의 리그베다에 이어 우파니샤드에 출현하게 되며 이때는 대략 불교보다 빠른 기원전 1,500여 년 전부터의 일이다. 다만 리그베다나 우파니샤드에서 말하는 연꽃문화가 서쪽의 영향임을 증명할 만한 역사적 문헌 자료는 없다. 그럼에도 불구하고 유럽의 학자들은 인도의 연꽃문화 대부분을 서쪽의 영향이라고 단정하는데 그 이유는 순전히 도상의 유사성과 역사적 선후 관계에 근거한다. 도상학에서 본다면 충분히 납득이 가는 상황이다. 그러나 고대 인도의 종교 철학에 비추어 본다면 인도 발생의 연꽃문화 또한 경시하기는 어려운 상황이므로 성급히 판단할 문제는 아니라고 본다.

이와 같이 지금까지의 연꽃 이야기보다 훨씬 기나긴 시간 여행이 있었음을 짐작케 한다. 그렇다면 이제부터는 기원 전후부터 기원전 3,000여 년 전까지의 이야기를 연꽃과 함께 떠나기로 하겠다.

인도 서쪽에 위치했으면서 인도와 많은 교류가 있었던 나라들을 살펴보면 페르시아 앗시리아 바빌로니아 페니키아를 비롯하여 멀게는 고대 이집트가 있으며, 더욱 서쪽으로 가서 헬레니즘의 꽃을 피웠다는 그리스 사람들과의 교류 또한 빼놓을 수가 없다. 마케도니아로 바꿔 말할 수도 있겠으나 토대는 그리스이므로 큰 차이가 있는 말은 아니다. 또 인도 가까이 다가왔던 로마 사람들도 있지만 우리가 이미 알고 있는 인도의 종교문화와 직접적인 교류가 많았던 나라부터 본다면 페르시아와 앗시리아, 그리고 그리스를 꼽을 수 있다.

다만 기원전의 페르시아(BC.550-BC.330)나 기원후의 사산조 페르시아(AD.226-AD.651) 공히 문양에서 보건대 독창성을 인정받을 만한 내용은 그다지 많지 않다는 것이 도상학의 통설이다. 다시 말해서 전하는 문양 대부분은 앗시리아(BC.3000-BC.612) 풍을 답습하고 있으므로 페르시아의 종교와 사상을 설명할 수 있는 독특한 문양을 찾아내기가

---

13 · *The Egyptian Book of the Dead*, translated by E.A.Wallis Budge, penguin classics, 2008.

어렵다는 뜻이다. 인도와 오리엔트를 이어주는 문양을 설명하기 위해서는 대부분 페르시아를 넘어 곧바로 앗시리아나 이집트, 또는 마케도니아의 그리스로 연결되는 이유도 여기에 있다.

이집트의 종교사상을 상징하는 문양이 기본적으로 연꽃에 바탕을 둔다면 거기서 출현하는 인물상의 정체가 이집트 앗시리아 인도에서 다르게 전개되는 원인은 제각각 자신들의 신화에 바탕을 두고 연화화생을 수용했기 때문이었다. 그런데 자신들만의 신을 전제로 해석을 요하는 연화화생도 페르시아에서는 찾아보기 힘들다. 앗시리아는 이집트의 연꽃 문양을 받아들이면서 자신들만의 석류나 성수聖樹 문양을 좀 더 적극적으로 연꽃 문양과 어울리게 발전시키는 등 미술사적인 공헌이 적지 않았으나 페르시아는 이 부분에서도 활발한 모습을 보여주지 못했다.

또 지금의 이스라엘과 레바논 시리아의 일부 지역에서 번성했던 나라인 페니키아(BC.1800-BC.700)는 기본적으로 이집트나 앗시리아의 문양을 수용하면서 한편으로는 그들만의 감각으로 재해석하거나 재구성하는 일이 많았다. 종교보다는 예술적 상업적 감각에 의지했기 때문이었다. 주로 해상무역에 종사하던 페니키아 사람들은 가령 오리엔트에서 생산된 도자기나 양탄자를 지중해 연안지역으로 운반하여 많은 이윤을 남기는 일이야말로 가장 큰 사업 목적이었기에 연꽃 문양과 종교의 상관성에 구속될 필요가 없었다. 일부 자신들이 제작한 물건에 대해서도 같은 생각이었다.

연꽃 문양에 대한 종교적 의미나 식물학적 사실성 보다는 미적 감각을 추구하면서 자연스럽게 기하학적으로 변형된 문양을 시도하게 되었다. 이러한 시도는 역시 연꽃과 종교 신화의 상관성에서 자유로웠던 키프로스 사람들에게 이어졌고 그리스로 전해지면서는 본격적인 기하학적 문양의 발판을 마련할 수 있었다.

그렇게 해서 재창출된 새로운 문양이 새겨진 도자기나 기타 생활도구들이 무역활동에 의해 지중해 연안의 먼 지역까지 퍼져나갔던 역사적 사실 또한 거의 알려진 이야기들이다. 그들만의 감각에 의해 재구성되었다는 긍정적인 평가만이 아니라 페니키아 고유의 종교나 신화세계를 읽어낼 만한 문양은 거의 찾아보기 힘들다는 한계가

연꽃의 문법

공존하지만 이러한 점들을 감안하더라도 페니키아 나름의 문양세계가 존재했다는 사실만은 주목해야 한다.

이렇게 오리엔트의 여러 정황을 통해 보더라도 페르시아의 문양에서는 앗시리아나 이집트의 문양 세계를 인도에 전해줬다는 역사적 사실 외에 자신들만의 세계는 기대하기 어려웠다. 같은 오리엔트 내에서도 이렇게 다양한 지역성이 존재했다는 점은 앞으로도 주의 깊게 바라봐야할 과제임에 틀림이 없다.

그러나 아무리 페르시아가 그들만의 독특한 세계를 보여주지 못했다 하더라도 페르시아가 지배했던 영토와 인도 사이에는 오랜 기간 동안 무역활동을 비롯하여 정치나 종교적 교류가 계속되고 있었다. 그리고 이러한 다방면에 걸친 상호 소통을 통해 새로운 제3의 문화가 재창출 될 수 있는 토대를 마련했다는 문화사적 공헌은 적지 않다. 그러므로 페르시아와 인도의 접경 지역 중에서도 특히 활발했던 지역을 중심으로 살펴보는 것은 의미가 있을 것이다.

인도 북서부의 간다라Gandhara 지방은 오래전부터 줄곧 문명의 교차로였지만 특히 기원전 페르시아 때부터는 이 지역을 중심으로 동서 문화 교류가 매우 활발하였다. 중앙아시아 카스피해 주변의 초원지대를 무대로 살아왔던 아리안족이 기원전 1,500년경 남하를 시작했을 때나 마케도니아 알렉산더 대왕의 군대와 로마의 군대가 중앙아시아와 인도로 진출했을 때도 이곳을 통과하였다. 교통의 요충지라는 이유로 수많은 이민족이 번갈아가면서 지배하던 곳이기도 했다. 그러므로 군대의 주둔만이 아니라 자연스럽게 상업이 번성하던 곳이었다. 경제 교류가 활발한 지역이라는 것은 곧 종교인들에 의한 선교활동 또한 활발했다는 의미가 되므로 종교적 영향을 주고받는 것은 자연스러운 흐름이었다.

기원전 4세기경 인도대륙을 통일한 마우리아 왕조(BC.317경-BC.180경)의 제3대 아쇼카Asoka(BC.268경-BC.232) 왕은 특히 불교의 선교 활동과 헬레니즘의 문화 교류에 열성적이었다고 전한다. 각지에 석가모니의 가르침을 칭송하는 기념비를 세웠을 뿐만 아니라 불교 수행자들은 이교도들과의 교류에도 적극적인 시대가 열리고 있었다.

이러한 활발한 문화교류의 시대를 이어 받아 기원전 2세기부터 기원후 1세기까지 인도 북서부를 지배했던 그리스의 지방 왕조인 인도그리크왕조Indo-Greek Kingdom 때는 인도와 헬레니즘의 교류가 가장 왕성하던 시기였다. 특히 그리스인 메난드로스 1세 (BC.150경-BC.130경, 인도명 밀린다)에 이르러서는 왕 스스로 인도의 불교 학자들과 교류하기를 마다하지 않았는데 이때 남겨진 대화 기록인 『미란타왕문경彌蘭陀王問經』은 동과 서의 예지가 역사상 처음으로 교류했다는 점에서 높게 평가받고 있다.

메난드로스 1세가 질문을 하면 인도의 불교학자 나가세나가 대답하는 형식을 취하고 있으므로 경전에 포함하기도 하지만 그렇지 않은 경우도 있다. 그리스인 메난드로스의 질문 대부분은 지금도 불교학의 입문 단계에서 반드시 핵심으로 등장하는 기본 교리가 중심이었다. 가령 윤회輪廻, 업業, 무아無我, 영혼靈魂, 무상無常 등 다방면에 걸친 질문에 대해 나가세나는 명확하고도 논리적인 대답으로 응수한다. 불교 교리의 입문서와도 같다는 말은 그와 같은 이유에서이다.

간다라 지방을 거점으로 펼쳐지는 그리스 헬레니즘과 인도의 상호 교류는 지성인들의 대화에 머물지 않고 조각이나 부조 등 다양한 예술 작품으로 퍼져나갔다. 최초의 불상이 만들어지기 시작한 곳으로도 유명하고 이때의 불상 얼굴과 복장이 그리스풍이라는 사실은 너무도 유명하다. 그리스풍을 말하기 전에 석가모니를 조각상으로 만든다는 발상 자체가 인도불교에는 없었으나 헬레니즘의 영향으로 처음으로 만들어졌다. 그리스의 인간 중심주의가 불교에 영향을 끼쳤다는 역사적 사실에 대해서 애써 외면하려는 불교학자가 간혹 있으나 인정함으로써 새롭게 보이는 지평은 클 것이다. 한국이나 중국 일본 불교에서 흔히 보는 불상의 기원에 헬레니즘의 영향이 깃들어 있다는 사실은 결코 가볍게 넘길 문제가 아니다.

불상이 만들어지기 전 500여 년 동안은 말하자면 무불상 시대였다. 뭔가를 앞에 놓고 예배를 올리고 싶어 하는 수행자와 신자들은 보리수나 금강대좌, 또는 차륜형의 문양을 아이콘처럼 모시기도 했다. 이러한 무불상 시대를 지나던 인도인들에게 신을 인격화해서 사람의 신체 형태로 조각하는 그리스의 헬레니즘은 커다란 문화적 충격으로 다가왔다.

뿐만 아니라 간다라를 포함한 인도 북부에서 중앙아시아 일대까지 지배했던 쿠샨 Kushan(AD.1세기-AD.5세기) 왕조의 통치자들은 로마와의 접촉을 계속 이어나감으로써 결과적으로 인도와 그리스 로마의 교류가 지속되는 상황을 도와주었다. 그러다 보니 간다라는 말 그대로 동서 문명의 교차로 역할을 줄곧 유지할 수 있었다.

앞의 인도편에서 소개했던 붓다가야의 반인반마半人半馬 연화화생이 전해진 것도 간다라를 경유한 것으로 추정할 수 있다. 그렇다면 반대로 인도 붓다가야 양식의 연화화생이 로마 바티칸에 남아 전하는 것은 인도에서 지중해로 전해졌기에 가능했다는 점 또한 열어놓고 생각할 필요가 있다. 상호교류가 빈번히 일어나던 지역이었기에 양 방향 교류였을 것이라는 얘기이다. 그러니까 이번에는 다시 그리스의 코린트식 돌기둥의 아칸서스무늬가 간다라를 거쳐 인도 대륙에 퍼졌을 개연성 또한 의심할 나위가 없으며 지금까지 많은 사례를 통해 이미 확인하였다.

그밖에도 소용돌이치는 덩굴무늬나 화관을 쓴 천동天童과 반인반어半人半魚 등 그리스 로마로부터 유입된 갖가지 도상이나 문양은 인도 대륙의 문화를 더욱 풍요롭게 꾸미는 데 일조하였다. 그렇다면 이제부터는 인도의 연꽃문화와 관련되는 문양이나 도상을 하나씩 살펴보기로 하겠는데, 그 전에 먼저 오리엔트와 인도의 관계를 상징하는 돌기둥 장식 하나를 소개하기로 하겠다.

〈사진148〉 돌기둥 머리의 아칸서스 장식(파키스탄, 2-4세기)(宮下佐江子, 「シルクロード華麗なる植物紋様の世界」, 『小さな蕾』 no.461, 2006, 44쪽)

〈사진148〉은 오리엔트에서 지중해 문화권과 유럽에 이르는 넓은 지역을 연구하는 데 중요한 돌기둥 머리 장식의 하나이며 아칸서스 장식 사이로 상반신을 드러내는 인물상에 주목할 필요가 있다. 발견 장소는 간다라 지방으로 쿠샨 왕조 때의 유물로 알려져 있다. 쿠샨 왕조는 기원 전후부터 5세기 중엽까지 인도의 북서 지방에서 중앙아시아에 걸쳐 번성했던 상업

국가로 나중에는 인도의 굽타 왕조에 동화된다. 그러나 여러 가지 면에서 많은 다문화 교류에 크게 공헌한 나라였던 만큼 사진과 같은 헬레니즘의 잔영을 남길 수 있었다.

더욱 흥미로운 점은 사진의 아칸서스 인물화생이 제2장 인도편에서 소개했던 〈사진48〉의 아칸서스 석가모니 화생과 거의 유사하다는 점이다. 발견 장소도 만들어진 시기도 비슷해서 이러한 돌기둥 장식이 당시에는 상당히 유행했음을 암시한다. 인도의 석가모니 부조나 조각이 이곳에서 만들어지기 시작했다는 점 외에도 그리스에서 시작된 돌기둥 아칸서스 장식이 로마시대에 이르러서도 계속 만들어졌으며 급기야 간다라 지방까지 모습을 드러냈다는 사실이 매우 역동적이다.

두 사진에서 다른 점은 석가모니와 어떤 인물이라는 점 하나로 인도문화에 대한 서쪽으로부터의 영향이 얼마나 대단하고 지속적이었는지 짐작하는 데 부족함이 없다. 돌기둥 머리 장식은 물론 이집트의 돌기둥 연꽃무늬 장식이 원점이므로 인도의 연꽃문화에 대해서도 그 정체성을 놓고 여러 가지 고민하게 만드는 유물이 아닐 수 없다. 그럼 이제부터는 인도문화의 의외성을 염두에 두면서 본격적으로 서쪽으로 탐구해 들어가기로 하겠다.

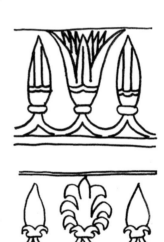

그러한 가운데 알기 쉬운 도상 비교를 19세기 말에 영국의 도상학자 굿이어가 시도한 바 있어 살펴보면 다음과 같다. 가장 먼저 제시된 삼본연화는 〈그림40〉의 "연봉오리+연화+연봉오리"의 전형적인 패턴을 보여주는데 식물학적으로는 연꽃Nelumbo Nucifera이 아닌 수련Nymphaea Tetragona으로 판단된다. 가운데 활짝 펼친 꽃잎 바깥으로 꽃받침 세 장을 강조하였다는 점 외에도 양 옆의 꽃봉오리가 길쭉하여 수련을

〈그림40 · 41 · 42〉 앗시리아의 삼본연화
(W.H.Goodyear, The Grammar of the Lotus, London, 1891, p.128)

연꽃의 문법

표현하였다. 앞으로 줄곧 전개될 연꽃 문양에서 꽃받침이 강조되는 것은 수련이라는 사실에 특히 주의할 필요가 있다.

여기서 역시 주목해야 할 대목으로 수련과 연꽃의 관계인데 인도에서부터는 본격적인 연꽃의 활성화 단계였다면 연꽃문화의 발상지인 이집트에서는 수련에서 시작하였다는 점이 매우 중요한 문화적 아이러니이다. 외관상 비슷한 꽃을 피우지만 학명으로는 구별되는 두 꽃을 하나의 연꽃Lotus이라는 통속적인 이해가 수천 년 동안 지속되었다. 통속적인 이해란 식물학적 오해를 의미하며 석가모니조차도 자연계에는 존재하지 않는 청련靑蓮을 설법 중에 거론하기도 했으니 이때의 청련이란 엄밀히 말하면 청수련靑睡蓮이었다.

말하자면 이와 같은 이해 아닌 오해는 이미 이집트에서 퍼져나가는 단계에서부터 시작되었다 해도 과언은 아니었다. 이집트의 수련 문양을 받아들이던 지역에는 정도의 차이는 있더라도 연꽃 역시 자생하는 경우가 있었기 때문인데 앗시리아 지역에서 발견되는 연꽃 문양 대부분은 수련이므로 이집트와는 밀접한 관계였음을 입증한다.

그렇지만 동일한 문양 구도이면서도 인도에서는 대체로 수련이 아닌 연꽃이 모델이 되어 전개된다. 수련과 연꽃 모두 일 년 내내 서식하는 인도의 자연 환경에서 수련 문양보다 연꽃 문양이 많다는 점은 순전히 인도의 문제이다.

아무튼 이집트의 패턴을 거의 그대로 답습하는 앗시리아의 삼본연화를 보면서 기원전 수천 년 전부터 전해 내려온 도상의 기본을 분명히 확인할 수 있게 되었다. 앗시리아의 삼본연화는 페르시아를 거쳐 인도에 들어왔고 이어서 동남아시아와 동북아시아의 연꽃문화에까지 기본 패턴으로 자리 잡게 되었다.

그런데 이집트에서 발생한 앗시리아의 삼본연화는 무덤 벽화를 비롯하여 도자기나 각종 장식물을 아름답게 꾸미는 데 필수이면서 또 가장 애용하던 문양 패턴으로 알려져 있다. 특히 도자기와 양탄자는 기원전부터 교역 상품으로 인기가 높아 근거리에서 원거리까지 퍼져나갔던 상품으로 유명하다. 그러다 보니 도자기와 양탄자에 묘사된 문양도 동시에 퍼지는 효과를 가져왔으며 그러한 관점에서 앗시리아 페르시아 그리고 인도는 유사한 문양을 공유하던 지역이라는 데 납득하게 된다.

〈그림41〉의 또 다른 앗시리아의 삼본연화를 보면 기본은 유지하면서도 변화하는 과정이 역력하다. 먼저 꽃잎이 바깥으로 과장되게 갈라져있어 약간 시들어진 상태임을 보여주고 양 꽃봉오리의 꽃받침 역시 조금씩 도드라져있어 전체적으로 활짝 핀 절정의 시간을 막 경과한 상태를 표현하였다. 이것은 앞으로도 자주 보게 될 새로운 형태의 수련 문양의 시작을 알리는 예고이기도 한데 특히 수련의 꽃받침은 시들기 시작하면서 안쪽으로 말려들어가는 특징을 보이기 때문이다. 보통 연꽃의 꽃받침이 불규칙적으로 수면 위로 떨어지고 마는 특성과 대조적이다.

수련의 꽃받침이 갖는 특징은 인도에서는 그다지 주목받지 못하였으나 오리엔트에 서는 연꽃문화를 특징짓는 핵심 중 하나로 간주하였다. 그런데 〈그림42〉의 앗시리아 삼본연화는 양옆의 연봉오리를 마치 솔방울처럼 그려놓아서 또 다른 문화적 혼란을 불러일으킨 장본인이다.

저와 같은 형태의 연봉오리는 로마에까지 퍼져 지금도 이탈리아를 비롯하여 유럽 각지에서 흔히 보는 도상이지만 많은 이탈리아 사람들은 솔방울로 인식한다. 물론 솔방울과 관련된 이야기가 전하는 것도 사실이지만 솔방울과 연꽃은 도상학적으로 전혀 무관함에도 불구하고 긴 세월의 망각으로 인해 사람들은 진짜 솔방울을 표현하는 경우도 많으니 흥미로운 문제이다. 유럽 각지에서 일어나고 있는 문화적 착시현상 중 하나로 판단된다.

필자는 솔방울을 연봉오리와 연밥이 전승 과정에서 만나 자의적으로 혼합된 제3의 디자인으로 보고 있으며 〈그림42〉와 같은 사례는 사실 이 외에도 많이 전한다. 삼본 연화라는 도상을 놓고 앗시리아 사람들은 오랜 세월 실로 다양한 디자인을 고안해 내었다.

신디Sindhi는 간다라 미술로 유명한 펀자브Punjab 지방의 남부에 위치하고 있으며 이슬람과 힌두 문화를 공유하는 지역으로 알려져 있다. 간접적으로는 불교의 영향도 무시할 수 없다. 지금은 파키스탄의 영토에 편입되어 있으나 동서 문화의 교차로답게

연꽃의 문법

다양한 문양이 표현된 도자기 유물이 발견되는 지역이기도 하다.

〈그림43〉은 도자기에 표현된 문양이고 〈그림44〉는 타일에 표현되어 있는데 삼본연화를 과격하게 변형시킨 사례이다. 힌두교와 이슬람 문화의 중간 지역에 위치했다는 환경 때문인지 특정 종교나 신화에 구속되지 않고 자유분방하게 변형시킨 느낌이 들면서 한편으로는 이슬람 힌두의 영향을 절반씩 받은 것 같기도 하다. 그들만의 미적 감각일 수도 있겠으나 이러한 혼란스러운 상황 속에서도 삼본연화의 "연봉오리+연화+연봉오리" 패턴을 줄기차게 유지하고 있으니 삼본연화라는 단위 문양은 마치 깊게 새겨져 지워지지 않는 바코드와도 같다.

〈그림43〉의 삼본연화는 연봉오리가 지나치게 통통하고 구체성에서 떨어져서 언뜻 보면 연꽃 문양이라는 사실을 놓칠 수도 있다. 이 점은 가운데 꽃무늬도 마찬가지인데 신디와 주변 지역에서 발견되는 수많은 도자기에 그려진 유사 문양과 비교하여 삼본연화로 추정이 가능할 뿐이다. 그러나 〈그림44〉의 타일 문양은 더욱 자유분방하여 화려하기까지 하지만 어디까지나 삼본연화의 단위 문양을 견지한다는 문맥에서는 동일하다.

연봉오리나 활짝 핀 연꽃의 윤곽을 표현하던 곡선을 지양하는 대신 극세 문양을 곡선상에 올려놓음으로써 화려함의 극치를 도모하였다. 지금도 인도의 자이나 사원이나 힌두 사원의 계단과 기둥에서 어렵지 않게 볼 수 있는 윤곽 표현법이다.

그러니까 지역이 바뀌면서 서서히 자신들만의 독특한 미적 감각을 살린다고 하겠지만 이집트에서 전해진 삼본연화라는 문화 코드는 각종 물질문화의 표면에 내포된 상태에서 긴 시간 여행 끝에 인더스강 주변에서 유행하기에 이르렀다. 이러한 문화 코드를

〈그림43 · 44 · 45〉 신디(상중)와 그리스(하)의 삼본연화(W.H.Goodyear, Ibid, p.128)

수용한 인도 사람들은 이번에는 수련이 아닌 연꽃Nelumbo Nucifera을 바탕으로 표현하기 시작하였다. 이후의 전개 과정에 대해서는 제1장에서 제3장까지 살펴본 바와 같다.

그런데 이집트 발생의 삼본연화라는 단위 문양이 앗시리아를 거쳐 동쪽으로 전해졌다는 역사적 사실은 서쪽이나 북쪽으로도 전해졌을 가능성 또한 늘 열려 있었다는 것을 의미한다. 당시의 페니키아나 시리아 소아시아, 그리고 지중해의 키프로스를 비롯하여 에게해의 많은 섬 지역들이 그 대상이다.

〈그림45〉가 그리스 도자기에 그려진 삼본연화 문양인데 지금까지와는 분위기가 사뭇 다르다는 것을 한눈에 알 수 있다. 바로 기하학적 문양으로 새롭게 단장한 느낌이 들기 때문이다. 삼각형이나 타원형 등 앞으로 전개될 기하학적 도형의 기본이 더욱 치밀해지고 있다. 이를 두고 서구 학자들은 오리엔트의 소박한 문화가 그리스에 와서 비로소 세련된 문화로 발전하였다고 주장하곤 한다. 그러나 이러한 이해는 오리엔트에 대한 상대적 우위를 느끼고 싶은 그들의 주관적인 해석일 뿐 사실은 이미 페니키아에서부터 삼본연화라는 단위 문양이 기하학적 문양으로 변하기 시작하였다는 점에 주목할 필요가 있다.

처음부터 기하학적 문양이 목적은 아니었으나 여러 학설들을 종합해서 보건대 페니키아 사람들은 이집트나 앗시리아와 달리 연꽃에 담긴 종교신화적 의미에 크게 구애받지 않았다는 점은 이미 설명하였다. 페니키아는 바다를 무대로 무역을 주요 생업으로 하며 살아가던 나라였다. 그러니까 문양의 종교적 의미보다는 유행에 맞게 세련된 상품을 만들어 이윤을 많이 남기면 그만이었다. 이러한 배경에서 수많은 새로운 시도가 있었을 것이고 기하학적 문양은 그렇게 탄생한 많은 패턴의 하나라는 뜻이다.

이러한 유사 사례는 현대 사회에서도 발견할 수 있는데 소위 관광산업을 통해 지역 활성화를 꾀하는 사람들이 만드는 공예품이 그렇다. 처음에는 관광지로 탈바꿈시켜준 고마운 원동력이었던 종교적 축제나 성지의 기념품을 순수한 종교적 범위 내에서 신중하게 만들지만 시간이 경과하면서 종교성을 잃어가는 경향에 닮아있다. 관광객의 요구에 부응하면서 다양한 디자인을 시도하게 되고 그렇게 대량 생산하기 때문이다.

마치 그와 같은 이기적 목적이 가미된 상태로 페니키아에서 만들어진 기하학적 문양의 삼본연화와 종교적 색채가 짙은 기존의 이집트 발생 삼본연화가 동시에 바다를 건넜다고 보면 될 것이다. 그런데 삼본연화의 두 가지 패턴을 받아들였던 그리스에서 본다면 실제로 연꽃이 서식하지 않았다는 자연 환경과 오리엔트의 종교 신화에 관심이 약했다는 두 가지 이유로 인해 이집트와 앗시리아의 삼본연화보다는 페니키아에서 변형된 기하학적 삼본연화에 더욱 흥미를 가졌을 것은 충분히 납득이 가는 일이다.

이러한 과정을 거치면서 두 가지 패턴이 공존하는 가운데 그리스에서는 더욱 기하학적 삼본연화로 발전하게 되었고 다시 각지로 퍼지게 되었다. 지중해 편에서 다시 상술하겠거니와 지금은 그 일말의 사정을 소개했을 따름이다.

다음 도상은 앗시리아에서 더욱 다양하게 변형된 연꽃 복합 문양이다. 이 역시 기본은 이집트에서 전래된 것이지만 앗시리아에서 더욱 풍요롭게 진화 발전하였다. 상단 테두리를 장식한 것은 로제트rosette 문양으로 활짝 핀 연꽃을 위에서 내려다본 패턴이다. 작은 크기의 로제트 문양 다수를 테두리 장식에 이용하는

〈그림46〉 앗시리아의 도자기 연꽃 문양
(W.H.Goodyear, op. cit, 1891, p.185)

사례인데 이 역시 유라시아에 널리 퍼져 지금까지 사용되고 있다.

그리고 아래에는 솔방울처럼 묘사한 연봉오리를 중심으로 좌우에 연꽃이 만개하였는데 측면에서 바라본 모양이 팔메트palmette 문양임을 말해준다. 그러면서 "연화+연봉오리+연화"라는 색다른 형식의 삼본연화 단위 문양을 제시하고 있다. 인도나 중국 불교에서도 간혹 발견되는 형식이므로 그 문화적 수수관계는 역사적으로도 매우 깊은 편이다.

부챗살을 넓게 펼친 모양의 팔메트 연꽃무늬이지만 아래의 연결 부위를 보면 꽃받침을 의식하여 그려놓은 것으로 보아 수련이라는 것을 짐작할 수 있다. 팔메트 역시 유라시아의 보편문화이므로 문화적 영향력이 범상치 않은 단위 문양이다.

그런데 무엇보다도 특이한 점은 팔메트 연꽃잎 사이사이로 보이는 작은 연봉오리이다. 좌우 각각 아홉 개씩 달려있다. 물론 자연계에서는 있을 수 없는 형태로 그 의도가 의심스럽다. 여기서 앗시리아 사람들이 더욱 발전시킨 도상으로 석류와 성수가 있다고 앞서 언급한 것을 상기할 필요가 있다.

성수란 특별히 성스러운 나무가 있다는 뜻이 아니라 연꽃을 겹겹이 쌓아올리거나 또는 다수의 연봉오리와 연꽃을 하나의 나무나 연줄기에서 자라난 것처럼 표현하는 모티브를 가리킨다. 이러한 상상의 나무를 가리켜 19세기부터 도상학자들은 성수聖樹 (sacred tree of lotus buds)라 지칭하였다. 그러니까 앗시리아 사람들이 성스러운 나무의 구성 요소로 인식하였던 연봉오리 다수를 연꽃잎 사이에 표현함으로써 그림의 문양을 마치 성화聖畵나 장엄으로 간주했을 것이라는 얘기가 된다. 나중에는 다수의 연꽃이 피어있는 상상의 나무를 그리는 경우도 나타나는데 인도에서 만들어지는 각종 민예품의 미술사적 배경이기도 하다.

다수의 연봉오리를 한 곳에 집중적으로 모아놓고 숭배의 대상으로 삼았던 앗시리아 사람들은 과연 무엇을 상상했던 것일까. 『死者의 書』에 의하면 본래 이집트 사람은 삼본연화의 두 연봉오리를 가리켜 지난 과거와 다가올 미래로 인식하였다. 중앙의 연꽃이 현재이므로 결국 시간의 전체와 연속성을 의미하여 우주에 충만된 절대적 존재를 뜻하게 된다.

간단히 형상화한 것이 태양이었으므로 과거 현재 미래 각각의 태양 여러 개를 표현하기도 하였다. 그런데 위 그림에서는 다수의 연봉오리가 있으니 다수의 태양을 묶어놓은 성수는 초월적 절대자로 간주하였을 것이다. 당시 사람들에 의한 신앙심의 결정체라 할 만 하다.

이집트에서 전래된 외래문화이지만 앗시리아 사람들에 의해 재구성되어 전하는 연꽃 이야기가 아직도 수많은 도자기 파편 속에서 해석을 기다리고 있다.

연꽃을 헌화하는 풍습 역시 고대 이집트에서 전해졌다. 장례식에서 망자에 대한 조화弔花나 종교의례에서 절대자에게 바치는 꽃은 대체로 삼본연화였다. 인도를 거쳐 불교문화권 전역으로 퍼진 보편적 문화이기도 하다. 중국의 여러 석굴 사원에 벽화로 남아있기도 하고 동남아시아에서는 부처나 승려에게 지금도 연꽃을 바친다. 그러나 기원은 고대 이집트이며 앗시리아에서 더욱 성행하였다.

조화나 헌화용 연꽃은 삼본연화가 기본으로 "연봉오리+연화+연봉오리"를 한 다발로 하였다. 여의치 않을 경우 한 송이 연꽃이나 봉오리만을 바치는 경우도 있지만 삼본연화야말로 가장 성스러운 꽃다발이었던 것이다. 다만 위 그림들이 가리키는 삼본연화도 수련화였다는 것이 선명하다. 세 그림 모두 건축물에 새겨진 부조를 옮겨 그린 것이다.

그러나 〈그림48〉처럼 삼본연화의 구도가 "연화+연봉오리+연화"로 뒤바뀌는 경우도 있었는데 종교적인 의미라기보다는 헌화자의 취향에 따른 가벼운 변화로 추정된다. 게다가 〈그림49〉의 꽃은 식물학적으로 설명이 어려운데 작은 로제트 문양이 보이고 끝에는 마치 석류가 세 갈래로 갈라진 것 같은 모양이 보이므로 부조를 만든 사람의 감각에 따른 것이 아닐까 추정해본다.

그밖에도 앗시리아의 헌화용 연꽃이 갖가지 모양으로 진화하는 가운데 종교적 의미가 전승돼 내려오면서도 한편으로는 단순한 꽃 장식으로 전락하는 경우도 있었다. 그러다 보면 그림과 같이 의미가 불명확한 디자인으로 변질되거나 새겨지기도 한다. 연봉오리와 솔방울의 혼동에 비견될 만한 일은 어렵지 않게 발생할 수 있었고 3이라는

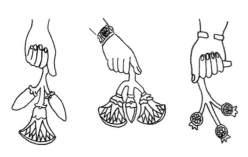

〈그림47 · 48 · 49〉 앗시리아의 연꽃 헌화
(W.H.Goodyear, op. cit, 1891, p.185)

〈그림50 · 51〉 앗시리아의 연꽃 헌화
(W.H.Goodyear, op. cit, 1891, p.185)

숫자에 연연해하지 않는 경우도 발생하였다. 이집트 문화가 앗시리아에 와서 실로 여러 가지 실험을 하게 되었다는 얘기이다. 다시 말해서 페르시아를 경유하여 인도에 들어오기 전부터 이미 문화적 다양성을 경험하고 있었으며 인도에 전해진 이후에는 한층 풍요로워진 자연환경에 힘입어 더욱 풍성한 발전을 도모할 수 있었다.

〈그림52〉 앗시리아의 숭배자와 삼본연화
(W.H.Goodyear, op. cit, 1891, p.183)

앗시리아의 영토에 남아 전하는 유적의 부조에서는 사진과 같이 종교적 직능자가 신께 제물로 양을 바치면서 삼본연화를 헌화하는 장면이 종종 등장한다. 제물과 삼본연화의 동시 등장인 셈이다. 유희적 감각으로 인해 종교적 의미가 퇴색하는 삼본연화와 달리 이집트 이후로 전해 내려오는 가장 표준적인 "연봉오리+연화+연봉오리"의 패턴을 유지하고 있다. 삼본연화의 종교적 전통을 견지할수록 건축물의 용도 또한 종교적이라는 것을 유추하게 한다. 진정성이 더해지기 때문이다. 그런데 제물과 삼본연화의 헌화가 동시에 등장하는 사례는 이집트에서도 발견되었다.

옆 부조 도상은 이집트의 유적에서 발견된 것으로 신관神官께 제물로 오리 두 마리를 바치면서 삼본연화를 헌화하는 내용이 선명하다. 그런데 오리는 기원전부터 신성한 영물로 여겨져 왔으니 보다 엄숙한 종교의례일 것이라는 추정을 해본다. 태양의 화현으로 여겨지는 경우도 있어서 인간세계와 신들의 세계를 연계시켜주는 매개이기도 했다. 그러면서 헌화용 삼본연화가 이번에는 "연화+연봉오리+연화"로 바뀌어 있으므로 해석을 곤란하게 만든다. 이집트에서도 전통과 새로운 풍습이 이미 교차되고 있었다는 반증으로 읽을 수 있겠다.

〈사진149〉 이집트의 제물과 삼본연화(吉村作治, 『カイロ博物館古代エジプトの祕宝』, 2000, 370쪽)

연꽃의 문법

〈사진150〉 이집트 무덤 벽화의 삼본연화(村治笙
子, 『古代エジプト人の世界』, 2007, 68쪽.)

〈그림53〉

그런데 헌화 방법이 조금 세련돼가는 것 같다. 한 다발로 묶는 방법이 아니라 화분에 세 송이를 가지런히 심어 헌화하는 방식이다. 달리 예를 찾아보기 힘든 사례인데 신당 같은 곳에 일정 기간 놓아두기 위함이 아닐까 추측해본다. 또 수련의 정체는 아마도 푸른색의 청수련일 것으로 추측한다. 각종 의례에 흔히 사용되던 연꽃이 청수련이기 때문이다.

무덤 벽화에서 발견된 〈사진150〉의 연꽃 헌화는 특히 주의를 요한다. 두 남녀는 생전에 부부였으므로 벽화 내용을 통해 추정한다면 부부합장묘로 보인다. 그러니까 망자 두 사람은 지금 누군가를 알현하기 직전으로 부인은 삼본연화의 다발을 왼손으로 꽉 쥐고 있다. 사후 세계의 주재신인 오시리스에게 바치려는 것이다. 마치 동북아시아의 북방불교에서 극락왕생한 망자들이 백련을 손에 쥐고 아미타여래나 지장보살께 합장하며 친견하는 장면에 흡사하다. 그런데 그림의 이집트 망자들은 "연봉오리+연화+연봉오리"의 삼본연화를 손에 쥐고 오시리스를 친견하고자 한다. 헌화용 연꽃의 원형이 무엇인지 잘 보여주는 그림이다.

수련의 색깔에도 면밀한 관찰이 요구되는데 다채로운 컬러로 채색되어 있으므로 사실적이라서 좋다. 약간의 초록색이 감도는 꽃받침이 강조되어 있다는 점을 감안한다면 백수련으로 볼 수 있지 않을까. 초록색 연꽃이나 수련꽃은 본래 자연계에 존재하지 않고 초록색 꽃받침에 특히 주의하며 그림을 그리거나 부조를 제작하는 전통을 고려한다면 사이사이로 보이는 흰색이야말로 백수련을 암시하는 것으로 판단할 수 있다.

그렇다면 오시리스와 백수련과 망자의 관계는 무엇일까. 오시리스는 사후의 세계를 관장하는 신이라 했으며 지하의 신이라고도 하고 어둠의 신이라고도 했다. 그런데 나일강의 백수련은 다른 수련과 달리 밤에 피는 꽃으로 알려져 있다. 푸른색의 청수련이나 홍수련의 경우는 아침에 피었다가 오후에 꽃잎이 오므라지니 태양의 움직임과 같다고 해서 태양의 화신으로 여겨지기도 한다. 보통 태양의 화신이라고 부를 때의 연꽃에서 백수련은 제외해서 생각해야 한다.

나일강의 백수련은 달이 뜬 밤에 피므로 청수련이나 홍수련과는 정반대의 상징성을 간직한다. 달과 깊은 관계를 유지한다. 백수련의 삼본연화는 이와 같은 종교 신화적 배경을 간직하고 있었으니 자연히 삼본연화 단위 문양도 그 의미하는 바가 깊고 본질적이었다.

그런데 주인공 여인의 머리에는 또 다른 삼본연화가 장식처럼 매달려있는데 그 목적이 심상치 않아 보인다. 단순한 장식인지 아니면 극락왕생과 뭔가 관계가 있는 것인지 궁금하다. 여기서 생각할 수 있는 힌트가 하나 있는데 그것은 역시 『사자의 서』가 그림을 그려가며 소상히 소개하는 사후 심판의 이야기이다.

오시리스와 열 명의 신들이 내리는 사후의 심판을 받고 마침내 저승을 향해 앞으로 나아갈 때 망자들의 앞을 가로막는 것이 하나 있는데 그것은 연꽃으로 상징되는 관문이었다. 이곳을 통과하여 저승길로 들어선다는 뜻이다. 동아시아에 널리 전하는 연화화생의 근본적인 사상과도 관련이 있을 것으로

〈사진151〉 이집트 무덤 벽화의 삼본연화
(村治笙子, 위의 책, 53쪽)

연꽃의 문법

보고 있다. 바로 극락왕생, 즉 연화화생을 상징하는 삼본연화를 머리 이마에 매달고 있다는 해석이 가능할 것이다.

위 그림의 벽화 내용은 삼본연화의 근본적인 존재 이유를 우리에게 사실 그대로 보여주고 있다는 생각이다. 각지에서 새로운 풍습과 접촉하면서 색다른 면모의 문양으로 변하기도 하지만 역시 근본적인 원형과 동시진행으로 전개되었으므로 우리는 보편성과 지역적 특수성을 구별할 수 있게 되었다.

또 다른 무덤 벽화 〈사진151〉은 더욱 흥미진진하다. 신왕국시대(BC.1600-BC.1100)의 고관이었던 멘나의 무덤으로 알려져 있으므로 벽화의 등장인물은 망자일 가능성이 높다. 아무 탈 없이 저승길을 무사히 지나기 위해서는 그 역시 오시리스의 저승 심판을 받아야 한다. 그런데 헌화용으로 보이는 식물이 두 종류로 나뉘어 있다. 오른손에는 수련인 삼본연화, 왼손으로는 파피루스Papyrus 세 줄기를 한 다발로 해서 단단히 쥐고 있다.

이집트의 나일강은 아프리카 중부를 발원지로 해서 북쪽인 지중해로 흘러들어간다. 그리고 중부를 중심으로 나일강의 남쪽 상류는 수련, 북쪽 하류를 중심으로는 파피루스를 상징으로 하는 두 나라로 나뉘어 있었다. 그러므로 신왕국시대란 나일강 남쪽과 북쪽의 두 나라가 통일왕국을 이룬 시대라는 의미이다. 그러니 두 나라의 상징이었던 수련과 파피루스의 삼본을 각각 손에 쥐고 저승 신 오시리스를 친견하려는 것이다.

파피루스를 주제로 하는 단위 문양이 이집트 밖으로는 확산되지 못했으나 수련은 그렇지 않았음을 우리는 잘 알고 있다. 그렇지만 이집트 내부에서는 두 식물의 문양이 종종 뒤섞여 등장하므로 주의를 요하는 경우가 있는데 파피루스는 종교적 상징성에서 수련에 미치지 못했다는 한계를 지니고 있었다.

아무튼 이러한 배경에서 생겨난 삼본연화와 삼본 파피루스를 두 손에 쥔 망자는 오시리스를 무사히 친견했다고 상상해도 좋을 것이다. 고대 이집트인들의 신앙세계와 정치 체제에서 이해해야 하는 문제였는데 삼본연화는 여전히 "연봉오리+연화+연봉

오리"를 단위 문양으로 한다. 저승길을 떠나는 망자
들이 절대로 잊으면 안 되는 지물持物이 바로 삼본연
화였다.

시간이 흘러 기원전 8세기경 앗시리아의 중심지
인 지금의 이라크 북부에 위치한 니무룻드Nimrud에서
만들어졌을 것으로 추정되는 코끼리 상아의 작은 장
식판 하나가 발견되었다. 영국 런던의 대영박물관에
전시되어 있어 관찰 가능한 상태이다. 그런데 이 장식
판에는 좌측에 서 있는 사람이 오른손을 들어 인사하
는 자세를 취하면서 왼손으로는 삼본연화를 쥐고 있
는 포즈이다. 물론 도상의 관점으로 보아 삼본연화가
핵심이다.

〈사진152〉 앗시리아의 장식판과 삼본연화
(靑柳正規, 『世界美術大全集』 第5卷, 1997,
18쪽)

파피루스를 제외한다면 이집트의 〈사진151〉과
매우 유사한 패턴이다. 그런데 이를 놓고 대영박물관의 캡션에 의하면 어떤 남성이
연꽃을 쥐고 있는 장식판이라는 간단한 설명뿐이다.[14] 여기서 단순히 어떤 남성인가
하는 문제가 남는데 어떤 남성이라는 설명만으로는 부족하다고 생각한다.

이집트에서 앗시리아 페르시아로 이어지는 문화적 계보에 의하면 저와 같은 구도는
크게 두 가지로 나눠 생각해야 한다. 첫째는 목숨을 다한 망자가 저승신 오시리스를
친견하기 위함이고, 둘째는 "연봉오리+연화+연봉오리"의 삼본연화를 한 손에 쥐고
있다는 것은 과거 현재 미래의 전 시간을 장악하고 있다는 절대적 권력자를 표상하던가,
아니면 절대적 권력자에 대한 존경의 의미로 해석해야 한다.

그런데 삼본연화의 하단을 보면 다시 연화대를 마련하여 이중의 연꽃을 쌓아올린

---

14 · "Plaque with a man holding a lotus, From Nimrud."

연꽃의 문법

형국이라 결국 성수聖樹의 단위 문양을 보여주기도 한다. 이것은 망자가 오시리스를 친견하는 정황으로 볼 수가 없다. 사례가 없기 때문이며 스스로가 절대자이거나 절대자를 친견하는 장면으로 좁혀진다. 그렇다면 들어 올린 손바닥이 전면을 향해있는 포즈가 관건인데 절대자나 신을 친견하는 포즈라면 손바닥은 위로 향하는 것이 보통이다. 그러므로 위 장식판의 주인공은 스스로가 정치적 종교적 권력을 장악한 절대자였을 것으로 추정된다.

〈사진153〉 슈메르의 머리 장식과 삼본연화(2014년 필자 촬영)

〈그림54〉

발굴 장소의 환경 등을 종합적으로 고려해야 하겠으나 필자로서는 기원전 8세기 앗시리아 지역을 지배했던 권력자가 아닐까 추정하는 이유이다. 삼본연화라는 단위 문양은 실로 많은 것을 생각하게 하는 문화 코드이다.

여기서 삼본연화와 최고권력자의 관계를 푸는 데 중요한 단서가 될 수 있는 머리 장식을 대영박물관에서 발견하였는데 시기가 무려 기원전 2,500여 년 전으로 거슬러 올라간다. 이집트의 고왕국시대와 겹쳐지는 시기이다. 연꽃무늬를 단순화하여 로제트 문양으로 바꿔 사용하는 사례는 이미 이집트에서 출발하였음은 앞서 지적하였다. 그리고 이집트 고왕국시대와 거의 같은 시기이면서 앗시리아 이전에 번성했던 슈메르Sumer 왕국에도 이집트의 연꽃무늬가 전파되었으며 로제트 문양 또한 전해져서 권력자의 머리 장식에 활용되고 있었다.

그림은 당시의 무덤에서 발굴된 금은제 머리 장식을 박물관 측에서 머리 모형에 맞게 재현해 놓은 것이다. 그렇다면 권력자의 머리 장식에서 삼본연화는 무엇인가가 관건인데 이집트의 사례에 비추어 본다면 신권적 지위를 표상하기 위함이라는 결론에 이르게 된다. 기원전 14세기경 이집트 신왕국시대의 파라오들에 이르기까지 삼본연화는 늘 시간의 전체이자 우주의 전체를 함의하였다. 삼본연화와 같은 문양은 신권적 지위를 나타내기 위해 머리나 가슴 장식에 널리 사용되었다. 로제트 문양으로 대체되더라도 삼본연화가 갖던 본래의 의미에서 퇴보하는 경우는 거의 없었다.

장식만이 아니라 삼본연화를 손으로 움켜쥔 포즈 또한 그러한 초월적 절대자들의 여러 행위 중 하나였다. 이집트의 고왕국시대와 슈메르, 그리고 이집트의 신왕국시대와 앗시리아, 페니키아에 걸친 문화적 연속성에 항상 존재하는 연꽃에는 얽힌 이야기들이 예상보다 훨씬 많다. 연꽃 문양 머리 장식이 차츰 왕관으로 변모돼가는 과정에도 지중해 연안 지역이 포함되며 더 나아가 보편적인 왕관의 모델로 되기까지에는 수많은 이야기들이 생성되었다.

앗시리아에서는 오래 전부터 인장이 많이 사용되어 고고학에서도 중요한 연구 영역으로 간주될 정도이다. 오리엔트에서 인도에 이르는 넓은 지역에 걸쳐 수많은 인장이 발견되었는데 소위 인장학이라는 개별과학의 성립 근거가 되는 자료들이 실로 무수히 많다. 그 중에는 연꽃무늬가 새겨진 인장도 다수 발견되었지만 손가락 크기의 작은 인장이 많아 사실 박물관에서도 자세한 관찰이 어려운 경우가 대부분이다. 다행히 19세기부터 관련 연구자들이 상당수의 인장을 모사로 작성하여 남겨두었으므로 지금의 연구에 큰 도움이 되고 있다.

소개하는 인장에는 좌우에 각각 한 명의 인물상이 서 있으며 이들 앞에는 연꽃이 놓여있다는 공통점을 보여준다. 앞의 〈사진152〉에서 연꽃을 쥐고 서있던 인물상과 구별된다. 앞에 놓인 연꽃을 보며 손바닥을 위로 향한 채 숭배의 자세를 취하고 있으므로 범상치 않은 연꽃이라는 것을 말해준다.

〈그림55·56〉 앗시리아의 인장과 연꽃무늬(W.H.Goodyear, op. cit, 1891, p.171)

〈그림55〉의 인물상은 연꽃 위에서 치솟는 날개 달린 태양을 숭배하는데, 〈그림56〉의 인물상은 삼본연화(연화+연봉오리+연화) 위에 떠있는 초승달과 그 신을 숭배하는 자세를 취하고 있다. 초승달 신의 머리 위에는 별이 하나 묘사되어 있으므로 밤을 암시하며 그렇다면 아래의 삼본연화는 백수련일 가능성이 높다. 그러나 고대 이집트의 밤에 핀다는 백수련을 답습한다는 전제가 필요하다.

〈그림55〉는 태양 숭배이므로 청수련으로 예상되는데 간혹 홍수련일 가능성도 완전히 배제하기는 어렵다. 같지만 꽃잎 색깔이 다른 두 가지 수련꽃을 통해 태양과 초승달을 나눠서 숭배하던 사람들의 종교관을 인장을 통해 짐작할 수 있다는 점이 흥미롭다. 인장의 용도로는 문서를 비롯하여 교역품의 원산지를 보증하는 표시로도 사용되었다고 하니 지역적 특성을 살린 도상이 인장에 새겨지는 것은 당연한 일이었다.

그러나 지역적 특성을 살리기에는 두 도상의 구도 자체는 이미 이집트에서 사용되었던 내용이므로 크게 새롭다고 말하기는 어렵다. 다만 고대 이집트와 달리 앗시리아에서는 이것이 대중화되고 또 상인들에 의해 널리 퍼져나갔다는 데 의의가 있다고 본다. 동쪽으로 이동하여 유사한 인장이 인도에서도 다수 발견되므로 문화의 유통이라는 측면에서는 커다란 공헌이 아닐 수 없다. 인도의 인장에서는 락슈미 같은 자신들의 여신이 삼본연화에서 모습을 드러내곤 하였다. 문양과 도상의 패턴은 동일하지만 출현하는 주인공은 제각각 자신들의 신화에서 선택한 신들을 등장시키는 식이다.

초승달을 숭배하는 신앙에 관해서는 앗시리아에서 한층 더 발전하게 되는데 지금도 이슬람 문화권의 상징으로 여겨질 정도이다. 이집트의 연화화생이 태양이 중심이었다면 앗시리아의 연화화생은 초승달이 주목받게 되는 단초를 제공하게 되었다. 백수련의 삼본연화화생을 앗시리아 사람들도 신성시하게 되는 문화적 연속성을 확인하게 된다.

초승달 숭배가 더욱 강화된 가운데 태양 숭배가 사라진 것은 물론 아니므로 우리는 여전히 문양을 통해 확인할 수가 있다. 특히 다음 인장 〈그림57〉은 특이하게도 수련꽃을 아래위로 겹겹이 쌓아올린 성스런 연꽃나무가 작은 공간의 하단을 채우고 있으며 그 위에서 날개 달린 태양이 날아오르고 양 옆에서는 숭배자들이 두 손을 위로 올려 경배하는 자세를 취하고 있다. 태양신 새는 마치 이집트의 태양신 매를 연상시키는데 연꽃 위의 위치 설정은 마치 연화화생을 떠오르게 한다. 고대 이집트에는 실제로 연꽃 위에서 태양이나 태양신 라, 또는 매와 같은 태양신의 화현이 솟아오르는 도상이 다수 발견되었다.

성스러운 연꽃나무 위의 태양신이라는 복잡한 구도를 작은 인장 끝에 세밀하게 묘사해 놓았다. 연꽃나무와 태양신에 대한 집념을 잘 보여준다.

그런데 지중해 연안의 페니키아로 자리를 옮기면 이상과 같은 삼본연화나 연꽃나무가 갖는 종교적 의미는 약해지면서 기본적인 단위 문양이 무미건조하게 전달되고 있다는 느낌을 지울 수 없다. 페니키아에서 만들어졌다는 〈그림58〉 인장에는 삼본연화(연화+연화+연화)만이 새겨져 있지만 당시 오리엔트에 널리 퍼진 공통의 언어라 할 수 있는 단위 문양이 문맥 없이 남겨진 형국이다. 그리고 〈그림59〉의 인장에는 삼본연화(연봉오리+연화+연보오리) 위에 초승달을 올려놓음으로써 종교적 의미를 좀 더 부여하였으나 페니키아 사람들에게 초승달이 앗시리아만큼 깊은 의미를 갖지는 못하였기에 이집트나 앗시리아에서 들어온 외래문화를 답습하는 정도였을 것이다.

〈그림58 · 59〉 페니키아의 삼본연화와 초승달 화생 (W.H.Goodyear, op. cit, 1891, p.183)

그러나 이 역시 전체적으로는 도식화되었음을 부정하기 힘들어서 페니키아 사람들이 이집트나 앗시리아 사람들과는 종교관에서 완전히 하나가 되지 못했음을 암시해준다. 지중해의 많은 연안도시를 오가며 살아가던 페니키아 사람들의 다문화적

연꽃의 문법

감각에 비추어 볼 때, 연꽃에서 여러 신들이 탄생하는 모티브가 제공하는 상상의 세계는 주요 관심사가 아니었을 것이다. 이러한 상황에도 불구하고 역시 페니키아 사람들의 문화적 공헌은 오리엔트와 지중해 연안 지역을 이어주던 매개 역할에 있었다고 생각한다.

다음 사례는 기본적으로 태양 숭배를 상징하는 구도이지만 삼본연화나 연꽃나무가 아닌 변형된 로제트 문양을 중심에 놓았다. 그리고 양 옆에는 태양신을 숭배하는 날개 달린 천신을 배치시킴으로써 종교의례의 엄중한 상황을 전달하려는 의도가 역력하다.

이집트에서부터 인간과 신 사이에 날개 달린 천신을 두는 전통이 있었다. 그들은 지상에 내려와 수호신 역할도 하였다. 지중해 문화권의 날개 달린 요정과 비교될 만하고, 인도로 가면 천녀인 압사라도 날개가 있어 사냥꾼과 선녀 이야기의 발원지 역할을 하였다.

태양의 화현이면서 장차 천엽련의 모델이 된 로제트를 향하여 손바닥을 위로 내밀고 있는 포즈가 경외하는 천신들의 자세를 대변한다. 테두리 역시 작은 로제트 문양들로 가득 채워져 있어 전체적으로 연꽃보다는 도식화된 로제트의 세계를 잘 보여준다. 앗시리아 내부에서조차 긴 세월 동안 이집트 전래의 보편성을 유지하면서도 각지의 지역적 특징들이 하나 둘 늘어나기 시작했다는 사례들이 나타나게 되었다.

성스러운 연꽃나무가 앗시리아에서 더욱 발전하게 되면서 날개 달린 천신과의 교류 역시 늘어나게 된다. 천신이란 어디까지나 의례적 의미이므로 중요한 종교의례가 있을 때에는 누군가가 그렇게 분장하고 모종의 역할을 했을 것으로 추정된다. 아마도 신권적 위치에 있던 사람이었을 것이다. 그런 만큼 의례의 중요성도 더했을 것이며 인간들의 세속적 욕망 또한 한층 가중됐을 것이다. 의례용 연꽃나무가 더욱 거창해야 하는 이유이다.

의례용 연꽃나무는 연꽃을 겹겹이 쌓아올리기도 하지만 하나의 줄기에 수많은 연봉오리나 연꽃을 빼곡히 매다는 형식도 있었음은 앞에서 소개하였다. 자연계에는 존재하지 않는 기이한 풍경이지만 당시 사람들로서는 진지하고 엄중한 종교의례용 설치물이었다. 불교의 장엄에 해당한다.

우측에 서 있는 네 날개의 천신은 헌화용 꽃 다섯 송이를 한 다발로 묶어 오른손으로 잡고있으며 새끼 양을 왼팔로 안고 있어 신께 바치려는 제물임을 암시한다. 앗시리아에서 인도에 이르는 넓은 지역에서 양이나 염소를 제물로 바치는 사례가 많아 특이한 일은 아니지만 연꽃나무가 단순한 장식이 아닌 것은 분명하다. 신격을 대체한 것으로 판단되는데 불교에서 보리수나무를 석가모니처럼 숭배하는 풍습에 비교될 만하다.

그렇더라도 성스러운 나무에 대한 숭배가 실제로 존재하는 나무가 아닌 상상의 연꽃나무라는 사실은 앞으로도 주의해서 살펴봐야 할 문제이다. 당시의 앗시리아 지역에는 대추야자나 포도 석류 등 과일 나무를 중심으로 다양한 식물 문양이 발견되고 있지만 성수로 숭배될 정도의 나무는 별도로 전하지 않는다. 이집트에서 수련과 파피루스가 나라의 상징이었던 사실에 비추어 본다면 앗시리아를 대표하는 신성한 식물이 없던 셈이다. 이때에 전해진 성스러운 나무가 바로 연꽃나무였다고 생각한다. 연꽃나무를 가장 발전시킨 나라가 앗시리아라는 점과 더불어 가장 다양하고 복잡한 연꽃나무 도상을 남겼다는 사실이 이를 입증한다.

〈그림60〉 앗시리아의 태양숭배와 로제트
(W.H.Goodyear, op. cit, 1891, p.183)

특히 위 연꽃나무가 특이한 것은 연봉오리가 열매처럼 많이 달려있으며 특히 강조되고 있다는 점이다. 연봉오리에 대한 특별한 신앙이 심화되고 있다는 증거이다. 이집트에서 연봉오리를 각별히 취급하는 사례가 없던 것은 아니나 과일나무 같은 형식은 발견되지 않고 있다. 연봉오리가 주목받던 나머지 장차 독립적으로 숭배의 대상이 되는 소위 솔방울 신앙의 전조를 보는 것 같다.

〈그림61〉 앗시리아의 연꽃나무와 천신
(W.H.Goodyear, op. cit, 1891, p.132)

연꽃의 문법

〈사진154〉 연꽃나무에서 연봉오리를 따는 조면천신(鳥面天神) 〈그림62〉
(2014년 필자 촬영)

연봉오리에 대한 앗시리아인들의 자세를 읽을 수 있는 귀중한 부조 도상을 런던 대영박물관에서 발견하였기에 스케치 모사를 제시하였다. 앗시리아의 문화가 번성했던 니무룻드Nimrud에서 발견된 석조 부조로 박물관 측에서는 기원전 9세기 작품으로 소개하고 있다.

중앙에 서 있는 커다란 연꽃나무에는 팔메트 문양 형식으로 묘사된 연꽃이 다수 매달려 있다. 그리고 양 옆에서는 매의 얼굴을 한 천신 두 사람이 각각 연봉오리를 손으로 잡아 따는데 연봉오리는 비교적 크게 그려져 부조를 조각한 이에 의해 강조되었음을 짐작하게 한다. 많은 연꽃을 놔두고 굳이 연봉오리 하나를 강조하고 있으므로 특별한 의미가 없으면 설명이 안되는 부조 도상이다.

그런데 이집트인들에 의해 강조되던 연봉오리와 달리 마치 커다란 솔방울 같은 형태로 변모되었다는 점은 특이한 현상이다. 물론 이집트에서 전래된 연봉오리와 다르지 않은 도상도 많이 전하지만 솔방울처럼 생긴 연봉오리를 두 사람의 천신이 연꽃나무에서 따고 있는 광경은 아무리 봐도 기이하다. 인도에서 연밥에 대한 관심이 싹트더니 중국에 이르러 특별한 관심으로 발전되어 주목받던 양상과 비슷한 전개가 예상된다. 보편성과 지역성은 항상 동전의 양면처럼 동시 진행형이다.

앗시리아의 다른 건축물 부조 도상에서 마치 솔방울같이 묘사된 연봉오리가 연꽃과 함께 삼본연화를 구성하는 사례는 종종 발견되었으나 위 그림처럼 천신들이 연꽃나무에서 무언가를 따는 사례는 특별한 의미가 있어야 한다. 보통 수호신으로 등장하던 천신들이므로 그들에 의해 수확되는 연봉오리 아닌 솔방울은 필경 사람들에게 다산과 풍요를 가져다주는 보주寶珠로 간주되었을 것으로 추정된다. 솔방울 역시 연밥에 뒤지지 않을 만큼 많은 씨를 품고 있는 특성에 기인한다. 그러나 진짜 솔방울 형태로 진화 발전하여 숭배의 대상이 되는 전개는 앗시리아를 떠나 좀 더 기다려야 할 것 같다.

〈사진155〉 삼본연화와 솔방울(2014년 필자 촬영)

〈그림63〉

전시중인 대영박물관의 설명에 의하면 위 석조 부조 도상은 같은 니무룻드 지역의 북쪽 궁전 첫 번째 방의 세 번째 문에서 발견된 기원전 7세기 작품으로 알려져 있다. 그런데 사각 형태의 테두리 안에 묘사된 내용은 삼본연화가 사방으로 그려진 매우 정돈된 도상이다. 만개한 꽃은 수련이 뚜렷하여 삼본연화를 표현하려던 의도인 것만은 분명한데 연꽃 좌우의 연봉오리가 거의 솔방울 형태로 변화하였음을 알 수 있다. 굳이 말하자면 "솔방울+수련꽃+솔방울"로 전환되어 있다. 삼본연화 도상의 원형 격인 "연봉오리+연화+연봉오리"에서 보면 당돌하기까지 하다. 중앙의 꽃잎은 수련꽃이 활짝 핀 형태로 거의 로제트에 가깝다.

왜 솔방울로 변했는지 아직 풀어야 할 수수께끼가 많지만 한 가지 분명한 것은 연봉오리를 통해 기대하던 종교신화적 믿음이 이집트를 떠나 앗시리아에 들어오면서 점차 쇠퇴하였다는 점이다. 그리고 그러한 상황에서 도식화한 삼본연화는 남겨졌으나 새로운 존재 이유가 부여되었을 가능성이 있다.

다시 말해서 쇠퇴한 정신세계는 연봉오리가 갖고 있던 과거 현재 미래의 종교신화적 상징성이었으며 남은 것은 재생과 풍요였는데 그것은 솔방울을 통해서도 가능했다

연꽃의 문법

는 것이 필자의 해석이다. 장소가 바뀌면 종교와 신화가 바뀌고 이에 연동하여 그 상징성들도 뒤따라 변질된다는 문화 변이의 일반적인 패턴을 말해준다.

이상과 같은 문화 변이의 패턴을 지적하기 전에 역시 이집트는 그 원형이라든가 본질적인 무언가가 남아있는 지역으로 주목받아 마땅하다. 제시한 사진 역시 대영박물관에서 찾은 무덤 벽화로 많은 여인들이 어떤 의례에 참석

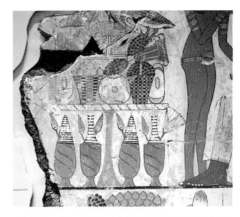

〈사진156〉 이집트의 종교의례와 연봉오리 장식(2014년 필자 촬영)

해 있는 가운데 앞에는 제물용으로 보이는 음식이나 장식이 화려하게 진설되어 있는 내용이다. 그리고 진설된 아래를 잘 살펴보면 네 개의 장식용 화병 같은 것이 보이고 여기에는 왼쪽부터 연봉오리가 한 개, 두 개, 한 개, 그리고 네 번째는 연봉오리 한 개와 수련꽃 한 송이가 장식되어 있는 것을 발견할 수 있다.

구체적인 의례 과정은 확인할 수 없으나 연봉오리를 의례의 진설용 또는 장엄용으로 사용하였다는 사실은 확인할 수 있다. 연봉오리가 완전히 개별적이라고는 말하기 힘들지만 점차 독자적으로 주목받아가는 변화과정은 읽을 수 있다. 고대 이집트에서 싹이 트고 앗시리아에서 화려한 꽃을 피우는 식이다.

그런데 수천 년이라는 긴 시간의 경과로 인한 변색을 감안하더라도 청수련으로 추정하는 데 별다른 무리는 없어 보인다.

〈그림64〉 페르시아의 스핑크스와 연꽃나무(W.H.Goodyear, op. cit, 1891, p.219)

연꽃나무 이야기로 돌아가자면 위 〈그림64〉는 두 가지 연꽃나무 중에서도 특히 연꽃을 겹겹이 쌓아올린 형태이다. 페르시아의 중심이었던 메르세폴리스 유적에서 발견된 도상으로 사자의 몸통에 인간의 얼굴을 한 스핑크스가 오른손을 들어 3단 높이의 연꽃나무에 경의를 표하는 구도이다. 옆에는 2단과 7단 높이의 연꽃나무가 서있어 연꽃나무에 대한 관심이 예사롭지 않다. 맨 꼭대기에는 팔메트 문양이 올려 있으며 테두리는 다른 도상에서처럼 작은 로제트 연속 문양으로 빼곡하다. 어떤 종교 의례에 설치되었던 장엄으로 판단된다.

실제 상황이라면 연꽃나무에 경의를 표하는 사람은 절대적 권력자나 종교 지도자였을 것이다. 그러나 신과 인간의 중간적 존재자이면서 수호신인 스핑크스를 등장시킴으로써 연꽃나무가 갖는 신성함을 더욱 강조하려던 의도가 엿보인다. 이러한 도상과 사상이 앗시리아나 바빌로니아를 넘어 더욱 동쪽으로 이동했다는 귀중한 증거 자료인데 메르세폴리스라면 인도에 좀 더 가까워진 느낌이다. 지금의 이란 남부지역이다.

앞의 인도편에서 붓다가야의 스핑크스 연화화생을 통해 확인하였듯이 연꽃과 스핑크스의 관계는 의외로 넓은 지역에서 발견되고 있다. 단순한 관계성이라면 이 역시 이집트 기원이지만 각 지역에 토착화하면서는 지역의 논리가 가미되는 경우도 있으니 주의 깊게 살펴봐야 한다.

희귀한 연꽃나무 도상으로 앞의 〈그림46〉에서도 확인하였는데 〈그림65〉 역시 연꽃 팔메트에 아홉 송이 연봉오리가 장식되었다. 앗시리아에서 특히 많이 보이므로 연봉오리에 대한 앗시리아 사람들의 남다른 관심을 알 수 있다. 이집트의 삼본연화에서처럼 연봉오리 하나 혹은 둘에 대한 결정적인 신성함보다 여러 개를 장식하여 가능한 많은 목적 달성을 담보하려는 세속적인 욕구가 돋보인다. 이집트와 비교해서 점차

〈그림65〉 앗시리아의 타조와 연꽃나무(W.H.Goodyear, op. cit, 1891, p.285)

달라지는 종교관과 사회관을 엿보게 한다.

그리고 우측에 놓인 커다란 연봉오리는 솔방울이라 해도 지나치지 않을 정도이다. 주변의 구성 요소에 비해 터무니없이 커진 연봉오리이므로 연꽃 못지않은 존재감을 유감없이 보여준다. 연봉오리의 독자적인 행보가 진행되는 급격한 변화이며 앞에서도 언급했듯이 장차 솔방울과의 도상학적 착종이 예상된다.

또 한 가지 주목할 것은 양 옆을 장식하는 타조로 아프리카 북부인 이집트에서도 유사한 문양이 있었을 것으로 추정되는데 지역적 특성을 살린 도상인 것만은 분명하다. 이러한 도상이 인더스강 유역부터는 공작으로 변했다는 점도 동시에 기억해둘 필요가 있다. 태양의 화신으로 추앙의 대상이 되었던 매나 따오기에서 거위와 백조로, 그리고 공작으로 변하던 과정이 있었는데 타조는 그 외형으로 보더라도 돌발 상황처럼 보인다.

〈그림66〉 페니키아의 연꽃나무(W.H.Goodyear, op. cit, 1891, p.240)

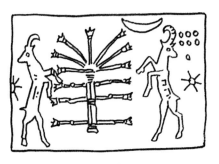

〈그림67〉 앗시리아의 연꽃나무(W.H.Goodyear, op. cit, 1891, p.247)

그런데 여러 가지 형태로 변화를 거듭하는 연꽃나무가 페니키아 지역에서도 발견되었다. 어눌한 도상이지만 양 두 마리 사이에 놓인 연꽃나무는 분명해서 하단에 두 송이, 중앙에 한 송이, 상단에 다섯 송이의 연꽃이 나름대로의 질서를 갖춘 채 달려있으나 일반적인 패턴에 따라 도식화되었음은 부정하기 힘들다.

여덟 송이가 주는 의미나 형태가 갖는 특성에 대한 해석이 좀처럼 쉽지 않다. 페니키아의 문화적 특징에 입각해서 본다면 종교적 의미보다는 독특한 형태를 우선적으로 생각하던 당시 사람들의 상업적 시도였을지 모른다. 게다가 양 두 마리를 양 옆에 배치하는 구도 전체는 앗시리아의 풍습을 답습하고 있는 것으로 이해할 수 있겠다.

비슷한 연꽃나무 도상은 앗시리아 유적의 원통형

돌기둥에 새겨진 부조에도 전하고 있어 페니키아에 대한 영향을 미루어 짐작하게 한다. 즉, 연꽃나무의 양 옆으로 사슴과 유사한 가젤이 보좌하는 모양인데 작품이 만들어진 지역의 동물일 가능성이 높다. 가젤은 지금도 아프리카에 널리 서식하는 동물이므로 오리엔트로 퍼졌을 개연성은 많다.

도상은 돌기둥에 새겨져 있어 순수 장식일 가능성이 있으나 내용이 전하는 원래의 목적은 종교의례의 공간을 재현하는 것으로 판단된다.

연꽃나무에 대한 관심이 여전한 가운데 곧게 세워진 연줄기 끝에는 수련꽃 열세 송이가 피어 있다. 위에는 초승달이 가지런히 떠 있으며 양 옆으로는 별이 각각 하나씩 두 개가 비추고 있으니 밤을 암시한다. 그렇다면 역시 수련은 밤에 피는 백수련일 것으로 생각하지 않을 수 없다. 앗시리아 지역에 달밤에 개화하는 백수련이 자생하지 않았다면 이집트의 도상을 단순히 수용했다는 추정도 가능하다. 아무튼 시간의 출발점인 초승달과 밤을 경외시 하던 앗시리아 사람들의 신앙심이 주목받는 도상이 아닐 수 없다. 가젤 두 마리는 밤을 주재하는 신께 바치는 제물일 것으로 예상하지만 단언하기 어렵다.

단순한 연꽃무늬가 아닌 상상의 연꽃나무는 점점 화려하고 복잡한 구도로 진화 발전하여 본격적인 돌기둥 장식으로 활용되기에 이르렀다. 〈그림68〉은 바로 그와 같은 사례인데 하단 부분의 삼본연화(연봉오리+연화+연봉오리)는 전형적인 이집트 문양을 빼닮았다. 연꽃잎이 좀 더 세밀해졌을 뿐 기본 구도는 동일하다고 볼 수 있다. 이집트의 문화적 존재감은 앗시리아 지역에서 거의 손상되지 않았다는 결정적인 증거이다.

중단에는 다시 개괄적인 도상으로 표현된 연꽃 한 송이가 올려져 있는데 꽃받침이 선명하여 역시 수련임을 분명히 하였다. 양 옆으로는 바깥을 바라보는 가젤의 머리 부분을

〈그림68〉 앗시리아의 돌기둥과 연꽃나무 장식(W.H.Goodyear, op. cit, 1891, p.245)

연꽃의 문법

묘사하였는데 균형이 잡혀있으면서 상단을 받쳐준다. 상단은 활짝 핀 팔메트식 연꽃을 그려놓고 양 옆에는 다시 로제트식 연꽃무늬를 한 송이씩 배치하였다. 군이 말한다면 이 역시 삼본연화가 된다.

이와 같이 상단 중단 하단으로 이루어진 삼단식 연꽃나무를 돌기둥 장식으로 꾸민 것은 이집트의 돌기둥을 한층 화려하게 발전시킨 결과로 이해할 수 있겠다. 앗시리아에서 더욱 다양해진 연꽃나무 활용법은 페르시아를 거쳐 인도에 대한 문화적 충격으로 다가가기 시작하였다. 이질적이지만 궁금증을 더하는 외래문화의 유입은 기원전이나 지금이나 큰 차이가 없어서 문화적 글로벌리제이션이 결코 현대적 개념이 아니라 기원전부터 이미 그러했다는 말은 현대 인도학자들이 흔히 하는 주장이기도 하다.

〈그림69〉 페르시아의 연꽃나무 장식(W.H.Goodyear, op. cit, 1891, p.113)

다양한 연꽃나무 장식이 앗시리아에서 페니키아나 페르시아로 퍼져나가는 과정을 보고 있는데 위 사례도 그 중의 하나이다. 수련꽃을 이중으로 쌓아올리고 맨 위에는 팔메트 문양으로 장식한 패턴으로 페르시아의 수사Susa 유적의 건물 계단에서 발견되었다. 건물 계단에 그림이나 부조 또는 타일 모자이크로 표현하는 경우가 많은데 지금도 인도의 자이나 사원에서 흔히 보는 장식이므로 두 나라의 문화교류가 깊었음을 말해주는 증거 자료이기도 하다.

그러나 위 사례가 이미 앗시리아의 영향이라는 것이 입증되었으므로 기원전 수천 년 동안 이어지던 문화적 연속성의 끈질김에 놀라움을 감추지 못할 정도이다. 다만 유사한 문양이 앗시리아에서는 코끼리 상아로 만든 공예품에서도 발견되었던 반면에 페르시아로 오면서는 주로 건축물 장식에서 발견된다는 차이점이 인정된다. 생활문화에 대한 파급 효과는 앗시리아 쪽이 강했다는 반증일 수 있겠다.

앞의 〈그림69〉와 같은 지역의 건축물 계단에서 또 다른 부조가 발견되었는데 비슷하면서 다른 느낌은 연봉오리와 로제트 문양 때문이다. 앞의 〈그림69〉에서 수련은

두 겹으로 표현되었으나 여기서는 세 겹으로 쌓아올렸다는
차이가 있다. 게다가 오른쪽의 커다란 연봉오리는 마침내
하나의 수련보다 커서 세 겹으로 쌓아올린 연꽃나무와 높이
가 같을 정도이다.

연봉오리에 대한 집념이 상식을 초월하고 있으며 마침
내 집착으로 보이기 시작하는 이유이다. 그러나 납득할
만한 배경 설명으로는 앞에 소개했던 〈그림65〉의 솔방울
로의 변화이다. 연봉오리와 솔방울에 대한 사람들의 인식
변화와 더불어 앞으로 더 많은 유형의 도상을 통해 비교분
석해야 할 숙제이다.

다양한 연꽃나무 장식을 살펴보았으나 그 기원이 이집트
라는 점은 이미 지적하였다. 그런데 이집트의 연꽃나무 장식이
일반적으로는 소박하면서도 그림과 같이 화려한 경우도 간혹
발견된다. 이집트의 역사가 매우 길었던 만큼 다양한 패턴들을
간단히 갈무리하기가 어려운 상황이다.

〈그림71〉의 사례는 이집트의 무덤 벽화 일부로 나무기둥
에 그려진 사례인데 돌이 아닌 목제 기둥은 흔치 않다. 목제
기둥이라는 전제 하에 다양한 색채로 그려 놓았으니 무덤이
만들어졌을 당시의 화려함은 상상하기 어려울 정도였을 것이
다. 그림이므로 돌기둥 조각으로는 만들기 어려운 연봉오리
두 개를 별도로 표현하기도 했다. 망자가 살아있던 생전의
생활 모습을 재현한 것으로 보이는데 먼저 기둥 하단에는
전형적인 삼본연화(연봉오리+연화+연봉오리) 장식으로 앗시리아나
페르시아에 전파된 단위 문양과 동일하다. 가장 기본적인
문화 코드였다는 사실이 극명하게 드러난다.

〈그림70〉 페르시아의 연꽃나무
장식과 연봉오리(W.H.Goodyear,
op. cit, 1891, p.185)

〈그림71〉 이집트의 연꽃나무
돌기둥(W.H.Goodyear, op.
cit, 1891, p.79)

〈그림72〉 이집트의 연꽃기둥
(W.H.Goodyear, op. cit,
1891, p.209)

그리고 바로 위 중단에는 양 옆 꽃받침이 시들어서 흐드러지게 떨어지기 직전의 모습을 간결하게 묘사하였으니 분명히 수련화이며 상단에는 수련화 한 송이가 가장 큰 크기로 활짝 피어있다. 이렇게 상단 중단 하단의 삼단식 연꽃나무 장식이 그려진 나무 기둥과 그 지붕 일부가 그려져 있다. 연꽃나무 장식이면서 동시에 연꽃무늬 돌기둥[連柱]과 공존하던 양식의 하나였던 것으로 보인다.

인도로 전파된 연꽃나무 패턴의 도상이 존재하는 이유는 가장 꼭대기 연꽃에서 화생하는 절대자의 존엄을 드높이기 위함이라는 해석이 있었다. 이것이 인도의 고유 발상인지 아닌지 불분명한 상태였으나 어쩌면 이러한 신화적 이해도 이집트 발생으로 봐야 할지 모르겠다. 이 문제를 풀어나가기 위해서는 〈그림72〉가 그 실마리가 될 수 있다고 생각한다.

선명한 삼본연화(연봉오리+연화+연봉오리) 장식인데 두 개의 연봉오리를 마치 매달려있는 것처럼 표현했다는 것은 실제 기둥이 아닌 그림이라는 것을 의미하므로 이 역시 무덤 벽화의 일종으로 보인다. 또 수련이라는 점과 기둥 하단에 물결 묘사가 있는 것으로 보아 연못에 핀 수련을 현장감 있게 그렸다고 생각한다. 그런데 문제는 이것이 건물 지붕을 떠받치는 기둥이라는 사실이며 연꽃 상단에는 태양신의 화현인 사자 네 마리 두상이 사방을 향하여 배치되었다는 점이다. 즉 태양신 라Rha의 화현을 전제한 것이라면 기둥 꼭대기에서 삼본연화화생이 구현되는 구도가 아닐 수 없다.

상단에서의 삼본연화화생은 단순히 건축 설계상의 이유에 앞서 종교신화적인 근거가 먼저 전제되었을 것으로 본다. 그것이 태양신 라의 출현이었다고 생각하는데 이렇게 해석한다면 인도에서의 전개를 포함해서 전체가 일목요연해지는 느낌이다. 상단에서 출현하는 신일수록 지고의 신이라는 공통점이 발견되기 때문이다. 연화화생을 강조하게 위해 하단에서 중단 상단에 이르도록 겹겹이 연꽃을 준비해두었던 이집트 사람들의 사유세계는 앗시리아와 인도의 신화적 사상 체계 속에 이르기까지 면면히 이어지고 있었다.

그러나 이집트에서도 고왕국시대의 단순하고 경쾌한 돌기둥 형태가 이어져왔기에 런던의 대영박물관에서 발견한 연꽃무늬 선명한 사례를 소개하기로 하겠다. 이집트에서조차 보편성과 특수성은 늘 공존하고 있어서 사진의 경우는 기원전 20세기 이전의 초기 돌기둥의 원형을 잘 간직한 형태이다. 일직선으로 솟아오른 돌기둥은 수련꽃의 줄기를 형상화하였으며 꼭대기의 받침 모양은 활짝 핀 수련꽃잎을 그대로 옮겨놓은 듯하다. 한마디로 거대한 수련꽃이라 해도 과언이 아니다.

〈사진157〉 이집트의 연꽃 돌기둥(蓮柱)(2014년 필자 촬영)

사진과 같은 돌기둥을 유럽의 학자들은 19세기부터 연꽃 돌기둥이라는 의미로 로터스캐피털Lotus Capital로 불러왔으며 연꽃 문양과 더불어 연꽃문화를 총체적으로 연구하는 데 중요한 분석대상으로 여겨왔다. 시대가 바뀌면서 수많은 형태의 돌기둥이 새로 고안되기도 했으나 초기의 기본 형태는 인도에서도 발견될 정도이니 변화무쌍한 지역성이 인정되더라도 보편성이 전제된 특수성이라는 사실을 새삼 느끼게 한다. 논리적으로 바꿔 말한다면 연속성과 비연속성은 상호 불가분의 관계라는 뜻이 되겠다. 이러한 깨우침을 던져주는 연꽃 돌기둥은 마치 삼본연화가 갖는 문화 코드와 같은 존재감을 발신한다.

대영박물관에는 비슷한 돌기둥이 또 하나 전시되어 있었는데 발견 장소가 무덤근처라 하였다. 무덤의 표식이 되는 어떤 신상을 올려놓았을 것으로 추정하며 이러한 영국 학자들

〈사진158〉 이집트의 연꽃 돌기둥(2014년 필자 촬영)

연꽃의 문법

의 추정에 동의한다면 신은 아마도 오시리스일 것이다. 사후의 세계를 관장하는 신이기 때문이며 그렇다면 사진의 돌기둥 꼭대기를 장식하는 수련은 나일강의 백수련일 것으로 파악하고 있다. 밤에 피는 백수련은 어둠의 신 오시리스나 죽음과 연계되기 때문이다.

이러한 문맥에서 본다면 다른 어떠한 문화적 개입도 불허함으로써 단조롭고 본질적인 연꽃무늬 돌기둥이 견지될 수 있었다고 본다. 지금은 사라지고 없어진 연꽃 위의 신상을 상상하면서 감상한다면 이집트 고왕국시대의 분위기를 한층 실감나게 느낄 수 있을 것이다. 그러나 전시된 돌기둥은 기원전 7-4세기에 만들어진 것으로 추정된다고 하니 이 역시 매우 다양하게 변화를 겪고 있던 신왕국시대 후반의 한가운데에 세워진 고왕국시대의 먼 기억이 아닐 수 없다. 본질적 연속성이란 가장 오래 된 것이면서 늘 새롭다.

이렇게 신성한 기능을 가진 연꽃 장식 돌기둥의 도상학적 원형이 연줄기를 포함한 수련이라 한다면 다시 그 근본 문양은 돌기둥 꼭대기의 삼본연화로 되돌아가야 한다. 그만큼 삼본연화는 아시아의 연꽃 이야기에서 신화의 출발점이라 하지 않을 수 없다. 신들의 출처이면서 당시 사람들이 생각하던 우주관을 보여주기 때문이다. 다시 말해서 삼본연화화생이야말로 전체와 부분의 상호관계를 인식하기 시작한 논리적 사유방법의 시초가 아니었을까 생각한다. 연봉오리 연꽃 연봉오리로 형상화한 과거 현재 미래의 전 시간 속에 존재하는 어떤 개별자를 인지하는 도상의 출현을 의미한다.

그런데 또 다른 의미의 삼본연화화생이 동시에 발견되고 있어 연구자들을 당혹케 하는데 그것은 출현하는 주인공이 신이 아닌 망자들인 경우이다. 이러한 문제들이 19세기 근대 학자들에게 제기될 수 있었던 계기는 앞서 소개했던 『사자의 서』 덕분이었다.

이집트 『사자의 서』를 통한 분석이 많아지므로 잠시 서지 소개를 하자면 여기에 담긴 내용은 기원전 26세기로 거슬러 올라가야 하는 피라미드 벽화에서부터 기원전 16세기경까지 소급해야하는 무덤 자료들이 모여 편집되었다고 보면 틀림이 없을 것이다. 그러니까 영문 번역과 편집 시기는 19세기이지만 여기에 담긴 내용은 대략 기원전 26세기부터 기원전 10세기 사이의 도상 그림들과 그림 문자에 의한 해설이 주를 이룬다.

<그림73> 이집트의 삼본연화화생
(E.A. Wallis Budge, *The Egyptian Book of the Dead*, Penguin Books, 2008, p.264)

내용은 사자의 서 말 그대로 망자가 필요로 하는 내용, 즉 임종에서 피안에 이르기까지의 길고도 드라마틱한 여정을 무사히 마치기 위한 안내서와 같다. 발견 장소도 피라미드의 벽화나 무덤인데 무덤이라면 미라의 표면에 그림으로 그려져 있거나 미라가 들어있던 석관의 내면과 외면에 빼곡히 그려지고 씌어 있었다. 그러나 무엇보다도 자세한 내용은 미라의 손 가까이 혹은 머리맡에 놓여있던 파피루스였다. 마치 지금의 서책 같은 기능을 한 것이 파피루스이므로 저승길로 향하는 망자가 소지하기 편하도록 여행 가이드북 같은 효과를 기대하며 고안했던 것으로 추정된다. 저승길을 처음 가보는 미지의 길로 인식했다는 증거이다.

여기서 망자가 필요로 하는 내용을 구체적으로 보면 사후 심판을 맞이하기까지 무엇을 준비해야 할 것인가, 심판관인 오시리스의 질문에 어떻게 대답할 것인가, 판결이 난 후에는 마침내 좋은 곳으로 갈 것이므로 거기까지 무사히 통과하기 위한 비법, 그리고 마침내 도달된 사후 세계의 실상 등이다. 그러니 사자의 서란 위와 같은 내용이 그림과 글로 상세하게 표현돼 있는 문헌의 총칭을 뜻한다.

한편 위 그림에서 제시한 삼본연화화생의 주인공에 대해서는 사실 학자들 간에 설왕설래 의견이 분분해서 망자라는 의견과 태양신 라Rha라는 의견으로 갈라져 있다. 어떤 사람이라는 애매한 주장도 있으나 이것은 파피루스의 전체적 문맥상 좀 가벼운 의견이다. 여기서 필자의 의견을 먼저 내놓는다면 신이 아닌 망자라는 의견에 동의하는 입장이다.

사자의 서에 담긴 내용들을 통해 당시 사람들이 과연 무엇을 기대했을까를 생각하려면 먼저 망자의 관점에 입각하는 것이 순리이다. 그리고 연꽃이라는 신비로운 존재가 암시하는 또 하나의 문맥이 사자의 서 전체를 통해 일목요연한데 이것이야말로 지금까지의 학자들이 소홀히 했던 부분으로 망자의 재생 기원에 귀결되는 문맥이었던 것이다. 인류 최초의 연화화생을 사자의 서에서 보고 있다는 기쁨도 잠시, 그 의미를 심도 있게 고찰할 필요가 있다.

망자들이 바라던 것은 사후의 행복한 세계이며 그곳에서 다시 태어나기를 간절히 바라는 마음은 수천 년 전의 파피루스이지만 매우 간절해 보인다. 많은 망자들이 활짝 핀 연꽃으로 빨려 들어갈 것처럼 응시하거나 그 앞에 앉아있는 도상들이 다수 전한다. 이와 같이 사자의 서가 갖고 있던 근원적인 목적에 입각해서 망자들의 관점이 무엇인지 숙고해야 한다.

망자의 재생, 즉 삼본연화화생을 그린 것이고 도상이 그려진 장소가 석관이나 파피루스라면 쉽게 납득할 수 있게 된다. 그러나 피라미드라면 태양신 라의 화생으로 봐야하는 상황이겠으나 도상의 추정 시기가 대략 고대 이집트의 중왕국시대(BC.21-BC.17)라 하므로 망자의 화생으로 보아 틀리지 않을 것이다. 피라미드의 건축은 대체로 고왕국시대에 만들어졌기 때문이다.

이렇게 망자의 화생으로 본다면 삼본연화화생(연봉오리+연화+연봉오리)과 망자의 상호관계에 있어서도 지금까지 발견된 사례 중에서는 최초의 도상일 수밖에 없다. 불교와 함께 전래된 동북아시아의 삼본연화화생과도 맥을 같이 하는 도상이다. 가운데 연꽃은 꽃받침이 분명하니 수련이라 말하지 않을 수 없고 양 옆의 봉오리 역시 앗시리아의 그것과 거의 동일하여 이집트와 앗시리아의 문화적 수수관계 또한 의심할 나위가 없다. 앗시리아가 이집트의 문양을 거의 복사했다고 하면 지나친 말이겠으나 차이점 찾기가 어려울 정도이다.

그리고 눈여겨 봐야할 부분은 하단의 물결이다. 앗시리아까지 퍼진 이와 같은 묘사법은 두말할 필요도 없이 연못을 표현하려던 것인데 그 의지가 대단해서 연못의 윤곽과 물결이 이는 표현이 대담하다. 연못을 매우 강조하려 했고 또 그럴만한 종교신화적 의미가 담겨있다는 암시일 것이다. 마치 불교의 아미타변상도 한가운데에 등장하는 연못을 연상케 한다.

그러나 불교 이전에 편집된 리그베다나 몇 종류의 우파니샤드에서도 태초의 연못이자 원수原水는 각별한 의미를 갖는다. 태초의 바다라고도 일컫는 원수에서 최초의 호흡이자 생명력의 결집이 일어난다거나 신들이 탄생하는 이야기는 인도를 중심으로 널리 퍼져있다. 마치 이러한 우주 개벽의 이야기처럼 고대 이집트 사람들도 삼본연화화생의 연못에 특별한 관심을 갖고 있던 것은 아닐까.

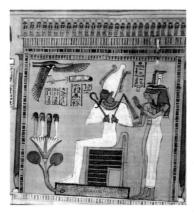

비교적 단순 명쾌한 도상이지만 위 사례가 보여주는 삼본연화화생은 고대 이집트 사람들이 이를 통해 무엇을 생각하고 기대했는지 우리에게 던져주는 메시지 또한 분명하다. 이것이 최초의 삼본연화화생이기에 더더욱 그 본질적인 의미에 관해 많은 것을 생각하게 한다.

삼본연화화생과 연못의 상관성에 대해서는 오시리스가 망자들을 심판하고 화생[극락왕생]시키는 광경을 통해서도 확인할 수 있다. 런던 대영박물관에서 촬영한 〈사진159〉는 어두운 관계로 알기 쉬운 모사로 제시하였다.

〈사진159〉 오시리스의 저승 심판과 삼본연화화생 (2014년 필자 촬영)

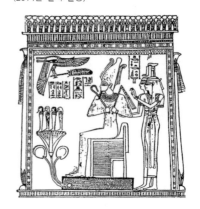

많은 망자들의 미라나 그 주변에서 발굴한 자료를 편집한 것이 『사자의 서』라는 사실은 앞서 설명하였는데 위 사례는 아니Ani라는 이름의 망자와 그의 처가 맞이하는 사후의 심판이야기이다. 파피루스에는 그림문자와 삽화를 곁들여 상세히 설명하고 있으며 그 중간단계에 등장하는 그림이다. 주인공 망자인 아니 부부의 재판

〈그림74〉

연꽃의 문법

이 진행되고 마지막 단계에서는 오시리스의 심판을 받아야 한다. 아니 부부가 방 입구에서 무릎을 꿇고 앉아 기다리는 동안 그 방 안에서는 오시리스가 이미 다른 망자들의 심판을 마친 듯 망자 네 명이 한꺼번에 연꽃을 통해 화생하는 그림이 그려져 있다. 마치 불교의 아미타여래가 망자들을 극락 왕생시키는 아미타변상도의 연화화생을 보는 것 같다.

오시리스가 앉아있는 의자는 연못에 떠 있는 모습으로 묘사되어 있으니 이 또한 연못을 강조한 결과이다. 식물학적으로 매우 정확한 묘사라 할 수 있는 것은 다름 아닌 수련의 세 줄기가 하나의 구근球根에 보기 좋게 연결되어 있고 구근은 연못 속에 잠겨있는 상태로 그려져 있다는 점이다. 연꽃과 구별되는 수련의 특징을 잘 살려 낸 그림이다. 연꽃이라면 구근과 구근 사이에서 줄기가 솟아나오지만 수련은 하나의 구근에서 꽃줄기와 잎줄기 모두가 함께 솟아 나온다는 특징을 잘 인지하고 있는 그림이다.

이렇게까지 정확히 묘사한 수련이므로 물결 또한 그린 이의 뚜렷한 의도기 있었을 것으로 판단하지 않을 수 없다. 오시리스Osiris를 가리켜 사후의 세계를 관장하는 신이라 말하지만 결국 오시리스는 망자들에게 새 생명을 부여하는 역할을 겸비하므로 단순히 죽음을 부르는 신은 아니다. 그보다는 새로운 생명과 희망을 가져다주는 신으로 추앙받고 있었으니 마치 인도의 시바Shiva 신에 견주어진다고 말할 수 있겠다. 일반적으로 시바신은 파괴의 신으로 알려져 있으나 사실은 재생을 포함하여 두 기능을 갖춘 신이기 때문이다. 그러한 오시리스가 새로운 생명을 부여하기 위해 선택한 장소는 바로 연못이었으니 이곳은 인도의 리그베다와 우파니샤드가 전하는 태초의 바다, 즉 원수原水에 필적한다고 생각한다.

그와 같은 배경으로 오시리스를 바라본다면 사후의 심판이 결코 어둠의 세계만은 아닌 것은 바로 앞에 놓인 삼본연화를 통해서도 짐작할 수 있다. 과거 현재 미래의 영원성을 관장하는 지고의 신이라는 해석이 가능해지는 대목이다.

그런데 삼본연화를 주의 깊게 보니 양 옆에 묘사된 것은 지금까지 살펴본 것과 달리 연잎일 가능성도 배제하기 어렵다. 특히 오른쪽 둥근 원과 줄기의 연결부위가 갈라져 있기 때문이다. 수련의 잎은 마치 가위로 오래 낸 듯 갈라진 것이 특징이므로 위 도상은 이집트에서 발견한 최초의 "연잎+연봉오리+연잎"의 패턴이 된다. 다른 지역에서도 이따금 발견되는 도상이지만 이집트에서는 가장 앞선 사례라는 뜻이다.

인도의 신화에서도 연잎은 연꽃이나 연봉오리에 뒤지지 않을 정도의 존재감을 드러내는데 경우에 따라서는 가장 근본적일 때도 있을 정도이니 연잎의 출현은 그냥 지나치기 어려운 문제이다. 다시 말해서 인도의 신화가 전하는 천지창조 이야기에서 최초의 대지는 연잎에서 펼쳐진다는 이야기가 전한다. 프라자파티라는 태초의 신이 물밑으로 들어가 흙을 퍼 올려 연잎 위에 펼침으로써 최초의 대지가 열렸다는 줄거리이다.

이집트의 오시리스가 대지의 신이기도 하다는 전승에 비추어 볼 때 오시리스 앞에 놓인 삼본연화의 연잎은 또 다른 피안의 세계를 상징하려던 것은 아닐까. 대지를 상징했다면 그렇게 해석할 수 있는 가능성은 여전히 남아있다. 연봉오리와 연잎 어느 쪽으로 볼 것인가에 따라 해석이 달라지겠지만 아직 단언하기는 어려운 상태이다.

특히 가운데 연꽃에서는 한 명이 아닌 네 명의 망자가 동시에 화생하므로 유라시아 전체에서 보더라도 예사로운 일이 아니다. 지금까지는 고구려 고분벽화와 전라남도 송광사 지장전의 2인 연화화생이 있었으나 여기서는 일시에 네 명이 출현하였다. 게다가 파피루스에 의하면 태어나는 네 명의 새 생명은 호루스Horus의 아들이라 하니 결국 오시리스는 아들인 호루스에게 새 자식을 점지해 줌으로써 동시에 자신의 손자를 확인하려던 의도로도 읽히는 그림이다.

그렇다면 네 명의 망자를 재생시켜주는 모티브가 아니라 이 땅에 출현하는 생명체들을 묘사하려던 의도로 봐야 한다. 오시리스가 죽음과 재생과 생식의 다기능을 갖춘 신이라는 이해가 가능해지는 이유이다. 이 부분에서도 인도의 시바 신을 연상하지 않을 수가 없다.

이렇게 생명의 연속성을 망자인 아니 부부의 눈앞에 펼쳐 보임으로써 오시리스의 초능력을 과시하고 그래서 자신을 믿으라는 무언의 게시와도 같은 그림이다. 그래서 전체적으로는 이집트의 고왕국시대부터 최고의 신으로 숭앙받던 오시리스의 존재를

연꽃의 문법

분명히 각인시켜주는 메시지가 아닐 수 없다.

오시리스 신앙을 굳이 인도의 종교와 비교하자면 시바 신앙과 겹쳐지는 부분이 인정되면서도 사후의 정토관념에서는 아미타신앙에 가깝다는 생각이다. 최후의 심판을 받고 가게 되는 궁극적인 세계가 이집트인들에게도 결국은 아미타 정토와 크게 다른 세계가 아니기 때문이다. 『사자의 서』는 이들이 가는 피안의 세계를 풍경화처럼 그려놓았으니 흥미진진한 책인 것은 분명하다.

또 아미타여래의 좌우에는 관세음보살과 대세지보살이 보좌하듯이 오시리스는 여동생 자매인 이시스와 네후치스가 보좌한다. 아미타 신앙과 오시리스 신앙의 상호관계에 대해 입증할 만한 문헌 자료는 아직 제시하기 어렵지만 비교 대상으로서 흥미로운 문제라는 점만은 기억해두고자 한다.

이렇게 해서 주인공 망자 부부에 대한 오시리스의 심판은 끝나고 두 사람은 피안으로 향하는 길을 멈추지 않는다는 줄거리이다. 그런데 마침내 그곳에 가기 위한 마지막 관문이 그들을 기다리고 있었다.

아니 부부가 도착한 곳은 말하자면 정토에 왕생하기 직전에 대기하는 공간으로 파피루스의 그림에 의하면 두 사람은 체스판을 앞에 두고 체스 말을 움직이고 있다. 무엇을 상징하는지 난해한 광경인데 어쩌면 자신들의 운명을 미리 알아보기 위해 점을 보고 있을지도 모른다. 과연 칸막이 너머에는 자신들에게 닥쳐올 미래의 운명이 한 발 앞서 그려져 있다. 현재와 미래가 한 폭의 그림에 공존하는 형국이다. 즉, 지금의 공간을 나서게 되면 자신들은 인면조人面鳥로 상징되는 영혼의 모습으로 활짝 핀 연꽃으로 들어가야만 한다. 반대편 연꽃은 나오는 곳을 설정한 것으로 추정된다. 무사히 잘 통과한다면 마침내 고대하던 피안의 세계에 닿을 수 있다. 현재와 근미래와 원미래를 압축해서 그려놓은 그림이 매우 의미심장하여 어느 곳 하나라도 소홀히 넘길 것이 없다.

〈그림75〉 고대 이집트의 극락왕생과 연꽃(E.A. Wallis Budge, Ibid, p.90)

그러니까 목숨을 마치고 지금 저 연꽃 터널을 지나기까지의 시간은 마치 불교의 중유와도 같은 시간으로 설정되어 있다. 저승으로 가는 동안의 망자는 날개 달린 영혼이라는 전제가 뒤따르며 이것을 형상화 한 것이 인면조이지만 날개 짓으로 허공을 나는 것이 아니라 연꽃을 통과해야하는 설정이므로 새는 단지 상징적인 의미라는 것을 짐작하게 한다.

아미타 정토의 인면조인 가릉빙가는 어떠한 과정을 밟아 지금의 모습에 이르렀는지 궁금해지는 대목이다. 가릉빙가의 원형격인 인도의 갈라빈카Kalavinka를 가리켜 극락조라 일컫는데 오시리스 신앙과 관련해서 흥미로운 비교연구 과제이다.

망자의 영혼이 피안으로 이동하는 방법에 대한 문화적 계보가 획일적이지 않고 다문화복합임을 암시하며 여기서는 그것이 새와 연꽃이라는 이중구조로 나타난다. 이러한 논리적 모순을 해결하고자 고대 이집트인들은 인면조라는 상상의 동물 형태를 필요로 했던 것 같다. 그렇게 생각하면 사실 고대 이집트에는 날개 달린 상상의 동물이나 사람 얼굴을 한 동물이 많이 등장하는데 대체로 이와 같은 논리적인 문제를 해결하고자 만들어진 상상의 산물이라고 보고 있다. 즉, 세계를 형성하는 하늘과 땅과 지하의 세계를 한데 엮어 설명하는데 날개의 부착이 유리하기 때문이다. 날개는 이동의 자유와 함께 설명의 편의를 제공해준다.

그런데 파피루스에 의하면 수염이 있는 영혼은 오시리스의 영혼이라는 의미 불명의 기록이 적혀있는데 위 그림에서 보면 오른쪽 인면조에 수염이 보이는 것도 같다. 단정하기 어려운 문제이지만 오시리스가 부여한 영혼이 비로소 부착된 망자 아니의 징표일 수도 있겠으나 더 많은 사례들을 참고하면서 좀 더 지켜봐야할 문제이다.

이렇게 해서 연꽃을 통과한 아니 부부는 마침내 바라던 극락이라는 곳에 도착하였으나 그곳은 이승 세계의 연속이었다. 이승 이야기의 시즌 투라 불러도 손색이 없을 만큼 이승의 일상이 이어지는 곳이다. 연꽃은 이차원의 또 다른 세계로 안내해주는 매개로 간주되었으나 결국은 이승의 연속이니 윤회전생의 이집트 버전이라 해도 지나친 말은 아닐 것이다. 그림을 보고 있으면 돌고 돌아 다시 제자리로 돌아온 느낌을 지울 수 없다.

아무튼 이러한 시간 여행에서 고대 이집트인들은 더 이상 모태母胎에 의존하지 않는 망자들의 이야기를 엮어냈으니 불교보다 훨씬 먼 과거에 형상화되기 시작한 연화화생이었다. 불교에서는 두 번 다시 모태에 의존하지 않게 되는 윤회전생의 다음 단계이야말로 왕생이라고 이해한다.

생명의 탄생과 관련해서 불교가 말하는 사생설이란 난생卵生, 태생胎生, 습생濕生, 화생化生이라 하고, 브라마니즘의 우파니샤드가 말하는 사생설은 난생, 태생, 습생, 아생芽生이라 한다. 난생 태생 습생은 같고 나머지 하나가 화생과 아생이었다. 화생과 아생이란 다른 것 같으면서도 같은 말인데 식물의 발아 현상이나 꽃봉오리가 꽃잎을 활짝 펼치는 드라마틱한 순간을 범상치 않게 인식한 결과물이다.

난생 태생 습생이 동물이나 곤충이라면 화생과 아생은 식물이라는 점에서 같은 계보인데 고대 이집트의 연화화생 역시 식물의 꽃을 통과한다는 측면에서 동일하다. 우연한 자연 발생인지 고대 이집트에서 인도로 전파된 신화시대의 먼 기억인지 증명할 만한 문헌 기록은 없으나 도상학적인 앞뒤 관계에 비추어 본다면 고대 이집트가 먼저인 것은 분명하다.

그런데 아니 부부의 사후 이야기와 비슷한 사례가 이밖에 도 여럿 전하므로 연꽃이라는 하나의 관점에 입각한다면 또 다른 사실들이 속속 밝혀질 것이다. 특히 사후 재판 중인 오시리스와 망자들 사이에 커다란 연꽃나무가 장엄되어 있고 망자 한 명이 연꽃을 손에 들고 숭배의 자세를 취하는 그림도 주의를 끈다. 오시리스의 사후 심판이라는 관점에서는 큰 차이가 없으나 화려하고 규모가 큰 연꽃나무의 등장은 앗시리아의 연꽃나무에 대한 영향을 다시 한 번 생각하게 한다.

무덤에서 발견된 파피루스나 『사자의 서』가 실존해있던 인물들의 연화화생과 사후 이야기였다면 정치적 최고 권력자

〈사진160〉 투탕카멘의 연화 화생(2010년 필자 촬영)

로 군림했던 투탕카멘Tutankhamun의 무덤에서도 연화화생 조형물이 함께 발견되어 많은 사람들의 이목을 집중시킨 바 있다.

앞에 소개한 사진은 이집트의 제18왕조 제12대 왕(BC.1362년경-BC.1352년경)이었던 투탕카멘의 두상으로 미라와 함께 발견되어 투탕카멘의 실제 모습이라는 것이 고고학계의 정설이다. 그런데 연꽃의 관점에서 보더라도 무덤의 주인공 외에 달리 해석할 아무런 이유가 없다. 왜냐하면 투탕카멘의 두상은 활짝 핀 청수련이 받치고 있어 화생하는 모습을 형상화 한 것이기 때문이다. 무덤 주인공의 재생을 바라는 유족들의 바람이 담겨있으리라는 것은 충분히 짐작이 간다.

소개한 사진은 인도의 콜카타국립박물관에 전시된 것을 촬영하였는데 이것은 이집트 카이로국립박물관에 보관 중인 진품을 거의 그대로 모조품으로 만들어 양국의 친선을 도모한다는 취지에서 기증된 조형물이다. 그러나 형태나 세밀한 묘사 방법 등에서 거의 차이점을 발견하기는 쉽지 않아 학술적으로 진품과 다름없는 관찰이 가능하다.

청수련 하단의 둥근 받침부터 상부까지가 부장품으로 둥근 받침은 온통 푸른색을 띠고 있으며 수련은 붉은 빛의 조명에 변색되어 보이지만 실제로는 푸른색이 선명한 청수련이다. 이집트의 도상에서 백수련을 제외하고는 청수련이 대부분이며 간혹 홍수련이 도상에 등장한다는 점도 앞에서 언급하였다.

둥근 받침이 푸른색이라는 점은 두말할 나위도 없이 연못을 상징한 것인데 단순한 연못이 아닌 재생을 실현하기 위한 피안의 연못이니 아미타변상도 한가운데에 그려진 연못과 비교된다. 극락왕생을 바라는 마음이나 왕의 재생을 바라던 고대 이집트인들의 소원에서 연못은 그만큼 불가결한 공통 존재가 아닐 수 없다.

백수련이 아닌 청수련은 태양신 라나 호루스Horus가 화생한다는 청수련과 다르지 않은데 이를 보더라도 매일 아침 새롭게 떠오르는 태양처럼 투탕카멘의 재생 기원은 간절했던 것 같다. 힘차게 묘사된 꽃받침은 투탕카멘을 받치고 있는 청수련이 최고 절정의 상태임을 말해주고 두상의 모습이 투탕카멘 실제의 모습이라면 당시 사람들의 극락왕생 기원이라는 신앙도 결국은 현세 지향이 아니었을까 생각해본다. 이러한 현세 지향적 타계관은 앞서 소개한 아니Ani 부부가 사후 심판을 받고 도착하게 되는 피안의 세계가 결국 현세와 다르지 않았기에 일맥상통한다고 볼 수 있겠다.

실제 인물의 연화화생이면서 그가 최고 권력자라는 측면에서는 제1장 앞머리에서 소개했던 일본의 우마야도(<사진1>) 연화화생을 떠올리지 않을 수 없다. 7세기 초엽의 왕자로 고구려 백제 신라와의 교류에도 적극적인 인물이었다. 그의 사후에 유족에 의해 만들어진 극락왕생 기원을 위한 자수 작품은 투탕카멘과 다르지 않은 연화화생이 핵심이었다. 유라시아를 횡단하여 동쪽 끄트머리에 위치한 일본에서 동일한 모티브의 도상이 왕생 기원이라는 동일한 목적으로 만들어졌다는 일치는 쉽게 상상하기 어려운 일이다. 문화 코드의 불가사의한 힘이라고 밖에는 설명할 길이 없다. 투탕카멘과 우마 야도는 약 2,000년 정도의 시차를 뛰어넘어 동일한 연화화생을 통한 영생을 꿈꾸고 있던 것일까.

그밖에도 카이로박물관에 전시된 투탕카멘의 의상 장식을 보면 당시 사람들이 생각하던 우주관을 알 수 있으며 또 이러한 신화적 이야기의 얼개를 풀어나가는 데 중요한 열쇠는 다름 아닌 연꽃이었다. 최고 권력자의 상징도 연꽃이며 또 최고 권력자 가 장악하고 있음을 보여주는 우주관의 조화도 연꽃을 통해 생성되는 세계였다. 연꽃 이 빠지면 이집트의 신화 이야기나 『사자의 서』는 존립 자체가 위태로워지고 만다.

이집트에는 태양의 화현으로 믿어마지 않던 동물이 여럿 전한다. 사자 매 따오기 가 있는가 하면 곤충으로 쇠똥구리도 있다. 왜 쇠똥구리가 태양의 화현인가는 쇠똥 구리의 습성에 기인한다. 두 다리를 치켜세워 짐승의 똥을 둥글게 만들어 굴려가는 모습이 마치 태양을 숭배하는 모습으로 보였기에 이집트 사람들은 기원전부터 쇠똥 구리 벌레를 신성시해 왔다. 그러므로 각종 벽화나 도상이 전하는 쇠똥구리는 곧 태양 의 화현으로 그려진 것으로 보면 틀림이 없다.

이러한 논리로 태양의 화현인 쇠똥구리와 매가 합성된 상태로 그려지는 경우가 많았다. 그것은 곧 투탕카멘을 상징하였으니 쇠똥구리 매가 왼쪽 다리로 삼본연화(연봉오리+연화+연봉오리)를 오른쪽 다리로 연꽃 한 송이를 굳게 쥔 구도의 금제 장식은 그의 절대적 권력을 상징하였다. 왜 삼본연화인가는 『사자의 서』와 통하는 바가 있으니 곧 과거 현재 미래라는 전 시간을 장악한 절대자를 상징한다. 단, 이때의 연꽃은 모두 아침 태양을 상징하는 청수련이다.

이렇게 투탕카멘의 신권적 지위를 상징하는 장식이나 그림에서 연꽃은 필수 불가 결인데 쇠똥구리와 매의 합성이 아닌 쇠똥구리 단독으로 연꽃과 함께 등장하는 사례도 전한다.

아래 팔찌 장식은 〈사진160〉의 투탕카멘 두상과 함께 카이로박물관에 전시돼 있는 것으로 같은 제18왕조 때의 작품으로 알려져 있다. 기원전 14세기경이다. 그러니 까 투탕카멘이 직접 팔에 장식했을 가능성이 매우 높아서 장식으로 묘사된 도상의 의미에 특히 주의하지 않을 수 없다.

현대인의 손목시계와 거의 같은 형태의 등에는 푸른색의 터키석으로 만들어진 쇠똥구리가 올려 있는데 매우 사실적이다. 테두리는 금으로 처리되어 있으며 직경이 5.4cm라고 하므로 소년이 착용하기에 적당하여 투탕카멘이 10세 이전에 사망했다는 설에 부응한다.

그리고 바로 아래에는 삼본연화가 선명하게 만들어져 있는데 양 옆의 봉오리 꽃받침은 황금으로 만들어졌으나 꽃 봉오리는 붉은 색의 옥돌이다. 가운데 크게 보이는 것은 활 짝 핀 연꽃이며 양 옆의 봉오리에 비해 훨씬 커다란 크기가 돋보인다. 흰색 바탕에 누런빛이 엷게 감도는 옥으로 장식되 어 있으나 세 장의 선명한 꽃받침은 푸른색이다.

삼본연화는 "연봉오리+연화+연봉오리"의 기본 형태로 보이며 가운데 연화는 활짝 핀 청수련이나 홍수련으로 추정 할 수 있다. 꽃잎과 꽃잎의 경계가 선명치 않은 것은 3,300여 년 전의 작품이라 다소 마모되었다는 점을 고려해야 한다.

〈사진161〉 이집트 팔찌 장식의 쇠똥구리와 삼본연화(吉村作治, 『カイロ博物館古代エジプトの 秘寶』, 2000, 238쪽)

연꽃의 문법

그러나 어떠한 경우라 할지라도 다분히 세 개의 태양을 강하게 의식하면서 만든 구도임에는 틀림이 없다.

세 개의 태양이 등장하면 금방 『사자의 서』를 떠올리지 않을 수 없고, 그렇다면 어제의 태양과 내일의 태양, 그리고 오늘의 태양을 각각 상징했을 것이라는 추정에도 수긍이 간다. 왼쪽의 오므라진 꽃봉오리는 어제의 태양이며, 오른쪽의 아직 꽃잎을 펼치지 않은 봉오리는 내일의 태양을 상징하므로 저녁과 새벽하늘에 붉게 빛나는 태양을 묘사하기 위해 일부러 붉은 색의 옥으로 박아놓은 것은 아닐까. 그리고 지금 현재의 태양은 눈부시도록 흰 태양을 묘사해야 했으므로 흰 바탕에 누런빛이 엷게 빛나도록 했을 것이다.

돌 색깔의 구별이나 크기의 차이 등을 고려한다면 고대 이집트인들이 자신들의 우주관에 얼마나 진지했는지 상상하는 데 어려움이 없다. 그리고 이러한 삼차원의 세계를 잇는 이야기의 마디마디가 연꽃에 의해 이어진다는 사실을 새삼 확인하게 된다. 단순히 흥미로운 신들의 이야기나 이승과 저승 이야기가 아니라 투탕카멘의 부장품을 통해 보건대 그것들은 절박한 현실 문제였다.

요컨대 절대자 파라오의 사망에 따른 간절한 재생 기원이 하나하나의 부장품에 그대로 담긴 채 전해지고 있기 때문이다. 투탕카멘 한 사람만의 문제가 아니라 그가 군림했던 왕국과 백성들의 문제이기도 했다. 왕권의 연속성을 국가나 백성들의 연속성과 불가분의 관계로 간주하던 고대인들의 왕권신앙으로 해석할 수 있는 문제였다.

그런데 투탕카멘의 부장품을 통해 살펴보았듯이 고대 이집트의 최고 권력자 파라오는 그의 신권적 지위를 확립내기 위한 여러 가지 연출을 필요로 했는데 그 중에서도 특히 손으로 굳게 잡고 있는 앵크Ankh는 주목하기에 충분하다. 앵크는 무엇이며 왜 앵크를 가까이 두었는지를 이해해야 하고 그러기 위해서는 역시 연화화생은 문제의 핵심이다. 도상으로서의 앵크는 〈사진152〉처럼 기원전 앗시리아의 최고 권력자가 삼본연화를 한 손으로 굳게 잡고 있는 모습과 흡사한 형태로 등장하곤 한다. 같은 문화적 계보로 의심받는 이유이다.

그런데 〈사진162〉의 앵크에서 삼본연화가 어떻게 묘사되어 있는지 살펴보고자 한다. 먼저 앵크 상단의 둥근 원 안을 들여다보면 하단에 보이는 식물이 바로 연꽃, 즉 청수련인데 양 옆에는 작은 봉오리도 표현되어 있다. 고대 이집트에서 앗시리아에 이르기까지 수련의 묘사에서 꽃받침은 반드시 세 장이다. 그러니 다섯 장처럼 보이는 어색한 꽃받침으로 보일 수도 있겠으나 세 장이 꽃받침이고 나머지 두 장은 꽃봉오리가 맞다.

〈사진162〉 앵크의 삼본연화화생
(W.H.Goodyear, op. cit, 1891, p.393)

그러므로 삼본연화를 의도적으로 또렷하게 묘사한 다음 꼭대기에는 황적색의 선명한 태양을 올려놓았다. 어제 오늘 내일의 태양이자 과거 현재 미래의 태양이니 전 시간이면서 시간의 영원성을 표현하고자 했다. 게다가 고대 이집트인들은 낮 동안의 태양은 인간의 머리 위에 떠 있지만 밤 동안은 서쪽으로 들어가 지하의 세계를 여행한 다음 동쪽으로 다시 모습을 드러낸다고 믿었다. 영원한 시간의 연속성을 원으로 표현하게 된 그들 나름대로의 우주관이 반영되었다. 이것이 바로 상단 주위를 원으로 표현하게 된 배경이다.

하단 가운데의 연꽃과 꼭대기 태양 중간에서 날개를 펼치고 있는 쇠똥구리 한 마리는 물론 태양신의 화신이므로 두 손 들어 태양을 떠받치는 자세를 더함으로써 전체적으로 태양 숭배의 분위기를 고조시켰다. 그러나 결국은 하단의 연꽃에서 태양 세 개가 화생하는 구도이므로 영원한 시간도 연꽃이 있어 가능하다는 논리 전개가 되고 말았다. 그래서 태양과 시간의 연화화생은 고대 이집트인들에게 머나먼 이야기가 아니라 늘 생활세계의 가까이에 존재하던 일상의 부분이었던 것 같다.

그런데 원 아래에서 좌우 횡으로 뻗은 막대기는 각각 일몰과 일출을 상징한다고 해석하기도 하므로 결국 원 안의 과거 현재 미래의 태양과 같은 문맥이다. 다시 말해서 시간의 전체와 영원성을 말하고자 연꽃 태양 쇠똥구리를 동원하고 있었다.

연꽃의 문법

그러나 한편 아래로 뻗은 막대기는 원래 사면체로 이루어져있어 오벨리스크Obelisk
를 상징한다고 하였다. 즉, 오벨리스크는 동서남북의 사방을 향하면서 공간의 전체를
예고하므로 이 부분을 취하고 있는 자는 전 세계의 지배자나 다름 아니다. 달리 말하면
원의 세계가 시간의 영원성이라면 하단은 공간의 영원성을 뜻하고 이 둘을 지배하는
자는 전지전능하고 온 우주에 충만된 영원불멸의 존재라는 거창한 의미가 된다. 이렇
게 해서 앵크는 절대자의 상징성을 나타내기 위해 달리 설명할 필요가 없을 정도의
존재감을 갖게 되었다.

상단의 원이 점차 좁혀져서 나중에는 십자가의 형태로 변하기도 하지만 그 전에
생각할 것이 또 하나 있는데 근본적으로 저와 같은 형태로 진화 발전하게 된 이유는
무엇인가에 관해서이다. 다음 그림을 통해 생각해보기로 하겠다.

삼본연화는 수수께끼와 같은 앵크의 의문을 푸
는 데 실마리가 되는 결정적인 바코드이다. 즉, 앵크
의 구조 자체가 삼본연화에서 출발한 것이 아닌가 의
심하게 하는 도상이 발견되어 주목받고 있다. 〈그림
76〉의 도상은 이집트 무덤 벽화의 부분을 모사한 것
인데 앵크와 삼본연화를 구별하여 인식하는 데 도움
이 된다.

〈그림76〉 앵크와 삼본연화
(W.H.Goodyear, op. cit, 1891, p.393)

자세히 보면 분명히 앵크의 골격이 선명히 드러난 가운데 횡으로 뻗은 양 옆으로
활짝 핀 연꽃이 좌우에 한 송이씩 달려있다. 삼본연화와 앵크를 오버랩 형식으로
묘사한 특이한 사례인데 원래부터 삼본연화를 한 다발로 묶은 형태가 앵크로 진화하였
다는 필자의 가설을 뒷받침한다. 삼본연화의 다발을 한꺼번에 손으로 잡고 서 있는
포즈를 절대 권력자의 상징이라고 해석한 바 있다. 전 시간의 통치자라는 의도에서
삼본연화를 쥐고 있었다면 그 변형인 앵크를 손으로 쥐고 서 있는 권력자의 의도
또한 다르지 않다.

앞에서 소개했던 〈사진162〉의 삼본연화가 앵크의 원 안으로 들어갔다면 지금

보는 삼본연화는 들어가기 전의 형태로 예상된다. 한 단계 이전의 형태라는 의미이다. 그래서 시간과 공간으로 상하가 나눠지기 이전의 원시 형태일 것으로 추정된다.

다만 〈그림76〉에서 상단의 연꽃이 아래위로 마주보며 이중으로 그려진 것은 종교적인 의미가 아니라 그린 이의 미술적 감각이라고 본다. 간혹 시도되던 형식이다. 빈 공간에 대한 고대인들의 두려움도 추정해볼 수 있는 이유 중의 하나이다.

그러니 중요한 것은 앵크가 삼본연화를 토대로 진화 발전하였다는 점이다. 자연히 삼본연화의 상징성이 앵크로 옮겨졌고, 앵크에서 또 다른 형태로 진화하면서도 삼본연화의 단계에서 시작된 상징성은 변함없이 이어지고 있었다는 사실이다. 그 마지막 형태가 그리스도교의 십자가라고 했을 때 삼본연화의 상징성은 과연 어떠한 변화의 과정을 밟게 되는지 궁금해지는 대목이다.

그런데 앵크와 수련의 관계에서 간과할 수 없는 문제가 또 하나 등장하였다. 의인화한 앵크가 손을 뻗어 수련잎의 줄기를 두 손으로 쥐고 있는 불가사의한 구도이다. 앵크를 의인화하는 경우는 신을 의인화하는 풍습과 다르지 않은 문맥으로 인도로 들어오면 더욱 빈번해지는 현상이다. 그러니 고대 이집트에서 앵크 자체를 의인화했다고 해서 하등 이상할 일은 아니다. 다만 앵크가 왜 수련잎을 손으로 쥐고 있을까이다.

잎과 줄기가 닿는 부위를 중심으로 양쪽으로 갈라지는 특성을 사실적으로 묘사하였으므로 틀림없는 청수련인데 신화상으로는 인도의 연잎과 일맥상통한다고 생각한다. 즉, 인도의 연잎은 신화에서 푸르른 대지를 상징하고 마찬가지로 이집트의 수련잎도 대지를 상징하던 것이 아닐까, 특히, 앵크의 구성요소가 시간과 공간을 지배하는 것으로 해석되므로 상단의 원은 시간이고 하단은 공간인데 그 하단에서 두 손이 나와 다시 수련잎 줄기를 잡는다는 것은 공간에 대한 확고한 지배력을 암시한다고 본다.

이집트의 수련잎이 땅을 상징했다는 신화 이야기가 전하지

〈그림77〉 앵크와 수련잎
(W.H.Goodyear, op. cit,
1891, p.389)

는 않지만 인도의 신화에 비추어 본다면 그와 같은 추정과 해석이 가능하다는 뜻이다.

앵크를 비롯하여 신들의 의인화는 흔히 있는 일로 호루스Horus의 의인화도 예외는 아니다. 호루스는 이집트 신화에서 오시리스, 이시스와 더불어 삼신으로 여겨지는 신이다. 아버지 오시리스와 어머니 이시스 사이에서 태어난 아들이므로 많은 이야기에서 중요한 인물로 등장하는 경우가 많다. 그리고 태양신으로 숭앙받기도 한다. 특히 동쪽에서 떠오르는 새벽의 태양이므로 연꽃에 올라앉은 도상이 많다. 아침 햇살을 받으며 서서히 꽃잎을 펼치기 시작하는 청수련과 아침 태양을 동일시한 결과이고 이때의 태양이 곧 호루스라는 논리이다.

그림은 무덤 벽화의 부분을 모사한 것이지만 기원전 이집트 사람들이 태양신 호루스를 삼본연화의 가운데 연꽃 위에 앉힌 이유나 배경에 대해서도 납득이 간다. 신화적 이유들이 황당하지 않고 그들 나름대로의 논리에 입각해 있어서 연화화생을 이해하기가 쉽다.

더욱이 양 옆으로는 역시 연봉오리가 좌우에 배치되어 있어 삼본연화(연봉오리+연화+연봉오리)의 단위 문양을 통한 연화화생을 구현하였다. 가장 전형적이면서 오래된 패턴

〈그림78〉 호루스의 삼본연화화생 (W.H.Goodyear, op. cit, 1891, p.21)

〈그림79〉 태양의 연화화생(W.H.G oodyear, op. cit, 1891, p.21)

이다. 삼본연화의 의미 또한 변함없는 과거 현재 미래의 태양을 가리키므로 불멸의 시간을 의미하여 불교의 무량수에 해당하는 개념이다. 삼본연화의 존재 이유와 신들의 존엄성이 상호 작용을 일으킨다.

고대 이집트에서 삼본연화나 연꽃 한 송이가 단순한 장식을 넘어 거의 아이콘Icon에 가까운 의미로 받아들여졌다는 증거들도 속속 나타나는데 모두 태양신의 화신으로 보았기 때문이다. 앞의 〈그림76〉에서 살펴본 앵크의 삼본연화도 궁극적으로는 삼본연화에서 진화 발전하여 십자가에 가까운 형태로 변하였고 나아가서는 숭배의 대상이 되기도 했으므로 같

은 맥락이다. 그리고 다음 〈그림79〉에서 보는 단조로운 도상 역시 태양신과 연꽃을 동일시하던 과거로부터의 기억 때문이었다. 연꽃 위에 있는 태양은 〈그림78〉의 호루스와 자리바꿈하더라도 의미상 큰 차이는 없다. 이와 같이 호루스가 더해짐으로써 의인화된 도상으로 거듭나는 경우도 많다.

위와 같은 의인화 현상은 태양신의 화신이 늘어남으로써 덩달아 증가하였다. 앞에서도 언급했듯이 태양신의 화신은 동물이나 곤충에 이르기까지 다수 전하기 때문이며 그러면서 동시에 연화화생하는 도상도 여러 가지 보이기 시작하였다.

〈그림80 · 81 · 82〉 날짐승의 연화화생(W.H.Goodyear, op. cit, 1891, p.283)

흰색의 거위나 따오기, 그리고 매는 하나같이 태양의 화신들이다. 인도에 오면 흰 백조도 태양의 화신으로 특히 주목받았지만 기본적으로 날개 달린 새를 태양의 화신으로 보던 공통의 신화이야기가 있었다. 이와 같이 태양의 탄생을 암시하는 연화화생은 사자에 더하여 갖가지 동물이나 곤충이 함께 등장하는 일이 많았다.

〈그림80〉은 거위의 연화화생이고 〈그림81〉은 매의 연화화생이지만 의미하는 바는 동일하다. 그러나 〈그림82〉는 조금 색다른 면이 있는데 자세히 보면 가운데 굵은 줄기 좌우로 작은 연꽃이 연결되어 있으며 연꽃 위에는 다시 거위가 한 마리씩 올라있

연꽃의 문법

는 것을 볼 수 있다. 거꾸로 표현된 거위와 연꽃 또한 그려져 있으므로 이러한 종류도 종교적인 의미가 있어서가 아니라 무덤 벽화를 그린 이의 미술적 감각에 의한 것으로 판단할 수 있다.

여러 사정을 감안하더라도 한 가지 분명한 것은 모두 태양의 화현으로 연화화생을 도식화한 것이라는 공통점이다. 그만큼 고대 이집트의 신화나 사유세계에서 태양의 존재는 컸으며 또 태양을 극적으로 탄생시키는 데 연꽃은 불가결한 장치였다.

그런데 한 가지 유념해야 할 문제는 인도에 전파된 동물들의 연화화생은 그려진 도상 그대로 이해해야 한다는 점이었다. 즉, 소 돼지 새 뱀 등 각종 동물의 연화화생은 각각 그 동물들의 연화화생으로 이 세상 삼라만상이 모두 연꽃에서 출현하였다는 점을 말하기 위함이었다. 망자들이 피안의 세계로 가기 위해서도 연꽃의 문을 열어야 했고 새로운 정령들이 어떤 동물의 새로운 몸체를 빌려 이 땅에 내려오기 위해서도 연꽃의 문을 열어야 했다. 인도의 연화화생은 이렇듯 고대 이집트의 연화화생을 보다 적극적으로 천지창조나 세상 만들기에 가담한다는 특징을 보여주었다.

고대 이집트의 연화화생은 태양의 탄생에 초점이 맞추어져 있어 그 화신으로 여겨지던 동식물의 출현에 한정하여 특별히 관심을 받은 것이다. 앗시리아로 가서 초승달이나 별의 연화화생 등 좀 더 다양해진 경향을 보여주지만 고대 이집트는 태양이 중심 문제였고 파라오 역시 태양의 화신으로 숭앙됨에 따라 의상 장식에 연꽃은 빼놓을 수가 없는 구성 요소였다.

그러나 앞에서 소개했던 아니Ani 부부의 저승 심판 이야기에서 확인하였듯이 고대 이집트의 연화화생이 태양에 모든 것이 결부되는 것은 아니었다. 망자들이 저승 세계에 무사히 도착하기 위해서도 연꽃 문을 열어야 했고 장차 연화화생을 통한 극락왕생이 기대되기도 했다. 이것은 앗시리아 페르시아 인도로 전파됨에 따라 태양 숭배를 넘어 바야흐로 천지창조 후의 구체적인 세상 만들기와 사후 세계의 이야기에 연꽃이 활발하게 결부되는 중요한 단초를 제공하게 되었다.

날짐승들의 활발한 연화화생은 점차 태양의 화신에 국한되지 않고 미술적 도상

이나 디자인 정도로 인식하는 단계로 변화하였음을
말해주는 사례가 무덤 벽화에서 발견되기도 했다.
제시한 그림은 여러 마리의 날짐승이 연꽃 속에서
한꺼번에 모습을 드러내는 상황을 극적으로 표현하였
다. 양쪽의 두 연꽃에서는 각각 매로 보이는 두 마리
새가 화생하는데 가운데 연꽃에서는 막 화생을 마친
두 마리 새가 날개 짓을 하며 날아오르는 장면이다.

〈그림83〉 날짐승의 연화화생
(W.H.Goodyear, op. cit, 1891, p.283)

도상만으로 단정하기는 어렵지만 어린 새끼 새로 볼 수도 있는 정황이다.

마치 동아시아의 관무량수경에서 보는 망자의 연화화생에 흡사하다. 연화화생을
통해 정토에서 막 태어난 망자들이 연꽃 속이나 연잎 위에서 몸을 일으키는 동적
장면과 닮은꼴이다. 연꽃을 통과함으로써 이제까지의 존재를 탈피하고 새로운 존재로
탈바꿈한다는 설정이 공통적으로 엿보인다.

그런데 가운데 연꽃에서 두 마리 새가 동시에 화생하는 발상은 역시 이집트의
특징인 것 같다. 〈그림74〉에서 오시리스가 자신의 손주에 해당되는 아이들 네 명을
한꺼번에 화생시키는 사례를 보았는데 지금까지 이집트와 고구려의 사례 외에는 달리
발견한 적이 없다.

인도의 우파니샤드가 전하는 궁극적인 존재론에 입각하여 생각한다면 연꽃 한
송이에는 최소 단위의 존재인 아트만 하나가 숨 쉬고 있으며 아트만 속에는 푸르샤
정령 하나가 존재한다고 했다. 그리고 이러한 극소 세계의 이야기는 모두 심장 속에서
이루어지는데 그 공간은 연꽃같은 세계라 했다. 역으로 다시 생각하면 연꽃 한 송이에
최소의 존재자인 아트만과 푸르샤 하나가 들어있어야 하고 이러한 맥락에서 연꽃
하나에서 화생할 수 있는 존재는 하나뿐이라는 논리이다. 그러나 복수의 개별자가
한꺼번에 화생하는 이집트의 사례는 풀어야할 의문점이 많다.

태양이라는 절대자 역시 연화화생에서는 하나의 개별적 존재로 표현된다. 세 개의
태양이 화생하기 위해서는 세 송이의 연꽃을 필요로 했던 것이 그 대답이 된다. 태양을

연꽃의 문법

하나의 아트만으로 간주한다는 것은 역시 범아일여의 사상적 계보가 인도와 서로 무관하지 않다는 방증이 아닐 수 없다. 좀 더 고찰해야할 문제이다.

〈그림84〉 스핑크스의 삼본연화화생(W.H.Goodyear, op. cit, 1891, p.221)

이러한 가운데 태양의 화신인 사자의 몸통과 매의 머리가 합체된 스핑크스의 연화화생은 새의 연화화생처럼 지극히 자연스럽다. 변형된 스핑크스라 할지라도 태양의 출현을 직간접적으로 나타내기 때문이다. 게다가 가장 전형적이라고 했던 삼본연화화생(연봉오리+연화+연봉오리)이다. 전체를 둥근 원으로 표현한 이유도 태양을 강조하려던 것은 아닐까. 〈그림84〉는 이집트 고분벽화에 남겨졌던 도자기 그림의 표면 도상이다.

이밖에도 쌍사자연화문雙獅子蓮華紋 쌍조연화문雙鳥蓮華紋 쌍어연화문雙魚蓮華紋의 시원으로 간주될 수 있는 사례가 시리아나 이집트에서도 간혹 발견되는데 지금까지는 주로 페르시아 기원으로 알려져 있던 도상들이다. 이집트의 고분벽화를 구석구석 관찰했던 19세기 영국 고고학자들이 남긴 스케치 모사 덕분에 밝혀지는 내용들이다.

그 중에서도 그림으로 제시한 쌍어연화문은 인도나 동아시아에서 흔히 보는 도상에 비해 연꽃이 비대칭이므로 완전한 쌍어연화문으로 부르기에는 애매한 부분이 있기는 하다. 그러나 두 마리 물고기가 서로 바라보는 구도가 대칭인 가운데 물고기들은 저마다 입에 연꽃을 물고 있다는 특징을

〈그림85〉 쌍어연화문(W.H.Goodyear, op. cit, 1891, p.267)

보여준다. 자세히 보면 좌측은 연꽃과 연잎이자만 우측은 연봉오리가 추가되었다. 이러한 도상들이 동쪽으로 가면서 서서히 정형화되었으리라는 것은 예상 가능한 일이다. 서쪽으로 가면서 점점 기하학적인 특징이 강화되던 과정과 대조적이다.

아무튼 이집트에서는 두 마리 물고기 사이의 중앙에 단순히 정형화된 연꽃이 배

치되었던 것이 아니라 물고기가 입으로 물고 나타난다는 점이 특기할 만한 사항이다. 연꽃에서 물고기를 비롯한 각종 생물이 화생하는 경우는 지금까지 많이 보아왔고 그러한 패턴은 신화 이야기의 중요한 구성요소였다. 그러나 물고기가 입으로 문다면 완전히 반전된 상황이다.

여기서 유추 가능한 또 다른 사례로 인도의 코끼리가 연꽃을 코로 물고 등장하는 사례가 다수 전한다는 사실이다. 코끼리와 연꽃으로 말하자면 동남아시아 각국과 중국 은 물론 현대 한국의 사찰 벽화에서도 단골로 등장하는 패턴 중의 하나이다. 코끼리가 코로 물고 있는 연꽃은 과거세로부터 전해진 수기의 상징으로 잠자는 마야부인의 꿈속에 나타나 몸을 건드려 싯달타를 수태시킨다는 이야기 구성의 주요 요인이다.

단순한 미술적 감각에 의한 도상인지 아니면 인도의 코끼리 도상들과 뭔가 상관관 계가 있는 또 하나의 문화 코드인지 앞으로도 흥미로운 과제이다.

그런데 동물들이 연꽃을 입에 물고 나타나는 사례가 페니키아 그리스 등 오리엔트 와 지중해 동부 연안 지역에 비교적 다수 전하고 무덤 벽화나 도자기 표면의 구석에도 비교적 작게 그려져 남아있다. 그다지 사람들의 주목을 끌지 않는 도상이라 유형조차 도 잘 알려져 있지 않다. 그냥 여러 짐승이 입으로 연꽃을 물고 있는 모습이 기묘할 따름이다.

〈그림86 · 87 · 88〉 각종 짐승과 연꽃
(W.H.Goodyear, op. cit, 1891,
p.197, p.227, p.253)

연꽃의 문법

연꽃을 입에 물고 있는 그림 순서대로 보면 암소, 사슴, 스핑크스이다. 그런데 흥미롭게도 유럽의 전문가들은 입으로 물고 있다는 인식이 아니라 입에서 연꽃이 나온다는 관점으로 인식한다는 점이다. 관점이 바뀌면 다르게 보여 흥미롭기는 하다. 그러나 불교문화권의 유사한 사례와 비교해보지 못한 사람들의 주관적인 해석으로 보이며 어디까지나 비교문화론의 관점에서 접근해야 할 문제이다. 그러므로 인도와 앗시리아 이집트 간에 활발한 교류가 다방면에 걸쳐 오랫동안 유지되고 있었다는 사실은 주지하는 바이므로 인도의 유사 사례와 역시 비교해야 하는 도상이었다.

그러므로 입에서 연꽃이 나온다고 단정하기 전에 입으로 연꽃을 물고 있다는 관점도 동시에 전제돼야 하겠고, 그렇다면 인도에서처럼 고대 이집트에서도 동물들이 입으로 문 연꽃은 단순한 꽃으로서가 아니라 신의 메시지라던가 무언가의 관계성을 갖는 심벌로도 해석이 가능하지 않을까. 그래서 동물을 제물로 바치는 종교의례가 있었던 점에 비추어 볼 때 그렇게 선택된 의례용 짐승을 상징하던 것으로도 추정할 수 있겠다.

성직자나 신권적 권력자가 양을 신께 바치면서 한 손에 연꽃을 쥐고 있던 도상을 상기할 필요가 있다. 제물용으로 바쳐지는 양이 다른 양과 달리 신성한 동물로 변신했음을 확인시켜주는 매개가 바로 연꽃이었다. 그러니까 위 그림의 동물들이 입으로 연꽃을 물고 있는 것은 성직자가 손에 쥐고 있던 연꽃과 비슷한 기능을 가졌을 것이라는 판단이다. 벽화의 앞뒤 문맥이 미상인 상태이므로 단정하기는 어려우나 신께 바쳐지는 동물을 신성한 제물로 정화시켜주는 역할이었다고 생각한다.

세속적인 동물이 신성한 제물로 변신하여 신과 연계되는 꼭지점에 연꽃이 있다는 해석을 하였는데 성속의 변곡점이라 바꿔 말해도 될 것이다. 그런데 물고기가 연꽃 대신에 앵크를 입에 물고 있는 도상이 등장하여 더욱 궁금증을 더한다.

19세기의 스케치 모사에는 어떠한 유물을 모사한 것인지 명확하지 않지만 고정된 무덤 벽화가 아니라 몸에 착용 가능한

〈그림89〉 물고기와 앵크
(W.H.Goodyear, op. cit,
1891, p.267)

장식의 표면에 묘사돼 있던 것으로 추정된다. 그러니까 앞뒤 문맥으로 연결된 스토리가 예상되는 것은 아니며 단지 하나의 도상을 장식에 응용했다는 얘기이다. 잘 알려진 유사한 도상은 물론 물고기가 연꽃을 입에 물고 있는 도상들로 앞의 그림들을 통해 살펴보았다.

요컨대 물고기가 입에 물고 있던 것이 연꽃에서 앵크로 바뀐 것에 불과하지만 과연 공통점은 있는 것일까. 여기서 다시 〈그림76〉을 상기할 필요가 있는데 앵크의 유래가 본래 삼본연화라는 필자의 해석에 입각한다면 두 그림에 큰 차이가 없다는 입장이다. 물고기가 연꽃이나 앵크를 물고 있는 것은 둘 다 성화聖畵를 위한 도식화된 그림으로 앵크가 왜 그러한 기능을 가졌는지는 연꽃과 관련해서 앞에서 설명하였기에 여기서는 일부러 다루지 않겠다.

이상과 같이 이집트의 벽화나 도상 또는 문양에 등장하는 연꽃, 즉 수련은 정치 종교 사회 문화 등 각 방면에서 존재감을 유감없이 발휘하였다. 성聖 자체이기도 했지만 속俗을 성聖으로 변환시키는 촉매제 역할도 하였다. 수련 한 송이만이 아니라 봉오리나 잎을 통해서도 다양한 존재감을 보여주었다.

그리고 이러한 도상은 주변 나라 중에서도 특히 페니키아와 앗시리아 같은 나라들의 교역을 통해서 사방으로 퍼져나갔다. 서쪽으로 향하기 전의 전초기지였던 페니키아부터는 서서히 기하학적인 분위기를 자아내기 시작하더니 동쪽의 앗시리아부터는 이집트 전래의 문양과 도상이 점차 정형화되기 시작하였다. 이집트에서 약간의 비대칭이 남아 있었다면 앗시리아에서는 성숙된 대칭으로 재구성되는 식이었다. 이러한 대칭형 도상이 인도에서도 거의 그대로 유지 발전되었을 뿐만 아니라 인도의 풍요로운 자연환경에 힘입어 더욱 다양한 연꽃문화를 발전시킬 수 있었다는 점도 아울러 지적하고자 한다.

제5장

로터스와 아칸서스의
만남

— 지중해 이야기

로터스와 아칸서스의 만남
—지중해 이야기

고대 이집트를 비롯하여 슈메르 페니키아 앗시리아 바빌로니아 페르시아의 다양한 문화는 수천 년 전부터 지금의 터키와 그리스 지역으로 끊임없이 흘러들었다. 육로를 경유하기도 했으나 페니키아 사람들의 항해술에 의존하는 경우도 많았다.

이렇게 해서 전해진 문물에는 지금까지 우리가 살펴본 바와 같은 넓은 뜻의 연꽃이나 수련 관련 문화가 다수 포함되어 있었다. 기하학적 문양이 서서히 모습을 갖추어가면서 퍼져나갔듯이 모든 문화는 통과하는 지역의 토착화 과정을 거치면서 확산되는 경향을 보여줬다.

그러나 한편으로는 터키 서부 지역이나 그리스와 같은 문화 수용지역에서 본다면 동쪽에서 전해진 문화는 발달된 선진문화라는 시각과 더불어 자신들의 전통문화에 대한 자극으로 작용하기도 했다. 문화 주체성에 대한 자각이라고 말할 수 있겠으나 결국은 정체성 문제였다. 스스로의 내부에서 일어난 자발적인 문제의식이라기보다는 동방문화를 대상화하고 거기에서 자신들의 모습을 되찾고자 했던 상대적 정체성이었다.

오리엔탈리즘Orientalism에서 완전히 벗어나지 못한 일부 서구 학자들 중에는 아직도 쉽게 수긍하지 못하는 부분이기도 하다. 기하학적 문양의 발상이 그리스라던가 연꽃무늬 돌기둥의 변형인 이오니아식 석주를 놓고 동방과는 선을 그어 고찰하려는 자세 등 열거하자면 한둘이 아니다.

동방문화에 대한 이와 같은 자세와 함께 싹트기 시작한 정체성에 대한 자각은 기원전 4-5세기부터 표출된 그리스의 헬레니즘과 알렉산더 대왕의 동방 진출로 절정을 맞이하게 된다. 문화 수용이라는 수동적이던 기나긴 역사에서 이제부터는 재생산과 발신이라는 대 반전 드라마를 쓰게 되는 것이다.

종교사에서 본다면 유대교의 발전과 더불어 오리엔트의 종교와 연루된 동식물의 문양들이 하나 둘 재검토되기도 하였다. 그리고 원래의 문양이 있던 자리에는 오리엔트에는 서식하지 않지만 그리스를 비롯하여 지중해 연안에서 흔히 볼 수 있는 식물들, 그 중에서도 대표적인 아칸서스를 중심으로 대체되기 시작하였다. 외견상으로는 연꽃무늬의 형태를 유지하고 있으나 자세히 보면 연꽃잎이 아닌 아칸서스 잎이라는 전대미문의 문양이 탄생하는 계기였다.

또 연봉오리에 대해 종교적 감응을 느끼지 못하던 그리스 사람들은 솔방울 형태로 변형된 도상에 특히 관심을 보였으며 급기야는 솔방울과 수련 모양을 하나의 단위 문양으로 강조하여 특별한 의미를 부여하는 황당한 재구성을 시도하였다. 오리엔트에서 유입된 문화이지만 지중해 연안 지역을 비롯하여 유럽 사람들이 더욱 적극적으로 발전시킨 문화로 솔방울이 대표적이다.

그리스 사상의 결집이라고 할 수 있는 헬레니즘에서 본다면 연꽃 관련 문화의 사상적 배경이 되었던 오리엔트 신들의 이야기는 더 이상 주요 관심 대상이 아니었다. 배제 또는 변형된 수용이 일어나기 시작하였다. 신들과의 관련성이 약해진 문양이나 도상이 그리스 사람들의 미적 감각에 의해 쉽게 변질될 것으로 예상할 수 있는 대목이다. 그러므로 이제부터는 오리엔트에서 활약하던 신들의 이야기나 그러한 세계관이 그리스인들의 사상과 세계관으로 대체되면서 연꽃 관련 도상이나 문양이 어떻게 변하는지 검토해야 한다.

동쪽에서 차례로 살펴오면서 확인한 몇 가지 키워드 중에는 단연 연화화생이 가장 돋보였다. 하늘에서 이 땅으로 강림하는 신이나 이승에서 목숨을 다하고 피안의 세계로 여행을 떠나는 망자들은 연꽃을 경유한다는 공통점이 있어왔다. 동아시아에서 오리엔트에 이르도록 한결같은 보편성이었다. 지역마다의 수많은 토착문화가 부착하거나 새로운 환경의 영향으로 다소 변경되는 경우가 있더라도 변하지 않는 문화 코드가 있었기에 가능한 보편성이었다. 달리 말하면 그것은 문화의 패턴을 읽어내는 데 불가결한 열쇠말이나 다름없었다.

그런데 지금까지와 달리 연꽃이나 수련 관련 문화가 과연 지중해를 건너 유럽지역으로 퍼져나갈 수 있었을까를 생각하건데 사실 즉답하기는 매우 어려운 문제였다. 판단을 망설이게 만드는 첫 번째 원인은 유럽이 그리스도교 문명권이라는 사실과 함께 오리엔트나 인도의 종교와는 서로 배타적이라는 선입관 때문이다. 그리스도교문명권에서 비그리스도교적인 문화 요소를 수용한다는 것은 불가능하지 않았을까 라는 염려도 포함되어 있다.

그러나 앞에서 말한 문화의 패턴 중에서 특히 전승의 양상을 보자면 그리 불가능하지 않았을 것이라는 일말의 가능성마저 배제하기는 힘들었다. 왜냐하면 문화의 전승에는 내재된 문화 코드가 반드시 전제되어야 한다는 믿음 때문이었다. 외지에서 유입된 문화 코드를 인정하지 않으려는 사람이 간혹 있지만 그들은 대체로 민족주의나 이기적인 성향을 과도하게 표현하는 경우이다. 그러나 바코드처럼 수수께끼 같은 문화 코드는 국경선이나 시대의 경계를 자유롭게 넘나든다. 정체를 잘 알 수 없는 바코드이기에 더 자유롭다는 역설은 바로 이와 같은 경우에 해당되는 말이다.

차원을 달리 하는 많은 세계나 경계를 설정해놓고 거기서 신들의 이야기를 입체적으로 발전시키거나 또 사후의 세계를 그곳의 어딘가에 설정하려는 문화적 습성은 시간과 장소를 가리지 않고 인간의 공통된 문화적 패턴이기도 하다.

인간의 정신세계를 구성하는 구조의 틀 중에서도 특히 원초적 이야기에는 민족의 차이를 넘어 서로 중첩되는 연결고리가 많다. 시대가 다르고 나라와 언어가 다르더라도 이 부분은 인간인 이상 변함이 없다. 그래서 문화에는 자연히 패턴이 형성된다. 그런데 패턴을 이루는 부분 자료들은 말이나 문자가 아닌 도상이나 그림에 의존하는 것이 직설적이고 집단적이다. 수천 년 동안 인류의 대다수가 문맹이었던 사실에 비추어 보더라도 문자보다는 비문자非文字가 너욱 설득력이 있었다. 익명의 다수에게 전달되는 효과로도 비문자가 강력한 힘을 가졌으며 경우에 따라서는 아이콘으로 숭배의 대상이 되기도 하였다.

요컨대 동서양이 서로 종교적 사상이나 신들의 이야기, 그리고 언어가 다르더라도 위에서 언급한 정신적 구조의 틀과 연결고리를 이어주는 비문자 메시지는 반드시 존재하므로 이것들을 하나씩 살펴보기로 하겠다.

먼저 소개하는 아프로디테Aphroditte 연화화생상은 런던 대영박물관에 전시돼 있는 흉상을 그대로 소개한 것이다. 점토로 빚어 만든 다음 초벌구이만으로 완성시킨 소위 테라코타 작품이다. 이탈리아의 동부 해안 도시 카노사Canosa에서 발견되었으며 기원전 3세기경 작품이라는 설명이 씌어 있다. 그리스 신화에 나오는 여신이지만 로마에서도 수용되었다는 증거이다.

그리스의 각종 신화에 의하면 아프로디테는 사랑과 욕망의 여신으로 로마의 비너스에 비견되기도 하는데 바다의 거품에서 태어났다는 출생설이 일반적이다. 거품에 이르는 과정 또한 몇 갈래의 흥미진진한 이야기가 전하지만 파도의 거품에서 생명이 탄생하는 모티브가 지금으로서는 아프로디테의 정체성을 말해주는 핵심이다. 인도의 태초의 이야기도 바다의 파도에서 생명의 움틈이 시작된다는 모티브가 등장한다.

그런데 이러한 탄생 이야기가 지중해 문화권의 경우 일찍부터 정형화된 유형의 문화가 있었는지는 아직 확인되지 않았다. 게다가 아프로디테의 형상을 전하는 갖가지 조각이나 그림을 보더라도 출처에 대해서는 사실 한마디로 정의하기가 어려운 상황이다. 태초의 이야기를 전하는

〈사진163〉 아프로디테의 연화화생
(2014년 필자 촬영)

연꽃의 문법

인도의 신화가 오히려 실마리를 쥐고 있는 것 같다.

사정이 이러함에도 불구하고 그림의 흉상이 갖는 특징 중에서 특히 활짝 핀 꽃에서 상반신을 드러내는 모티브에 대해서는 무슨 이유에서인지 한마디 설명이 없거나 아주 소극적이다. 진열대에 전시 중인 대영박물관의 캡션에는 전혀 언급이 없다. 대영박물관의 이러한 태도에 관해 서구 학자들조차 문제시하는 경우가 있다. 기원전 3세기에 그리스에서 확산된 작품이라면 연화화생과 아칸서스화생 모티브의 그림이나 부조는 이미 널리 알려진 상태였다. 외래문화로 간주하지 않아도 될 만큼 그리스를 중심으로 지중해 연안 도시에 퍼져있었다.

그렇다고 한다면 제시한 데라코타는 일단 연화화생 중인 아프로디테를 묘사한 것으로 추정해도 무리는 없을 것이다. 아프로디테의 출생담에 관해서는 비정상적인 남녀 결합이라는 전설이 전하지만 이는 사후의 부언 설명일 뿐 본질과는 거리가 있다. 즉, 문화 코드는 언어를 매개로 한 전설이 아니라 먼 과거의 기억이 침전되어 남아있는 비언어라고 보는 편이 합리적이다. 그렇기 때문에 문화 코드는 마치 바코드와 같아서 난해한 도상이나 문양이 많다.

흉상이 화생중인 저 꽃잎을 과연 연꽃이나 수련으로 볼 수 있는가는 검토의 여지가 있기는 하다. 기원전 3세기에 이미 연꽃을 모방한 아칸서스화생 문양이 만들어지고 있었다는 실정에 비추어 본다면, 저 꽃잎을 아칸서스와 연꽃이 혼합된 형태로도 읽을 수 있다. 잎을 자세히 들여다보면 잎맥의 선이 연꽃잎이나 수련꽃잎과 달리 규칙적이거나 평행선 모양으로 그어져 있다. 그리고 아칸서스 잎은 가장자리가 날카롭게 파여 있지만 완만한 곡선으로 뻗어있다. 즉, 이 단계에서는 아칸서스로 단정하기도 어렵고 연꽃잎으로 단정하기도 어렵다.

요컨대 아칸서스라는 자주적 문양 소재가 확립되기 전의 과도기적 상태라는 해석도 부정하기는 어렵다. 화생을 연상시키는 도상에서 기원전 3세기경이라면 연꽃이나 수련꽃, 아니면 아칸서스 중 하나이기 때문이다. 과도기적 성향을 보이는 화생 모티브는 이밖에도 발견된다는 점과 화생에 의한 신들의 탄생담은 여전히 신성한 모티브라는 것이 이유이다.

　게다가 아프로디테가 사랑과 욕망의 여신이라면 이집트의 여신 이시스 역시 수련꽃에서 화생하는 모티브를 갖고 있고 또 인도에서조차 연꽃의 여신 락슈미도 연화화생 모티브의 탄생담을 간직하고 있다. 그러니 이집트와 인도의 서부 그리고 지중해의 그리스를 잇는 넓은 지역이 하나의 제국에 의해 지배되던 앗시리아를 떠올리지 않을 수 없다.

　오리엔트 편에서 살펴본 바와 같이 비록 수련꽃에 의한 화생이라 할지라도 동방의 연화화생의 사상적 보편성은 인도에서 오리엔트를 경유하여 지중해 연안도시까지 다 다르기 시작했다는 점에 유념해야 한다. 종합해 볼 때 이시스나 락슈미의 문맥에서 본다면 아프로디테 역시 연꽃에서 화생하는 모티브가 전혀 생소하지 않았을 것이라는 판단이다. 적어도 아칸서스화생으로 정립하기 전의 중간적 연화화생이라고 생각한다.

　〈사진164〉 역시 런던 대영박물관에 전시 중인 테라코타 작품으로 그리스의 사랑과 욕정의 여신 아프로디테의 아들 에로스이다. 날개가 달려있고 한 손에는 접는 거울을 쥐고 있어 도상학적으로는 이렇다 할 특징은 보이지 않는다. 연화화생 모티브라는 한 가지를 제외하면 그렇다. 그만큼 연화화생의 등장은 파격적이다. 에로스의 존재 이유는 아프로디테와 크게 다르지 않으면서 더욱 본질에 다가선다. 그것은 욕欲으로의 지향성을 내포하므로 미래의 선善과 악惡을 동시에 함의한다.

〈사진164〉 에로스의 연화화생
(2014년 필자 촬영)

　마치 인도 철학의 아트만Atman과 푸르샤Purusa를 연상시키는 에로스이므로 손에 쥔 거울은 미적 아름다움만을 표상하는 것이 아니라 본질에 대한 지향성을 간직하는 상징물이다. 에로스는 스스로의 존재에 대한 과거와 미래를 투시할 수 있고 또 존재의 본질과 함께 그것의 근원까지 추구할 수 있으므로 거울은 궁극적으로 인도의 연꽃처럼

연꽃의 문법

본질적인 근원을 상징한다. 대체로 위 테라코타가 의미하는 표면적인 이해는 그렇다.

그런데 기원전 2세기경의 작품인 위 에로스는 이미 연꽃에서 상반신을 드러내고 있으니 연화화생인데 아프로디테에 비해 훨씬 연꽃에 가까우며 더욱이 천엽련의 형태까지 갖추었다. 연꽃은 기원전 15세기경의 문헌에서부터 우주적 자궁이라는 신화적 믿음이 있어왔다. 예를 들어 인도의 리그베다는 죽음과 재생의 영속성을 연꽃이 갖는 상징성을 빌려 설명하고 있으며 이후에 편찬된 우파니샤드에서는 더욱 구체적인 언급들이 자주 등장한다.

기원전 2세기경이면 시대적으로 이미 인도와의 문물 교류가 천년 이상 지속되던 때였고 특히 기원전 3-4세기부터는 알렉산더 대왕의 동방 진출이 시작된 지 100여 년 지난 때였으므로 인도의 연화화생이 갖고 있던 사상이 그리스에 파급되었다고 보는 것은 지극히 자연스럽다. 이때는 이미 그리스의 아칸서스 도상도 인도에 들어와 있었으므로 상호교류가 상당히 진전된 상태에서 성숙기로 이행하던 때였다.

그럼에도 불구하고 대영박물관의 해설에 의하면 아프로디테와 마찬가지로 연꽃은 물론이고 바탕 꽃에 대해서는 한마디 언급이 없다. 이미 그들도 연꽃이 동방 문화라는 것을 인식했다고 봐야 할 것이다. 영국인들의 오리엔탈리즘은 예상보다 뿌리 깊어서 전시물의 바른 설명과 이해를 어지럽게 만든다.

한편 발견 장소가 아프로디테의 테라코타와 마찬가지로 이탈리아였으며 구체적으로는 시칠리아 섬의 센투리페Centuripe 마을이라고 한다. 로마가 열심히 그리스를 따라 배운 내용이 무르익어 당시의 이탈리아에는 그리스 문화가 널리 퍼져있던 때였다. 이는 아프로디테와 에로스의 사정이 다르지 않다고 봐야 한다. 비너스와 큐피드라는 로마풍의 신격으로 이름이 바뀌긴 했어도 그리스에서 바다를 건너온 문화적 원형은 로마 사람들도 귀하게 여겼던 것 같다.

이렇게 보면 아프로디테나 에로스 둘 다 근본은 연화화생으로 설명되고 이해해야 하는 문제였다. 테라코타의 형태가 주는 내용을 있는 그대로 받아들이고 또 사실 그대로의 메시지를 수정 없이 읽어야 한다. 그래야 더욱 본질에 다가설 수 있음에도 불구하고 일부 서구 학자들은 에로스의 연화화생에서 애써 눈을 돌리려 한다. 서구문명의 출발점을 그리스로 이해하고 싶어 하며 그래서 그리스문명을 더욱 정화시키려고 한다. 정화를 위해 동방 문화는 이따금 가볍게 취급되기도 한다.

그러나 앞서 언급했듯이 조각이나 부조 또는 도상은 문자나 언어와 달리 전승 과정에서 왜곡되거나 변질되는 일이 비교적 적다. 그래서 더더욱 연화화생의 형태를 있는 그대로 보고 사실대로 하나하나 읽어나가야 한다. 그래서 동방문화와 연계되는 부분이 있다면 이 또한 그대로 인정하고 해석해야 된다. 그랬을 때 비로소 기원전 테라코타가 전하는 메시지를 온전히 해독할 수 있을 것이다.

그런데 연화화생으로 의심받는 대리석 조각 작품이 또 하나 발견되어 주목받고 있다. 이탈리아의 폼페이Pompei 유적지에서 발굴된 분수용 수반이며 어느 저택의 응접실 장식이었던 것으로 추정되는데 만들어진 시기는 대략 2,000년 전이다. 로마시대에 만들어진 일반적인 분수대 형태를 하고 있지만 상반신을 드러낸 유아가 몸을 비스듬히 하고 있는 부조 도상 〈그림90〉이 수반 안에서 발견된 경우는 매우 드물다.

유아의 정체에 대해서 서구 학자들 사이에 많은 의견이 오고갔으나 아직 정설이 없는 것 같다. 겉도는 의견이 많은 이유를 다음과 같이 생각한다. 조각 작품을 대하면서 가장 먼저 눈에 띄는 외관상의 형태, 즉 분수용 수반이 연꽃의 모양을 하였다거나 로제트 무늬를 하고 있다는 초보적인 시각적 특징을 도외시한 채 해석하려는 자세를 견지하기 때문이다.

〈그림90〉

이 역시 앞에서 말한 오리엔탈리즘의 테두리에 관찰자의 사고를 가두어놓았기에 일어나는 현상이다. 같은 집의 정원에서 이시스를 비롯한 이집트 신들의 조각상이 발견된 것을 근거로 응접실의 수반과 그 안에 표현된 유아를 이시스 여신께 바치는 제물이었을 것으로 해석하였다. 그러나 단락적인 연결이라는 느낌은 지울 수 없다.

정원에는 이집트의 신들이 다수 있었다 하면서 왜 이시스 신께만 제물을 바치는지 납득할 만한 설명은 아니다. 이시스와 수련의 관계성을 간파한 전문가에 의해 제기된 견해였던 것 같다. 그러나 이시스 여신께 유아를 제물로 바치는 이야기나 사례는 지금까지 확인되지 않아 근거로서는 미약하다. 이집트의 신들 중에서 죽음과 어둠과 지하의 신은 오시리스다. 그러니 오시리스께 제물로 바친다면 얘기가 다르지만 너무 정반대의 맥을 짚은 것 같다.

이시스 여신은 연꽃, 즉 수련에서 출생했다는 이야기가 전하는 것 외에도 생산과 번영, 다산, 풍요, 영생의 기능을 갖춘 신격으로 알려져 있다. 이러한 논리로 본다면 유아를 이시스 신께 제물로 바쳤다는 것이 아니라, 반대로 이시스 신이 새로운 생명을 내주었다가 맞는 해석이 아닐까. 요컨대 필자로서는 연화화생을 통한 새 생명의 출현으로 해석하고자 한다.

본래부터 연꽃과 물은 태초의 생명력이 응집하는 장치로 인도 신화에서부터 잘 알려져 있으며 이집트나 앗시리아의 신화 역시 비슷한 문맥을 유지하였다. 그러므로 연꽃 모양의 분수대와 물은 생명의 탄생이 전제되는 조합이었다고 판단된다. 사상적 맥락이 어느 정도 로마에까지 전해졌는지는 단언하기 어려우나 분수대의 메시지마저 소멸된 것은 아니었다. 인도에 이르러서는 불교에 편승하여 동아시아에 널리 퍼져나감으로써 사찰의 보편문화로 정착되었다.

어느 저택의 거실에 마련된 장식물의 부조 도상이라면 당연히 생산적이면서 상서롭게 해석해야 타당할 것이다. 제물로 유아를 바친다는 어두운 이야기가 거실 장식에 등장한다는 부자연스러움을 감내하면서까지 서구의 학자들은 애써 연꽃에서 눈을 외면한다. 제물로 바쳐지는 유아의 모습이 너무 밝고 탐스러운 점도 제물이라는 가설을 어렵게 만든다.

동방의 연화화생이 그리스와 로마로 전해지면서 겪게 되는 사상적 불편함의 일말을 살펴보았다. 일부 서구 학자들이 오리엔트에서 애써 눈을 돌리더라도 비문자 언어인 도상이나 문양의 메시지는 유형문화에 융해된 상태에서 결코 사라지지 않는다. 종교나 사상적 차이로 인한 문화적 왜곡이 심화되는 상태라면 더더욱 비문자 문화의 존재감은 커져만 간다.

문화의 패턴으로 돌아가자면 근본에는 마치 바코드 같은 문화 코드가 전제된다는 점을 지적하였다. 그리고 지금까지의 아프로디테와 에로스, 유아의 출현에 이르기까지 저변에 깔린 문화 코드는 오리엔트에서 전해진 연화화생이었다. 그리고 연화화생의 형태가 미묘한 변화를 겪더라도 속에 숨겨진 메시지만은 그림자처럼 따라다니기 마련이다.

형태변화는 아칸서스화생으로의 전환이거나, 아니면 연꽃무늬 자체가 변형하거나 둘 중의 하나로 나타났다. 이렇게 하면서까지 화생self-born 모티브를 원했던 이유는 그리스 로마 사람들도 역시 신들의 신비로운 출생 모티브를 필요로 했기 때문이다. 범상치 않은 존재의 출생을 신묘한 분위기에서 출현하도록 꾸미는 데 최적의 모티브로 생각했던 것 같다.

오리엔트 문화에 대한 그리스 로마 사람들의 복잡한 심경은 부조나 도상에 새겨진 상태로 중세시대까지 이어지고 있었다. 그래서 이제부터 제시하는 부조의 도상들은 5세기에서 15세기 사이에 만들어진 이탈리아 베네치아의 석조 부조와 장식을 필두로 점차 유럽 각지의 사례로 범위를 넓혀가며 소개하기로 하겠다.

주지하다시피 베네치아의 많은 건축물과 장식은 이탈리아 고유의 양식으로만 이루어졌다기보다는 그리스와 터키, 이집트 등 오리엔트 각지의 문화를 재구성한 소위 다문화 집결체와 같다. 특히 각 건물을 지탱하는 돌기둥의 머리장식과 석재의 질이 각양각색인 것이 결정적인 증거이다. 하나의 성당이라도 각지의 문화유산이 모자이크처럼 모아진 경우도 있다.

돌기둥은 당시에 아주 유효한 전쟁 노획물이자 교역 물품이기도 했다. 약탈품으로 자신들의 신을 모시는 성역을 장엄하거나 정원을 꾸미기도 했으니 오리엔트에 대한 베네치아 사람들의 이중성을 극명하게 보여준다. 경계의 대상인 이슬람 문화권의 문화를 자신들의 성역에서 소중히 보존하는 이중성이다. 그리고 그러한 돌기둥 머리 장식을 통해서도 연꽃무늬가 어떻게 변모해 왔는지 알 수 있는 증거들이 발견되고 있으니 연꽃은 동서양을 막론하고 지우고 싶어도 지워지지 않는 바코드가 아닐 수 없다.

중세시대의 다문화 결집체라면 르네상스가 시작되기 이전까지이므로 오리엔트 문화가 경계의 대상이긴 하되 완전히 배제된 상태는 아니었다. 바로 이러한 시대적 애매성이 오리엔트 문화에 대한 그리스 로마와 중세시대 이탈리아 사람들의 심경을 복잡하게 만들었다.

이탈리아 베네치아의 성당이나 일반 건물에는 수호신과 천신들의 출현을 묘사한 부조들이 많이 있는데 탄생 모티브라 할 수 있는 이러한 도상에는 사실 다양한 방식이 있었을 것이나 부득불 기원전부터 익숙했던 연화화생을 응용하는 방법이 채택되었던 것 같다. 연꽃이 아니더라도 유사한 무언가에서 홀연히 출현하는 모티브를 가리킨다.

바다의 가리비 조개에서 비너스가 탄생하는 모티브를 놓고 그리스 로마 기원설을 주장하는 학자들이 많으나 인도의 전문가들은 연화화생의 그리스 로마 버전이라고 주장한다. 가리비 조개와 수련꽃의 팔메트 무늬가 닮아있기에 도상학의 관점에서는 인도 사람들의 주장에도 충분히 일리가 있다. 필자도 인도의 주장에 동의하는 입장이므로 화생 모티브는 의외로 유럽문화와 깊은 유대 관계를 유지해 왔다고 생각한다.

여기에 소개하는 그림의 부조 도상을 보면 아칸서스화생임을 한눈에 알 수 있다. 발견 장소는 베네치아의 산마르코San Marco 성당으로 가는 해안도로변의 두칼레 궁전Palazzo Ducale으로 외벽 장식 중의 일부이다. 이 궁전은 9세기에 만들어져 여러 차례 개축을 거친 후에

〈사진166〉 **이탈리아 베네치아의 아칸서스화생**(2018년 필자 촬영)

1309-1442년에 걸쳐 지금의 모습으로 완성되었다고 한다. 중세시대의 후반으로 르네상스를 앞두고 있던 시기였다.

시기적 특징은 앞에서도 말했듯이 오리엔트 문화에 거리감을 두지만 비잔틴 문화를 공유하던 시대가 길었으므로 바코드 같은 문화인자는 아직 남아있던 때였다. 그러니까 아칸서스 잎으로 사람 얼굴을 감싸고 있는 저 도상을 연화화생의 변형으로 판단하려는 것인데 왜 그렇게 생각하는지 설명하기로 하겠다.

먼저 아칸서스 잎 사이에서 사람이 출현하는 모티브의 부조 도상이 최초로 출현하는 것은 기원전 헬레니즘 때였고 이것이 알렉산더 대왕의 동방 진출과 더불어 인도에까지 전해진 과정에 대해서는 인도편에서 설명하였다. 인도의 간다라 미술에서는 아칸서스에서 석가모니가 출현하는 부조 〈사진48〉과 〈사진49〉를 확인하였다. 헬레니즘이 지중해 문화권의 트렌드가 되면서 문화적 정체성을 진지하게 생각하게 되었고 이에 오리엔트의 연꽃무늬에서 자극을 받아 아칸서스무늬와 아칸서스화생을 만들어내게 되었다는 배경에 대해서도 이미 설명하였다. 그러니 연화화생이 아칸서스화생의 탄생에 자극을 준 것은 분명하다.

그러나 그리스에서 로마와 유럽 전역으로 아칸서스무늬가 퍼져나갔음에도 불구하고 많은 서구학자들은 유럽의 아칸서스를 고찰하면서 오리엔트와 연결되는 부분에 관해서는 거리를 두는 입장이다. 그래서 아칸서스를 비롯하여 변형된 참나무과 잎사귀에서 사람이 출현하는 모티브의 도상이 유럽 전역에 퍼진 문제에 대하여 여러 갈래로 정리하였는데 모두 유럽 기원설 일색이다.

예를 들어 민속학자 레디 래글런Lady Raglan은 1939년에 발표한 그의 논문[15] · 에서 사람이 잎사귀나 꽃에서 출현하는 모티브와 그 변형들을 통틀어 그린맨Green Man이라 최초로 명명하면서 오리엔트와의 관련성을 연구하기 곤란하다는 이유를 다음과 같이

---

15 · Lady Raglan, "The Green Man in Church Architecture", *Folklore*, volume 50, March 1939, pp.45-57.

장황하게 설명한 적이 있다.

즉, 에밀 말레Emile Mâle는 프랑스의 13세기 종교예술이라는 논문에서 밝히기를 성당의 회화나 부조 조각 등은 대부분 문맹자들에게 성당의 메시지를 전달하기 위함이라면서 멀게는 신화에서 발췌한 이야기 그림이 많다는 점을 강조하였다고 소개하였다. 그렇기 때문에 비잔틴이나 로마네스크의 전통을 이어받은 교회나 성당을 연구하려면 페르시아나 다른 오리엔트 지역의 양탄자를 고찰해야 하는데 이것들은 페니키아 상인들에 의해 프랑스에 전해졌기 때문이라는 배경 설명이었다.

양탄자에 표현된 문양이나 도상 그림이 이번에는 프랑스인에 의해 교회 건축물에 응용되었다는 주장이고 그래서 프랑스 건축물에 남겨진 도상들의 기원은 오리엔트의 양탄자이므로 당연히 유럽의 문양과 도상 연구는 오리엔트부터라는 논리였다. 그러나 에밀 말레의 이와 같은 주장을 굳이 인용하면서도 레디 래글런은 오리엔트와 비교하는 저와 같은 연구방법에 대해 구체적인 이유를 내놓지 않은 채 자신에게는 이해하기 어려운 과제라고만 말하고 간단히 피해나갔다. 동방과 결부시키는 방법이 논리적으로 납득하기 어렵다는 이유였던 것 같다. 그리고 레디 래글런의 연구는 속칭 그린맨이라 불리는 현상을 오로지 유럽의 내재적인 문제로만 축소해서 진행되었다.

요컨대 아칸서스를 비롯한 식물 잎사귀와 꽃에서 사람 얼굴이 출현하는 모티브의 도상이 존재하는 이유를 레디 래글런은 유럽에 한정된 해설이기는 하나 다음과 같이 정리하였다.

첫째는 좀 황당하지만 영국 스코틀랜드의 로빈 후드 이야기의 주인공이 식물 잎사귀와 함께 유럽 중부와 북부를 중심으로 아직 남아 전하는 것이라는 주장이다. 그린맨과 로빈 후드를 동일시하는 전설이 15-16세기에 걸쳐 잉글랜드와 스코틀랜드에 퍼진 것을 근거로 하였는데 지중해 문화권은 말할 것도 없이 유럽 전역에 대한 설명에도 이르지 못하였다. 일시적으로는 영국 청교도들에 의해 이교도들의 신앙과 사상이 억압받기도 했다고 부언하였다. 아무튼 영국에 그러한 지역민속이 있을 수는 있으나 문화의 근본문제에는 접근하지 못하고 지엽적인 해설로 일관하였다.

둘째, 통속적인 이해라면서 자유 기고가의 의견을 인용하였는데, 즉 부조를 제작한 사람의 기발하고 자유분방한 감각에 의한 결과물이라는 해석이다. 다시 말하면 그린맨 부조를 제작하는 자체의 중요성과 미술적 사실주의를 표방한 것이라고 정리하였다. 그러나 이 의견 또한 종교적 근본 문제는 외면함으로써 자연스럽게 오리엔트와는 선을 그었으며 유럽 예술가들의 자유로운 정신세계의 틀에서 관찰하려는 한계를 노출시켰다.

셋째, 앨버트 시워드Albert Seward가 그린맨 부조에 등장하는 각양각생의 식물을 분류하고 분석하여 참나무 잎이 가장 많이 묘사된 원인을 밝히는 독특한 연구를 인용하였는데, 이는 식물학적인 분포가 갖는 기본적인 특징을 도외시하였다. 즉, 아칸서스는 지중해에 많고 유럽의 중부와 북부로 갈수록 참나무가 많아진다는 전체적인 관점을 놓치고 말았다. 이 또한 아칸서스에서 눈을 돌림으로써 오리엔트와 연결되는 부분을 자연스럽게 외면하는 결과를 초래하였다.

넷째는 레디 래글런 자신이 강하게 주장하는 편인데 소위 5월의 왕King of May이라는 유럽 전래의 전통적인 행사와 결부되었다는 의견이다. 5월의 왕으로 선발된 마을의 어떤 남자는 다른 사람들의 도움으로 왕의 치장을 하게 되며 이때 머리에 쓰는 화관花冠은 특히 중요하였다. 그리고 사람들에게 이끌려 성당으로 향하게 되고 도착하면 미리 대기 중이던 남자들은 교회의 탑 위에서 밧줄을 내려 왕의 화관을 끌어 올려 십자가가 있는 첨탑 위에 올려놓는다. 이 화관은 이듬 해 5월까지 마을의 풍요를 담보하는 중요한 상징으로 간주되었고 화관을 옮긴 5월의 왕이 그린맨으로 이어졌다는 결론이다.

그리고 다섯째는 넷째의 설명을 더욱 보충한 것으로, 5월의 왕이 머리에 쓰던 화관은 원래 교수형을 당한 왕의 머리를 대신한 것이고 죽은 왕은 나중에 그린맨이 되었다는 설명이다. 마을의 안녕과 풍요를 담보하기 위해 죽음을 당한 왕의 머리를 성스러운 나무Sacred Tree 위에 올려놓는다는 풍습은 프레이저의 『황금가지』에서 인용하였다.

그러나 레디 래글런은 다시 민속학자 루이스C.B.Lewis의 분석을 인용하면서 넷째의 설명이 타당하다는 입장이다. 즉, 루이스는 말하기를 다섯째와 같은 이교도들의 풍습이 유럽에 전래되고 나서는 그리스도교와 공존하면서 지금까지 교회에 남게 되었는데 중세시대 교회의 스테인드글라스에서부터 보인다는 설명이다.

기독교와 이교도의 풍습으로 엄격히 구분하려는 자세가 돋보이면서도 현실은 부정하지 않는 태도이다. 어쨌건 이러한 과정을 거쳐 성모마리아와 그린맨과 태양이 함께 하나의 도상을 구성하기에 이르렀다는 결론이다. 어디까지나 이교도의 풍습이었음을 내비치면서 기독교 문명권의 순수성을 말하고 싶었으나 결론적으로는 그리스도교 문화와 비그리스도교 문화가 서로 융합하였다는 사실은 숨기지 못하였다. 융합의 결과물로써 그린맨이 지금도 남아 전한다는 논리이다. 그러면서도 이교도의 풍습이 사실은 오리엔트에서 전래되었을 가능성에 대해서는 일절 언급하지 않았다.

그린맨의 일종인 괴수 같은 얼굴의 입에서 식물의 덩굴이 솟아나오는 부조나 그림은 현대 한국의 사찰 문짝에도 흔히 보이고 중국 인도에 걸쳐 불교문화권이라면 쉽게 볼 수 있다. 경기도 남양주시의 천보사 대웅전 문짝이나 시흥시의 영각사 무량수전과 삼성각의 문짝 아래에서도 괴수가 입으로 연꽃이나 연잎을 물고 있는 목조 부조가 발견될 정도이니 그 상관관계가 궁금증을 자아낸다.

이와 같이 동아시아는 인도의 영향권에서 자유롭지 못한 것이다. 그렇다면 인도에서 지중해로 확산되는 것 또한 시간문제였는데 바로 이러한 비교문화적 관점이야말로 더욱 강조되어야 했다. 그린맨 또한 유라시아의 보편문화였으나 서구 학자들에 의해 일찌감치 이교도들의 문화라며 가볍게 다루어지고 말았다.

그러니까 루이스의 관점은 기독교 중심적이자 유럽 중심적이라 말할 수 있으며 구체적으로는 지중해의 동부지역조차도 슬머시 주변으로 밀어내면서 유럽을 중심화하는 입장이었다. 지중해권과의 연결고리에 소극적이므로 오리엔트와 비교연구 하는 자세는 거의 기대하기 어려운 입장이었다. 오리엔트와 지중해를 하나로 설명하려던 도상학자 굿이어W.H.Goodyear(1846-1923)같은 사람은 사실 소수파였다.

레디·래글런은 결국 유럽과 그리스도교 중심적인 관점에서 분석한 다른 사람들의 연구 결과를 자신의 결론으로 대체하면서 스스로도 오리엔트와 연결 짓는 연구에는 적극적이지 않았다. 그러니 위에 제시한 아칸서스화생 역시 유럽에 한정해서 고찰할 문제가 아니라 지중해 동부와 오리엔트를 시야에 넣어 비교 분석해야할 대상이었던 것이다.

기하학적 문양이 결코 그리스에서 갑자기 출현한 것이 아니라 이집트 앗시리아 페니키아 소아시아 그리스로 전파되는 가운데 서서히 진화하면서 도달된 결과로 봐야한다는 연구 관점상의 문제는 여러 번 지적하였다. 마치 이와 같이 위 부조 그림 또한 오리엔트의 자극을 받아 생성된 헬레니즘의 반응으로 바라볼 필요가 있다. 그렇다면 중세시대 베네치아의 아칸서스화생이라는 관점에서 바라보는 데 별다른 문제가 없을 것이다.

시대적으로나 지리적으로 보더라도 자연스러운 귀결이라는 판단이다. 다만 부조를 제작한 이가 과연 화생을 인식했는지, 또 화생하는 인물이 누구인지 확인할 수 있는 자료는 없으나 왕궁이라는 특성상 길상임에는 틀림이 없다. 그렇다면 수호신이나 성자들의 얼굴일 가능성이 높은데 아칸서스 잎의 배치가 마치 이오니아식 돌기둥의 머리 장식을 닮았다는 점을 근거로 본다면 이집트의 태양신 라의 변형일 가능성도 완전히 배제하기는 어렵다.

다음의 아칸서스 부조 도상은 〈사진166〉에 비해 연화화생의 영향 정도가 훨씬 뚜렷하다. 돌기둥의 머리 장식으로 표현된 아칸서스는 더욱 둥근 원에 가까워졌으며 아래 방향으로 두 장의 잎이 말려져 내려오니 삼본연화의 변형임을 한눈에 알 수 있는 구도이다. 더욱이 화생하는 인물상의 양 옆에는 회오리를 연상하는 문양이 배치되어 있는데 이것은 이오니아식 돌기둥 머리 장식을 이어받으면서 약간 수정된 패턴이다.

〈사진167〉 베네치아의 돌기둥 아칸서스화생
(2018년 필자 촬영)

연꽃의 문법

소위 양머리로 알려진 도상으로 터키 서부 지역에서 발생하였으므로 이오니아식 돌기둥 머리 장식이라 일컫는다. 물론 연꽃 머리 장식의 변형으로 수련꽃의 꽃받침을 강조한 나머지 지금과 같은 양머리 모양으로 진화 발전했다는 것이 도상학의 설명이다. 바로 이러한 양머리 장식이 혼합된 상태에서 화생하는 인물상은 아마도 건물을 수호하는 신으로 추정된다.

지금의 스페인을 비롯하여 지중해 연안 지역들이 이슬람 문화와 활발한 교류가 진행되던 때였으므로 전반적으로는 오리엔트의 영향이 아직 많이 남아있던 시기였다. 아칸서스무늬가 그리스 헬레니즘의 영향이라 할지라도 도상의 기본적인 틀은 헬레니즘 이전의 구도에서 벗어나지 못한 상태였다. 말 그대로 헬레니즘과 오리엔트의 공존 시대라 말하지 않을 수 없다. 바로 이러한 불확실성이야말로 중세시대의 문화적 정체성을 대변한다고 볼 수 있다.

헬레니즘과 오리엔트의 공존은 〈사진168〉의 부조 도상을 통해서도 알 수 있다. 양머리는 더욱 이오니아식 돌기둥 장식에 닮았으나 작은 크기의 양머리 두 개가 추가되어 네 개가 된 점은 또 다른 변화이다. 종교적 의미가 누락된 상태에서 제작자의 주관적인 판단이었을 것이다. 그런데 아칸서스 잎은 세 장으로 각각 양머리 둘과 중앙에서 화생하는 인물을 받쳐준다. 마치 삼본연화의 바코드가 의미 불명인 상태에서 부착되어 있는 것 같다.

중앙의 인물상이 문제인데 머리 모양으로 추측컨대 성당 관계자일 가능성이 있다. 가톨릭 수행자로 추정된다는 의미이고 이곳이 왕궁이었다는 점과 가까운 위치에 산마르코 성당이 있다는 사실에 비추어 볼 때 종교성을 띤 부조 도상이라는 점은 배제하기 어렵다.

〈사진169〉 부조 도상은 마치 꽃이 활짝 핀 것 같은 모양의 아칸서스 잎이 주의를 끄는데 안에서 모습을 드러내는 인물 역시 여성 성직자로

〈사진168〉 베네치아의 돌기둥 아칸서스화생
(2018년 필자 촬영)

보인다. 두 손을 모아 기도하려는 자세이고 앞에는 책자가 놓여있으니 성서 아니면 찬송가로 추정하고자 한다. 앞의 〈사진168〉과 더불어 아칸서스 잎 사이에서 성직자가 모습을 드러내는데 만든 이가 화생을 인식했는지는 확인 할 수 없으나 화생 모티브의 도상을 모방했을 가능성은 매우 높다.

〈사진169〉 베네치아의 돌기둥 아칸서스 장식 (2018년 필자 촬영)

아칸서스 잎 사이에서 각종 인물이 출현하는 패턴이 계속되는데 중세시대 베네치아 사람들이 이와 같은 모티브의 부조 제작에 많은 관심을 갖고 있었다는 방증이 아닐 수 없다. 〈사진170〉의 부조 도상에서는 아칸서스에서 왕관을 쓴 남성이 등장하며 오른손으로는 검을 들고 있어 수호자임을 자처하는 도상으로 해석된다. 아마도 왕족의 일원으로 추정되며 선조라면 사후에도 왕궁을 지키겠다는 의지가 아니었을까.

〈사진170〉 베네치아의 돌기둥 아칸서스 장식 (2018년 필자 촬영)

〈사진171〉의 부조 도상은 의미하는 바가 매우 궁금하다. 아칸서스가 아래와 좌우에서 받치고 있으며 중앙에서 인물상이 모습을 드러내는데 그의 왼손은 오른쪽 가슴 위에 얹어놓았으나 오른손으로는 연꽃 한 송이를 쥐고 있는 부조 도상이다. 유럽의 다른 지역에서도 가끔 발견되는 현상으로 오리엔트의 수련꽃이 아닌 인도 발생으로 밖에는 생각할 수 없는 연꽃 도상이 갑자기 등장하였다.

오리엔트 지역과 인도에서 수련꽃이나 연꽃 한 송이를 손에 들고 있는 도상들은 대부분 헌화

〈사진171〉 베네치아의 아칸서스 장식과 연꽃 (2018년 필자 촬영)

연꽃의 문법

가 목적이었다. 절대적 권력자나 신께 바치는 것이 일반적이므로 부조에서 남성 복장의 인물도 누군가에게 헌화하는 내용으로 볼 수 있다. 수련이면 오리엔트의 모방이겠으나 연꽃이므로 인도 도상의 모방이라 말할 수 있겠다.

중세시대의 지중해권이 오리엔트 지역과 활발한 교류를 계속할 수 있던 배경에는 동로마 제국, 즉 터키의 이스탄불을 중심으로 번성했던 비잔틴제국을 들지 않을 수 없다. 그리고 터키의 이슬람문화와 그리스 문화가 융합한다는 것은 다시 거슬러 올라가 오리엔트 문화와 헬레니즘의 교류로 이어지니 그러한 와중에 흘러들어왔던 연꽃 도상이 위의 부조로 나타났다고 본다.

이때의 연꽃이 베네치아 사람들에게는 수수께끼 같은 문화 코드였을지 모르는데 이 연꽃에 담긴 의미를 이해할 수 있는 사람이 얼마나 있었을지 궁금하지 않을 수 없다. 지금은 비바람에 노출되어 풍화가 진행된 상태이므로 선명하지 않아 연꽃을 인지하는 사람이 과연 있을까 의문이 든다.

다양한 양식의 돌기둥 머리 장식이 한 곳에 집중적으로 모여 있는 현상은 왕궁에서 멀리 떨어지지 않은 산마르코 성당도 마찬가지라고 앞에서 지적하였다. 중세시대 상업의 중심지였던 만큼 각지에서 각양각색의 문물이 유입되는 지역이기에 가능하였다. 그러한 이유로 다양한 지역과 시대를 배경으로 하는 부조 도상을 한 곳에서 본다는 것은 마치 야외 박물관 같은 효과를 기대할 수 있어서 좋다.

〈사진172〉 베네치아의 아칸서스 장식(2018년 필자 촬영)

〈사진172〉의 부조는 전형적인 아칸서스 돌기둥 머리 장식으로 다른 코린트식 돌기둥과 크게 다르지 않다. 다만 잎 사이에서 모습을 드러내는 인물상은 나이 어린 동자로 보이는데 마모가 심해서 단정하기 어려우나 날개가 없는 상태이므로 에로스인지 아닌지 가늠하기 쉽지 않다. 손에 쥔

것이 무엇인지도 분간하기 어렵다.

　　다만 동자의 분위기로는 〈그림90〉에서 살핀 폼페이의 사례처럼 연꽃 모양의 분수 대에서 화생을 통해 태어나는 어린아이에 닮아 있어 이집트의 이시스 여신이 내려주는 새 생명일지 모른다는 생각을 해본다. 한편으로는 인도 간다라 미술로 소개했던 돌기둥 아칸서스 장식과 동자상의 모습이 또한 매우 비슷하다. 현대 인도의 자이나 사원에 서도 찾아볼 수 있는 아칸서스 인물 화생 〈사진47〉과도 닮았는데 이때의 인물상도 아동이다.

　　사정이 이러하므로 인도 오리엔트 비잔틴 베네치아를 아칸서스 장식과 아동의 출현이라는 관점에서 하나의 커다란 문화권을 가정할 수 있게 된다. 그러니 〈사진172〉 의 윤곽이 선명하지는 않지만 부조 도상이 전하는 분위기나 구도는 전혀 독자적이라고 말할 수는 없는 상황이다. 인물상이 에로스라면 행복을 가져다주고 왕궁을 지켜주는 수호신으로 볼 수도 있겠지만 풍화가 심하여 자세히 살필 수 없다는 아쉬움이 남는다.

　　다음 〈사진173〉의 부조 도상은 전형적인 고대 이집트의 도상을 기반으로 한다. 일반적 인 단위 문양으로 널리 사용되었을 정도였다. 다만 위 도상은 이집트의 수련꽃 대신 아칸 서스가 위치한 구도이다. 고대 이집트의 쌍 사자수련문양의 도상을 모방한 것이라 할 수 있는데 중세의 베네치아가 모방하기에는 시 대적으로 맞지 않으니 이집트의 도상들은 중세시대에도 지중해 연안 지역에 퍼져 있었

〈사진173〉 이탈리아 베네치아의 쌍사자 아칸서스무늬
(2018년 필자 촬영)

다는 얘기가 된다. 그렇지 않다면 논리적으로 불가능하기 때문이다.

　　커다란 수련꽃 한 송이를 사이에 두고 사자 두 마리가 좌우에서 보좌하거나 삼본연 화를 보좌하는 도상은 이집트에서 도자기 표면이나 벽화에 흔히 그려져 있었다. 널리 유행하면서 단순한 길상화로 여겨졌으나 원래 종교적으로는 태양신을 보좌한다는 뜻

　　　　　　　　　　　　　　　　　　　　　　　연꽃의 문법

이 있었다. 이집트의『사자의 서』에서도 확인했던 내용이다. 태양을 상징하는 동물인 사자나 곤충인 쇠똥구리가 역시 태양을 상징하는 수련꽃과 조화를 이루는 도상은 신성시되는 성화聖畫였다.

특히 위 그림에서 흥미로운 점은 양 옆의 두 마리 사자가 좌우에 각각 숫사자 암사자라는 사실이고, 한 쌍의 사자가 아칸서스 잎 좌우에 각각 올라앉아 중앙의 아칸서스 잎을 감싸는 모양이다. 암수 한 쌍의 사자는 달리 만나본 적이 없는 독특한 사례이며 전체적인 특징은 삼본아칸서스와 쌍사자의 조합이 오리엔트와 공유하는 문화 코드라는 점이다.

〈사진174〉이탈리아 베네치아의 쌍조 아칸서스무늬 (2018년 필자 촬영)

〈사진174〉의 부조 도상도 기본적으로는 고대 이집트와 앗시리아 페르시아에 널리 퍼져있던 도상이니 쌍사자와 더불어 모방 작품으로 간주할 수 있다. 양옆의 새는 구체적으로 백조이므로 이 역시 오리엔트에서는 태양을 상징하였는데 인도에까지 전파되어 태양숭배 사상의 일부를 구성하였다. 바로 이러한 백조 두 마리가 각각 아칸서스 잎에 앉아 중앙의 잎을 보좌하고 있으니 그대로 쌍조연화문양雙鳥蓮華紋樣을 재현한 느낌이다. 태양의 상징 백조가 역시 태양의 상징인 연꽃을 보좌하는 도상이 오리엔트의 종교적 의미였다면 아칸서스로 바꿔놓은 베네치아 사람들은 저 도상을 통해 어떠한 종교적 사상을 기대했던 것일까?

필자의 생각으로는 단순히 오리엔트에서 건너온 세련된 도상이라는 점과 이것이 베네치아에서 길상화로 통했기 때문에 왕궁의 건축물 일부를 장식했던 것이 아닐까 추정해본다. 오리엔트의 종교사상까지 모방한 것은 아니었으므로 이 도상들은 앞으로 본래의 의미가 퇴색된 상태에서 아름다운 장식이나 기괴한 모습으로 변모될 수도

있겠으며 스코틀랜드의 로빈 후드 같은 지역민속과
습합하는 경우도 나타나게 될 것이다.

지중해 문화권에서 연꽃 관련 조사를 하면서
가장 충격적인 발견은 이탈리아 바티칸의 연화화생
이다. 기원전 고대 로마시대의 지하 무덤에서 연꽃
무늬 돌기둥을 사진과 도상으로 본적은 있으나 바티
칸의 연화화생을 눈앞에서 목격한다는 일은 상상
조차 할 수 없었다.

발견 장소는 일반적으로 바티칸의 박물관 혹은
미술관으로 알려진 건물 내부의 천장 돔이었는데 돔
의 안쪽 장식은 다른 종교에서도 널리 사용되는 격자

〈사진175〉 이탈리아 바티칸의 연화화생
(2018년 필자 촬영)

형태였다. 격자는 모두 150개나 되었고 하나하나의
칸에는 활짝 핀 연꽃이나 꽃을 형상화 한 도상
이 부조로 가득 채워져 있었다. 연꽃은 다양한
꽃들 사이에 섞여 있었으며 꽃 속에 인물상이
들어있는 도상을 다섯 개 발견하였다.

제시한 〈그림91〉은 많은 격자 중 네 개로
좌상과 우하의 두 사례가 연화화생의 변형이
다. 사진이 선명하지 않아 그림 역시 정확하지
는 않다. 나머지 둘은 화생이 없는 연화무늬인
데 화생중인 인물은 한눈에 서양인의 얼굴임

〈그림91〉

을 알 수 있다. 인도 붓다가야의 연화화생은 인도인이고 동아시아의 화생은 동아시아
인이었던 사실과 비교된다. 연화화생은 육안으로 확인한 것만 다섯 개이므로 세밀한
조사에 의한다면 더 늘어날 수도 있다. 바라보면서 인도 붓다가야의 유사한 연화화생
을 떠올려야 하는 현실을 선뜻 받아들이기 어려웠다.

게다가 돔 아래의 바닥에는 석재로 만든 거대한 수반水盤이 놓여 있으며 과거에는 물이 담겨있어서 연꽃을 띄어놓았었다는 얘기가 전하는데 아마도 수련이었을 것으로 추정된다. 연꽃이나 수련이나 아무튼 연못[蓮池]을 상징하였다는 얘기가 되니 보는 이도 어리둥절할 뿐이다.

수반과 수련의 관계는 고대 이집트부터 로마에 이르기까지 줄곧 지중해 문화의 한 부분을 이뤄왔을 뿐만 아니라 오리엔트와 불교문화권까지 영향을 끼쳤으므로 모름지기 유라시아의 보편 문화이다. 종교문화이면서 동시에 민속으로 토착화한 문화이기도 하다.

연꽃 형태의 수반은 생명 탄생의 상징으로 이집트에서 이시스가 관여하는 배경이 된다. 이러한 종교적 성격을 갖는 수반이 아래 바닥에 위치하고 천장에는 연화화생이니 상하가 연꽃으로 연결된 신비로운 연화장 세계가 구현된 공간이다. 우주의 생명이 연꽃의 문을 여닫으며 생멸한다는 고대 이집트의 『死者의 書』나 인도의 우파니샤드를 연상시킨다. 인도 사상의 아류이기는 하지만 티베트『死者의 書』도 비슷한 얘기를 전한다.

현재는 박물관이나 미술관으로 사용되고 있으나 과거에는 성당이었다 하고 이곳에 관여된 예술가들은 미켈란젤로 라파엘로를 비롯하여 열거하기 힘들 정도로 많으며 또 건물의 완성은 16세기에 시작하여 여러 차례의 개보수를 거쳤다 하므로 언제 누가 결정하고 제작하였는지 특정하기가 쉽지 않다. 오랜 시간에 걸쳐 많은 사람이 관여하였기 때문이다. 하지만 중요한 것은 르네상스에 들어선 단계에서 고안된 건축 장식이라는 점이다.

새로운 유럽이라는 기치를 내걸었음에도 불구하고 오리엔트에서 전해진 연화화생이 가톨릭의 중심에 존재한다는 뜻밖의 사실에 놀라지 않을 수 없다. 이스탄불을 중심으로 천 년 동안 지속된 왕국 비잔틴제국이 동서양의 문화를 얼마나 융합시켰는지 충분히 짐작하고도 남는다. 비잔틴 문화의 토대 없이는 바티칸의 동서 문화 융합도 쉽지 않았을 것이라는 판단이다.

이러한 역사적 배경을 감안하더라도 바티칸의 연화화생과 연꽃 수반이라는 연지 蓮池는 과연 어떠한 종교사상을 이어받았던 것일까. 단순히 건축 디자인의 일부로 별다른 의도 없이 수용하였던지, 아니면 종교적인 의미가 있었는지 아직 바티칸의 자료를 통한 확인은 이루어지지 못한 상태이다.

지금으로서 추정할 수 있는 것은 천장의 연화화생뿐이라면 예술가들의 미적 유희 정도일 것이고 바닥의 수반도 단지 수반에 불과할 수도 있겠다. 그러나 천장의 연화화생과 아래의 연못을 상징하는 수반을 상하 수직 관계로 설계했다는 의도는 아무래도 간단히 지나치기 어렵다. 분명한 목적이 아니었다면 반드시 수직으로 설계할 이유는 없었을 것이기 때문이다.

의도된 연화화생과 수반이라면 그 의미하는 바에 대해서 오리엔트와 인도의 그것들과 연계해서 생각하지 않을 수 없는데 궁극적으로는 천국으로의 구원에 귀결되는 설계가 아니었을까. 저와 같은 구도를 불교나 힌두교에서는 왕생往生이나 해탈로 설명한다.

다시 정리하면 연못의 수련꽃을 통해 화생하는 임종 이후의 상황이 우선 전제되어야 하겠고 다음 단계는 망자의 영혼이 수직 상승하여 돔의 상공을 통해 천국으로 통한다는 개념이 이어졌을 것이다. 기원전 고대 인도인들이라면 돔 중앙의 둥근 구멍을 가리켜 보름달로 인식했으니 그곳을 통해 천국으로 이동한다고 믿었을 것이다. 그러니 격자에 새겨진 연화화생의 주인공들은 마침내 천국으로 이동한 후보자들로 무슨 이유에서인지 그들의 흔적을 저곳에 남기려는 바티칸 측이나 제작에 관여한 이들의 의도가 있던 것이 아닐까 추정해보는 바이다.

인도의 불교 성지라면 저와 같은 연화화생을 남기는 원인은 성지를 참배한 불교 신자가 삼보에 귀의한 후 자신의 사후 왕생을 위해 생전에 미리 새겨두는 풍습이 있었다고 한다. 인도편에서 살펴보았던 붓다가야의 연화화생이 바로 그와 같은 사례들이다. 또 한국의 송광사 지장전의 연화화생 인물상은 지장전 불사에 크게 공헌했던 신자의 업적을 기리고 그의 사후 왕생을 위하여 극락정토 벽화에 실제로 그려놓는 경우이다.

연꽃의 문법

이와 같은 두 가지 경우와 비교하며 유추한다면 바티칸의 돔 한 편에 새겨진 연화화생 인물상 또한 천국으로 인도된 신자를 바티칸 측에서 판별하여 새겨 넣었거나 아니면 성당을 신축하던 당시 크게 시주를 했던 신자들의 인물상을 그곳에 연화화생으로 남기었거나 둘 중의 하나가 아니었을까.

아무튼 지금까지 바티칸을 방문했던 수많은 사람들 중에 돔 천장의 연화화생을 과연 몇 명이나 인지하였을지 지금도 필자의 머리에서 떠나지 않는 의문이다.

그런데 오스트리아 비엔나의 스테판Stephan 성당에서 목격한 의문의 조각상은 바티칸의 연화화생에 못지않은 커다란 수수께끼를 남겨 주었다. 스테판 성당이 지금과 같은 모습을 갖게 된 것은 14-15세기라 하지만 종교 시설로서의 출발은 이보다 훨씬 오래 전부터였다. 문제의 조각 작품은 대략 성당이 완성된 이후라고 한다.

성당 입구로 들어서서 좌측 편에 마련된 별도의 공간에 예수의 생애가 네 컷의 벽화로 그려져 있다. 그 우측의 돌기둥 위에는 부활한 예수가 상반신을 드러낸 채 두 손을 앞으로 모은 자세를 취하고 있는데 돌기둥에서 솟아나오는 상황 묘사처럼 보인다. 제시한 사진은 예수의 부활과 돌기둥 장식을 촬영한 것으로 전체적으로는 석가모니의 일대기를 그린 팔상도八相圖나 사상도四相圖를 연상시킨다. 석가모니의 일대기를 조각 작품으로 표현하기로는 스리랑카가 유명하고 벽화로는 한국이나 태국 라오스의 사찰이 알려졌다.

인도에는 자이나교의 교주 마하비라Mahāvīra의 일대기가 자이나 사원에 스테인드글라스로 화려하게 표현된 작품이 전하는데 성자들의 일대기라는 관점에서는 스테판 성당도 예외는 아닌 것 같다. 다만 스테판 성당의 경우 예수 부활을 특히 강조했다는 점이 특이한데 석가모니는 세속적 죽음을 맞이한 것이 아니므로 부활할 것도 없었으며 예수 또한 생사를 초월한 절대자의 모습을 중생들 앞에 드러내 보이기

〈사진176〉 오스트리아 스테판 성당의 예수 부활과 돌기둥 장식 (2018년 필자 촬영)

위함이었을 것이다. 예수의 손등과 가슴에 남은 깊은 상처도 죽음과 부활을 알리기 위한 강력한 표식이 아닐 수 없다.

그러나 문제인 것은 왜 돌기둥 상단인가 하는 점이다. 돌기둥 머리 장식의 발상지는 고대 이집트이며 장식 무늬의 원점은 연꽃, 즉 수련이었다. 그리고 수련의 화려한 묘사를 거쳐 인물상이 등장하기 시작하였고 이때의 주인공은 물론 신神이었다. 즉, 돌기둥 꼭대기의 수련꽃 장식 상단이라는 신성한 공간은 신들의 세계였던 것이다.

이러한 전통을 이어받아 망자들의 재생을 알리는 벽화가 그려지기도 했고 이 부분은 오리엔트와 인도를 거쳐 동아시아에도 널리 알려진 터였다. 이와 같은 문화적 배경을 근거로 본다면 예수가 돌기둥 상단에 올라 있는 이유도 신의 탄생이나 부활을 알리려던 것이 아닐까. 지금의 오스트리아 사람들이 실제로 이렇게 인식하고 있는지 궁금해지는 대목이다.

특히 돌기둥 상단의 장식 무늬는 지중해 연안 지역의 보편적인 아칸서스와 구별되는 색다른 분위기인데 특정하기 어려운 무늬로 이는 마치 연꽃이 서식하지 않는 지역에서 상상의 연꽃을 그리던 사례를 연상시킨다. 변형된 아칸서스로 보기도 애매하지만 운기문雲氣紋이라 불러도 손색이 없을 정도이다. 운기문이라면 그것이 천국임을 상징할 수 있겠으나 지금으로서는 돌기둥 상단의 도상 무늬를 특정하기 어려워 더 이상의 추정은 곤란하다.

오스트리아의 자연환경은 알프스의 동부 지역을 경계로 지중해 문화권에서 한 걸음 물러서 있으면서도 이탈리아 베네치아와는 거리상 멀지 않다는 위치상의 특징 등을 고려하면서 고찰할 필요가 있다.

한편 그림의 조각상을 두고 치통을 앓는 예수라는 전설이 일부에 전한다. 민속에 취미 있는 사람들은 이 같은 이야기를 수집하고 유형 분류한 다음 관광 자원 같은 또 다른 흥밋거리로 발전시켜나가는 것 같은데 본질론에서는 오히려 경계해야 할 이야기이다.

비엔나의 스테판 성당에서 우연히 목격한 예수상의 의문은 비엔나에서 멀지 않은

연꽃의 문법

이탈리아의 베네치아에서 조금이나마 풀릴 수 있었다. 실마리는 저 유명한 산마르코 성당의 입구 머리 위에서 발견한 대리석 부조 도상이었다. 많은 부조 중에서도 특히 눈길을 끈 것은 매우 선명한 십자가 연화화생이었기 때문이다. 연꽃과 십자가의 선입 견으로 본다면 도저히 일어날 수 없는 일이라 처음에는 누군가의 장난인가 싶을 정도였 다. 그러나 중세시대의 성당이라는 엄중한 사실로 인해 금방 진지해질 수 있었다.

지중해 문화권을 조사하면서 나를 당혹케 했던 부조나 그림 중 하나로 화생의 연꽃이 수련이 아닌 것은 분명하다. 이집트에서 오리엔트 그리고 지중해 동부 연안지 역을 중심으로 수련이 연꽃 문양을 대신했음에도 불구하고 동아시아에 익숙한 인도 전래의 연꽃이 다시 갑자기 등장하였다. 이 같은 연꽃 문양을 이탈리아에서 마주하는 경우가 종종 있다.

수련이 아닌 연꽃 문양이 지중해 연안 지역에 나타나려면 기원전 알렉산더 대왕과 헬레니즘으로 시간을 되돌려야 한다. 지중해의 아칸서스 문양이 인도에 나타나고 인도 의 연꽃 문양이 지중해에 나타나던 시기였기 때문이다. 그러니 산마르코 성당은 중세 에 세워졌다고는 하나 이미 그 이전부터 지중해에서 인도의 연꽃문화가 숨 쉬고 있었다는 뜻이 된다.

연꽃에서 화생하는 주인공이 십자가라는 사실은 연꽃 이상으로 놀라운 사건이다. 불교에서 보리수 나무를 석가모니 로 간주하듯이 십자가를 예수로 여기는 신앙은 현대에 이르기 까지 거의 범세계적인 현상이다. 그렇다면 십자가 연화화생을 예수의 연화화생으로 간주할 수도 있다는 얘기인데 여기서 오스트리아 비엔나의 스테판 성당에서 본 예수의 부활과 돌기 등의 관계가 다시 한 번 부각된다. 스테판 성당의 예수 역시 부활을 상징하고자 화생을 하고 있었을 것이라는 소견이다.

〈사진177〉 이탈리아 베네치아 산마르코 성당의 십자가 연화 화생(2018년 필자 촬영)

산마르코 성당의 십자가 연화화생 부조는 지금까지 두 개를 발견하였다. 〈사진177〉의 부조와 주변 부조들 사이에

〈그림92〉

서 예상되는 전후좌우의 문맥은 아직 확인할 것이 많다. 오랜 시간을 두고 천천히 건설된 이유도 있어서 부조들은 반드시 하나의 이야기로 설명되는 배치가 아니라는 뜻이다. 베네치아를 다시 방문하게 된다면 주변의 부조와 함께 어떠한 메시지를 전달하려던 것인지 좀 더 살펴볼 필요가 있겠다. 지금으로서는 〈그림92〉에 한정된 얘기이지만 십자가의 연화화생을 통해 중세 사람들은 예수의 연화화생과 부활을 상상하였을 것이라는 점을 확인하고자 하고 다음은 십자가의 모양이 제시하는 특징도 지적해두고 싶다.

고대 이집트의 앵크Ankh 〈그림76〉를 통해 살펴보았던 연꽃과의 관계성이 닮았는데 상단과 중단의 세 꼭지점이 둥글게 처리되어 있는 특징은 요주의 사항이다. 이집트 편에서 필자는 앵크가 삼본연화의 변형일 것으로 보았고 앵크와 수련이 하나의 도상을 구성하는 사례 또한 소개하면서 설명하였다. 절대자가 손에 쥐던 것은 삼본연화나 앵크라는 등식이 고대 이집트에 성립돼 있던 것도 둘을 동일시했기 때문이었다.

이러한 논리로 생각한다면 삼본연화의 변형이 앵크이고 앵크의 변형이 〈그림92〉와 같은 십자가가 아닐까 하는 점이다. 변화 과정의 연결고리에는 반드시 연꽃이나 수련이 존재하는 데 근본적인 이유는 태양의 상징성 때문이다. 연봉오리를 좌우 두 개 배치하던 이유도 아침의 태양과 저녁의 태양을 실감나게 표현하기 위함이며 이는 다시 현재의 태양을 더하여 과거 현재 미래라는 전 시간의 연속성을 매우 중요하게 여기던 사상이 있었기 때문이다.

그러나 이러한 변천 과정을 산마르코 성당을 건축하던 당시 사람들이나 지금 사람들이 인지하고 있을 것 같지는 않다. 부조를 만들던 사람들조차도 삼본연화나 앵크에 대한 뚜렷한 인식과 지식 없이 과거부터 전해 내려오는 관습에 따라 만들었을 가능성이 높다. 그래서 둥글게 처리된 세 개도 연봉오리 형태라고 말하기에는 어색한 느낌이다. 아마 무슨 뜻인지 모르고 비슷하게 모방했을 것이다.

이렇게 부지불식간에 부착이 되어 남게 된 것을 필자는 바코드 같은 문화 코드라 부른다. 바코드처럼 무슨 뜻인지 알 수 없는 어떤 부조에 불과하므로 일 년에 수천

연꽃의 문법

〈사진178〉 이탈리아 베네치아 산마르코 성당의 십자가 아칸서스화생(2018년 필자 촬영)

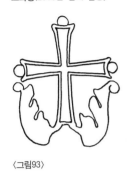

〈그림93〉

만 명이 방문하는 베네치아 산마르코 성당이라도 연화화생을 통해 시간 여행을 하며 여러 가지 인식에 빠져드는 사람은 아마 거의 없을 것이다.

앞의 〈사진177〉에서 살펴본 십자가 연화화생 부조는 그 반대편의 아칸서스화생 〈사진178〉과 짝을 이루는 배치이다. 부조 도상들의 건물 전체적인 문맥은 여전히 미상이지만 지금 단계에서 말할 수 있는 것은 십자가의 출현을 연꽃과 아칸서스 두 가지 식물 도상에 각각 의존했다는 사실이다. 메시지는 같은데 전달 대상은 다르기 때문으로 파악하고 있다.

십자가 화생의 종교적 의미나 목적이 다를 수는 없으나 서로 다른 문화를 배경으로 살아온 사람들에 대한 배려로 이해된다. 즉, 고대와 가까운 중세시대 사람들의 발상이라는 점을 고려해야 하는데 연화화생은 오리엔트 문화를 토대로 한 도상이며 아칸서스는 헬레니즘 이후의 지중해 문화를 토대로 한 도상이다.

베네치아가 중세를 대표하는 다민족사회였다는 역사적 사실이 이를 뒷받침한다. 베네치아에는 이탈리아 사람들만이 아니라 지중해의 각지와 오리엔트의 다양한 사람들이 섞여 살던 도시였기에 십자가를 상징으로 하는 종교로 통일하자는 의지를 보이면서도 사회의 구성원은 서로 다르다는 사실을 인정하는 상징적 도상이다. 정치적 의도로도 읽히는 대목이다. 현대사회를 가리켜 다문화 공존사회라느니 공생이니 말하지만 이 같은 문제의식은 중세시대의 베네치아 사람들에게도 중요한 화두였던 것 같다.

같은 십자가의 출현을 연꽃과 아칸서스 두 가지 식물로 변별적으로 표현하려던 베테치아 사람들의 국제적 감각이 두드러진다.

리구리아Riguria 해에 인접한 바닷가 마을 베르나짜Vernazza의 작은 성당에서 발견한 기묘한 석상을 소개하기로 하겠다. 〈그림94〉는 〈사진 179〉를 그대로 펼쳐보이도록 그린 것으로 흰 대리석에 부조로 조각되어 있어 그림이 실물보다 알아보기 쉬울 것 같다.

길쭉한 삼각뿔 형태로 가운데 모서리 선을 따라 십자가 형태를 이루며 보석이 박혀있다. 중간쯤에서 횡으로도 보석이 박혀 있으니 불빛을 받으면 십자가 모양의 반짝거림이 선명할 것이다. 꼭대기에는 얼굴이 조각되어 있어 추정컨대 예수상을 표현한 것으로 보인 다. 요컨대 대리석상의 십자가는 곧 예수와 동격이라는 전제에서 만들어진 작품이라는 사실을 알 수 있다. 그 런데 여기서 한 가지 흥미로운 점은 위아래에 새겨진 부조 도상이다.

〈사진179〉 이탈리아 베르나짜 성당의 연꽃(우)과 아칸서스(좌)(2018년 필자 촬영)

먼저 오른쪽 상단에는 초승달이 하단에는 연꽃 문 양이 새겨져 있다. 연꽃 문양은 이집트 발생의 수련이 아니라 동아시아에 익숙한 연꽃이므로 또 한 번 반갑고 놀랍다. 앞의 〈그림 17〉에서 본 인도 붓다가야의 연꽃 문양과 동일하다. 한국의 문양에도 흔히 보는 연꽃 문 양이 왜 이탈리아의 베르나짜 성당에서 보게 되는지 누구라도 의문을 품을 수 있다. 그러나 이러한 생각은 동양에서 바라본 관점일 뿐 지중해에서 본다면 수련이 나 연꽃이나 오리엔트 문화 내지는 아시아 문화라는 선입견이 있다.

〈그림94〉

오리엔트 문화이므로 상단의 초승달에 납득이 간다. 오리엔트에서는 연꽃 문양 과 초승달은 매우 가까운 친연관계에 있으며 앗시리아에서 발전하여 페르시아와 지

연꽃의 문법

중해 동부 연안까지 영향을 끼쳤다. 그 이유에 대해서는 고대 이집트의 밤에 피는 백수련과 초승달에서 설명한 적이 있다. 〈그림56〉과 〈그림59〉는 초승달 연화화생의 대표적인 사례이다. 그러니까 〈그림94〉의 오른쪽 면은 오리엔트 문화를 배려한 흔적이 역력하다.

그리고 왼쪽 상단에는 태양이 빛나고 있으며 하단에는 아칸서스 잎이 보기 좋게 부조로 조각되어 있다. 누차 확인하였듯이 아칸서스는 헬레니즘 때 발생한 그리스의 문양이다. 그리스에서 동으로는 인도에까지 갔으며 서쪽으로는 지중해로 퍼지더니 점차 유럽 전역을 석권한 모름지기 유럽을 대표하는 식물 문양으로 발전하였다. 한마디로 아칸서스는 오리엔트의 연꽃에 대립해서 지중해와 유럽의 상징이 되었다. 기원후부터는 그리스도교 계통의 건축물이나 부조와 회화에서 빼놓을 수 없는 상징처럼 발전하였다.

그렇다면 두 식물 문양을 십자가를 중심으로 좌우로 나눠 그린 이유는 무엇일까. 대답은 〈그림92〉의 십자가 연화화생과 〈그림93〉의 아칸서스화생에서 언급하였듯이 정치 종교 사회 통합이라는 다각적인 의도가 있었을 것으로 판단한다. 이탈리아는 우리가 지금 예상하는 이상으로 다양한 민족 구성과 종교로 인해 통합 문제를 심각하게 생각하고 있었다는 방증이 아닐 수 없다. 한마디로 그리스도교와 이슬람교의 공생 관계를 잘 유지하자는 의미가 담긴 작품이다. 이와 같이 다문화사회를 암시하는 부조 도상은 곳곳에서 발견된다.

베르나짜 성당이 건설되기 시작한 것은 13세기경이니 지금으로부터 칠백여 년 전의 일이다. 이후에는 여러 차례의 개보수를 거쳐 지금의 모습이 갖추어진 것은 16-17세기라고 하므로 대략 이때쯤에 만들어져 세워진 대리석상으로 여겨진다. 르네상스가 시작된 지도 백 년 이상 지난 시기였음에도 불구하고 다민족사회라는 공생문제를 여전히 안고 있었다. 정치 사회적인 요구이면서 종교적 가르침이라는 관점에서 본다면 부조 도상 하나하나에 숨겨진 못 다한 스토리가 예상보다 훨씬 많아 보인다.

십자가 연화화생으로 돌아가기로 하겠다. 산안드레아 성당은 이탈리아의 북부

코모Como에서 산으로 올라가 부르나토Brunato 마을에 위치한 작은 성당이다. 성당 마당에 서면 멀지 않은 건너편으로 스위스령 산봉오리들이 줄지어 보인다. 정식 이름은 산안드레아 아포스톨로Sant Andrea Apostolo인데 전형적인 시골 동네 성당으로 외부의 부조 조각이나 내부 장식이 소박하고 서민적이다. 뜻하지 않은 곳에서 고대 문화의 바코드가 발견되듯이 이곳에서도 십자가 연화화생을 보았다.

〈사진180〉 이탈리아 산 안드레아 성당의 십자가 연화화생(2018년 필자 촬영)

성당 입구에 들어서서 바로 우측 벽에 조명으로 사용되는 작은 등잔불 장식에 눈이 갔으나 실내가 어두워 가까이 가서야 간신히 볼 수 있었다. 벽걸이 등잔을 바라보는 것만으로도 어슴푸레하게 비춰지는 붉은 빛을 상상하게 된다. 벽에 고정된 받침대는 꽃잎이 여덟 장인 로제트 무늬이고 여기서 솟아오르듯 만들어진 상단의 로제트는 연꽃무늬가 선명하다. 꽃잎은 열 장으로 추정되는데 연줄기의 모양새가 한국이나 중국에서 흔히 보던 연꽃무늬 등잔과 너무 흡사하여 잠시 눈을 의심해본다.

〈그림95〉

활짝 핀 연꽃 위로 등잔이 놓여있으나 아쉽게도 점화된 상태는 아니었다. 그러나 실제로 점화되었다면 바로 불꽃이 닿는 위치에 붉은 색의 십자가가 그려져 있어 조금은 환상적인 분위기로 변할 것이다. 이러한 연출이 사실 소박하지만 매우 사실적이고 직설적이라서 이해하기 쉽다. 그래서 연꽃에서 십자가가 출현하는 방식이 이처럼 동적動的일 수가 없다. 동네 사람들의 의견에 따른 제작인지 아니면 나름대로의 유행을 모방한 것인지 확인하지는 못하였으나 분명한 것은 십자가의 연화화생을 매우 정신 집중해서 고안했다는 사실이다.

베네치아 산마르코 성당의 십자가연화화생과 아칸서스화생은 정제된 핵심만을 마치 단위 문양처럼 간결하게 표현하였다면 부르나토 마을 사람들은 연꽃과 십자가 사이에 불꽃을 매개함으로써 화생의 연출 효과를 극대화 하였다.

연꽃의 문법

그러나 무엇보다도 르네상스 이후에도 연화화생을 고려했다는 시기 문제야말로 유념해야 할 중요한 과제이다. 르네상스 이후라고 해서 오리엔트의 문화가 배제되는 일이 적어도 이탈리아의 도상이나 문양 세계에서는 찾아보기 어렵다. 연꽃 등잔에서 실제로 불꽃이 피어오르는 광경을 언젠가는 꼭 보고 싶다.

지금까지는 연화화생과 아칸서스의 조화를 통해 탄생과 부활, 또는 신들이 출현하는 모티브를 중심으로 살펴보았다. 예수나 십자가의 연화화생으로 추정되는 부조에 관해서도 여러모로 생각할 수 있는 기회가 되었다. 그런데 다음 단계에서는 오리엔트나 동아시아처럼 망자들의 세계에도 연꽃이나 수련이 등장하는지 궁금증을 풀어보려고 한다.

여기서 먼저 확인해 둘 것은 기원전 로마의 건축물 지하에서 간혹 무덤이 발견된다는 점과 이곳을 지탱하는 돌기둥에서 연꽃 장식이 발견된다는 점이다. 앞에서도 언급했듯이 필자는 이를 사진이나 도상으로만 보았고 실제로 지하에 들어간 적은 없다.

그러나 이집트의 『사자의 서』에서 보았듯이 오시리스는 호루스의 자식들을 수련꽃에서 탄생시켰을 뿐만 아니라 망자들은 수련꽃을 통해 새로운 생명력을 받아 재생에 이르게 된다. 또 미라가 들어 있던 관이나 함께 발견되는 파피루스에도 수련꽃이 그려져 있어 망자의 부활을 믿는 신앙이 고대부터 있어왔다는 역사적 사실을 뒷받침해주었다. 인도와 동아시아에서 연화화생이 신들의 전유물이 아닌 망자들의 출입구이기도 했다는 사실 또한 누차 확인하였다. 이렇게 아시아의 보편문화라면 지중해를 비롯한 유럽에서 유사한 문화가 발견되더라도 하등의 이상할 것이 없다.

키프로스는 기원전부터 지중해의 해상무역에서 중요한 위치에 있었다. 많은 나라들에 둘러싸인 요충지라는 특징 때문에 그리스, 페니키아, 앗시리아, 이집트, 페르시아, 로마, 아라비아, 베네치아 등의 지배를 받아왔다, 그만큼 다양한 문화가 침전돼 있다는 뜻이 되므로 연꽃과 무덤과의 관계도 충분히 예상 가능한 범주에 있다.

다음 소개하는 사례는 둘 다 키프로스에서 발견된 묘비석인데 뉴욕박물관에 보관 중인 것을 영국의 굿이어가 모사하여 소개하였다. 기원전의 묘비석으로 추정된다.

먼저 〈그림96〉은 이집트 기원인 스핑크스가 중앙의 팔메트 양식의 연꽃 문양을 좌우에서 보좌하는 부조 도상이다. 이를 놓고 굿이어는 그리스에도 다수 발견되는 형식의 묘비석이라는 전제하에 무덤에 특별히 의미를 갖는 도상은 아닌 것 같다면서 이집트와 달리 여성 스핑크스가 많다는 등 주변 문제에 주목하였

〈그림96〉 고대 키프로스의 묘비석과 연꽃
(W.H.Goodyear, op. cit, 1891, p.225)

다.[16] 그러나 왜 연꽃인가라는 본질에 관해서는 아무런 언급이 없는 해석이 되고 말았다.

스핑크스가 연꽃이나 팔메트 문양을 양 옆에서 보좌하는 도상은 이집트는 물론이고 페니키아 앗시리아 그리스 키프로스 등 오리엔트에서 지중해에 걸쳐 발견되는 사례이다. 그런 만큼 그리스 사람들의 장례 문제와 결부시키는 의미 부여에 굿이어는 소극적이었던 것 같은데 이는 그리스를 유럽문화의 본향으로 보는 유럽 학자들의 버팀목 같은 관점이기도 하다.

널리 사용되는 묘비석의 도상이라면 그만한 이유가 있어야 한다는 반대의 해석도 가능한 법이다. 즉, 무미건조하게 장식으로만 사용되는 도상이 오랜 세월 넓은 지역에서 통용되었다는 것은 오히려 안일한 관점이며 그에 상응하는 종교적인 이유를 찾아야 한다.

요점을 정리하면 스핑크스와 연꽃의 관계는 곧 스핑크스와 태양의 관계이며 이는 누차 소개한 『사자의 서』가 전하는 메시지였다. 즉, 스핑크스는 본래 두 마리 사자獅子로 태양의 상징이었고 연꽃 역시 아침의 태양이므로 매일 아침 새로운 에너지를 맞이하듯이 망자의 부활을 꿈꾸던 신앙의 표상이었다.

---

16 · W.H.Goodyear, op. cit, 1891, p.214.

연꽃의 문법

부활 신앙은 이집트와 오리엔트에서 삶을 영위한 사람들의 꿈만이 아니라 인류 보편의 꿈이기도 하다. 무덤의 비석에 남겨야 하는 도상으로는 최상이라고 보는 이유이며 민속적으로는 당대의 사람들에게 최고의 길상이 아닐 수 없다. 같은 도상으로 묘비석이 아닌 곳에 표현된다면 그것 또한 풍요와 재생의 영속성을 담보받으려는 사람들의 보편적인 꿈인 것이다. 그러므로 넓은 지역에서 사용되던 도상이라는 이유로 묘비석의 도상으로는 특별한 의미가 없는 것 같다는 판단은 재고되어야 한다.

〈그림97〉 고대 키프로스의 묘비석과 연꽃나무
(W.H.Goodyear, 1891, p.225)

다음의 부조 도상 〈그림97〉은 같은 묘비석이지만 좌우에서 날개 달린 스핑크스가 보좌하는 중앙의 연꽃은 성스러운 연꽃나무이다. 한 송이 연꽃을 넘어 다수의 연꽃이나 연봉오리가 하나의 커다란 나무 형태를 이루는 문화 현상은 이집트 기원이면서 앗시리아를 거치며 더욱 번성하였고 인도에까지 영향을 끼쳐 지금은 민속공예품으로 만들어질 정도이다. 굽은 줄기가 마치 당초 문양처럼 변형된 점도 앗시리아에서 유행하던 패턴이다. 그러니 이 역시 오리엔트와 지중해 동부 연안 지역에 넓게 분포한 도상이라는 이유로 키프로스의 묘비석에 특별한 의미가 있는 것은 아니라는 설명이 가능하겠으나 이 또한 반대로 해석하는 것이 옳게 보인다.

연꽃나무에 대한 당대 사람들의 희망과 꿈은 한 송이 연꽃에 기대는 자손 번영의 소망을 극대화하였다고 보면 될 것이다. 이것이 키프로스 사람들이 공유했을 보편적인 이유였다고 생각한다. 연꽃나무를 굳이 불교적으로 본다면 대자대비에 대한 소구소원일 수도 있으니 종교의례를 위한 장엄莊嚴이면서 연화장 세계의 초보 단계로 해석할 수 있다. 그러므로 묘비석의 장식으로 표현된 연꽃나무는 망자가 맞이할 행복한 사후세계를 위해 기도하던 사람들의 간절한 마음을 대변한다. 유행하던 장식 무늬만으로 만족했던 도상은 아니었다고 보는 이유이다.

다음의 〈그림98〉은 기원전 고대 이탈리아의 묘비석 장식

인데 연꽃 로제트의 단독 무늬가 두드러진다. 연꽃 로제트 무

늬는 가톨릭의 영향으로 현재는 거의 범세계적인 문양이 되었

다. 그러나 기원전의 묘비석이라면 역시 성당 무덤의 돌기둥

연꽃무늬와 연계해서 생각하지 않을 수 없다. 오리엔트와 고대

〈그림98〉 고대 이탈리아
의 묘비석과 연꽃 로제트
(W.H.Goodyear, op. cit,
1891, p.319)

이집트로 연결되는 연꽃 로제트 무늬는 아침의 태양을 상징하

므로 생명의 부활과 번영을 의미하였다. 세속적으로도 망자의

재생과 후손의 번영을 기도하는 바람이 담겨있어 종교와 잘 구

별되지 않는다.

　한편 생명의 부활과 번영의 개념은 세속의 차원을 넘어 태양의 햇살처럼 무량광無量

光의 개념이 가미되었으며 불교의 비로자나불毘盧遮那佛 사상과 천엽련千葉蓮이 연계되는

데 기여한 바 있다. 비로자나 사상이 인도의 고대 브라만 사상에서 싹트기 시작하였지

만 추상적 사상을 중생들의 눈앞에 알기 쉬운 모습으로 드러내어 설명을 유도한 것은

천엽련이었다. 그러므로 고대 이집트의 연꽃 사상에서 로제트 문양으로 진화하는 단계

에서 가미된 천엽련 사상의 존재감은 매우 크다 할 것이다.

　바로 이와 같은 사상사적 전개를 간직한 연꽃 로제트 문양이 묘비석에 표현되었다

는 것은 단순한 유행을 넘어 세속적인 바람과 종교적 목적을 동시에 간직하였다고

해석할 수 있겠다. 그러나 유럽의 일부에서는 로제트 문양의 원형을 가리켜 장미로

간주하면서 성당 정면의 대형 로제트 또한 장미의 창이라 믿기도 한다. 또 동아시아에

서도 국화꽃으로 볼 수 있는가의 문제를 놓고 설왕설래 많은 논의가 있었던 것 같다.

　물론 연꽃 로제트의 원형에서 보면 오류이지만 지역마다 달리 수용되는 경우도

있으므로 종교민속학적으로 흥미로운 얘기이다. 그러나 이러한 민속 레벨의 관심이

지역의 논리를 설명은 하되 어디까지나 지엽적이고 본질과는 거리가 멀다. 일부 영국

민속학자들이 그린맨을 설명하기 위해 본질에서 이탈된 로빈 후드 이야기로 시간을

허비하는 것에 유사하다. 그러니 이탈리아 묘비석의 연꽃 로제트 문양은 결코 가볍게

〈그림99〉 고대 이탈리아의
묘비석과 수련잎
(W.H.Goodyear, op. cit,
1891, p.319)

넘길 문제가 아니었다.

고대 이탈리아의 무덤 묘비석에 연Lotus Flower의 무언가가 묘사된다는 공통점이 종종 발견되고 있다. 로제트 문양은 아니지만 고대 로마인으로 보이는 사람이 손으로 쥐고 있는 것은 수련 줄기로 여러 장의 잎이 붙어 있다. 굿이어의 스케치 모사를 인용하였기에 실물을 접하지 못한 상태에서 상세한 설명은 어려우나 수련잎이 부조나 그림에 등장하는 일은 생소하지 않으며 발상지는 역시 고대 이집트이다. 인도나 중국에서만큼 비상한 관심을 끌었던 기록은 보이지 않지만 나름대로 도상학적 존재감은 분명히 있었다. 그리고 갈라진 잎의 모양과 다수의 유사한 도상을 근거로 수련잎으로 본 것은 객관적으로 합리적인 판단이었다.

묘비석에 수련잎이 표현된 목적 또한 연꽃 로제트와 근본에서는 다르지 않다. 즉, 망자의 재생 기원과 후손들의 번영이라는 연꽃에 대한 세속적 바람이었을 것으로 판단된다.

이탈리아의 남부 도시인 나폴리 소렌토항에서 배를 타고 30-40분 들어가는 섬 카프리Capri에는 긴 역사만큼이나 의외로 많은 문화를 접할 수 있는 곳이다. 그 중에서도 특히 필자의 관심을 끈 것은 공동묘지인데 주택가 사이에 위치해 있어서 바닷가 마을에서 보았던 절벽 위의 공동묘지와는 분위기가 사뭇 다르다.

무덤은 공원처럼 조성된 야외와 납골당 건물 안에도 있었다. 그리고 건물의 지붕 밑에 사진과 같은 커다란 로제트 표식이 있는데 묘지라는 뜻이다. 로제트 문양을 보고 바로 연꽃을 연상하는 사람은 지금 많지 않을 것이다. 장미와 국화의 예를 들어 말했듯이 나라마다 제각기 자신들에게 익숙한 꽃이 바탕이었을

〈사진181〉 이탈리아 카프리 섬의 공동묘지와
연꽃 로제트(2018년 필자 촬영)

것으로 자의적으로 해석하기 때문이다.

그러나 원형은 역시 이집트의 수련에서 출발하였고 앗시리아에서는 연꽃을 모델로도 하였기에 무덤에 담긴 본질적 의미 역시 원형에서 찾아야 한다. 그래서 연꽃 로제트 문양이라고 부르는 것이며 장미나 국화라면 지금과 같은 묘지 표식으로 정착되지 않았을 것이다. 그러므로 결국 밝혀야 하는 것은 원본적 사고이지 시대마다 다르게 부착됐을 지엽적 문제는 우선순위가 아니다.

묘지를 비롯하여 동네 울타리는 빨간 장미꽃이 유난히 많아 묘지와 연꽃의 관계가 더욱 희석되는 느낌이다. 그럼에도 불구하고 이곳 사람들이 이해해야 할 것은 바로 로제트가 왜 묘지의 표식인가 하는 근본 문제이다. 그리고 이에 대한 대답은 이탈리아가 아니라 고대 이집트와 오리엔트가 쥐고 있다는 점이다. 앞의 〈그림98〉에서 설명한 해설과 다르지 않으니 참고하기 바란다.

그리고 한 걸음 더 나아가서 생각할 문제는 가톨릭 성당의 연꽃 로제트와 지금 제시하는 무덤 표식의 연꽃 로제트가 기본적으로 동일하다는 점이다. 종교적으로 고찰해야 할 문제이면서 동시에 민속적으로도 유의미한 문제이다. 즉, 종교와 민속 두 방면에서 크게 다르지 않은 문제점들을 간직하고 있는데 그것은 천국으로의 구원과 타계관 문제로 집약된다. 그렇다면 이러한 문제에 왜 연꽃 로제트와 태양이 관여하게 되었는지 새로운 의문점이 속속 드러나게 되며 이는 다시 고대 이집트의 신화세계만이 아니라 기원전 페르시아의 조로아스터Zoroaster 교에도 한 가닥 뿌리를 두고 있던 것은 아닐까 추정하고 있다.

〈사진182〉 이탈리아 산마르코 성당의 연꽃 로제트와 아칸서스(2018년 필자 촬영)

유럽 사람들이 문화적 뿌리의 한 줄기를 찾고자 한다면 싫든 좋든 그리스를 넘어 오리엔트와 고대 이집트를 봐야 하는 이유는 이밖에도 많다. 그리스의 헬레니즘을 과도하게 강조할수록 유럽 내의 수수께끼 같은 문화는 좀처럼 풀리지 않는다.

연꽃의 문법

연꽃 로제트 문양 중에서도 특히 흥미로운 사례는 다시 베네치아 산마르코 성당 외부 벽에서 발견한 〈사진182〉의 부조 도상이다. 연꽃 로제트와 아칸서스가 합쳐서 하나의 도상을 구성하는 사례이다. 그림에서 사방으로 뻗은 꽃잎은 연꽃 로제트이지만 중심의 연밥 자리에는 아칸서스가 묘사되어 있다. 작게 압축해서 표현하였으나 아칸서스 잎은 분명히 식별이 가능한 상태이다. 두 식물 문양이 서로를 방해하지 않고 조화를 유지하며 공존하는 모양새다.

요컨대 앞의 십자가 연화화생 〈그림92〉와 베르나짜의 성당의 〈그림94〉에서도 이미 살펴보았듯이 헬레니즘과 오리엔트로 크게 나뉘는 두 문화적 배경에서 살아온 사람들에 대한 대승적인 배려로 밖에는 보이지 않는다. 이것이 사실이라면 크리스찬과 무슬림들은 우리가 상상하는 것보다 훨씬 평화를 소망하였다는 엄연한 사실이 밝혀진 셈이며 미래에 대한 메시지가 아닐 수 없다. 그 진정성에 대해서 현대인들에게 많은 배움이 있다면 더할 나위가 없겠다.

자연스럽게 진화 발전된 형태로 보기에는 너무 의도적인 도상으로 판단되기 때문이다. 의도라고 하면 종교와 사회 양면을 두루 살핀 결과물로 생각한다. 타 지역에서 보아 온 단순한 연꽃 로제트와 크게 구별되는 도상이다.

연꽃과 아칸서스가 조화를 이루는 문양 중에 가장 기교가 뛰어나고 선명한 부조 도상은 런던에서 우연히 발견한 〈사진183〉의 부조 도상이다. 근세에 세워진 10층 건물로 전체적으로는 근대적 건축물이지만 전면은 마치 고딕 복고풍 양식을 방불케 한다. 대영박물관에서 도보로 10여 분 거리에 위치하고 있으며 1층은 레스토랑이고 2층부터는 주상복합으로 추정되는데 필자가 발견한 도상은 1층 입구의 각 계단 옆에 부조 장식으로 새겨져 있었다.

부조의 연꽃은 그대로 동아시아의 연꽃무늬라

〈사진183〉 영국 런던의 연꽃 문양과 아칸서스
(2014년 필자 촬영)

해도 지나침이 없고 중앙의 연밥 자리에는 미처 펼치지 못한 아칸서스가 잎을 안으로 오므리고 있다. 두 식물을 교묘히 합성해 놓은 부조이다. 활짝 핀 연꽃잎의 *끄트머리*는 살짝 안으로 말려 동아시아에서 흔히 보는 연꽃무늬 패턴임을 말해준다. 이집트나 오리엔트에서는 좀처럼 보기 힘든 문양 패턴이라 반갑고 신기하기만 하다.

인도에서 지중해를 경유하여 영국까지 유입된 것으로 보이는데 아마도 지중해 연안에는 필자가 아직 발견하지 못한 저와 같은 연꽃무늬가 다수 있을 것이라는 예감이 든다. 영국의 건축물은 대체로 로마네스크에서 고딕으로 그리고 르네상스와 고딕 후기로 이어지는 서양의 건축사에서 크게 벗어나지 않기 때문이다.

근세의 런던 시민들이 중세시대의 이탈리아 사람들처럼 그리스도교와 이교도들의 화합을 도모하기 위해 저와 같은 부조 도상을 고안했다고는 생각하지 않는다. 로마풍의 건축 양식이나 부조와 조각 작품을 베이스로 런던 상업지구의 건축물을 세우다 보니 이탈리아 중세풍의 도안 하나가 부착된 상태에서 흘러들어왔다고 보는 것이 자연스럽다.

이러한 현상은 지금도 주변에서 흔히 보는데 박물관이나 가톨릭 성당을 새로 세우면서 그리스나 로마 양식의 돌기둥과 부조 장식이 우연히 따라오는 식이다. 그러다 보니 그곳에 거주하는 사람들조차 의도치 않게 부착된 장식이 그레코로망 양식이라는 사실을 모르고 지내는 일이 비일비재하다.

마치 그와 같은 현상이 근세의 런던에서도 발생한 것으로 이해하고 있다. 그래서 의도하지 않은 문양일지라도 동아시아의 입장에서는 그리스도교와 불교가 평화롭게 화합하는 모양으로 읽히지만 서구의 도상학자 입장에서는 그리스도교와 이슬람교의 화합으로 받아들일 것이다. 연꽃무늬를 감싸는 바깥에는 다시 아칸서스가 활기찬 움직임을 보이고 있어 이교도 간의 화합을 합창하는 것만 같아 외견상이나마 매우 좋아 보인다.

앞에서 소개했던 산안드레아 성당은 전체적으로 시골 마을 분위기라는 점은 이미 밝혀두었다. 그런 가운데 이 마을 사람들의 입장에서도 금방 이해하기 어려운 부조

　　　　　　　　　　　　　　　　　　　　　연꽃의 문법

도상이 하나 있었는데 그것은 〈사진184〉의 천엽련 이중 로제트 문양이다. 천엽련 이중 로제트는 장미나 국화꽃 같은 지엽적인 얘기들을 불식시키는 도상으로 중요하며 오리엔트의 종교문화적 존재감을 분명히 하는 도상으로도 주목할 만하다. 더욱이 천엽련을 이중으로 하였으니 〈그림98〉에서 말한 무량광에 대한 믿음과 기대는 지대하였다.

〈사진184〉 이탈리아 산안드레아 성당의 **천엽련 로제트**(2018년 필자 촬영)

규모가 큰 성당에서 천장을 돔 형식으로 하고 내부를 거대한 천엽련 로제트로 꾸민 다음 한가운데 구멍을 뚫어 햇빛이 들어오도록 투명하게 만든 것도 종교적으로는 구원에 대한 신앙에 기인한다. 무량광이 상징하는 온 세상에는 단 하나의 구원의 길이 있다는 의미로 산안드레아 성당의 천엽련은 이중이므로 넓은 세상의 광대함을 더욱 강조하였다. 하나님을 믿는 온 누리의 중생이 한 명 빠짐없이 구원의 길로 이르게 됨을 상기시켜 주면서 신의 대자대비가 우주 가득히 충만되어 있음을 암시한다.

그러나 이러한 믿음과 사상이 담긴 이중 천엽련 로제트는 이미 로마나 오리엔트에서도 보이므로 이 마을 사람들의 독창적인 도상은 아니다. 아마도 다른 성당의 도상을 모방하였을지도 모른다. 그러나 돔이 없는 이 성당에서는 내부의 좌측에 마련된 작은 아치형 기둥 중간에 부조로 표현하는 것으로 만족하였다.

인도나 동아시아의 천엽련과 비교한다면 예상 밖의 흥미로운 사실들이 밝혀질 것이지만 그럴수록 성당을 자주 드나드는 마을 사람들에게는 잠시 혼란만 불러일으킬지 모르겠다.

연꽃과 아칸서스가 공존관계로 새로운 형태의 문양을 만들어내는 문화 현상을 통해 정치 사회 종교적인 목적에 관해 생각해보았다. 그런데 이번에는 그렇게 깊은 뜻이 있었다기보다는 문양 자체가 스스로 진화 발전하는 단계를 보여주는 사례이다.

이탈리아 베네치아는 유럽과 오리엔트를 연결시켜주는 가교 같은 곳이었다. 그런 만큼 서로 다른 많은 문화가 이합집산 하는 곳이기도 했는데 어떤 특정 문화나 종교를

〈사진185〉 이탈리아 베네치아의 아칸서스 연화문(2018년 필자 촬영)　　〈그림100 · 101〉

배척했다는 자료는 좀처럼 만나보기 어려운 지역이다. 지금 제시하는 부조 도상은 두 돌기둥을 연결하는 아치형 연결부분의 아래에서 발견한 문양인데 형태는 연꽃무늬 이지만 자세히 들여다보면 연꽃잎이 아닌 아칸서스 잎이라는 의외의 사실을 알게 된다. 오랜 시간으로 마모가 심해 애매한 부분이 있기는 하지만 식물계에서 보면 돌연 변이 아니면 불가능한 자연현상이다.

아칸서스는 기본적으로 꽃보다는 잎이 문양에서 널리 사용되는 소재이다. 아칸서 스 잎 모양의 꽃잎은 자연계에 존재하지 않지만 그 꽃잎이 모여 연꽃을 닮은 새로운 문양을 창출하였으니 합성사진 같은 일이 벌어진 셈이다.

이탈리아 사람들의 미술적 감각이 매우 독특하고 창의적이라는 해설도 성립하겠으 나 굳이 말한다면 오리엔트와 지중해가 혼연일체가 되자는 의도된 부조 도상일 가능성 도 배제하기는 힘들겠다. 그러나 필자로서는 후자보다 전자 쪽에 무게를 둔다. 왜냐하 면 부조가 발견된 건물이 종교시설도 아닐뿐더러 수로 옆에 박힌 돌기둥에 불과하다는 점이다. 당시로서는 세련되고 보기 좋은 부조 도상을 새겨 넣으면 그만인 건축물이다.

이러한 상황을 감안하더라도 결과적으로는 현대의 합성사진처럼 두 식물이 하나로 표현된 것은 미술적으로 독창적이라 할 수 있고 종교 문화적으로는 이교도 간의 결합이 완전 융합단계이므로 분리가 불가능하다는 천명일 수도 있다. 매우 당돌하고 흥미로운 부조인 것만은 분명하다. 베네치아 사람들에게 이교도들은 늘 따라다니는 그림자 같은 존재였던 것 같다.

연꽃의 문법

연꽃무늬가 이탈리아에서 아칸서스와 공존 관계를 지속할 수 있었던 배경에는 수련과 더불어 기원전부터 전해진 데 일차적인 원인이 있다. 다음에는 로마의 다문화 수용정책도 영향을 끼쳤으리라 여겨지는데 그러한 관계로 유럽의 다른 나라에 비해 이교도에 대한 유화적인 역사가 긴 편이다.

〈사진186〉 이탈리아 산프란체스코 성당의 연꽃무늬 돌기둥(2018년 필자 촬영)

　　이탈리아의 중부 도시 아씨시Assisi에 위치한 산프란체스코S. Francesco 성당에는 회랑이 건물 곁으로 길게 늘어서있고 수많은 돌기둥이 무게를 지탱하고 있다. 그런데 성당 내의 돌기둥 장식은 이오니아 양식에 아칸서스 문양의 코린트 양식, 그리고 도리아 양식 등 다종다양한 돌기둥 장식을 볼 수 있는 가운데 돌연 오리엔트의 연꽃 장식이 출현하는 경우가 종종 있다. 〈사진 186〉의 돌기둥 장식은 이 같은 경우이다.

　　이러한 우연한 발견이 산프란체스코 성당만의 현상은 물론 아니지만 그 어느 것도 사실은 가벼이 넘길 것이 없다. 특히 산프란체스코 성당의 경우는 돌기둥 연꽃 장식에 무슨 좌우 문맥이 있는 것도 아니고 그 자체만의 이야기를 구성하고 있는 것도 아니다. 왜 그곳에 나 홀로 연꽃무늬 돌기둥이 있어야 하는지 난감한데 과거에 외지에서 이탈리아로 옮겨진 돌기둥이 많았다는 전하는 이야기에 근거해서 이해하는 정도이다. 동기야 어떻든 가톨릭의 성역에 이교도들의 연꽃무늬 돌기둥이 박혀있다는 엄연한 사실은 부정하기 힘들다.

　　옮기기 위해서는 상거래나 발굴 등 다양한 방법이 있었다고 하나 지금으로서는 돌기둥의 족보를 확인할 방법이 없다.

　　몇 번 소개하였듯이 연꽃나무Sacred Lotus Tree에는 두 가지 유형이 있다. 굽은 가지가 많이 연결된 하나의 나무에 연꽃, 연봉오리, 연잎, 연밥이 주렁주렁 매달린 형태, 그리고 연꽃을 겹겹이 쌓아올린 형태이다. 이때의 연꽃은 인도를 제외하면 대체로

〈사진187〉 바티칸의 연꽃나무
(2018년 필자 촬영)

수련이다. 헬레니즘 이전의 지중해 연안에는 존재하지 않았던 오리엔트의 전형적인 문화이다. 〈그림57〉이나 〈그림70〉의 좌측 연꽃나무와 비교해보기 바란다.

이집트에서 발생했으나 앗시리아와 인도에 퍼지면서 그 지역의 종교와도 결부되기에 이르렀다. 이같이 오리엔트색이 짙은 상상의 성수聖樹(Sacred Lotus Tree)를 가톨릭의 본산 바티칸에서도 발견하였다.

오리엔트의 문화라 하였지만 구체적으로는 이집트와 앗시리아의 종교 그리고 인도의 종교와 깊은 관계가 있으니 한마디로 이교도들의 거룩한 성물聖物이다. 이에 대해 바티칸이 어디까지 인지하고 있는지 모르지만 소중이 간직하고 대중에게 공개까지 하고 있다는 상황이 예사롭지 않다. 그것도 아래에서 위까지 열 단이나 쌓아올린 연꽃나무는 오리엔트 지역에서도 흔한 일이 아니다. 높게 쌓아올릴수록 성대한 장엄임은 두말할 필요도 없다.

궁금한 점이 한둘이 아닌데 저와 같은 연꽃나무를 바티칸에서 제작한 것인지, 아니면 외지에서 들여온 것인지. 외부라면 일방적으로 바티칸에 기증한 것인지. 이교도들의 성물이라는 사실을 바티칸은 과연 인지하면서도 수용한 것인지, 바티칸은 저 연꽃나무를 어떠한 용도로 사용하는지 등 알고 싶은 것이 많다.

바티칸의 종교의례에 연꽃나무가 등장하는 벽화나 조각을 지금까지 본 적이 없으므로 추정하기가 어렵다. 부조나 그림의 도상으로 남은 것이 아니라 실제 조각이라는 사실은 종교의례시의 장엄용이 아니라면 달리 상상하기가 어렵다.

이러한 상황에서 헬레니즘 이후에 지중해를 건너기 시작한 연꽃 관련 오리엔트 문화들이 이탈리아 반도에서는 특히 번성하였다는 증거들이 늘어만 간다.

연꽃의 문법

지중해를 건너간 연꽃 관련 문화에서 잠시 중앙아시아의 스키타이를 살피고 싶은 이유는 그리스의 직접적인 영향으로 판단되는 도상이 발견되었기 때문이다. 그 중에서도 특히 간과할 수 없는 문제로 연봉오리와 연밥의 진화 발전에 의해 변형된 소위 솔방울에 대한 의문점을 풀어나가기 위해서이다.

이탈리아 사람들이 솔방울로 여기는 형체의 조각이나 부조 도상은 사실 이집트에서 앗시리아 그리스를 거치면서 겪은 변화의 결과물이다. 배경에는 이교도의 문화에 대한 이탈리아 사람들의 유화적인 태도가 있었으며 이렇게 형성된 제3의 문화가 이탈리아 밖으로 역류해 나가는 경우도 발생하였다.

기원전 11세기에서 기원후 2세기에 걸쳐 중앙아시아에서 번성했던 스키타이Scythai는 기원전 3세기경부터 그리스의 영향을 받기 시작하였다. 물론 알렉산더 대왕의 영토 확산 정책과 헬레니즘의 영향을 의미하며 간다라 지방에 대한 그리스의 영향과 비교될 만하다.

간다라 미술에 대한 영향으로 대표적인 것이 불상 제작이라면 스키타이에 대한 영향은 황금이나 철로 만드는 각종 공예품과 마구 무기류에 장식된 도상과 문양을 들 수 있다. 이러한 도상에 이오니아 양식의 연꽃무늬와 비대하게 커진 연밥이 있어 〈그림102〉로 제시하였다.

제시한 〈사진188〉은 황금으로 만든 투구로 머리를 보호하기 위해 쓰던 장비라고 보면 된다. 높은 지위에 있던 장수나 귀족이 사용하던 투구로 여겨지며 표면에 새겨진 부조 도상이 매우 화려하다. 실제로 사용하기 위함이 아니라 의례용일지 모른다는 의구심이 들 정도로 정교하다. 양옆 아래로 말린 양머리 모양의 꽃받침은 수련이라는 사실을 시사하면서 상단의 활짝 핀 꽃잎과 더불어 이오니아 양식임을 말해준다.

〈사진188〉 스키타이의 황금 투구와 연꽃무늬(W.H.Goodyear, op. cit, 1891, p.131)

〈그림102〉

그런데 위 도상에서 문제가 되는 것은 꽃 가운데의 연밥으로 자세히 보면 연봉오리의 모양인데 연밥으로는 부자연스럽다. 연밥의 위치에 있으므로 연밥이라 명명하지 않을 수 없을 뿐 실제로는 연봉오리를 그려 넣었다 해도 과언이 아닐 정도이다. 그러나 이번에는 씨가 과도하게 많이 묘사되어 있어 이 또한 부자연스럽다.

왜 이러한 형태로 변모했는가는 오리엔트 편에서도 검토했듯이(그림42, 그림63, 그림65) 연봉오리의 진화 발전이라는 측면에서 생각할 수 있겠다. 다시 말하면 연꽃을 실제로 본 적이 없는 사람들에 의해 만들어지다 보니 연밥을 연봉오리 형태로 잘못 그려 넣었을 것이라는 추정이 가능하고 다음에는 스키타이 사람들은 특별히 의도한 것은 없으며 단지 그리스풍을 답습한 것에 지나지 않았다는 생각이다. 정답이 어느 쪽이든 실제 자연계에 존재하지 않는 형태로 변질되었다는 사실에는 변함이 없다.

이오니아 양식의 돌기둥 머리 장식 연꽃무늬를 인용했으면서 가운데의 연밥이 솔방울 형태로 두드러진 것은 이와 같은 우여곡절을 경유하였기 때문이다. 또 이러한 문양을 고귀한 황금 투구에 공들여 만든 사람은 당시에 유명한 장인이었을 것이고 그렇다면 문화적 선진국이었던 그리스의 장인들과도 직간접적인 교류가 있었을 것으로 예상된다. 그리스에서 이미 진행되던 그림과 같은 문화 변이와 연동되면서 만들어졌을 투구의 도상으로 보는 이유이다. 투구의 부조 도상을 모사했던 굿이어도 그레코 스키타이Greco Scythai 양식의 황금 투구라 명명하였는데 저와 같은 교류와 문화 변이가 있었음을 인정한 결과이다.[17]

옛날이야기 같은 전승 문화에서도 흔히 일어나는 문화 변이의 전형적인 패턴이 유형문화에서도 발생한다는 사실을 확인하였다. 문화 변이에는 의도된 변형도 있으나 위의 사례처럼 연꽃과 수련의 차이에 대한 무지의 소산도 일정 부분 작용하였을 것으로 추정된다.

---

17 · W.H.Goodyear, op. cit, 1891, p.131.

연꽃의 문법

스키타이의 투구 문양을 통해 그리스의 문화적 다양성을 다시 한 번 살펴볼 수 있었으나 무엇보다도 거의 솔방울 형태로 변한 연밥의 자유분방한 변이가 예상보다 넓은 지역으로 퍼져나갔기에 비교 분석 대상이 또 하나 늘어나게 되었다.

 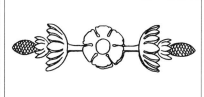

〈사진189〉 이탈리아 베네치아의 삼본연화와 솔방울(2018년 필자 촬영)　〈그림103〉

솔방울의 진화 발전과 이탈리아의 문화적 유연성에서 빼놓을 수가 없는 장식을 소개하겠다. 제시한 사례 〈사진189〉는 베네치아 산마르코 성당과 해안을 구획하는 경계에 설치된 철제 문짝의 부분이다. 그림으로 옮긴 도상 〈그림103〉이 이집트와 앗시리아에서도 유행하던 변형된 산본연화인데 중앙의 연꽃을 중심으로 좌우 방향으로 각각 이중으로 겹쳐진 연꽃이 인상적이다. 이중 삼중으로 포개진 연꽃 문양도 페르시아까지 상당 기간 널리 애용되던 오리엔트의 도상으로 연꽃나무의 일종이다. 그것을 좌우 양옆으로 뉘어 표현해놓았다.

그런데 가장 주목할 만한 것은 겹쳐진 이중 연꽃의 좌우 끝자락에 거의 완벽하게 솔방울 형태로 변한 연밥을 표현해 놓았다는 점이다. 중앙의 연꽃 한가운데에는 진짜 연밥도 묘사되어 있으니 수련이 아닌 것은 분명하고 또 연밥과 솔방울의 차이도 확실히 인지하고 있었음에 틀림없다. 그렇다면 만든 이는 솔방울을 인식하고 있었다는 얘기가 된다.

그렇지만 한편으로는 연꽃잎에 솔방울이라는 조합에 관해 과연 제작자의 의도가 무엇인지 예상하기가 애매한 실정이다. 보통 사람들은 저것을 솔방울이라 부르고 있으면서도 연꽃과 연계된 부자연스러움을 인지하는 사람은 별로 없다. 솔방울이 연꽃에서 솟아나는 구도라는 사실조차도 인지하지 않으며 의문을 품는 사람도 없다.

변형된 삼본연화의 철제 장식까지는 오리엔트에서 유입된 문화이지만 솔방울이 달라붙은 돌연변이 같은 도상은 모순이 아닐 수 없다. 비논리의 구도이므로 메시지는 과연 무엇인지 풀기 어려운 수수께끼인데 그런 만큼 흥미로운 장식이다.

미술적으로는 자유분방하고 창의적이기까지 하므로 오리엔트 발생의 문화에 대해 배타적이지도 않다. 여유로움마저 느끼는 솔방울 장식은 연밥과 연봉오리에 뿌리를 두고 있으나 이탈리아 사람들은 편하게 솔방울이라 불러도 될 것 같다. 사람들에게 풍요와 생산을 가져다주는 솔방울이라 그들은 믿는다.

많은 우여곡절 끝에 솔방울이라는 제3의 문화가 어떻게 만들어지고 진화하였는지 살펴보는 중이다. 흥미롭지만 비논리적인 문화 변이의 하나인데 도상학적으로도 모순으로 밖에는 보이지 않는 사례가 사실 유럽 전역에는 의외로 많다. 그 중의 하나가 위에 제시하는 장식의 〈사진190〉으로 물의 도시 베네치아에 있는 매우 많은 다리의 난간 장식이다. 유럽의 다른 나라들도 거의 유사한 모양의 장식이 있다고 이해하면 되는데 그림에서 알 수 있듯이 솔방울 아래에 꽃받침이 있어 보는 이로 하여금 한층 더 곤혹스럽게 만든다.

〈사진190〉 이탈리아 베네치아의 다리 장식과 솔방울 (2018년 필자 촬영)

연봉오리로 부르고 싶지만 이탈리아 사람들은 일반적으로 솔방울이라 하고 무슨 이유인지 꽃받침이 붙어있다. 이러한 어색함을 의문시하지 않는다는 점도 실은 기묘한 일이다. 그런데 만든 이의 입장에서 본다면 솔방울과 연봉오리 중 무엇을 만들려던 것인지도 사실 명확하지 않다. 연꽃잎의 선이 묘사되어 있으면서 꽃잎을 횡으로 마디마디 갈라놓은 선은 솔방울을 의식했음이 분명하다.

그러나 솔방울을 의식했다면서 꽃받침을 선명하게 조각하여 붙여놓았으니 의도한 것은 다시 연봉오리로 기운다. 꽃받침이 있다는 것은 결정적으로 솔방울을 부정하는 증거이지만 만든 이는 정작 연봉오리를 본 적이 없을 가능성도 있다. 연꽃잎의 표현이

연꽃의 문법

이를 증명한다.

　그러나 이와 같은 혼돈이 사실은 현대인의 혼돈일 뿐 만든 이에게는 혼돈이 아닐 수도 있다. 앞에서 언급했듯이 연봉오리와 연밥, 그리고 솔방울로 이어지는 혼돈의 전승에 이미 익숙해져서 관습에 따라 자연스럽게 조각으로 나타낸 것이라는 해석도 가능하기 때문이다.

　고대 이집트에서 시작되어 앗시리아에서 더욱 성행한 연봉오리와 연밥의 융합은 지중해권에 들어오면서 솔방울이 더욱 강조되는 양상을 보여 왔다. 지중해 연안 지역에는 연꽃이 서식하지 않았다는 사실이 가장 큰 원인으로 생각하고 있다. 베네치아에 이르기까지 이미 이천년 이상의 시간이 흘렀으므로 〈사진190〉의 제작자가 혼돈을 느꼈을 것으로 보지 않는다.

　아주 자연스럽게 반복되는 혼돈은 독일 남동부의 소도시에서도 발견되었다. 연봉오리 형식의 솔방울이 유럽 각지에 정착된 느낌이다. 일반적으로 분수대와 연꽃의 조합은 동아시아와 오리엔트, 그리고 지중해에 이르는 넓은 지역의 보편문화였다. 불교도 예외가 아니라는 점은 앞에서도 언급하였다. 분수대에서 연꽃 이외의 식물이 등장한다는 것은 보통은 생각하기 어려워서 특이한 로컬 문화로 간주될 정도이다. 그만큼 분수대와 연꽃의 조합은 고대 이집트에서부터 당연시 되어 왔다. 둘의 조합을 통해 생산과 번영을 추구하던 기나긴 신앙이 있었다.

　그러니 분수대와 솔방울의 조합이라면 아무리 로컬 문화라 해도 파격적이다. 실물 사진을 그대로 제시하였으니 유심히 살펴볼 필요가 있다. 솔방울에 꽃받침이 붙어 있는 상태에서 물이 솟아 나온다면 식물학적으로는 우스운 광경이 아닐 수 없다. 그럼에도 불구하고 무엇이냐는 질문에 솔방울이라는 대답이 돌아오는 상황 또한 코미디에 가깝다.

〈사진191〉 독일 탄네스부르크의 분수대와 솔방울
(2018년 필자 촬영)

솔방울이라 부르는 타원형의 구체 표면은 상당히 많은 비늘 조각을 표현했으니 솔방울을 의도한 것은 분명한데 꽃받침이 이번에는 적극적이다. 다시 말해서 꽃받침의 보조 역할을 넘어 연꽃의 받침에 더욱 근접해서 상단의 솔방울을 무색하게 만들고 있다. 베네치아의 사례들과 마찬가지로 저 분수대를 만든 이는 도대체 무엇을 이미지 하며 만든 것일까.

그 아래의 수반은 유라시아에서 흔히 보는 연꽃무늬 형태로 다른 특이점은 없다. 로마에서 고대 이집트로 거슬러 올라갈수록 이것이 정형화된 분수대였다. 한마디로 이와 같은 연꽃 수반이 유라시아의 보편이면서 당연하다는 의미이기도 한데 가장 꼭대기에서 물이 솟는 부분만 솔방울 모양이니 돌연변이에 가까운 문화 변이라 말하지 않을 수 없다. 유럽의 문화는 오리엔트의 문화에 거리를 두면 둘수록 수수께끼가 늘어만 갈 것이라는 예감이 사실로 다가온다.

필자가 목격한 것 중에 가장 솔방울의 실제 모습에 가까운 것은 바티칸의 조형물이 었다. 그런데 솔방울에 대한 유럽 사람들의 신앙적인 믿음은 연봉오리와 연밥에 대한 이전의 믿음과 결국 다르지 않아서 다산 번영 재생에 대한 신앙으로 집약된다. 르네상스 이후에는 연봉오리와 연밥에 대한 믿음과 신앙이 급격히 약화된 상태에서 솔방울에 대한 믿음은 일반화 하기에 이른다. 그 상징성의 정상에 자리하고 있던 것이 바로 바티칸의 솔방울이다.

AD.1-2세기에 청동으로 만든 것이므로 바티칸 건축물보다 오래되었음을 의미하고 또 그리스도교 공인(4세기경) 이전이 라는 의미가 되니 이는 곧 비그리스도교적인 문화였 을 가능성이 높다는 뜻으로 받아들여진다. 앞에 서 소개한 바티칸의 연꽃나무 〈사진187〉과 상황이 비슷하다.

그리스도교 문화가 아니었음에도 불구하고 바티칸으로

〈사진192〉 이탈리아 바티칸의 솔방울
(2018년 필자 촬영)

연꽃의 문법

옮겨졌으며 이후에는 이곳을 방문하는 사람들에게 솔방울의 존재를 유감없이 발신하고 있으니 결국 현재 진행형인 문화라 해도 과언이 아니다. 그리스도교 문화가 아니었던 솔방울 장식을 지금은 바티칸의 상징처럼 여기는 사람이 세계 각국에는 많다. 바티칸의 솔방울 사진을 두고 무수히 많은 정보가 인터넷에 떠도는 이상 현상이 이를 입증한다.

본래부터 가톨릭과 무관하다는 솔방울 조형물을 다시 자세히 살펴보기로 하겠다. 보존 상태가 매우 양호한 청동제이므로 솔방울 형태가 매우 분명하다. 각각에 씨가 들어있을 비늘 조각들도 아무런 손상 없이 잘 붙어 있어 보는 이로 하여금 금방 솔방울이라는 사실을 인지하는 데 무리가 없다. 그러나 중단에는 인물상들이 여럿 보이고 그 하단에는 꽃받침으로 보이는 식물 문양이 작게 표현되어 있다.

상단 중단 하단이 각각 솔방울 인물상 꽃받침으로 이루어진 구도인데 인물상은 달리 사례가 없으므로 본래의 구도가 아닌 후차적인 요소이니 결국은 솔방울과 꽃받침이 남는다. 그러나 꽃받침은 조각의 전체적인 분위기에서 존재감이 미미한 상태로 소극적이다. 만든 이는 솔방울과 중단의 인물상을 강조한 것이 역력하다. 그러나 소극적으로 다루어진 꽃받침에도 불구하고 이것이 솔방울과 함께 기원전 오리엔트에서 전해진 구도라는 사실을 암시하므로 작지만 매우 중요한 문화 코드이다. 또 독일의 〈사진191〉과 이탈리아 베네치아의 〈사진190〉와도 기본에서 일치한다.

그런데 양 옆을 보면 공작새 두 마리가 거의 실제 크기로 솔방울을 보좌한다. 도상학에서 말하는 소위 쌍조솔방울의 형식을 취하였다. 그러나 쌍조연봉오리 또는 쌍조연화라면 지금까지 수없이 반복해온 도상이므로 패턴화한 단위도상이나 단위 문양이라 할 수 있는데 쌍조솔방울이면 필자가 만나본 유일무이한 사례이니 패턴화하였다고 단정하기는 어렵다. 다만 말할 수 있는 것은 공작새를 신성시하는 문화는 인도가 발원지이며 이것이 지중해에 전파된 시기는 헬레니즘 이후일 가능성이 매우 높다는 사실이다. 누차 언급했듯이 지중해 문화가 인도로 인도문화가 지중해로 상호교차가 빈번하던 때는 바로 알렉산더 대왕의 동방 진출 이후였기 때문이다.

그리스로 전파된 인도의 공작새 도상은 로마까지 전해졌을 것이다. AD.1-2세기 작품이라는 사실이 역사적 전후관계를 일목요연하게 해준다. 그러나 오리엔트를 경유한 인도의 공작새는 나 홀로 공작새가 아니라 쌍조연봉오리문양 혹은 쌍조연화문양으로 들어왔을 개연성이 높다. 이를 근거로 보더라도 쌍조솔방울의 도상학적 근본은 인도에 있지만 지중해권에서 독창적으로 진화 발전된 제3의 문화라는 점을 인정하게 된다.

바티칸의 쌍조솔방울이 전하는 메시지와 쌍조연봉오리 또는 쌍조연화가 전하는 메시지가 다르지 않으니 결국 바티칸이나 이탈리아 사람들은 동일한 신앙을 위해 연봉오리나 연꽃보다는 솔방울을 선호했다는 결론에 이른다.

제3의 문화인 솔방울로 재구성돼가는 과정을 살펴보았는데 그럼에도 불구하고 아직 풀어야 할 문화적 바코드가 남아있어 앞으로도 계속해서 주시해야 한다.

〈그림104〉의 사례는 키프로스의 도자기 꽃병 표면에 묘사된 도안으로 키워드는 태양조太陽鳥와 연꽃나무이다. 둘 다 고대 이집트에서 오리엔트의 거의 전역으로 전파된 문화 코드이기에 키프로스의 고유문화로 읽어낼 수 있는 도상은 아니다. 유행하던 오리엔트의 도상을 인용하였을 것이고 이러한 방식으로 지

〈그림104〉 키프로스의 연꽃나무와 새
(W.H.Goodyear, op. cit, 1891, p.287)

중해 연안 지역에 도상이나 디자인이 전파되는 일은 흔한 일이었다. 키프로스는 그리스, 터키, 페니키아 사람들이 오가던 해상 무역의 요충지였다.

연꽃나무는 이미 앞에서 언급했던 몇 가지 유형 중의 하나로 연꽃 하나에 연봉오리 네 개가 달려있다. 자연계에서는 물론 서식하지 않는 식물이지만 고귀한 나무로 숭배의 대상이었다. 유치한 구도의 도상으로 보이면서도 성수Sacred Tree of Lotus Buds라는 문화 코드는 손상되지 않은 상태이다. 이러한 숭배의 대상 연꽃나무를 바라보는 태양조는 거위로 화현하였으나 사자 매 쇠똥구리와 마찬가지로 태양신을 상징한다. 앗시리아에서는 종교의례용 장엄을 표현한 구도로 자주 발견되는 도상이다.

더욱이 거위 등에는 또 다른 태양신인 날개 달린 원반Solar Disk이 올라 있어 고대 이집트의 태양신 원반과 다르지 않음을 보여준다. 태양조와 원반이라는 이중 구조인데 페니키아를 거쳐 들어온 이집트 문화임에 틀림이 없다. 이집트에서는 날개 달린 원반이 독립적으로 표현되는 경우도 있고 〈그림104〉처럼 거위나 다른 새와 함께 등장하기도 한다.

이와 같은 구도의 도상이 키프로스를 비롯하여 그리스 도서에서 흔히 발견된다는 점을 고려하더라도 〈사진192〉에서 본 공작새의 갑작스런 등장은 매우 특이한 사례였다. 인도와 로마의 먼 거리를 감안한다면 더욱 그렇다는 생각이다.

쌍조연화문雙鳥蓮華紋은 도상학에서 기본 패턴 중의 하나이고 유라시아의 보편이다. 이를 두고 하나의 단위 문양이라고 부를 정도이다. 쌍조의 후보에 오르는 새의 종류도 많아서 오리엔트와 인도의 백조 따오기 거위 매 공작에서

〈그림105〉 키프로스의 쌍조연화문(W.H.Goodyear, op. cit, 1891, p.287)

동아시아의 학 원앙새에 이르기까지 다양하다. 오리엔트는 주로 태양신의 화현으로 보지만 동아시아로 오면 갑자기 백년해로나 부부애를 상징한다는 민간신앙이 나타나는데 중국의 전형적인 문화 변이 패턴이다.

그만큼 널리 알려진 문양이므로 만든 이의 일시적인 미술적 감흥에 의해 제작된 것은 아니며 그들 나름대로 전해 내려오는 텍스트에 의거한 도안이라고 말하지 않을 수 없다. 근거로는 양 옆에서 보좌하는 새의 부리를 보면 따오기로 짐작되며 날개가 몸통과 등에 제각기 붙어있는 것으로 보아 태양조를 의식하였다. 등에 난 날개의 모양은 태양신 원반 새의 날개 〈그림104〉와 같은 모양이다. 원반은 기본적으로 태양을 상징하고 날개는 태양이 하늘을 이동하므로 고대인들이 고안해 낸 결과이다.

그러니 〈그림105〉의 새는 이집트 전래의 태양조가 분명한데 중앙의 연꽃은 수련이다. 인도에 가까운 오리엔트보다 이집트의 영향을 더 받았다는 증거이다. 그러나

수련의 꽃받침이 바깥 방향이 아니라 안으로 말린 것은 독특한 현상이다. 흔히 발견되는 도상은 아니므로 키프로스에서 발생한 변형으로 추정된다. 그러나 쌍조연화문을 판단하는 데는 아무런 변함이 없고 오히려 키프로스가 쌍조연화문이라는 오리엔트의 단위 문양을 지중해 연안 지역에 퍼뜨린 경유지였다는 역사적 사실을 더욱 강화시켜주었다.

지중해 연안 지역에 퍼진 쌍조연화문 중에 독특한 변형이 엿보이는 가운데 수탉 두 마리가 좌우를 보좌하는 〈그림106〉의 사례가 있다. 그림은 프랑스 루브르박물관에 전시중인 그리스의 도자기 화분 표면에 묘사된 도안이다. 쌍조연화문에 등장하는 일반적인 새의 종

〈그림106〉 그리스의 쌍조연화문(W.H.Goodyear, op. cit, 1891, p.289)

류를 앞에서 소개하였는데 필자로서도 처음 보는 도상이다. 제작 시기는 미상이지만 수탉의 상징성을 고려한다면 기원후로 짐작된다. 왜냐 하면 지중해 문화권에서 수탉의 존재감은 어둠을 몰아내는 광명이고 죽음 앞에 승리자이니 예수의 부활을 의미하였기 때문이다.

그렇게 생각하면 수탉의 쌍조연화문 사례를 필자가 달리 만나보지 못했을 뿐 유럽에는 더 존재할 것으로 예상된다. 〈그림106〉의 수탉 두 마리는 마치 횃대에 앉은 것처럼 연꽃 줄기에 앉은 포즈를 취하고 있어 만든 이의 미술적 취향이 자유분방하다는 것을 시사한다. 오리엔트 전래의 문화를 기본에서는 수용하되 지중해권 사람들의 감각과 판단으로 조금씩 변형시키고 있다는 연속적인 증거 자료이다.

결과적으로 삼본연화(연봉오리+연화+연봉오리)와 두 마리 수탉이 합성된 제3의 문화를 창출하였다. 게다가 아래와 위에서 마주보는 연꽃을 중앙에 배치하여 오리엔트의 흥미로운 문화 요소는 여과 없이 수용해버리는 유연성도 발휘하였다. 그렇다면 〈그림106〉의 구도에 근거해서 엄밀히 명명한다면 쌍계삼본연화문雙鷄三本蓮華紋이라 부를 수 있겠다. 여기서 삼본연화는 유라시아의 보편적 문화 코드에 해당하고 수탉 두 마리는

연꽃의 문법

지중해권의 지역 문화가 되겠다.

그리스의 동남단에 위치한 섬 로드Rhodes는 키프로스나 크레타와 마찬가지로 오리엔트와 그리스를 잇는 중계지로서 중요한 역할을 담당해 왔다. 상거래나 문화교류가 이루어지던 것은 물론이다.

제시한 그림 〈그림107〉은 도자기 화분의 표면에 남아 있던 도상을 옮긴 것인데 이 역시 쌍조연화문의 전형이다. 양 옆의 거위 두 마리가 보좌하는 중앙에는 수련 한 송이가 위치하고 있으며 각종 작은 문양들

〈그림107〉 그리스 로드의 쌍조연화문(W.H.Goodyear, op. cit, 1891, p.271)

이 자리를 메우고 있다. 작은 문양들에 특별한 의미가 있는 것은 아니다.

오리엔트의 도상이 별로 변경되지 않은 상태에서 그리스의 섬에 상륙하였다는 것을 말해준다. 지중해 연안 지역에 들어와서 그동안 변경된 사례도 있었으나 그렇지 않은 경우도 있으니 이러한 현상이 시간의 경과와 더불어 자문화와 타문화의 경계를 낮춰버렸을 것이다. 이탈리아에 유입되면서부터는 지중해 문화와 오리엔트 문화가 공존의 길을 걷게 되는 커다란 문화적 토양이었다고 판단되는 이유이다.

런던의 대영박물관에 전시중인 항아리의 표면 문양을 옮겨 그렸는데 캡션의 설명에 의하면 7-8세기경에 만들어졌다고 한다. 올리브 오일을 담아두던 항아리로 추정되며 지중해 문화권의 가정에서는 거의 필수품이라 해도 과언이 아니었다. 그러니까 〈사진193〉의 항아리는 생활문화의 중심에 있던 주방도구였다는 의미이다.

〈사진193〉 키프로스의 항아리와 연속연화문(2018년 필자 촬영)

그런데 표면의 도상은 연봉오리와 연꽃이 반복되는 연속 문양으로 이집트에서 흔히 보던 패턴 그대로이므로 저 항아리가 이집트에서 운반된 것은 아닌지 의심이 들

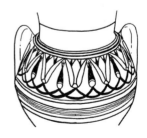

〈그림108〉

정도이다. 키프로스에서 만든 항아리라 한다면 문양은 이집트 것을 수정 없이 모방했다는 것을 말해준다. 오리엔트의 도상을 여러 가지 형태로 변경시키는 사례를 보고 있으나 그렇지 않고 그대로 모방하는 사례가 있다는 것은 당시 오리엔트에 대한 이집트의 문화적 위상을 짐작케 한다.

5세기경부터 유럽은 소위 중세시대라 일컫는 문화적 암흑시대였고 이러한 상황은 15세기경 르네상스 때까지 계속되었다. 바로 이러한 와중에 만들어진 것이니 독창성 없이 오리엔트를 그대로 모방했다고 해도 어느 정도 납득이 간다.

르네상스를 계기로 유럽은 다시 유럽적인 것을 추구하게 되었으므로 오리엔트적인 도상은 왜곡되거나 아니면 유럽의 주관적 논리로 재해석되는 경향이 두드러졌다. 그러니까 지중해 문화와 오리엔트 문화가 상호 교류를 통해 발전을 도모하던 시기는 기원전 헬레니즘부터 기원후 중세시대가 시작되던 때까지로 설정할 수 있겠다. 이러한 문화사적 변동이 연꽃관련 도상에서 드러난다는 점이야말로 비교문화연구의 백미라 할 수 있다. 앞에서 소개했던 솔방울이나 쌍조연화문의 변천 과정에 많은 숨은 이야기들이 있다.

오리엔트와 지중해를 연결하는 키프로스의 문화적 중개 역할은 헬레니즘에서 중세와 르네상스로 이어지는 문화사적 변천과 함께 주목할 필요가 있다고 했는데 기원

전후의 항아리에는 키프로스적인 요소가 남아 있어서 흥미롭다. 앞의 〈그림108〉에 비해 기하학적으로 더욱 발전하였음을 한눈에 알 수 있다. 연속 연꽃무늬라는 관점에서는 동일하지만 연봉오리를 아주 작게 처리하였다거나 연꽃잎의 표현을 더욱 규칙적인 형태 묘사에 힘을 기울였다는 점이 두드러진다.

한마디로 연꽃이나 수련이라는 식물학적 특성에 대한 관심이 약해진 도상이다. 기하학적 문양이 이집트에서 앗시리아 페니키아를 거치며 점차 규칙성을 강화해나갔다는

〈그림109〉 키프로스의 항아리와 연속연화문(W.H.Goodyear, op. cit, 1891, p.309)

　　　　　　　　　　　　　　　　　　　　연꽃의 문법

사실도 이미 지적하였지만 그리스 본토에 도착하기 전에 이미 키프로스에서 상당 부분 정형화된 모습을 볼 수 있다. 연꽃이나 수련에 대해 종교적인 감흥이 없는 지역에 들어와서 본격적인 기하학적 문양이 전개되고 있다는 사실을 말해준다.

항아리의 목 부분에 해당하는 상단의 문양도 다른 항아리의 같은 장소에 삼본연화가 그려지는 경향과 비교한다면 마름모 형태를 중심으로 좌우의 삼각형은 삼본연화를 변형시켰을 가능성이 농후하다. 이집트나 앗시리아에서는 기하학적 문양으로 변형시키더라도 식물학적 특성을 유지하는 범위 내에서였다면 키프로스는 그 특성마저 파괴하는 극단을 시도하였다. 오리엔트의 특징을 최소한 고수하면서도 지중해 문화권 나름의 문양 세계가 열리고 있다는 단초가 엿보인다.

제시한 〈그림110〉은 프랑스인 르노르망Lenormant의 스케치를 영국인 굿이어가 인용하였고 필자는 굿이어의 인용을 재인용하였다. 여기서 르노르망은 아시아적인 꽃문양이라며 지중해 문화에 비해 이질적인 문화임을 강조하였다. 그러나 굿이어는 항아리의 문양을 연꽃 문양이라는 입장을 표명하였으며 필자는 더 구체적으로 삼본연화로 규정한다.

삼본연화는 이집트에서 오랜 세월을 거쳐 전해진 말하자면 바코드 같은 것인데 종교와 신화 세계를 통해 상상하던 고대인들의 사상적 코드가 여기에 담겨있다. 그러나 키프로스에서 이집트 전래의 오리엔트 문화를 답습했다고는 해도 그러한 사상적 코드가 전해졌다고 생각하기에는 여러모로 부족한 것이 많다. 남은 것은 외관뿐이고 속에 담긴 종교사상은 이미 사라지고 없는 것 같다.

불필요하고 잡다한 작은 문양들이 많거나 또는 수련이 갖는 식물학적 특성이 간신히 남아 있는 상태이기 때문이다. 수련의 특성이 사라지지는 않았지만 아름다운 장식을 위해 직선과 곡선이 과도하게 많아진 것도 오리엔트의 신화 세계

〈그림110〉 키프로스의 항아리와 삼본연화(W.H.Goodyear, op. cit, 1891, p.303)

에서 멀어져 가는 증거들이다. 만든 이의 미술적 감각에 의해 뻗어나가는 선에는 강한 주관이 흐른다. 앞으로 르네상스를 기해 재발견하려는 유럽적인 무언가를 위해 봉사하게 될 선이나 도형이 증가하고 있음을 느낀다.

오리엔트와 지중해의 만남과 타협은 사실 오랜 시간을 두고 지속적으로 진행되었다. 오리엔트에서 전해진 문화 요소 하나하나가 갖는 코드는 유지되면서 여러 요소의 재구성 문제는 오로지 지중해 사람들의 몫이었다. 그 중에서도 특히 연꽃과 그 주변 요소들을 살피는 중인데 〈그림111〉의 도상은 정겨운 사생화를 연상케 한다.

<그림111> 키프로스의 물병과 연꽃나무(W.H.Goodyear, op. cit, 1891, p.287)

여인의 얼굴과 머리 모양은 고대 이집트를 연상시키지만 복장은 지중해를 떠올린다. 좌우의 연꽃나무는 이집트와 앗시리아 발상인데 가벼운 표현은 역시 오리엔트 종교에서 멀어진 느낌이다. 좌측의 새는 굿이어도 태양조로 단언하였으니[18] 이집트의 모방임에 틀림이 없다.

이처럼 고대 이집트에서 앗시리아 페니키아 지중해에 이르는 다문화 집합체에 키프로스인의 비종교적인 생각이 더하여져 만들어진 것이 위와 같은 도상이라는 판단이다. 비종교적인 생각이란 기하학적 감각도 있겠고 지금처럼 미술적 유희나 상업적인 마인드도 빼놓을 수가 없다.

이것은 한국 사람들이 대표적인 십장생 문양에 갑자기 연꽃을 편입시키는 민속도상에 비견될 만하다. 이러한 미술적 유희나 주관적인 재구성이 허용되는 배경에는 역시 해당 문양이 갖고 있던 원초적인 의미, 즉 종교신화적 의미가 일탈된 데 큰 원인이 있다.

---

18 · W.H.Goodyear, op. cit, 1891, p.286.

연꽃의 문법

그러나 이것은 종교적 경계에서 일어나는 불가피한 현상이기에 제3의 문화가 발생하고 발전하기 위해서는 부득불 거치는 과정이기도 하다. 이집트와 오리엔트에서 전래된 문화 코드를 활용하여 자유분방하게 표현한 〈그림111〉은 장차 르네상스에서 보게 될 화려한 예술세계를 예견하는 것만 같다.

그러나 한편으로는 이러한 과정이 인정되고 또 예견됨에도 불구하고 남아있는 문화적 바코드는 도대체 왜 남는 것인가 참으로 이상한 일이다. 두 그루 중에서 오른쪽의 연꽃나무는 우측 배후면의 가려진 부분을 감안해서 추정한다면 삼본연화가 기본 구도일 것이다. 삼본연화에 작은 연봉오리가 부가된 그림이므로 원래는 앞에 서 있는 여인도 종교직능자의 신분이었을 것으로 예상된다. 삼본연화의 신성한 의미가 일탈됐으므로 여인이 종교의례 중일 것이라는 존재감도 읽히지 않는다. 태양조도 뭔가 화려한 새로 보일 뿐 태양신의 화신이라는 이미지 역시 더 이상 느껴지지 않는다. 이러식으로 전체적으로는 따뜻함이 전해지는 사생화 같다는 의미이다. 그래서 물병이 갖는 예술적 평가는 높게 받을 만하지만 종교적으로는 무엇을 발신하려는 것인지 알기 어렵게 되었다.

키프로스 사람들의 미술적 감각은 기원 전후를 중심으로 매우 두드러졌다. 만든 이에 따라 다르게 전개되는 다양한 시도가 눈부실 정도이다. 직선과 곡선은 더욱 과감해져서 수련의 꽃잎은 힘차게 솟아오른다. 아래 방향 안쪽으로 말린 것은 꽃받침으로 오리엔트의 전매품은 그대로 모방하였다. 키프로스의 기호에 맞추면서도 중요한 부분은 오리엔트를 따르려는 자세

〈그림112〉 키프로스의 연화문
(W.H.Goodyear, op. cit, 1891, p.303)

가 한동안 유지되었던 것이다. 지중해의 도상에서 오리엔트의 상징인 수련 꽃받침을 삭제하지 않는 이유는 사실 매우 의문이지만 당시 지중해권 사람들이 품고 있던 오리엔트에 대한 복잡한 심경을 대변한다고 본다.

그러면서 양 옆으로 늘어뜨린 선 끝에는 삼각형이 각각 붙어있는데 연봉오리를

극단적으로 변형시킨 경우라고 본다. 기하학적으로 간략화했다는 뜻인데 이 역시 종교 신화적인 의미가 퇴색하였기에 가능했을 것이다. 꽃받침이 품고 있는 것은 스와스티카 Swastika로 기원전부터 이오니아 지방에서 시작된 문양이라는 설이 지배적이다. 좌선형 우선형 두 가지가 있는데 중국에 와서 좌선형 만卍 자로 정착하였지만 넓은 지역에서 오랜 세월 문양으로 사용되어 왔다. 온 세상에 광명이 가득히 비춰지기를 바라는 뜻이 므로 불교적으로는 무량광에 해당한다. 이러한 뜻이 담긴 스와스티카를 품고 있는 수련이니 둘 다 태양을 의미하면서 이집트와 이오니아의 만남이 이루어진 형국이다. 화병의 목 부분에 묘사되어 있어 이 또한 생활문화에 익숙한 도상임을 말해준다.

항아리 목 부분에서 발견된 이 도상은 훨씬 더 기하학적 문양으로 다가서는 사례이 다. 역삼각형 안쪽은 수련꽃이 만개한 상태로 묘사하였고 양 옆 아래로 말린 것은 어눌한 표현이지만 꽃받침이다. 아마추어가 그린 것 같은 서툰 솜씨이나 꽃받침을 절대로 그려야 한다는 강박관념마저 느껴진다. 그런데 이 도상에서 흥미로운 점은 스와스티카를 많이 그려 넣었다는 점이다. 스와스티카가 당시 유행하던 문양이었다는 증거가 아닐 수 없다.

불교를 통해 동아시아에 전해지기 전의 스와스 티카는 넓은 지역의 많은 사람들에게 친숙한 길상 문양이었다. 아무튼 항아리에 새겨진 그림이므로 당시 사람들의 생활문화에 정착한 도상임을 말해주 지만 수련꽃을 떠올리는 사람이 있었을까 의심이 갈 정도로 현실 감각에서는 멀어진 느낌이다. 종교나 신화 이야기에서 멀어진 것은 두말할 필요도 없다.

키프로스 사람들은 기하학적 문양의 시도에서 삼각형을 유난히 좋아했던 것 같다. 〈그림113〉이 역삼각형이라면 〈그림114〉는 정삼각형이다. 반대 방향이지만 둘 다 활짝 핀 수련꽃을 변형시켜놓은

〈그림113〉 키프로스의 연화문
(W.H.Goodyear, op. cit, 1891, p.303)

〈그림114〉 키프로스의 삼본연화
(W.H.Goodyear, op. cit, 1891, p.307)

연꽃의 문법

기하학적 문양이다. 더 이상 신들의 이야기가 등장하지 않는다면 어떠한 기하학적 문양으로의 시도도 수월했을 것이다. 도상을 구속하던 장애물이 없어졌기 때문이다.

게다가 양 옆의 연꽃나무는 전혀 신성하게 보이지 않으니 유치하기까지 하다. 만든 이는 아마도 연꽃나무의 종교신화적 의미를 모를 수도 있다. 오리엔트의 정신이 누락된 문양이 더욱 앞으로 전진할 수 있는 토대가 키프로스에서 만들어지고 있었다 해도 과언은 아니었다. 기하학적 문양은 이제 그리스에서의 마무리와 재창조를 남겨두고 있을 뿐이다.

〈그림115〉 그리스의 기하학적 연화문
(W.H.Goodyear, op. cit, 1891, p.130)

〈그림115〉는 이오니아 양식의 돌기둥 머리 장식에 흔히 사용되던 연꽃 문양의 변형이다. 물론 수련이며 양옆 안쪽으로 말려들어간 것은 꽃받침을 강조하기 위함이고 부챗살 모양으로 펼쳐진 것은 연꽃무늬 팔메트 문양을 강조하였다. 길쭉한 꽃잎들이 인동초로 볼 수도 있겠으나 그러면 꽃받침과의 관계가 부자연스럽다. 발견된 장소는 이탈리아의 시칠리아이며 그리스식 건축물에 표현된 도상 일부인데 지금까지의 유사 문양에 비추어 볼 때 기하학적으로 잘 정돈된 느낌이다. 오리엔트의 소박한 문화가 그리스에 와서 비로소 문명화되었다고 서구 학자들이 역설하는 기하학적 문양의 전형이다.

오리엔트의 종교신화적 분위기가 일소된 것은 물론이고 식물학적 특징도 많이 희석되어 무슨 식물의 변형인지 알아내기도 어렵다. 이러한 점들이 별로 중요하지 않은 요소들로 간주되었으므로 오히려 도상이 그려진 건축물의 전체적 아름다움을 추구한 결과로 읽힌다.

새로운 사상을 부착시켜 새로운 그림을 그리기 위한 밑그림이 마련된 셈이다. 새로운 출발을 위한 도안을 그리기 시작했다는 의미인데 이제부터는 그리스도교를 중심으로 한 유럽 문화를 설계해나가는 데 필요한 도상이나 부조를 하나하나 재구성해가는 과정이 될 것이다. 여기에 유럽 사람들이 가장 신성시하는 아칸서스 문양을 덧붙여나간다면 모름지기 유럽의 도상과 문양이라는 제3의 문화가 탄생하게 되는 것이다.

아칸서스가 주도하고 연꽃무늬는 그 안에 수렴되는 전형적인 문양 〈그림116〉을 소개하겠다. 르네상스를 대표하는 문양으로 도자기류에 표현되는 경우가 많았다. 도상에서 굴곡진 큰 선은 아칸서스를 기본으로 삼았고 중앙의 원 안에는 〈그림96〉에서 본 것 같은 수련의 팔메트 문양이다. 작지만

〈그림116〉 르네상스의 연꽃 아칸서스 문양
(W.H.Goodyear, op. cit, 1891, p.128)

양 옆 아래로 구부러진 잎은 꽃받침을 표현한 것이므로 꽃잎은 수련 팔메트이다. 그러나 수련 문양은 어디까지나 소극적이며 감싸고 있는 아칸서스가 전체적인 존재감에서 우위를 점한다.

이러한 문양은 생활도구에서도 보이지만 건축물에서도 흔히 발견되는 유럽의 보편적인 문양 장식이다. 중앙의 수련 팔메트에서 오리엔트의 종교신화적인 사상을 읽어내는 일은 더 이상 무의미해졌으며 오히려 주변의 성물聖物을 통해 그리스도교의 이야기를 해석해야 하는 단계로 발전하게 된다.

이렇게 전문가들의 관찰에 의해 오리엔트의 어떠한 문화 코드가 남아있는지 찾아내는 일은 가능하겠지만 오리엔트 전래의 스토리는 단절된 상태이다. 르네상스라는 새로운 스토리를 포장하는 데 사용되기를 기다리는 소극적 문양으로 전락하였으며 그 대부분은 그리스도교에 관한 이야기를 장식하거나 아니면 유럽인들의 생활문화 구석구석에서 형해화된 상태로 문맥 없이 남겨져 있을 뿐이다.

가톨릭 성당의 일부에서 오리엔트의 도상이나 문양이 남아 전하는 것은 사실 희귀한 사례라고 생각한다. 하물며 오리엔트의 스토리까지 담겨 있다면 더더욱 특별한 역사적 배경에 의한 것으로 이해해야 한다. 그러한 의미에서 로마 바티칸에서 발견한 오리엔트의 문화 코드에 관해서는 앞으로도 더욱 주의해서 살펴볼 가치가 충분히 있다고 생각한다. 연꽃의 도상이나 문양이 갖는 패턴을 통해 동서 문화를 비교하고자

했을 때 바티칸의 존재감은 인도에 뒤지지 않을 것이라는 예감이 든다.

　이상으로 동북아시아에서 지중해에 이르는 동서비교문화의 큰 이야기를 연꽃을 중심으로 펼쳐보았다. 말 그대로 개략이었으므로 구체성에서는 많은 과제를 남기었지만 동서를 횡단하면서 비로소 알게 된 새로운 지평도 있었기에 그것을 다시 맺음말에 정리하여 다음을 위한 발판으로 삼기로 하겠다.

연꽃을 주제로 비교문화론을 써보겠다는 생각을 처음으로 한 것은 십 수 년 전의 일이다. 그때부터 시종일관 각종 자료를 살피고 문헌을 뒤적였으며 여러 나라를 다니면서 현장 조사를 실시하였다. 동북아시아와 동남아시아에서는 일찍부터 예상하고 있던 범위에서 크게 벗어나는 이야기는 별로 발견하지 못하였으나 인도부터는 사정이 달랐다.

통속적인 선입관과 다르지 않게 서남아시아의 연꽃문화를 불교라는 테두리에 한정해서 바라본 것은 커다란 실수였다. 불교 힌두교 자이나교를 비롯하여 그러한 종교가 성립하기 이전의 신화시대로 거슬러 올라가야 하는 상황과 마주하게 되었기 때문이었다. 연꽃이 그렇게까지 기원전 고대 문화와 맥을 같이 한다는 사실을 안 것은 연꽃 연구를 시작하고 나서 어느 정도 시간이 흐른 뒤였다. 리그베다를 비롯하여 우파니샤드를 살피게 된 것도 불교적 범위라는 나의 편견을 깨는 데 크게 도움이 되었다.

그러나 산 넘어 산이라고 할까, 나의 편견이 깨지고 나니 인도의 연꽃문화에는 오리엔트의 영향이 적지 않다는 새로운 사실들이 속속 드러났다. 갑자기 할 일이 많아졌을 뿐만 아니라 연꽃을 통한 동아시아 비교문화라는 처음의 구상은 쉽게 허물어지고 말았다.

그래서 다시 집어 든 책이 고대 이집트의『死者의 書』였다.『사자의 서』로 말하자면 오리엔트에서 생성된 연꽃 관련 문화 대부분의 근본과 연결된다. 마치 인도의 종교 대부분이 리그베다와 우파니샤드에 연결되는 것과 같으며 그리스도교의 구약성서에 비견된다고나 할까. 아무튼 사자의 서를 읽고 나니 이집트뿐만 아니라 오리엔트의 다른 지역에서 발견되는 연꽃관련 문화에 대한 독해가 어느 정도 가능하게 되었다.

우리가 알고 있는 인도의 문화 모두가 인도에서 발생되지는 않았다는 것, 그리고 인도는 문화적 경유지이면서 왕성한 재구성 지역이라는 인식을 갖는 데도 사자의 서는 한몫 거들었다. 중국은 말할 것도 없지만 인도가 한국 문화에 있어 경유지라는 생각을 이전에는 진지하게 해본 적이 없는 것 같다.

이렇게 해서 한국에서 멀게만 느껴졌던 이집트와 오리엔트가 가깝게 다가오기 시작하였다. 그것들이 고구려 고분벽화와도 관련이 있다거나 현대 한국 사찰의 벽화도 오리엔트를 이해하면 더욱 잘 이해할 수 있다는 믿음을 갖게 되었다.

그렇지만 새로운 발견은 늘 새로운 도전이 기다리고 있듯이 고대 이집트와 오리엔트의 존재는 동쪽으로만 열려있던 것이 아니라는 너무도 당연한 또 다른 문제에 봉착하고 말았다. 나의 연구나 대학 강의에서 일시적으로 부딪쳤던 높은 산이었다. 동아시아에서 아시아로 연구의 외연을 확대하는 문제로 고민하던 것도 잠시였으며 지중해를 건너는 일은 피할 수 없는 흐름이었다.

지중해를 건너 유럽 문화에 연꽃이 섞여있으리라는 생각 또한 과거에는 해본 적이 없다. 고대 이집트와 오리엔트에서 만들어지고 사용되던 도상이나 문양은 아주 자연스럽게 동서남북으로 퍼져나갔으니 페니키아에서 키프로스나 소아시아로, 그리고 크레타 섬이나 그리스 본토로 전파되는 것은 시간 문제였다. 그리스에서는 헬레니즘이라는 커다란 파도에 떠밀리듯이 이탈리아 반도로 상륙하였으며 이때부터는 로마제국의 마차와 함께 유럽의 거의 전역으로 퍼져나갔다. 연꽃문화에는 예상치 못했던 많은 역사 이야기가 숨겨있었다.

이렇게 되고 나니 처음 구상했던 동아시아의 연꽃문화는 오리엔트를 거쳐 마침내

연꽃의 문법

동서 문화 교류라는 관점에 입각하기에 이르렀다. 처음부터 동서 문화 교류를 전개하고자 했던 것은 아니지만 무언가의 힘에 이끌리다보니 결과론적으로 도달된 곳이 바로 동서 문화 교류였다.

그래서 동서비교문화론은 연구가 진행되는 도중에 탄생한 문제의식이지만 여기에는 나름대로의 규칙성이 있을 것이라는 필자의 예감은 어느 정도 적중하였다. 달리 말하면 문화가 퍼져나가는 데는 전쟁과 평화라는 수많은 굴곡을 오르내리면서 겪는 강약의 리듬이 있을 것으로 보았고 그것을 찾아가는 길 안내의 표식을 가리켜 연꽃의 문법이라 명명하였다.

연꽃의 문법을 다시 풀어 말하면 연꽃과 관련된 수많은 문화들을 알기 쉽게 정리했을 때 보이는 규칙성 같은 것을 일컬음이다. 물론 처음에는 보이지 않는 무슨 바코드 같은 문양 세계이고 나아가 도상과 회화의 세계일뿐인데 가만히 들여다보면 동과 서에 보편적으로 존재하는 규칙성이 있다고 판단하였다. 이러한 규칙성을 따라가다 보면 동서 문화는 어느덧 하나의 커다란 판으로 연결되어 있어서 변별적이지 않다는 것을 알 수 있었다.

동서 문화의 연결 고리는 무턱대고 이어졌다는 것이 아니라 이 또한 규칙적인 매듭에 의해 연결된 것이므로 푸는 데도 결정적인 열쇠말이 필요하다고 보았다. 그 열쇠말은 바로 삼본연화와 연화화생이었다. 이 두 가지 열쇠말은 마치 수수께끼 같아서 바코드나 다름없었으니 오랜 세월 많은 사람들의 관심을 끌지 못하였다. 그러나 거꾸로 말하면 삼본연화와 연화화생이라는 바코드를 알면 동서 문화가 이어진 연결고리를 무난히 풀 수 있으면서 동과 서에 각각 전하는 연꽃 관련 문화의 메시지도 비로소 올바로 해석할 수 있게 된다.

수수께끼처럼 보이던 도상이나 이야기는 수수께끼가 아니라 기나긴 시간이 흐르면서 무언가에 가려져서 그렇게 보였을 뿐 나름대로의 논리를 갖춘 신성한 언어였다. 언어이므로 발화자의 의도가 있고 목적이 있었으며 듣는 이를 전제로 한 일종의 시그널이었다. 그러므로 침묵 속에서도 늘 파장을 일으켰던 대화의 연속이었다.

회화나 도상 부조 조각 문양을 막론하고 삼본연화와 연화화생은 시각적으로 표현되는 경우가 동서를 막론하고 매우 많았다. 만들어지거나 새겨지고 그려지면 해당 물질문화와 함께 여행을 떠나기 쉬웠으며 동서 간의 교류는 물론이요 역내 교류도 매우 활발하였다.

근세에는 중국의 도자기가 유럽에 전해짐으로써 겉에 새겨진 그림이 서양 미술에 커다란 영향을 끼쳤듯이, 기원전에는 그리스와 인도 사이에도 오랜 세월 동안 문화교류가 지속적으로 이어져왔다. 인도의 입장에서는 동아시아에 대한 문화적 영향보다 오리엔트나 지중해 문화권과의 교류 쪽이 존재감으로는 훨씬 더 컸다. 이러한 문화교류의 발자취를 연꽃과 함께 따라가면서 풀어나갈 수 있을 것이라는 믿음은 줄곧 변하지 않았다.

『연꽃의 문법－동서비교문화론』을 쓰게 된 배경에 관하여 짤막하게 설명하였다. 그런데 이 책의 소재가 되었던 도상 자료나 이야기는 주로 여러 해 동안 대학에서 강의하던 파워포인트 자료를 사용한 것이 많았다. 말하자면 강의 노트를 조금 더 다듬었다고 말하면 정확한 표현일 것이다. 서술 방법도 별도로 특별히 고안한 것은 아니며 강의실에서 대학생들에게 전달하던 화법을 바탕으로 하였다. 그러기에 하나의 주제를 놓고 그것을 명증하기 위해 주변 자료를 빠짐없이 천착하여 논술하는 논문작성법은 지양하였다.

그러한 덕분에 필자로 하여금 생각의 자유를 얻은 대신 추론이 많다는 안일함은 피하기 어려웠다. 단점이라 할 수 있는 이 부분은 동서 문화 교류사에 대한 독자 제현의 식견과 지혜를 통해 보완되기를 기대한다.

이렇게 해서 연꽃의 문법을 대략 정리해놓고 보니 동서 문화의 차이점과 유사성이 예전에 비해 좀 더 맑아진 느낌이다. 먼저 동북아시아 편에서는 한중일을 중심으로 다루었지만 이미 알고 있거나 확인 가능한 자료에 비해 소개한 내용은 훨씬 적었다는 점을 밝혀둔다. 이유에 대해 말하자면 동서비교문화라는 관점에서는 소개한 내용으로 충분하다고 판단했기 때문이다. 소개에서 빠진 자료들은 이미 소개한 자료와 비교해서

별 차이가 없거나 지엽적인 문제가 대부분이었다. 바꿔 말하면 민간신앙의 아류로 분류될 수 있는 내용들이 많았다.

성화聖畵나 성물聖物이 속화俗化 현상을 일으킨다면 민속학에서는 외래문화의 토착화 현상이라며 적극적으로 자료수집에 나설 것이고 다음에는 유형별 분석이 예상되며 이어서 지역 사람들의 정신세계에 대해서 이런저런 말을 엮어나갈 것이다. 그러는 동안 인류문화의 보편적 가치라던가 원본적 사고에 대해서는 소홀해질 것이고 나중에는 지역문화를 보편문화인 것처럼 착각하기도 한다. 실제로 전체와 부분의 주객전도는 종종 일어나서 민속학자를 곤혹스럽게 만들곤 한다.

이러한 속화현상이 극심하게 나타난 지역은 중국이다. 그러니 민속학적으로는 가장 할 일이 많은 지역일지 모른다. 반대로 중국은 연꽃에 숨겨진 보편적 사유 세계를 가장 알기 어렵게 만든 지역이다. 중국은 도상해석학이나 인류문명사라는 관점에 입각하기가 까다로운 지역이라는 뜻이기도 하다. 한국과 일본은 중국의 이러한 성향에서 자유롭지 못했기에 필자로서는 이미 소개한 자료로 동서 문화를 비교하는 데는 충분하다고 판단하였다.

중국은 삼본연화와 연화화생이 갖는 종교신화적 의미를 일부 보존하면서도 여성의 출산과 오곡풍요에 결부시켜 중국풍의 민간신앙으로 발전시킨 대표적인 지역이다. 전혀 무관하지는 않지만 전부가 아닌 것은 물론이다. 연꽃에 물고기가 등장하니 남녀의 결합으로까지 발전시켜나가는 단계에서는 민속학자들의 역량을 시험하게 만든다. 다만 연꽃문화의 중국적 전개로 지적할 수 있는 것은 유교와의 관계 정도인데 이 또한 인도의 수행자에 대한 연꽃의 관계성과 어떻게 다른지 아직 규명해야 할 문제가 많다.

이러한 상황에서 한국의 사찰은 기원전 고대 사회에서 전해진 난해한 바코드가 남겨진 흔치 않은 경우이다. 중국의 사찰 벽화가 문화대혁명을 거치면서 대부분 훼손되었고 일본의 사찰은 처음부터 벽화가 매우 적었기에 비교대상이 되지 않는다. 그러나 한국의 사찰은 삼본연화와 연화화생에 관한 수많은 사례들이 별 손상 없이 남아있어 신기할 따름이다. 동서비교문화라는 관점에서는 이미 소개한 이야기로 머물겠으나 앞으로는 한국과 인도, 또는 한국과 오리엔트라는 직접적인 비교연구가 기다려지는 것도 저와 같은 사정 때문이다.

그런데 동남아시아 역시 인도의 영향권 안에서 자유롭지 못하다는 사실은 거의 그대로 부합하였다. 중국의 경우 불교가 전래되기 전에 이미 도교와 유교가 있었기에 불교는 기존 사상 체계에서 크게 벗어나지 않는 범위에서 번역된 것이 불교 이해를 위해서는 양면의 칼날이었다. 산스크리트어를 한자로 옮기는 과정에 기존의 도교나 유교의 용어와 개념이 다수 차용되었는데 그 덕분에 불교를 단시간 내에 이해할 수 있었던 반면 잃는 부분도 많았다. 도교와 유교의 용어로는 온전히 번역하기 어려운 산스크리트어의 오묘한 세계가 다수 포함되었던 것이다. 그러나 이러한 오류를 비교적 적게 경험한 불교로는 티베트불교와 팔리어불교가 있다.

티베트불교는 물론 티베트어 문화권의 불교를 가리키고 팔리어불교는 팔리어 경전이 바탕이 되어 각국어로 번역된 동남아시아와 서남아시아의 불교를 가리킨다. 사정이 이러하니 가령 동남아시아의 연꽃문화를 보더라도 팔리어 경전의 세계에서 크게 일탈하는 경우는 드물다. 경전과 직접 관계가 없는 불교설화 정도가 동남아시아의 연꽃문화를 특징짓는다고 말할 수 있겠다. 그러니 지역적 특성은 적지만 연꽃이 제시하는 문화적 보편성이나 원본적 사고가 잘 보존된 지역이 동남아시아라 할 수 있겠다.

다만 지엽적인 얘기지만 베트남은 동남아시아와 동북아시아 양면의 특징을 고루 갖춘 지역이다. 이러한 특징이 연꽃을 통해 드러난다는 점이 흥미로웠다. 중국의 영향이 인정되는 내용에는 한국과 공유하는 부분도 있었다. 한국과 베트남의 직접적인 문화교류가 원인이라기보다는 두 나라의 문화가 동시에 중국에 뿌리를 내리고 있었기 때문이라고 보는 편이 타당할 것이다.

그런가 하면 힌두교를 비롯하여 인도차이나와 공유하는 불교와 연꽃문화도 있으므로 베트남을 가리켜 동북아 동남아 어느 한 쪽으로 정의하기는 매우 어려운 실정이다.

베트남이 안고 있는 흥미로운 지역적 특징을 언급하였는데 이러한 사정을 감안하더라도 동북아 동남아의 연꽃문화는 역시 예상 범위를 크게 벗어나는 일은 별로 없었다.

그렇지만 인도의 연꽃문화부터는 사정이 많이 달랐다. 지금까지 동북아시아와 동남아시아를 바라보던 관점은 인도에서 보면 부분에 지나지 않았으며 더 넓고 멀리 바라봐야하는 관점의 확장이 요구되었기 때문이었다. 리그베다가 전하는 연꽃의 원본적 사고, 그리고 우파니샤드가 예고하는 종교와의 관계성은 인도의 연꽃문화를 이해하는 데 피할 수 없는 관문이었다.

종교와의 관계성이란 브라만교를 필두로 불교 힌두교 자이나교 모두가 연꽃에서 자유롭지 못하다는 친연관계를 가리킨다. 물론 연꽃과 결부되는 범위 내에서 구속된 상태를 가리키는데 각 종교의 결정적인 부분에 연꽃이 자리하므로 결국에는 연꽃이 인도 대륙에서 생겨난 거의 모든 종교의 핵심 세계에 자리하고 있다는 얘기가 된다.

인도대륙에서 연꽃은 천지창조 이야기를 전하는 신화시대부터 등장하였다. 흔히 태초에는 이라는 말과 함께 시작되는 신화이야기를 말한다. 태초의 바다와 최초의 생명력의 응집, 그리고 태초의 울림소리가 진동하던 그때부터 연꽃은 등장하기 시작하였다. 신들의 탄생을 위해서는 모태가 아닌 신비로운 출생담이 필요했고 여기서 연꽃의 등장은 불가결하였다. 왜 연꽃이 필수인가의 대답이야말로 베다와 우파니샤드가 전하는 이야기의 핵심과도 일맥상통한다.

우파니샤드는 태생, 난생, 습생의 보편적 출생담보다 화생Self Born이라는 범상치 않은 탄생담을 선택하였다. 화생 탄생담을 가리켜 우파니샤드는 아생芽生이라고 불렀지만 이후에 화생으로 진화 발전하게 된 것은 두말할 필요도 없다. 인도에서 발생한 여러 종교는 우파니샤드의 저와 같은 이야기를 공유한다.

사생설을 놓고 일부 사람들이 불교의 언설로 이해하고 있으나 사실은 불교 이전부터 전해 내려오던 이야기의 부분이라는 사실을 인정하는 것이 좋다. 출가 진의 싯달타는 베다와 우파니샤드를 열심히 공부하던 철학청년이었으며 사생설의 오묘한 세계를 잘 이해한 석가모니는 더욱 더 많은 이야기를 화생과 태생을 통해 엮어내었다.

정토삼부경은 그 중의 하나로 우파니샤드의 석가모니 버전이라 불러도 지나치지 않을 것이다.

이렇게 해서 전해진 사생설은 불교만이 아니라 인도에서 발생한 거의 모든 종교와 사상 체계에서 신들의 이야기를 전하는 필수 모티브로 자리 잡았는데 역시 핵심은 화생의 통로인 연꽃이었다. 연꽃이 인도의 많은 종교와 사상에 연루하게 된 안으로부터의 배경이 된다.

그러나 인도 내부의 동기만 있던 것은 아니고 외부로부터의 자극 또한 간과할 수 없는 문제였다. 그것은 인도의 형이상학적인 사고체계를 구조화하여 전달하기 위해서는 지금까지의 산스크리트어만으로는 부족하다는 문제였다. 왜냐하면 기성종교의 발생 이전 단계에서 독보적이던 브라마니즘은 브라만 계급에 의한 전유물이나 다름없었기 때문이다. 이를 가능케 한 것은 산스크리트어였으며 비전祕傳의 핵심 수단이었다. 계급의 타파를 앞세우며 등장한 기성 종교들로서는 이 문제를 해결하지 않으면 종교의 대중화는 요원하다는 것을 처음부터 알고 있었다.

비문자非文字에 의한 소통 수단이 필요해진 사회적 배경에 더욱 박차를 가한 것은 기원전 3-4세기경부터 유입되기 시작한 그리스의 헬레니즘이었다. 연꽃 관련 도상은 물론 그 이전에도 앗시리아 이집트를 중심으로 널리 사용되었으나 헬레니즘과의 만남을 계기로 급속도로 인도에 유입되기 시작하였다. 불교 자이나교 힌두교 같은 기성 종교의 건축물에는 삼본연화나 연화화생이 토착 신들과 함께 그려지거나 부조로 새겨지게 되었다.

인도의 신들은 태초의 바다에서 시작되는 모호하고 추상적인 출생담에서 연화화생이라는 구체적인 방법에 더욱 관심을 갖기 시작하였다. 유도 없고 무도 없다던 태초의 바다에서 연꽃이 돌연 나타나는 논리적 모순의 정착은 자문화와 외래문화가 갑자기 조우해서 생긴 부자연스럽지만 불가피한 현상이었다.

인도의 신화뿐 아니라 불교 자이나교 힌두교의 신들은 태초의 바다와 연화화생, 그리고 삼본연화라는 세 가지 모티브를 교묘히 활용하면서 발전하였다. 그 중에서도 특히 불교에 편승된 부분적인 이야기만은 불교설화의 형태로 동아시아 사람들에게도 친숙하게 되었다. 동북아시아와 동남아시아 편에서 다룬 내용들이다.

　연꽃을 통해 알게 된 인도문화의 두께와 결의 다양성을 좀 더 이해하기 위해서는 인도와 더불어 인도의 서쪽을 바라봐야 하는 상황이었다. 거꾸로 거슬러 올라가면서 본다면 페르시아 앗시리아 바빌로니아 페니키아, 그리고 이집트에 도달하게 되고, 이어서 다시 이오니아 그리스로 들어가면서 전체를 관망할 필요가 있다. 이렇듯 광대한 지역을 가리켜 오리엔트라 부르기로 하였다.

　늘 그렇듯이 삼본연화와 연화화생이라는 문화 코드는 보편적이지만 여기서 출현하는 다양한 존재들의 정체성은 지역적이다. 그래서 보편과 특수성의 연속이었다. 인도의 연화화생에서 브라흐마 락슈미 등 인도의 신들이 출현하였다면 오리엔트에서는 그들의 신들이 출현하는 식이다. 여기서 오리엔트에서 특히 두드러진 신격은 초승달이었다. 별과 함께 출현하기도 하지만 단연 돋보이는 것은 초승달이었다. 연꽃과 초승달의 관계는 오리엔트의 신화를 풀어가는 중요한 단서가 된다.

　이집트에 들어와도 사정은 같았다. 이집트의 고왕국시대부터 그들의 신과 망자들은 연꽃을 통해 저승과 이승을 넘나들었다. 그런데 이들만의 특징은 나일강에 서식한다는 밤에 피는 백수련白睡蓮의 존재였다. 어두운 밤에 피는 백수련을 통해 어둠과 저승의 신 오시리스가 많은 망자들을 화생시킨다는 내용이 전한다. 아침에 피는 청수련과 구별되는 흥미로운 이야기가 이집트의 도상과 문양을 통해 확인할 수 있다. 태양의 신 라Rha는 아침에 피는 청수련을 통해 떠오른다.

　한편 오리엔트의 수많은 이야기는 페니키아 사람들의 해상무역에 의해 다시 각지로 퍼져나갔다. 페니키아에서 멀지 않은 키프로스나 크레타 섬은 지중해 각지로 문화가 전파되는 데 중개역할을 한 중요한 거점이다. 키프로스 사람들이 다룬 주요 무역상품으로는 도자기나 양탄자 등을 들 수 있다. 용도는 다르지만 도자기와 양탄자에 묘사된 그림이나 도상과 문양에는 공통점이 많았다. 연꽃 수련 포도 대추야자 등을 비롯하여 사자 스핑크스 매 쇠똥구리 뱀 양 염소 공작새 등이 뒤따랐다. 여기에 천체에서 빌려온 태양과 달과 별이 가미되어 하늘과 땅이 표현되었으며 연꽃과 배를 통해 피안의 세계로 시야를 넓혔다.

이러한 이야기들은 그리스 사람들에게 신선한 충격이었고 부러움과 시기의 복잡한 눈으로 오리엔트를 바라보는 단초를 제공하였다. 적어도 기원전 30세기경부터 기원전 6세기경까지 이러한 상황은 계속되었다. 반전이 일어나기 시작한 것은 헬레니즘과 알렉산더 대왕의 동방진출이었다. 플라톤을 비롯한 많은 사상가들이 나타났으며 동방에 대한 비교 우위를 확인하고 싶은 지적 욕구와 운동이 일어났다.

이에 마케도니아 출신 알렉산더가 그리스를 통일하더니 동방으로 눈을 돌리기 시작하였다. 흔히 동방진출이라 말하지만 전쟁과 침략과 학살이었다. 동쪽으로는 인도의 서북방까지 진출하더니 동북방향으로는 중앙아시아 남부지역까지 뻗어나갔다. 수천 년 동안 동에서 서로 흐르던 문화가 마침내 서에서 동으로 역류하는 시발점이었다.

이때 그리스에서 동으로 흐른 문화 중에는 일찍이 동에서 서로 흘러들어온 문화를 재구성한 내용도 다수 포함되었는데 그 중의 대표적인 것이 바로 연화화생과 삼본연화였다. 삼본연화는 페니키아나 키프로스에 비해 더욱 기하학적으로 발전되었으며 내용에 있어서도 오리엔트에서는 낯선 식물 문양이 섞여있었는데 그것은 바로 아칸서스였다. 지금도 인도에서 흔히 발견되는 문양이며 그림 조각 부조 속에 종종 혼합되어 있는 상태로 만나볼 수 있다.

연꽃과 아칸서스의 만남은 동서 문화 교류의 대표적인 상징이다. 오리엔트의 연꽃이 그리스로 향할 때는 주로 해상무역이나 육로에 의존하였지만 그리스의 아칸서스가 동으로 향할 때는 알렉산더 군대의 마차로 운반되었다. 기원전 그리스에는 연꽃이나 수련은 서식하지 않았지만 아칸서스는 그리스를 비롯하여 지중해 연안 일대에 널리 퍼진 식물이었다.

그리스에서 오리엔트의 삼본연화에 아칸서스를 편입시킨 것은 문화적 자각을 표현한 결과였다. 그래서 아칸서스는 그리스 사람들의 정체성을 대표하는 상징처럼 발전하게 된다. 조각이나 부조 도상 문양 가릴 것 없이 그리스에서 발신되는 문화나 상품에는 아칸서스가 들어갔다. 그러나 오리엔트의 존재감을 일시에 불식시킬 수는 없어서 대체로 연꽃과 아칸서스가 공존하는 형태로 퍼져나갔다.

이러한 상태는 거의 중세시대까지 지속되었다. 중세시대의 대표적인 항구 도시였던 이탈리아의 베네치아에는 이를 증명할 만한 많은 부조와 도상이 남아있다. 연꽃 속에 수렴되는 아칸서스, 혹은 아칸서스 속에 수렴되는 연꽃이 성당이나 기타 건축물에서 자주 발견된다. 로마를 비롯하여 이탈리아의 거의 전역에서 발견되는 공통점인데 급기야는 그리스도교의 상징인 십자가를 연화화생과 아칸서스화생 둘로 나눠서 표현하기도 했다.

십자가의 연화화생은 오리엔트 사람들에 대한 배려로 여겨지지만 아칸서스화생은 이탈리아 사람들의 자화상이라 말할 수 있겠다. 다문화사회였던 당시의 사회상을 잘 반영한 부조 도상들은 지금도 선명히 남아있다.

다문화 공존이라는 화두는 중세 사람들에게도 현대인 못지않게 중요했던 것으로 보인다. 영국 런던의 근대적 건물에서조차 연꽃과 아칸서스의 공존이 반영된 부조 도상을 만나볼 수 있다. 유럽에서는 거의 보편적인 도상으로 발전을 거듭하였다.

그러나 무엇보다도 동서 문화의 교류에서 궁극적인 도달점이라 말할 수 있는 도상은 로마의 바티칸에서 발견하였다. 불교의 성지인 인도 붓다가야에 남아있는 연화화생의 부조 도상과 거의 유사한 도상을 바티칸 성당의 천장 돔에서 발견하였다. 구체적인 도상은 이 책의 지중해 편에 실려 있으니 참고하기 바란다.

그런데 동시에 잊지 말아야 할 문제는 인도 붓다가야의 불교성지에도 그리스에서 유입된 그리스 신화의 신들이 등장한다는 사실이다. 어느 한쪽이 다른 한쪽으로 향하는 일방통행이 아니라 상호소통이었다는 점은 시사하는 바가 매우 크다. 그것도 가톨릭의 중심과 불교의 중심을 각각 상징하는 장소에 상대방의 표상을 채용했다는 사실은 상호 존중을 빼놓으면 설명할 길이 없다. 현대인보다 상대방의 종교나 생각을 존중하던 사람들이 과거에는 더욱 많았던 것일까. 아니면 종교의 차이에서 발생했던 수많은 전쟁의 참화를 겪은 나머지 참회의 길을 걸으며 비로소 이교도를 공경하는 마음이 생긴 것일까.

배경이야 어떻든 결과적으로는 상대방을 수용하는 도상이 바티칸과 붓다가야에 남아있다는 엄연한 사실을 있는 그대로 수용할 필요가 있다. 동서 문화의 교류에서 획기적인 사건으로 부를 만하다. 그러나 아는 이 거의 없이 천년 이상 지나쳐왔을 가능성이 높아 앞으로도 추가적인 관심과 조사가 요구되고 있다. 그래서 붓다가야의 그리스로마 문화를 일명 석가모니의 십자가라 한다면, 바티칸의 연화화생을 가리켜 예수의 연꽃이라 말할 수 있지 않을까 곰곰이 생각해봐야겠다.

한편 유럽의 지역 문제로 생각해야 하는 두 가지가 있는데, 그것은 솔방울과 아칸 서스화생에 관해서이다. 유라시아의 동쪽 끝자락인 극동지역에서도 삼본연화와 연화 화생을 기반으로 독특한 전개가 약간 있었으니 유럽에서도 마찬가지라고 보면 되겠다. 그러니까 유럽과 극동 지역에서 변화한 내용만을 놓고 본다면 서로 상관성을 찾아보기는 어렵다. 오리엔트와 인도를 경유하였기에 비로소 간접적으로 연결돼 있다는 것에 조금 눈이 갈 뿐이다.

아무튼 유럽에서 특히 두드러지는 현상은 삼본연화의 중심 연꽃에서 연봉오리와 연밥을 강조한 나머지 솔방울 형태가 고착화하였다는 점이다. 그러나 이 역시 오리엔트에서 이미 그 징조가 보였으므로 유럽에 건너와서 비로소 솔방울에 대한 신앙이 본격적으로 토착화하였다고 이해하는 편이 옳을 것이다. 바티칸의 솔방울은 대표적인 사례이다.

다음에는 연화화생의 자극을 받아 탄생한 아칸서스화생인데 흥미로운 점은 화생의 주인공으로 여기에는 수많은 민간전승이 가미되었다는 사실이다. 즉, 헬레니즘 시기의 그리스 연화화생에서 에로스나 아프로디테가 화생하였다면 아칸서스화생으로 바뀌면서는 점차 정체불명의 존재들이 다양하게 모습을 드러내게 된다. 유럽의 이야기로 재구성되기 시작하였다는 반증이다.

유럽풍으로 탈바꿈한 이야기들은 그것들이 이교도의 연화화생에 뿌리를 두었는지조차 알 수 없을 정도로 많은 변화를 겪었다. 로빈 후드 이야기라던가 어느 마을의 축제와 결부되는 식이다. 마치 한국의 심청전이나 학연화대무라는 전통춤이 연화화생과 깊은 관계에 있으면서도 그 의미를 제대로 인지하지 못한 채 전승되고 있는 민속현상과 유사하다. 민속학자들은 전설이나 민담 민속예능 등으로 분류해놓고 지역성을 논하기도 하지만 보편적 원본 사고에 대해서는 놓치는 경우가 많은 것 같다. 동서비교 문화에 대해서도 마찬가지이다.

유라시아에서 양 끝으로 멀리 떨어질수록 중심의 이야기 패턴에서 소원해지는 것은 사실이지만 신기하게도 최소한의 문화 코드는 남는다. 양 끝자락을 잇는 한 가닥 연결고리라고 말할 수 있겠다. 그러나 사람들이 그 정체를 궁금해 하므로 필자는 일단 수수께끼 같은 바코드라 부르기로 했다.

당장은 무엇을 의미하는지 모르지만 하나하나 풀어가다 보면 숨겨진 고대문자가 부상한다고나 할까, 마치 그와 같은 문화 코드가 유럽과 동아시아의 양끝에서도 발견되었다. 그래서 멀리 퍼져나가 희미해진 잔물결이지만 중심에 입각해서 보면 동과 서는 오래 전에 서로 반대 방향으로 길을 떠난 먼 친척관계라는 사실을 조금은 알아차리게 된다.

동서를 비교하는 관점에서 연꽃을 바라봤을 때 엿보이는 몇 가지 문제들을 적어보았다. 그래서 여러 차례 맞닥뜨렸던 언덕을 하나하나 넘어왔음에도 불구하고 다시 저 앞에 보이는 산으로 향할 채비를 해야겠다. 바티칸에 피어난 연꽃은 나로 하여금 예수의 연꽃동산으로 안내해줄 수 있을지, 또 인도 붓다가야에서 본 그리스로마의 숲은 필자로 하여금 석가모니의 십자가 앞으로 인도해줄 수 있을지 벌써부터 궁금증이 더해진다.

2018년 12월 11일
오마래에서 저자 씀

참고
문헌

구미래, 『한국인의 죽음과 사십구재』, 민속원, 2009.

국립공주박물관, 『우리문화에 피어난 연꽃』, 통천문화사, 2004.

법원, 「정토삼부경에 나타난 불화도상의 연구」, 『정토학연구』 제8집, 2005.

성보문화재연구원, 『한국의 사찰벽화』(인천·경기도·강원도), 2006.

이상희, 『꽃으로 보는 한국문화』, 넥서스, 2003.

전호태, 『고구려 고분벽화 연구』, 사계절, 2008(2000).

조명선, 「삼광사 극락왕생도에 대한 불교민속학적 연구」, 『동아시아고대학』 제49집, 2018.

편무영, 「고구려 고분벽화 삼본연화화생의 국제성과 고유성」, 『동아시아고대학』 제20집, 2009.

_____, 「일본 나라 중궁사 천수국수장의 연화화생에 대한 고구려의 영향」, 『동아시아고대학』 제22집, 2010.

_____, 「연엽화생의 보편성과 상징성」, 『동아시아고대학』 제25집, 2011.

_____, 「동아시아불교민속의 형성과 전개」, 『동아시아고대학』 제30집, 2013.

_____, 「동아시아 연구를 위한 한국종교민속론의 시각」, 『동아시아고대학』 제35집, 2014.

_____, 「정토삼부경과 연화화생의 상관성에 관한 연구」, 『동아시아고대학』 제38집, 2015.

_____, 「정토삼부경과 극락왕생도의 상관성에 관한 연구」, 『동아시아고대학』 제40집, 2015.

_____, 「관무량수경의 구품왕생과 연화화생」, 『동아시아고대학』 제43집, 2016.

_____, 「석존의 생애를 통해 본 연화의 상징성」, 『동아시아고대학』 제46집, 2017.

_____, 「불교이전의 사상과 연화의 상관성 고찰」, 『동아시아의 전통문화와 스토리텔링』, 서경문화사, 2017.

淺香正, 『ポンペイ展 世界遺産古代ローマ文明の奇蹟』, 2010.

靑柳正規, 『世界美術大全集』 第5卷, 小学館, 1997.

大橋一章, 『天寿国繡帳の研究』, 吉川弘文館, 1995.

大橋一章·谷口雅一, 『隠された聖徳太子の世界』, NHK出版, 2002.

斎藤忠, 「高句麗と日本との関係」, 韓国文化院, 『古代の高句麗と日本』, 学生社, 1985.

唐家路, 『中國吉祥裝飾』, 廣西美術出版社, 2000.

吉村作治, 『カイロ博物館古代エジプトの祕寶』, ニュートンプレス, 2000.

全浩天, 『世界遺産高句麗壁画古墳の旅』, 角川書店, 2005.

平山郁夫, 『高句麗壁画古墳』, 共同通信社, 2005.

片茂永, 「蓮葉化生の国際性」, 『比較民俗学会報』 第147号, 2011.

_____, 「京都六波羅蜜寺蛙股の三本蓮華化生」, 『比較民俗学会報』 第150号, 2012.

_____, 「インドのマハボディ·マハヴィハラにおける蓮華化生」, 『比較民俗学会報』 第158号, 2014.

_____, 「釈尊の幻滅と蓮華」, 『比較民俗学会報』 第168号, 2016.

_____, 「今昔物語集の道喩と蓮華化生」, 『比較民俗学会報』 第172号, 2017.

宮下佐江子, 「シルクロード華麗なる植物紋様の世界」, 『小さな蕾』 no.461, 2006年 12日.

敦煌文物研究所編, 『中國石窟敦煌莫高窟』 第2卷, 平凡社, 1981.

村治笙子, 『古代エジプト人の世界』, 岩波書店, 2007.

「彌蘭王問經」(一, 二), 『南傳大藏經』(59上下), 大藏出版株式會社, 1940.

Alexander Studholme, *The Origins of Om Manipadme Hum*, State University of New York Press, 2002.

Devdutt Pattanaik, *Shiva*, India, 1997.

_____, *Vishnu*, India, 1998.

_____, *Lakshmi*, India, 2003.

E.A. Wallis Budge, *The Egyptian Book of the Dead*, Penguin Books, 2008.

Eknath Easwaran, *The Upanisads*, Nilgiri Press, 1987.

F. Max Müller, *The Satapatha Brāhmana*, London, 1900.

Fredrick W. Bunce, *A Dictionary of Buddhist and Hindu Iconography*, India, 1997.

Lady Raglan, "The Green Man in Church Architecture", *Folklore*, volume 50, March 1939.

Patrick Olivelle, *Upanisads*, Oxford World Classics, 1996.

Santona Basu, *Lotus Symbol in Indian Literature and Art*, India, 2002.

Valerie J. Roebuck, *The Upanisads*, Penguin Books, 2000.

W.H.Goodyear, *The Grammar of The Lotus*, London, 1891.

Wendy Doniger, *The Rig Veda*, Penguin Books, 1981.

https://en.wikipedia.org/wiki/Indo-Corinthian_capital

https://en.wikipedia.org/wiki/Flag_of_Nepal

찾아
보기

연꽃의 문법

ㅊ

ㅋ

ㅌ

문화와
역사를
담 다
○ ○ 8

동 서 비 교 문 화 론
연꽃의 문법

초판1쇄 발행 2019년 2월 1일

지은이 편무영
펴낸이 홍종화

편집 · 디자인 오경희 · 조정화 · 오성현 · 신나래
　　　　　　　　김윤희 · 박선주 · 조윤주 · 최지혜
관리 박정대

펴낸곳 민속원
창업 홍기원　　**편집주간** 박호원
출판등록 제1990-000045호
주소 서울 마포구 토정로25길 41(대흥동 337-25)
전화 02) 804-3320, 805-3320, 806-3320(代)
팩스 02) 802-3346
이메일 minsok1@chollian.net, minsokwon@naver.com
홈페이지 www.minsokwon.com

ISBN　978-89-285-1273-7
S E T　978-89-285-1272-0　94380